KB069015

언택트 트랜스포메이션을 위한 경영학 길잡이

김승욱

UNTACT&DIGITAL

TRANSFORMATION

박영사

과거의 흔한 어떤 사람들과의 즐거웠던 만남이 언택트 시대에는 소중한 추억으로 기억된다. 추억이 없는 일상이 일상화 되어 가고 있다. Social Distance, Quarantine, Irreversible, Zoom Meeting 등, 과거 전혀 들어보지 못했던 단어들과 점점 익숙한 하루하루를 보내고 있다. 어떻게 할 것인가? 과거로 돌아가기까지 시간이 좀 걸린다면 방법을 찾아나서야 한다(Beyond Uncontact!). 즉, 100% 온라인이 어렵다면 블렌디드(Blended)를 통한 더 현실감 있는 미팅과 교육이 이루어져야 하고 비즈니스 파트너는 꼭 사람이 아닌 소셜 플랫폼을 이용할 수도 있다. 과거와 같은 환경으로 돌아가기까지 시간이 걸린다면 그때가 오기만을 기다리지 말고, 언콘택트(uncontact) 시대에 더 많은 디지털 사업기회를 창출하고 새로운 환경에서 기존에는 없던 새로운 사업들을 만들어 나가야 한다. 또한 기존의 사업환경들도 언택트 환경에서 더욱 발전하기 위한 디지털 트랜스포메이션으로 변화되어야 한다.

2021년 3월

김 승 욱

목차 Contents

PART 2   핵심 경영관리 분야

PART 3 마케팅과 고객관계관리

PART 4   4차 산업혁명과 기술경영

PART 5 창업과 전통시장 경영

PART 6 언택트 시대의 서비스 경영

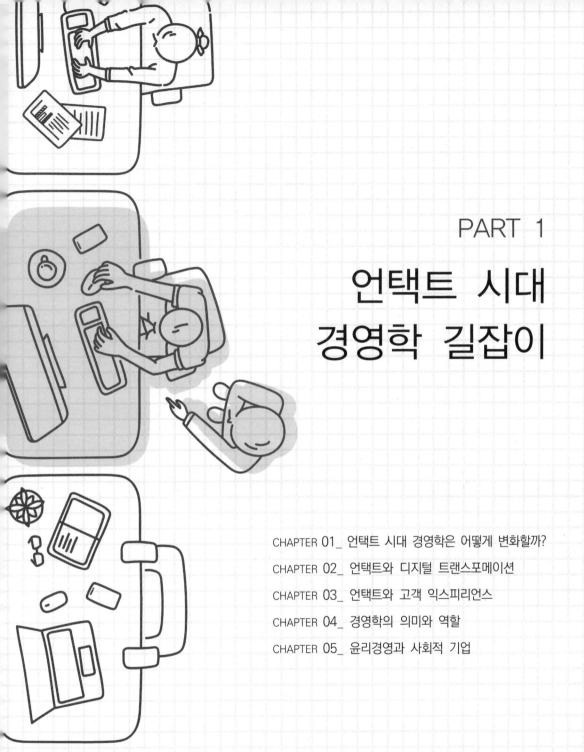

PART 1

언택트 시대
경영학 길잡이

Chapter 01

언택트 시대 경영학은 어떻게 변화할까?

'언택트(untact)'란 '콘택트(contact: 접촉하다)'에서 부정의 의미인 '언(un-)'을 합성한 말로, 기술의 발전을 통해 점원과의 접촉 없이 물건을 구매하는 등의 새로운 소비 경향을 의미한다. 언택트 마케팅이란 직원과의 접촉이 없는 무인 서비스를 이용한 마케팅이면서, 증강현실과 인공지능이 도입되는 4차 산업혁명이 진행되면서 생겨난 새로운 마케팅기법이다.

이러한 확산 배경에는 첫 번째, '언택트족이 증가'함에 따라 언택트 기술 또한 확산되었다는 점이다. 언택트족은 사람과의 접촉을 최소화하는 형태를 선호하는 소비자를 칭하는 말이다. 언택트족은 직원과 대면하여 직접 대화를 주고받는 것조차 불필요한 에너지를 소모한다고 여기고, 현대 사회에선 1인 가구와 맞벌이 부부의 증가로 인해 물리적, 시간적 제약이 없는 서비스의 수요가 증가하면서 확산되었다. 두 번째, 지속적으로 인건비가 상승하고 있다는 것이다.

01 언택트 시대 경영학은 급변하고 있다

서울대 소비트렌드 분석센터에 따르면 '지난 5년간 통신사 사용 행태를 보면 직접 통화보다 메시지, 데이터 소비를 통한 간접 접촉을 선호하는 현상이 뚜렷하다'는 결과에서 사람들은 점차 직접 대면하는 것을 불편해하기 시작했고, 연령대가 낮아질수록 스마트폰 혹은 디스플레이 화면으로 소비하는 습

관이 점차 고착되고 있으며 여기에 비대면 관련 기술이 발전하면서 유통가에
서는 이를 적극 반영하여 점차 트렌드로 굳혀지고 있다고 분석된다. 기업 입
장에서도 비용 절감 차원에서 언택트 마케팅을 쓸 수밖에 없을 것이다.

　　특히 최근 들어 최저임금 인상 등 우리나라의 제반 환경 변화는 물론 맞
춤형 직원을 구하기가 힘든 오프라인 중심의 유통회사들이 언택트로 전환하려
는 움직임이 선명하다. 인사관리 비용보다 낮으면 기술적으로 미비하다 해도
일단 현장에 적용시키려는 움직임이 뚜렷하다. 또한, 이미 이런 현상은 데이터
소비를 즐기고 키오스크와 같은 디지털 기기에 익숙한 20대가 많은 대학가는
더욱 그렇다. 이처럼 무인 편의점, 로봇 바리스타, 무인 스터디카페 등 20대가
'언택트 문화'와 관련 있다는 분석이 나오는 가운데, 최근 현대카드, 현대캐피
탈에서 지난 2년간 언택트 서비스를 제공하는 주요 가맹점 15곳의 자료를 분석
한 결과 15곳의 매출은 2017년 1월 약 67억에서 2020년 359억 원으로 5배 이
상 급증했다는 결론이다. 이 중 20대의 소득수준이 기성세대에 비해 낮은 걸
감안하면 언택트 문화를 주도하는 20대의 특성을 여실히 알 수 있는 수치이
다. 특히, 정보통신기술진흥센터가 2017년 발표한 '무인화 추세를 앞당기는 키
오스크' 보고서를 보면 더 확실히 알 수 있다.

　　과거에는 대면이 우리의 일상이었고 그 방법밖에 없었다만 밀레니엄 세
대를 기점으로 온라인이 전면화되면서 이제 막 성인이 된 현세대들은 대면보
다는 온라인과 비슷한 성질을 가진 비대면 서비스를 훨씬 익숙하고 편안해한
다. 언택트 마케팅의 주목은 이러한 상황을 잘 받아들였다고 판단할 수 있다.
밀레니엄 세대는 주 소비층을 점점 차지해 나갈 것이고 비대면 서비스는 다양
한 모습으로 증가할 것이다. 마케팅원리에 나오는 마케팅의 4P 제품(product),
가격(price), 유통(place), 판촉(promotion)에 관한 접근 방식 역시 완전히 바뀌었
다. 이제 소비자들은 화려한 겉포장보다는 진성성이 담긴 가성비 상품을 선호
하고, 오프라인 매장이 아닌 온라인과 모바일 쇼핑을 선호한다. 스타에 의존한
마케팅방식보다는 인플루언서들의 SNS, Youtube나 일반인들의 구매리뷰를 더
신뢰한다. 특히 밀레니얼 세대를 잇는 Z세대들은 브랜드와 기업이 지향하는 사
회적 가치까지도 염두에 두고 구매의사를 결정한다. 기업들은 고객의 needs를
잘 파악하고 구체적 방안을 마련해 고객관계관리를 시행해 나가야 한다.

(1) 장점

① 대면 서비스가 야기하는 피로감을 없애고 소비가의 심리를 안정시킨다.
② 직원의 업무 강도를 감소시키고 인건비를 절감한다. 기계를 통해 주문을 하기 때문에 직원들의 업무 강도가 적어지고, 인력을 기계로 대체할 수 있기 때문에 인건비를 절감할 수 있다는 장점이 있다.
③ 신속한 업무 처리와 구매의 편리함이 증가한다. 클릭 한 번이면 주문이 완료되고, 타인과 오랫동안 말을 나누거나 눈치를 볼 필요 없이 구매를 완료할 수 있기 때문에 신속한 업무 처리와 편리함을 누릴 수 있다.
④ 인건비 감소로 가격이 하락한다. 인건비나 매장 관리 비용 등 오프라인 대면 서비스의 경우 지출되는 비용을 감소시켜 상품 자체의 가격이 낮아지는 장점이 있다.

(2) 단점

① 혼자 힘으로는 서비스를 이용하기 힘든 장애인, 노년층은 이용이 어렵다. 혼자 힘으로 서비스를 이용하기 힘든 장애인이나 노년층은 충분한 설명과 안내 서비스가 필요하다. 또한 고령층은 청년층에 비해 디지털 기술에 익숙하지 않다. 언택트 서비스의 경우 기계를 잘 다룰 줄 알아야 하기 때문에 이를 활용하지 못할 경우 서비스 이용이 어려울 수 있다.
② 소통의 단절과 갈등 조정력이 감소된다. 언택트 서비스가 계속적으로 여러 분야로 확산된 경우 소통의 단절이 일어날 수 있다. 뿐만 아니라 구매 시 일어날 수 있는 문제, 재고가 떨어졌거나, 매장 내에 문제가 생겼을 경우 혹은 위생 문제가 생겼을 시 빠른 대처가 되지 않을 수 있다.
③ 일자리가 감소될 수 있다. 언택트 서비스의 경우 많은 부분의 서비스를 기계로 이용하고 있다. 대표적으로 키오스크 기계를 이용할 경우

프론트의 직원들이 없더라도 주문이 가능하게 된다.

④ 디지털 소외 현상이 발생할 수 있다. 제품 구매 시 직원의 충분한 설명을 원하거나 혹은 언택트 서비스에 적응하지 못한 소비자의 경우 디지털 소외 현상을 느낄 수 있다.

⑤ 노동력의 가치를 약화시킬 수 있다.

02 언택트 시대 유통산업의 변화

(1) 쿠팡

전자상거래 업체가 다른 택배 업체를 쓰지 않고 직접 고용하는 모델은 쿠팡이 최초다. 24시 이전에 주문하면 그 다음 날 배송해 주는 시스템이다. 로켓와우는 월 2,900원의 회원비를 지불하면 제한금액에 상관없이 로켓배송을 해주고 30일 이내 무료반품을 제공하는 로켓와우 서비스를 실행했다. 그 외에 주요 멤버십 혜택으로는 회원전용 특가상품 구매가 가능하고 로켓프레시로 신선식품을 아침 7시 이전 새벽배송으로 받아볼 수 있다는 점이다. 로켓프레시를 통해 소비자는 24시 이전에 주문할 경우 불과 7시간도 되지 않아 신선한 제품을 받아볼 수 있다. 이는 '마켓컬리' 등 일부 업체가 점유하고 있던 새벽배송 경쟁에 뛰어든 것이다.

(2) 마켓컬리

2019년 전년 대비 173% 증가한 4,289억의 매출을 달성, 2019년 국내 전자상거래시장 평균 성장률인 20%의 8배 이상의 성장세를 보였다. 누적 회원 수 179% 증가, 포장 단위 출고량 191% 증가, 총 판매 상품 수 210% 증가 등 양적, 질적 성장을 이뤘다. 단점은 마켓컬리의 주력 품목이 신선식품이어서 재고나 폐기율 관리가 까다롭다는 점이다. 마켓컬리는 이런 단점을 메우기 위해 중간유통과정을 없애고, 산지에서 소비자까지 24시간 내에 풀콜드체인(Full Cold-Chain) 시스템을 활용해 배송하고 있다.

(3) SSG

신세계가 온라인 전용센터를 만든 2016년 이전부터 신세계는 전국 이마트 점포 인프라를 이마트몰(2000년 출범) 상품을 구매한 고객을 위한 물류거점으로 활용하고 있었다. 현재 SSG.COM이 쓱 배송을 통해 제공하고 있는 '3시간 단위 예약배송'의 시작인 2010년 '타임슬롯'을 도입하였다. 2014년 보정에 설립된 이마트몰 온라인 전용센터(NE.O 001)를 시작으로 2016년 김포센터(NE.O 002)까지 신세계가 물류센터를 직접 구축하기 시작한 이유이다. 이커머스 업계 관계자에 따르면 신세계는 온라인 전용센터(NE.O 002 김포센터 기준)에 5만 개의 SKU(Stock Keeping Units)를 보관, 출고하고 있는 것으로 알려졌고 작업자가 물류센터를 돌면서 상품을 픽업하는 방식이 아니라, 자동화 컨베이어를 통해 상품이 작업자에게 전달되는 GTP(Goods To Person) 방식을 기본으로 사용한다.

코로나19로 인한 언택트 서비스가 주목받는 요즘, 이마트도 언택트 서비스를 시행 중이다. 이마트의 대표적 언택트 서비스는 흔히 '쓱(SSG)'이라 불리는 온라인 몰과 결제시스템인 '키오스크'가 있다. 이마트는 'Everyday low price MART'라는 기업 미션을 내세워 소비자가 공산품이나 신선식품을 편리하고 저렴하게 구매할 수 있도록 했다. 이러한 이마트의 등장은 유통업계 2위였던 신세계그룹을 1위로 탈바꿈시켜 주며, 높은 수익률을 가져다주었다. 그러나 지난해 2분기 창사 이래 첫 분기 적자를 내며 판도가 바뀌었다. 소비 부진과 인구수 감소로 대형할인점은 더는 안전한 캐시카우 역할을 할 수 없다. 신세계그룹은 이러한 현 상황을 예견한 듯, 전통유통업계에서 가장 먼저 온라인 몰에 발을 들였다.

'SSG(쓱)'는 신세계의 약자로, 오전에 장을 보면 오늘 쓱~ 배송을 해 준다는 의미이다. 쓱 배송은 당일 배송과 새벽 배송 서비스가 있다. 온라인 몰뿐만 아니라 오프라인 점포에서도 키오스크를 통한 언택트 소비를 증진시키고 있다.

(4) 아마존 고(Amazon Go)

소비자의 관심, 원하는 상품, 선택한 상품의 추적, 개인화한 데이터의 처리 등 기술 역량은 오프라인 소매 경험을 바꾸고 있다. 소매업의 종말(Retail Apocalypse)로 불리는 현상으로 오프라인 소매점이 줄고 있는 상황에서도 소매점을 늘리는 기업들의 이유이며, 아마존의 '아마존 고(Amazon Go)'는 가장 대표적인 예로 꼽힌다. 아마존 고는 2016년에 처음 문을 열었다. 계산대 없는 마트로서 식료품 판매에 중점을 두었다. 아마존은 2012년부터 아마존 고를 계획했다고 밝혔으며, 컴퓨터 비전, 머신러닝, 딥러닝을 활용하여 소비자가 계산대에서 계산하지 않고도 장바구니에 담은 상품을 가지고 나갈 수 있는 모델로 시작되었다. 아마존 고의 자동결제기술인 '저스트 워크 아웃(Just Walk Out)' 기술은 제품이 선반에 반입되거나 반품되는 시점을 자동으로 감지해 가상 카트(virtual cart)로 추적하고 쇼핑 후 상점을 나가면 모바일앱을 통해 영수증을 받고 아마존 계정에 청구되는 방식으로 운영되었다. 2018년이 되어서는 미국 전역 25개의 아마존 고가 문을 열었으며, 이후 아마존은 주요 지점들을 골라서 실험적인 형태로 아마존 고를 추가했다.

아마존 고가 소매 경험을 혁신한 가장 중요한 부분은 '구매 시간 단축'이다. 소비자는 아마존 고에 입장한 후 원하는 상품을 골라서 가지고 나오기만 하면 된다. 긴 줄의 계산대를 지나고, 계산원이 계산을 마칠 때까지 기다리지 않아도 된다. 사람이 많고, 복잡한 곳일수록 효과적이어서 로이터는 '아마존 고가 공항의 편의점 자리를 차지하여 공항 소매유통을 바꿔놓을 수 있다'라는 보고서를 공개하기도 했다. 그래서 아마존은 2016년 첫 문을 연 아마존 고보다 약 4분의 1 정도 크기의 작은 매장을 꾸준히 늘렸다. 아마존 고가 처음 등장했을 때만 하더라도 이전에 인수한 식료품 체인인 홀푸드에 아마존 고 시스템을 도입한다는 등 예상이 컸지만, 오히려 훨씬 작은 형태의 편의점 모델을 겨냥한 것이다.

이는 아마존 고가 혁신한 소매 경험이 구매 시간 단축이라는 것도 있었으나 기술적 한계도 존재했다. 아마존 고에 판매하는 제품들은 모두 포장되어 있다. 일반적인 식료품점에서 찾을 수 있는 쌓아놓은 과일이나 포장되지 않은

채 진열된 갓 구운 빵은 찾을 수 없다. 일부 매장에서는 따로 빵을 판매하는 코너가 있을 뿐 진열한 채로 판매하진 않는다. 아마존 고의 상품 추적이 포장되어 진열된 상품만 가능하기 때문이다. 소비자가 쌓인 과일 중 몇 개를 골라서 봉투에 넣는지 추적할 수 없다. 그런 탓에 준비된 음식이나 포장된 간식, 냉동식품, 조미료 등 상품만 아마존 고에서 판매했으며, 주로 편의점이 이런 상품들을 취급하기에 초기 모델보다 크기를 줄인 아마존 고를 늘려서 편의점을 대체하는 쪽에 무게를 둔 거였다. 또한, 매장의 크기가 크고, 매장을 이용하는 소비자가 많을수록 추적이 어렵다는 문제도 있어서 작은 아마존 고는 북적이는 매장의 추적을 위한 기술 향상에 도움이 되는 모델이었다. 하지만 아마존이 아마존 고를 구상한 2012년부터 준비한 모델은 첫 아마존 고보다 훨씬 작은 크기였다. 실제로 아마존은 홀푸드마켓 정도 크기의 식료품점에 아마존 고를 도입할 계획이었으며, 계획이 기술적 한계에 부딪히자 크기를 줄인 모델부터 실험적으로 시작했고, 크기를 점점 줄여온 것이다.

마침내 아마존이 첫 아마존 고보다 큰 크기의 매장을 열었다. '아마존 고 그로서리(Amazon Go Grocery)'라는 명칭의 새로운 매장은 아마존 본사가 있는 시애틀에 위치하며, 1만 평방피트 크기에 유기농 과일과 채소부터 풀을 먹인 소고기 등 5,000여 개 상품을 판매하는 좀 더 그럴듯한 식료품점이다. 기존 아마존 고와 마찬가지로 계산대 없는 매장이면서 크기가 커진 형태지만, 상품들이 좀 더 다양해졌고, 포장되지 않은 신선식품까지 판매한다는 점에서 많은 보완이 이루어진 매장이다. 아마존 고가 더 많은 상품과 넓은 매장을 추적할 수 있게 되었다는 의미이기도 하다.

아마존 디립 쿠마르(Dilip Kumar) 부사장은 '아마존 고 그로서리는 홀푸드와 상호보완적인 것으로 고객들은 다양한 방식과 장소에서 쇼핑하길 원한다. 때로는 배달되길 원하고, 어떤 때는 매장에 방문하며, 또는 홀푸드에 가기도 한다'라면서 '고객은 매장마다 다른 요구 사항이 있기 때문에 아마존 고에 가치를 더하고자 우리가 선택한 것은 가격과 그냥 걸어 나갈 수 있는 편의성의 제공이다'라고 말했다.

03 언택트 시대 디지털 트랜스포메이션(디지털화로 변화)

(1) 스타벅스 사이렌 오더

하루 평균 50만 명 이상이 전국 1,200여 개 스타벅스 매장을 찾는다. 이 가운데 약 15%는 줄을 서지 않고 모바일 스타벅스 앱으로 미리 주문·결제한 음료를 매장에서 받아간다. 일명 '사이렌 오더'다. 2014년 전 세계 스타벅스 최초로 '사이렌 오더'를 독자적으로 개발했다 사이렌 오더는 스타벅스 앱 내 선불카드에 돈을 충전하거나 신용카드로 미리 음료를 주문·결제하는 방식으로 운영된다. 줄을 서지 않고 원하는 시간대에 음료를 받을 수 있어 큰 호응을 얻었다. 또한 스타벅스 앱은 음료를 마시면 받는 쿠폰(e프리퀀시)을 모으면 스타벅스 다이어리를 증정하는 행사, 자주 마시는 메뉴를 등록하는 '나만의 메뉴' 같은 맞춤형 서비스, 전자영수증 발급 등 다양한 기능을 제공한다. 소비자 편의를 위한 IT 혁신을 지속하고 있다. 전 세계 스타벅스 최초로 개발한 모바일 주문 및 결제 서비스 '사이렌 오더'는 회원 수가 600만 명에 달한다. 론칭 이후 빅데이터를 활용한 메뉴 추천 기능과 음성주문 서비스 등도 도입했다. 스타벅스에서는 지난해 4월부터 사이렌 오더를 삼성전자 빅스비와 연동, 본격적인 음성주문 서비스를 도입했다. 사이렌 오더에 음성주문 서비스 등을 추가하며 현재까지 누적 이용횟수가 5,000만 건을 돌파하는 등 높은 호응을 얻고 있다. 하루에 약 50만 명의 고객이 방문하는 스타벅스에서 일평균 사이렌 오더 이용건수는 현재 약 8만 건에 육박한다. 실시간 교통상황을 예측해 주는 T맵과 스타벅스의 사이렌 오더가 연동된 음성주문 서비스를 선보이는 등 신기술 적용에 앞장서고 있다. 또한 드라이브스루 서비스라는 차량 정보를 등록하면 자동 결제되는(마이 DT 패스) 등 보다 진화된 형태로 선보이고 있다.

(2) 모바일 투썸

현재 위치에서 가까운 매장을 선택해 원하는 메뉴를 주문·결제하는 '투썸오더'다. 줄 서는 불편함 없이 사전 결제한 메뉴를 고객이 선택한 매장에서 바로 수령할 수 있다. '투썸오더'를 통해 주문한 메뉴 혹은 미리 등록한 메뉴를 터치 한 번으로 주문할 수 있는 '원터치 오더' 기능도 탑재되어 있다. '원터치 오더' 결제는 사전 등록한 '투썸 기프트카드(선불카드)'로만 이용 가능하다 (2019년 3월 기준).

(3) 줌(ZOOM)

줌(ZOOM)은 2011년 에릭 유안에 의해 설립되었다. 온라인 회의, 재택근무, 인터넷 강의를 위한 플랫폼으로써 카메라와 동시화면을 사용해 혁신적인 플랫폼으로 회자되고 있다. 특히 줌(ZOOM)은 자유롭게 일하는 문화가 정착된 미국 실리콘밸리에서 인기를 끌었다. 특히 전 세계적으로 코로나가 유행하며 교육용, 업무용으로 인지도가 높아지고 있다.

줌은 화상회의 솔루션 개발업체 중 후발주자였지만 비디오 우선전략, 무료 애플리케이션 그리고 이로 인한 사용자들의 입소문을 통한 마케팅으로 탁월한 경쟁력을 가지고 빠르게 시장을 점령했다. 줌의 가장 큰 장점은 사용자가 사용하기 편리하게 되어 있다는 점이다. 사용자들이 쉽게 접근하고 사용할수 있어서 많은 수의 다운로드를 자랑하고 있으며, 무료 체험과 화상으로 인한 실시간 양방향 소통으로 접근성과 편의성을 갖추었다.

또한, 여러 가지 배경들을 연출할 수 있는 기능이 있어서 개인 환경을 보여주고 싶지 않은 사용자들에게 프라이버시를 위한 편리한 기능을 제공하기도하며, 화상회의 자체를 녹음할 수 있는 기능도 있고 화상회의 중 특정 사용자에게 일대일 메시지를 보낼 수 있는 기능도 있어, 회의 중 개인적인 의견 교환이 가능하다. 화상회의에 다른 참여자들을 초대할 때도 이메일로 참여자들에게 보내면, 그 참여자들은 이메일로 받은 링크를 클릭해서 바로 화상회의에 들어올 수 있도록 되어 있어서 플랫폼이나 기술에 대한 이해도가 높지 않더라도 사용자들이 쉽게 사용할 수 있도록 되어 있다.

최근 신종 코로나바이러스가 전 세계로 파고들면서 사회적 거리 두기 차원에서 시작된 재택근무가 이제는 일상의 한 장면으로 자리 잡았다. 그만큼

학교 온라인 수업, 일반 사기업은 물론 정부 기관에서도 줌을 이용하는 모습이 종종 보이는데 2020년 3월 26일 G20 정상 회담에서 전 세계를 휩쓸고 있는 코로나바이러스에 대한 대책 논의가 있었다. 이때 줌(ZOOM)으로 화상회의가 진행되었다. 코로나바이러스로 인해 회사 업무나, 대학 수업 등이 줌(ZOOM)을 활용하여 이루어지고 있으며 비대면으로 이루어진다는 점에서 전염병 예방 대책으로 활용되고 있다.

비대면을 기반으로 하여금 줌을 활용한 사업도 생겨났다. 주식회사 유핏에서 출시한 '칠판에 쓰다'라는 로고를 가진 양방향 교류형 IWB이다. 이 상품은 학생들이 노트에 쓰는 모든 내용들이 디지털로 변환돼 저장하고 공유할 수 있는 디지털 정보로 변환이 가능하며, 또한 어떠한 전자파도 발생시키지 않는 무선력으로 디지털 판서와 저장, 공유가 가능한 화이트보드이다. 이 서비스는 줌(ZOOM)으로 화면공유를 통해 디지털 수업이 가능하다. 실시간으로 판서되는 내용을 학생들과 공유하며 온라인 대기자 명단을 통해 출석부로 활용도 가능하다. 하지만 무료 버전의 경우 40분이라는 시간제한이 있고 유료 버전을 결제하여 사용하다가 해지를 할 경우에도 줌은 한국어가 아닌 영어로 설명이 되어 있어 어려운 점이 있다.

줌을 대신할 방안으로는 구글에서 지원하는 '행아웃 미트'가 있다. 전체적인 구조는 줌과 같은 형태이지만 세세한 부분, 미세한 부분이 '줌'과는 차이가 난다. 특히, 가장 중요한 부분이라 할 수 있는 보안분야에 있어서는 완벽하지는 않지만 줌보다는 뛰어난 보안능력을 보여준다. 원격회의를 지원하는 프로그램에 있어서 각각의 셀 수 없는 아이피들을 관리하고 다량의 데이터들이 본사의 메인 컴퓨터에서 읽고, 쓰이고를 반복하면서 고사양 게임을 다루는 서버하고는 다른 의미에서 서버가 전체적으로 다운이 되고, 앞에서 언급한 것처럼 수많은 아이피들이 줄지어 있기에 언제든지 악랄한 해커들의 먹잇감이 될 수 있다는 공통적인 단점들이 있다.

하지만 구글의 행아웃 미트는 이런 점들을 구글 본사의 서버에 접목시킴으로써 조금이라도 더 보안을 갖췄고 한 번에 회의에 참여할 수 있는 인원들 또한 줌만큼이나 방대하기 때문에 오히려 줌보다는 구글의 행아웃 미트를 사용하는 것이 더 원활할 것이라 예상된다. 하지만 이런 이점에도 많은 사람이 줌을 찾는 이유는 다른 프로그램들은 따라올 수 없는 화질 때문이다. 일본의 한 매체에서는 "줌에서 볼 수 있는 고화질과 빠른 업로딩은 보안문제를 포기함으로써 얻을 수 있는 결과다"라고 말할 정도의 화질을 자랑한다. 일종의 사이클을 가지고 있는 말도 안 되는 먹이사슬처럼 많은 사람들은 뛰어난 보안과 뛰어난 화질/업로딩이 가능한 프로그램을 찾으면서도 결국에는 조금이라도 더 편리한 쪽을 선택하게 되는 것이다. 이번 코로나 사태를 계기로 하여금 점차 사회에서는 언택트 마케팅과 재택근무가 확산될 것이며, 미국의 한 단체에서는 오히려 이번의 코로나 사태가 미래를 좀 더 앞당겨진 것으로 생각하고 평상시였다면 50년 후에 가능했을 일들이 앞으로는 10년 내로 시행이 가능하게 될 것이라고 언급한 바 있다.

04 언택트 시대 관계경영이 더욱 중요

(1) 고객 로열티 강화

구매동기가 발생해서 언택트 서비스(Untacct service)를 이용해 구매, 사용, 재구매에 이르기까지 각 거래단계에서 하나라도 불만족한 경험이 있다면 그대로 경쟁사로 이탈할 수 있기 때문에 '총체적인 고객 경험 관리'가 매우 중요하다. 그래서 고객에게 로열티/할인 서비스로 보상을 제공한다. 최신 고객 유지 프로그램에는 일부 유형의 고객 보상, 로열티 또는 할인 프로그램을 포함해야 한다. Invesp의 조사 결과에 따르면 "소비자 중 69%가 업체 선택 시 고객 로열티/보상 프로그램 포인트를 얻을 수 있는 곳을 고려하며 57.4%는 비용을 절감하기 위해, 37.5%는 보상을 제공받기 위해 로열티 프로그램에 참여"한다고 답변을 했다. 고객 로열티 강화는 고객 창출 및 기존 고객 유지에도 큰 영향을 끼칠 것이다.

(2) 신규 고객 창출

가성비 높은 제품이나 식품을 연구해야 한다. 지속적인 혁신을 하는 업체는 외부의 창업환경이 나빠져도 큰 타격을 받지 않는다. 반면, 전통적인 스테디셀러라는 자부심으로 변화를 시도하지 않는 브랜드는 서서히 매출이 줄어드는 현상이 뚜렷해지고 있다. 미세한 소비 트렌드 변화를 잘 간파하고, 즉각 반영하지 않으면 도태될 수밖에 없다는 것이고 신규 고객 또한 줄어들 것이다. 할인 쿠폰, 경품 추첨, 마케팅전략을 통해 신규 고객과 고객 점유율을 늘려 나가야 한다.

(3) 기존 고객 유지

또한 신규 고객 창출보다 고객 유지에 신경을 써야 한다. '신규 고객을 위해 마케팅을 한다고 해도 그 소비자가 구매할 것이다'라는 보장이 없고 기존 고객들의 전환율이 훨씬 더 높기 때문이다. 물론 고객 유지는 고객 확보만큼 흥미롭지는 않아 보인다. 그러나 고객 유지는 비용이 덜 소요되며 궁극적으로 비즈니스를 발전시키거나 해체할 수 있다. 실제로 Harvard Business Review에서 인용한 한 연구를 예로 들겠다. 자주 사용되는 NPS(순수 추천 고객 지수)를 개발한 Bain & Company에 따르면 "신규 고객을 유치하는 데는 고객을 유지하는 것보다 7배의 비용이 더 든다. 그뿐만 아니라 연간 고객 유지 비율이 5%만 되어도 최대 125% 더 수익을 창출할 수 있다"고 한다. 고객을 보유하고 고객의 관심을 유지하는 것이 얼마나 중요한지 잘 보여주는 결과이다.

(4) 고객 가치 증대

고객 가치 증대를 위한 고객만족경영을 해야 한다. 이 의미는 과거에는 만들어 팔기만 하면 되는 시대로 제품 중심적인 사고가 강했다고 한다면, 지금은 고객을 만족시키느냐 못 시키느냐의 싸움, 다시 말해 고객 중심적인 사고로 바뀌었다는 것이다. 이는 비용의 감소로도 연결된다. 신규 고객을 창출하기 위해서 광고홍보를 통해 끌고 오고자 한다면 큰 비용이 들어가게 된다. 단골 고객의 경우에는 그런 것 없이 그 회사에 대한 호의적인 마음으로 제품을 구매하다 보니 당연히 마케팅 비용이 매우 감소하게 된다. 그래서 재구매한 고객에게 마일리지나 쿠폰을 제공하는 것이다. 즉 소비자의 가치 증대와 이익 증가가 비용 감소로도 연결되는 것이다.

(5) 고객 이탈 방지

거래 경험 최적화는 고객 유지 전략의 매우 좋은 시작점이 될 수 있다. 특히 단타를 빨리, 많이 쳐 낼 수 있는 기회가 되기에 초반에 조직에서 신용을 쌓고 실적을 보여주기에 주효하다. 하지만 궁극적으로 대부분의 거래 경험 최적화는 단타로 끝날 뿐, 홈런이 되지는 않는다. 고로 지속적인 고객 유지 및 혁신적인 '홈런'을 유지하기 위해서는 계속 고객의 니즈를 파악하고 제품을 끊임없이 발전시켜 나가야 한다. 이에 나오는 두 번째 접근방법은 고리타분하고 너무나 식상한 '고객이 원하는 제품으로 개선하기'다. 지름길은 없다. 근본적으로 제품을 좋게 만들어야 한다.

Chapter 02

언택트와
디지털 트랜스포메이션

01 미래 경영은 디지털 트랜스포메이션

4차 산업혁명은 AI(인공지능), IoT(사물인터넷), Big Data, VR/AR, Blockchain 등의 주도하는 차세대 산업혁명을 말한다. 이 기술들의 등장은 사회적 혁신을 일으켰지만, 우리 생활에서 상용화하기엔 아직 부족했다. 하지만 코로나의 등장으로 4차 산업혁명의 발전은 가속을 박차게 되었고, 우리의 생활 패러다임을 바꿔 놓았다. 그 예로 우리가 소비하는 행동에서 찾아볼 수 있다. 코로나가 발생하기 전엔 소비자들이 대면으로 물품과 서비스를 구매하거나 이용하였다. 비대면은 선택적이었을 뿐이었다. 하지만 ICT의 발전은 대면을 통한 소비보다는 비대면을 통한 소비를 통해 효율적이고 효과적인 것을 소비자에게 무엇인지를 지각하게 하였다. 이처럼 언택트 기술들은 우리 생활에 새로운 변화를 추진시키고 있다. 이러한 변화에 가장 먼저 행동한 집단이 있다. 바로 기업들이다. 기업들은 각종 정보통신기술(ICT)과 언택트 기술들을 활용하여 비대면 산업을 추진하기 시작했다. 또한 기업들은 지난 산업의 경쟁 방식과 사업 모델들을 재정의하고 '디지털 트랜스포메이션(digital transformation)'의 흐름에 따라 각기 다른 방식으로 대응해야 한다.

02 언택트 트랜스포메이션을 위한 정보 기술

접촉(contact)을 뜻하는 콘택트에 언(un)이 붙어 '접촉하지 않는다'는 의미로, 사람과의 접촉을 최소화하는 등 비대면 형태로 정보를 제공하는 마케팅을 말한다. 즉, 키오스크·VR(가상현실) 쇼핑·챗봇 등 첨단기술을 활용해 판매 직원이 소비자와 직접적으로 대면하지 않고 상품이나 서비스를 제공하는 것이다. 언택트 마케팅에 가장 적극적으로 나서는 분야는 특히 유동 고객이 많은 백화점과 쇼핑몰이다. 또 패스트푸드 업계에서도 언택트 마케팅을 적극 시행하고 있는데, 다수 매장에서는 키오스크(안내 단말기)를 통해 주문 및 결제를 처리하도록 하고 있다. 하지만 기존에 사람이 하던 일을 기계가 대신하면서 향후 일자리 감소와 언택트 디바이드(untact divide) 문제가 일어날 우려가 제기되고 있다. 언택트 디바이드는 언택트 기술이 늘어나면서 이에 적응하지 못하는 사람들이 불편을 느끼는 현상으로, 특히 디지털 환경에 익숙지 않은 노년 계층에서 두드러질 가능성이 높다.

(1) 화상회의 시스템

화상회의 시스템(video conference system)은 서로 다른 공간에 있는 사람들이 상대방을 직접 만나지 않고도 화면을 통해 얼굴을 보면서 회의할 수 있는 시스템이다. 기업에 있어서는 본사와 해외 지사 간의 연락망으로 주로 쓰였으나, 전례 없는 바이러스의 확산으로 인해 그 범위가 확대되어 현재는 언택트 시대에 가장 널리 활용되고 있는 정보기술 중 하나가 되었다. 화상회의 시스템은 공간의 제약을 받지 않기 때문에 시간 및 경비의 낭비를 최소화할 수 있고, 이에 따라 경영자의 관리 활동 및 의사결정에 필요한 정보를 신속하게 제공할 수 있게 한다.[1] 화상회의 시스템의 대표적인 플랫폼으로는 줌(Zoom), 팀

---

1 화상회의 [video conference, video conference system, 畵像會議] (NEW 경제용어사전, 2006. 4. 7., 미래와경영연구소)

즈(Teams), 스카이프(Skype), 구글 미트(Google Meet)가 있다.

최근에는 화상회의 시스템을 활용한 화상 면접(AI 면접)이 많이 이루어지고 있다. 2018년도부터 점차 시행되었던 AI 면접 방식은 인사담당자가 아닌 인공지능이 지원자를 평가하는 방식으로, 담당자의 주관을 최소화하여 공정성과 객관성을 확보하는 데 초점을 둔다. 먼저, 지원자가 카메라와 마이크를 장착한 컴퓨터에 이름과 수험번호를 입력하면, 지원자가 원하는 시간·장소에서 온라인으로 화상 면접을 볼 수 있게 된다. 면접에서는 간단한 자기소개부터 시작하여 지원자의 대처 능력을 파악할 수 있는 돌발 질문, 그리고 압박 질문까지 다양하게 주어지며, 서류 점수와 면접 점수를 합산하여 최종 합격자를 선발하는 방식으로 이루어진다. AI 면접을 도입하여 실시한 기업으로는 롯데그룹과 BGF 리테일, LG 하이프라자 등이 있다.2

Google의 'Google Meet'라는 애플리케이션이 있다 .이 앱은 카메라를 사용할 수 있는 컴퓨터, 휴대폰, 태블릿PC만 있으면 언제 어디서든 회의가 가능한 시스템이다. 이 시스템은 여러 사용자가 하나의 문서를 동시에 작업할 수 있고 동료와의 채팅기능 및 클라우드 등 많은 서비스가 제공된다.

(2) 무인 계산 시스템

아마존에서 개발한 기술인 'Just Walk Out Technology'를 적용한 무인 편의점인 아마존 고(Amazon Go)는 원하는 물건을 집어서 들고 나오기만 하면 자동으로 미리 애플리케이션에서 등록한 카드로 결제가 되는 시스템으로 이루어진 편의점이다.

이러한 시스템은 구매자가 쇼핑을 하는 동안 자율 주행 센서가 부착된 원형 카메라가 쇼핑 고객의 동선을 따라다니며 구매자가 제품을 진열대에서 들어 올리는 동작을 인지하고 그 동작으로 인해 입력 장치는 구매자의 품목 리스트를 검색하고, 장바구니에 추가한다. 그리고 구매자가 출구를 통과할 때

---

2 고영민(2020). 이젠 인공지능이 면접까지 본다고?: AI 채용시스템, '공정성' 논란의 종지부를 찍을까?. 지역정보화, 120(0), 98-99.

다른 입력 장치가 구매자를 식별하고 소유한 품목을 확인하여 결제하고, 해당 품목의 재고의 숫자까지 알아서 감소시키는 시스템이다.

(3) AR과 VR을 이용한 온라인 쇼핑

기존에 있던 온라인 쇼핑은 시공간의 제약이 없고 쉽게 상품 검색이 가능하며 비교할 수 있지만 경험을 할 수 없다는 치명적인 단점이 있다. 하지만 이러한 단점을 보안할 수 있는 방법으로는 온라인 쇼핑과 AR과 VR을 접목시키는 것이다. '롯데 홈쇼핑'과 '현대 홈쇼핑' 등은 사전에 소비자의 성별, 키, 허리 등의 신체사이즈를 입력 후 입력한 값에 적합한 아바타를 VR과 AR을 통해 만들어 소비자가 원하는 옷을 입혀볼 수 있어 자신과 비슷한 아바타로 경험을 할 수 있는 시스템을 개발했다. 또한 '더현대닷컴'은 가상 메이크업 서비스를 제공한다. 이 서비스는 셀프카메라로 소비자의 얼굴을 찍고 그 사진에 스마트폰으로 자신에게 맞는 여러 가지 색조 화장품을 고를 수 있는 서비스를 제공한다.

(4) 생체인식 시스템

코로나 19로 인한 대면이 꺼려지는 현재 중국 베이징수도국제공항에서는 생체인식 기술을 사용하여 승객의 전체 탑승수속 과정을 자동화하기 위해 스위스 기술회사인 SITA와 제휴를 맺었다. 공항에서는 공항 체크인 및 수하물 위탁에서부터 보안검색, 최종 탑승에 이르기까지 승객은 안면인식 시스템이 설치된 지정된 동선을 통과하기만 하면 된다.

(5) AI 로봇

AI 로봇은 여러 분야에서 도입되어 있다. 그중 의료업계와 유통업계에 대해 다룰 것이다. 우선 의료업계에선 두 가지의 예를 들 수 있다. 첫 번째로, 연세대 세브란스병원은 하지 부분 마비 환자의 재활 훈련용 로봇으로 '엔젤렉스 M'을 도입했다. 엔젤렉스 M은 뇌졸중, 척수 손상, 뇌성마비, 척추 이분증 등의 질병으로 걷는 데 어려움을 호소하는 환자의 보행 훈련을 돕는 로봇이다. 족저압 센서가 달린 아웃솔에 올라선 뒤 착용부를 허리와 다리에 고정해 걷는 식이다. 센서는 환자가 힘을 주는 정도와 무게중심 이동 정도를 감지하고, 이를 토대로 착용부에 연결된 구동기가 20단계의 보조력을 제공한다. 가방처럼 등에 메는 백팩에는 보행 의도·능력을 분석하는 프로그램이 설치돼 있다. 그리고 두 번째로는 삼성전자가 만든 '젬스(GEMS)'는 재활은 물론 일상생활에서 운동 기능을 증진시킬 수 있는 웨어러블(입을 수 있는) 보행 보조 로봇이다. 지난해 미국 최대 정보기술(IT) 전시회 'CES 2019'에서 처음 공개됐다. 젬스는 사용자의 필요에 따라 고관절·무릎·발목 등에 선택적으로 착용해 보행에 관여하는 근육 부하를 덜어주는 기계다. '젬스 힙(Hip)' '젬스 니(Knee)' '젬스 앵클(Ankle)' 등 세 종류가 있다.

03 디지털 트랜스포메이션의 활용분야

(1) 일상생활

가. 키오스크(무인 안내 단말기)

일상생활에서 언택트 기술을 제일 많이 볼 수 있는 곳은 음식점, 패스트 푸드점 등의 키오스크(무인 안내 단말기)이다. 이 시스템을 적용하여 사람 대신 기계가 주문과 결제를 할 수 있게 되었다. 키오스크를 이용하면서 사람과 사람 간의 불필요한 접촉과 대화를 하지 않게 됐으며 그로 인해서 대기시간이 짧아지고 이런저런 문제 및 갈등이 완화되었다. 또한 요즘 시대에 한사람이 여러 명의 손님의 지폐, 카드, 상품권 등을 받으면서 전염될 수 있는 바이러스에도 보다 안전하다. 하지만 노령화시대로 노인들이 많아지면서 메뉴선택이나 주문, 결제 등에 어려움을 겪으며 서비스를 제공받지 못하는 경우가 많다는 점이 단점이다.

나. 배달

요즘 시대에는 딜리버리, 즉 배달이 필수다. 그중 유명한 앱이 배달의 민족, 요기요 등이 있다. 처음에 이 앱이 나왔을 때는 배달료를 받는다는 점과 이 앱을 통해서 한군데에서 여러 가지 음식을 만들거나 위생상태 불량인 배달 전문 음식점 등이 생겼던 이슈 등이 뉴스에 나오면서 호평을 받지 못하였다. 하지만 여러 가지의 문제점을 보안하면서 이 앱이 자리가 잡힌 지금 언택트 시대가 코로나 바이러스에 의해 유행하게 되었다. 사회적 거리두기로 인해 매장에서 판매할 수 없는 상품들을 테이크 아웃으로 팔거나, 배달을 하게 된 것이다. 또한 뻥 뚫려 있는 식당과 여러 사람이 같이 쓰고 설거지해서 또 여러 사람이 같이 쓰게 되는 식기 등을 이유로 사회적 거리두기가 완화되었으나 외식을 할 경우 배달 앱을 이용한다. 또한 식료품도 예외는 아니다. 마켓컬리가 유행해서 성공한 뒤로는 마켓컬리와 비슷한 이마트몰, 쿠팡 로켓배송, 쿠캣마켓 등 식료품을 배달해 주는 곳 또한 많이 생겼다.

다. 방구석 콘서트

코로나 덕에 사회적 거리두기로 인해서 '언택트' 자체가 유행이 되면서 TV 프로그램의 방청객, 콘서트장의 사람들, 전시회장의 사람들 등이 그곳에 직접 가지 못하게 되자 집에서 TV 스크린이나 휴대폰, 컴퓨터, 노트북 등에서 즐길 수 있게 되었다. 특히 한 아이돌 그룹은 유튜브로 콘서트를 개최했으며 여러 각도의 그들의 모습을 스크린에서 볼 수 있어 현장감이 생생했으며, 블루투스로 연결된 응원봉은 오디오 신호에 맞춰 색깔이 달라져 응원하는 느낌이 들도록 재현했다. 또한 시청자 투표로 운행했었던 MBC의 복면가왕 프로그램과 JTBC의 히든싱어 등은 생방송으로 들을 수 있는 라이브 방송을 통해 투표를 할 수 있게끔 해서 프로그램을 진행할 수 있었다. 또한 양방향으로 시청자들의 모습을 화상으로 볼 수 있는 시스템으로 응원 등을 보내기도 했다.

(2) 관광

가. 생체인식 탑승수속

여러 나라의 사람이 모이는 공항에서는 코로나 시대를 맞이하여 감염률을 낮추기 위해 언택트 기술을 적용했다. 바로 생체인식 탑승수속(Biometric Boarding)이다. 중국의 베이징수도국제공항은 생체인식 기술을 사용하여 승객의 전체 탑승수속 과정을 자동화하기 위해 스위스 기술 회사인 SITA와 제휴했다. 공항 체크인 및 수하물 위탁에서 보안검색, 최종 탑승에 이루기까지 승객은 안면인식 시스템을 설치 및 통과하기만 하면 된다. 즉 승무원(사람)이 했던 일을 기계의 시스템이 하기 때문에 비대면으로 최소한의 인원만 두고 할 수 있게 되었다. 우리나라에도 이미 도입이 되어 시행되고 있는 시스템이다.

나. 비접촉식 체크인 및 엘리베이터 버튼

싱가포르 창이공항은 승객의 체크인 절차를 자동화하기 위해 비접촉 키오스크를 설치했다. 식당과 음식점에서의 키오스크와 다른 점은 적외선 근접 센서로 기계를 여러 사람이 터치하면서 감염될 수 있는 것을 막고자 손가락의 움직임만으로도 식별할 수 있게끔 됐다. 또한 비슷한 경우로 아부다비국제공항(아랍에미리트)은 기술 스타트업 Meta Touch와 제휴하여 비접촉식 엘리베이터를 설치하여 물리적으로 버튼을 누르지 않아도 제어할 수 있게 되었다.

다. 비접촉식 환대 서비스(Contactless hospitality)

네덜란드 호텔 체크인 citizeM은 고객에게 비접촉식 호텔 숙박을 제공하는 스마트 모바일 애플리케이션을 출시했다. 이 앱은 고객이 디지털 방식으로 체크인 및 체크아웃할 수 있도록 도와준다. 또한 스마트폰을 사용하여 객실의 내부 조명, 블라인드 및 온도를 제어할 수 있게끔 하였다. 우리나라에서도 이와 비슷한 애플리케이션인 여기어때, 야놀자 외 숙박 애플리케이션 등 또한 이러한 시스템을 갖추고 있으며, 결제까지 한 번에 할 수 있도록 설정하여 굳이 직원을 만나지 않아도 체크인할 수 있기에 해외여행이 제한된 지금 국내에서는 많이 이용한다.

(3) 채용

가. 언택트 채용

언택트 채용이란 기술의 발전을 통해 채용 시 면접에서 대면으로 하지 않고 비대면 채용을 하게 되었다. 사례로는 인크루트의 VIEW 시스템이다. 인크루트는 원래 Job Korea와 같은 취업, 구직 전문 사이트인데 이곳에서 비대면 채용시스템을 만들어 회사와 면접자가 이 시스템을 쓸 수 있게끔 기술을 도입한 것이다. 인크루트를 통해 VIEW 서비스를 개설한 후 이용할 수 있으며, 화상, 영상, 인성영상면접까지 진행할 수 있게 하였다.

나. 그 외 무인화 설비

서울 동작구의 한 슈퍼에는 무인 계산대와 보안시스템을 활용해 야간에 무인으로 운영하는 방식을 도입했다. 키오스크를 이용해 결제하며 코로나19 확산과 비대면 소비 추세에 대응한 소상공인 디지털 전환 정책 모델이라고 하였다. 또한 판교의 자율주행 모빌리티쇼 행사에서는 자율주행 차량이 운행되었으며 행사장 안의 식당에서는 자율주행 로봇이 식사를 서빙했다. 언택트 기술이 발전하지 않았으면 사람이 했을 것이며, 코로나 시대에 이 기술이 발전하지 않았다면 사람 간의 접촉이 많아 확산률이 늘어났을 것이다.

다. 산업용 로봇의 발전

물류 산업에서는 코로나19 사태 이후 바이러스 차단과 효율을 높이기 위해 제품 분류, 운송, 포장 등의 영역에 로봇이 투입되어 있다. 현재 아마존과 구글, 월마트 등 글로벌 기업들은 많은 로봇을 활용하고 있으며, DHL 역시 오래전부터 현장 곳곳에 로봇을 배치해 효율성을 높이고 있다. 우리나라에서도 쿠팡 물류센터에서 벌써 2번이나 뉴스에 나올 만큼 바이러스가 퍼져 폐쇄시켰다. 하지만 우리나라는 로봇도입을 하지 않았다. 그로 인해서 알바 모집 애플리케이션에는 쿠팡 물류센터 마스크 착용 감시 관리자 알바 모집 등이 올라왔었다. 이처럼 물류 산업에서도 사람이 하던 일을 하지 못하게 되자, 로봇이 하게 되었다. 뿐만 아니라, 물류센터에서 혹시 모를 바이러스의 감염을 대비해 DHL에서는 애비드봇(Avidbots)사의 청소 로봇 네오(Neo) 수백대를 물류창고, 허브, 터미널에 도입하고 배치하여 감염을 막았다. 애비드봇은 소프트웨어(SW), 3D 센서, 카메라를 사용하여 스스로 시설물 바닥을 청소하며 전염병을 유발하는 바이러스 소독을 하여 작업자의 안전은 물론이고 물품의 상태도 청결하게 유지할 수 있었다.

04 디지털 트랜스포메이션으로 인한 비즈니스 창출 기회

(1) 새로운 소비/유통 패러다임의 변화와 비즈니스 창출방안

언택트는 온라인 인프라에 익숙한 젊은 세대를 중심으로 스마트폰의 대중화, 시장의 무인화 바람 등과 맞물려 개인주의 성향이 확산되면서 타인과의 접촉을 줄이고, 불편한 소통 대신 편한 단절을 원하는 사람들이 늘어나는 추세에 맞춰 등장한 트렌드이다. 특히 최근 코로나19로 사회적 거리두기를 실천하면서 감염을 피하기 위해 소비자들이 외출을 자제하면서 어딘가에 직접 방문하기보다는 온라인상으로 이를 해결하고자 하는 니즈로 인하여 언택트 기술이 더욱 각광받고 있으며, 이러한 언택트 서비스의 이용은 일시적인 증가에 머무는 것이 아니라 향후 더 가속화될 것으로 전망된다.

최근의 스타벅스에서 실시하고 있는 사이렌 오더는 주문 시간대, 소비자의 구매 내역 등 빅데이터를 수집해 빅데이터를 활용한 메뉴 추천 기능을 제공한다. 스타벅스는 사이렌 오더로 인해 모바일 결제가 증가하면서 직원의 노동력은 줄어들었고, 실시간 빅데이터를 수집해 손님이 적은 매장과 붐비는 매장에 적절히 인력을 순환하여 근로 시간을 탄력적으로 운영해 절약한 비용으로 소비자에게 더 저렴하게 제공하고 있다. 더 나아가 인공지능(AI)을 활용한 음성주문 서비스도 도입하여 변화하는 언택트 소비 트렌드에 맞춰가며 소비자를 만족시키고 있다. 코로나19의 확산으로 언택트 소비가 늘어나면서 사이렌 오더의 시간당 가입자 수는 평균 100명을 넘어섰다. 사이렌 오더의 누적 주문 건수는 1억 건을 돌파하였으며 전체 주문의 22%가 사이렌 오더로 이루어지는 등 활발하게 활용되고 있다.3 스타벅스뿐만 아니라 투썸플레이스의 '투썸 오더', 할리스커피의 '크라운 오더', 탐앤탐스의 '스마트 오더' 등 다른 커피 프랜차이즈들도 자체 앱을 통해 원격주문 서비스를 제공하고 있다. 빅데이터와 인공지능(AI) 기술을 활용한 스타벅스의 사이렌 오더를 경험해 보기 위해서 스타벅스 애플리케이션을 깔아보았다. 애플리케이션은 현재 내가 주문하는 시간대의 빅데이터를 수집해 저녁 대신에 먹을 수 있는 메뉴들을 추천해 주었다. 사이렌 오더를 통해 직원과 직접 대면하지 않고 주문할 수 있었고, 주문한 메뉴가 언제 나오는지 직원에게 물어보지 않아도 실시간으로 상황을 알 수 있었다. 또한, 빅스비와 같은 AI 기술을 스타벅스와 연계하여 사용하는 음성주문은 손을 쓰지 않아도 애플리케이션에 말을 하면 인공지능(AI)이 음성을 알아듣고 주변에 있는 스타벅스 매장을 추천해 주었다. 굳이 직접 주변에 있는 매장을 찾지 않아도 되고, 말로 손쉽게 주문이 가능하기 때문에 편리함을 느꼈다.

(2) 터치리스(Touchless) 생체인식 기술

코로나19 바이러스 감염 우려를 줄이기 위해 '언택트(Untact, 비대면) 문화'가 사람들 사이에서 불문율처럼 형성되고 있다. 특히 최근 실리콘밸리에 '모바일 이동식 주유소'가 등장한 것은 주목할 필요가 있다. 스타트업인 부스터 퓨얼즈(Booster Fuels)는 주기적으로 주유소에 가야 하는 번거로움을 해결하고, 주유소에서 일어나는 범죄에 대한 두려움을 떨치기 위해 모바일 주유소를 만들

---

3 한국경제, 1시간에 100명씩 가입하는 스타벅스 '사이렌 오더'의 비결은 (2020.10.16.)
   https://www.hankyung.com/economy/article/202003314482i

었다. 이들은 인근 쇼핑몰 주차장이나 페이스북, 이베이, 오라클 등 세계적인 실리콘밸리 기업 주차장을 다니며 서비스를 제공해 큰 인기를 얻고 있는 중이다. 모바일 이동식 주유소는 운전자가 주유소까지 직접 차를 몰고 가야 했던 기존 주유소와 달리, 주유 차량이 자신의 위치로 와 직접 연료를 공급해 준다. 결제는 모바일로 이뤄지며 문자 및 이메일을 통해 영수증을 전달받을 수 있다. 이처럼 새로운 비즈니스 기회가 창출된 것은 코로나19 바이러스와 같은 전염병의 주된 감염 경로 중 하나가 바로 주유소 가스 펌프 핸들로 지목됐기 때문이다. 부스터 퓨얼즈의 조사 결과에 따르면 기존 가스 펌프 핸들의 71%가 전염병의 감염경로가 될 수 있을 정도로 오염 수준이 높은 것으로 나타났다. 손 위생의 중요성이 강조되면서, 직접 손을 대지 않고 출입하거나 상품을 결제할 수 있는 첨단 기술이 속속 도입되고 있다. 사람과 대면을 피하는 언택트 시대의 도래가 극단적으로 접촉을 줄이는 터치리스 경제(Touchless Economy)로 확대되는 기폭제가 된 것이다.

터치리스 경제에 기반하는 기술은 우리가 흔히 알고 있는 '생체인식 기술'이다. 생체인식 기술은 '사람마다 다른 고유한 신체의 특징'을 기반으로 하는 인증 방식이다. 이 기술은 기존에도 사용돼 왔지만, 기업들은 상대적으로 높은 구축비용 때문에 최신 보안 솔루션 업데이트를 꺼려왔다. 하지만 코로나19 바이러스 확산으로 다수가 사용하고 공유하는 물품이 기피 대상으로 떠오르면서 손으로 조작할 필요가 없는 비대면 터치리스 생체인식 기술에 대한 관심이 커지고 있다. 생체 정보는 각 개인의 고유한 정보이기 때문에 보안성이 높다. 특히 지문인식은 터치가 기반이 돼 직관적이고 편리하게 인증할 수 있는 장점이 있지만, 코로나19와 같은 전염병이 확산되고 있을 때는 이러한 편의성이 오히려 독으로 작용하게 된다. 이에 새로운 대안으로 떠오른 기술 중 하나가 '안면인식'이다. 기존 안면인식 기술은 눈, 코, 입, 콧구멍, 광대뼈 돌출 등 외관적인 요소를 분석해 신원을 확인하는 수준이었지만, 최근에는 적외선 카메라를 통해 혈관 내 피의 흐름에 따라 생기는 열점을 인식해 개인을 구분하는 기술도 등장했다. 또한 뼈와 근육, 혈관, 손가락 체지방, 걸음걸이, 음성 등을 분석하는 기술도 빠르게 발전하고 있다.

언택트 환경의 번거로움을 극복하기 위해 터치리스 생체인식 출입관리

시스템이 등장했다. AI 딥러닝(Deep Learning) 기반 얼굴인식 시스템과 열화상 카메라를 연동해 특정 장소에 출입하는 사람의 체온을 사전 측정하고, 전산 기록으로 남기는 시스템이다. 마스크를 벗지 않아도 본인인증이 가능한 안면인식 기술이나 0.3초 만에 얼굴을 인식하는 워크스루형(Walk through) 얼굴인식 스피드 게이트도 AI 딥러닝을 기반으로 하는 시스템이다. 최근 한국전자통신연구원에 의해 개발된 비접촉 센서에도 생체인식 기술이 탑재됐다. 이 기술은 엘리베이터의 버튼을 직접 누르지 않아도 1cm 근처까지 손가락을 접근시키면, 습도 센서가 이를 인식해 즉시 엘리베이터를 작동시켜 준다. 위생과 편의성이라는 두 마리 토끼를 모두 잡는 터치리스 생체인식 솔루션의 좋은 사례다.

또한, 다양한 터치리스 생체인식 페이 기술도 도입되고 있다. 직접적인 신체 접촉이 없어 기존 카드 결제방식보다 위생적이기 때문이다. 롯데카드 핸드페이는 손바닥 정맥인증만으로 결제가 가능한 서비스로, 결제를 위해 단말기에 직접 손이나 손바닥을 대지 않아도 된다. 근적외선 센서만으로 본인인증이 가능하기 때문이다. 이러한 기술들이 사회 곳곳에 적용되면, 지문과 같은 기존의 접촉식 인증에 대한 의존도가 크게 줄어들 것이다. 이처럼 첨단 기술을 보유한 기업들은 다양한 제품에 이를 접목시켜 코로나19 사태 이후 확대되고 있는 터치리스 경제를 주도하기 위해 사력을 다하고 있다. 포스트 코로나 시대에 보안성과 편의성, 그리고 업무 생산성을 모두 잡기 위해서 홍채, 정맥, 안면인식과 같은 터치리스 생체인식 보안 솔루션 도입은 피할 수 없는 '시류'가 되고 있다.

(3) 데이터 결합으로 보험 및 금융산업 활성화

보험시장이 비대면으로 전환되기까지 오랜 시간이 걸릴 것으로 예상된다. 하지만 코로나19를 겪으면서 비대면 환경 변화뿐 아니라 최근 소비자들의 건강에 대한 인식도 변화하고 있다. 디지털 환경에서 고객이 보험의 모든 과정을 혼자서도 쉽게 밟을 수 있도록 보장 피팅 서비스 설계에 다양한 시작자료와 어려운 보험용어 풀이도 더했다. 무엇보다 주목할 점은 통합, 실손, 암, 뇌, 심장, 사망, 어린이보험 등 건강보험을 디지털 상품으로 선보였다는 점이다.

보험이 예전에는 남겨진 가족들을 위한 보험, 노후에 수익을 안정적으로 가져
갈 수 있는 형태였다면, 시대 흐름이 바뀌면서 '오래 잘 살기' 위한 최소한 안
전장치로서 진화하고 있다. 앞으로 고객을 가입할 세대들을 위한 보험은 건강
보험이라고 판단된다. 이미 젊은 세대는 모바일 환경에 익숙해 검색 능력 등
이 갖춰져 있기 때문에 보험도 커머스에서 물건을 구매하듯이 충분히 고려하
고 학습하고 확신이 섰을 때 가입하게 될 것이다.

(4) 미래 교육 분야

가. 화상 강의 및 회의 시스템 Zoom

최근 코로나의 오랜 유행 및 전염으로 비대면 수업이 전면 실시됐다. 여러
가지 비대면으로 할 수 있는 수업방식으로 교수들과 학생들은 학기를 진행하였
는데 그중 화상 강의 및 화상 회의를 할 수 있는 Zoom을 이용하여 수업하고
수업을 받는 경우가 제일 많았다. 물론 대학교 마다 자기 학교만의 화상시스템
이 있는 학교도 있다. 그 또한 언택트시스템을 도입해 교육할 수 있게 만든 것
이다. 그로 인해서 비대면으로 화상시스템과 채팅이 더해진 Zoom을 통해 질의
응답과 소통 등을 보다 더 수월하게 할 수 있으며 수업의 질이 올라간다. 하지
만 카메라가 없는 노트북이나 컴퓨터 등으로 했을 때는 화면을 공유할 수 없다.

나. KG에듀원 이룸(맞춤 강의)

KG에듀원 이룸은 KG그룹에서 운영하는 IT 법인 전문교육기관 KG아이
티뱅크에서 운영하는 인터넷 강의 사이트로 IT를 기초부터 실무까지 교육받을
수 있다. 인터넷 강의는 원래 KG에듀원 말고도 에듀윌이나 EBS 등 많은 사이
트에서 언택트시대가 유행하기 전부터 비대면으로 강의를 녹화한 후 무료 혹
은 유료로 서비스했다. 하지만 대부분의 인터넷 강의 사이트는 강의를 다 들
은 후 질의응답이 가능했으며, 답변을 받지 못하는 경우가 있었다. 하지만 KG
에듀원 이룸 사이트에서는 라이브 인터넷 강의라는 것을 도입해 강의를 비대
면으로 들음과 동시에 모르는 부분을 제때 질문하고 응답할 수 있는 시스템을

만든 것이다. 언택트 시대가 유행하면서 본래 있던 언택트 교육시스템을 발전
시켜 새로운 시스템을 도입해 온라인으로 듣지만 오프라인으로 듣는 것과 같
은 효과를 낼 수 있다.

다. 구글 미트(Google Meet): 구글 미트 시리즈 원

구글 미트는 최근 교육 분야와 더불어 다양한 회의체에서 사용하고 있는
화상회의 시스템으로, 다양한 AI 기술이 접목된 서비스를 제공하고 있다. 어두
운 공간에서 회의하는 경우를 대비하여 일정 밝기 이하로 내려갔을 경우, AI가
자동으로 인식하여 밝게 해 주는 조명 기능이 있다. '트루 보이스'라는 소음 제
거 기능을 두어 사람의 음성과 키보드 소리와 같은 소음의 구분을 명확히 하도
록 설계하였다. 또한, 회의참가자들을 타일형으로 배치하는 타일형 레이아웃을
도입하여 원활한 회의가 가능하게끔 도움을 준다. 화상회의 시스템을 경험해
보기 위해 화상회의 플랫폼 구글 미트를 활용해 조별 회의를 진행해 보았다.
위에서 언급했던 기능 외에도 회의참가자가 마이크를 켜지 않고 발언하였을
때, 마이크가 꺼져 있다는 문구를 띄워주어 실수를 방지할 수 있도록 하였다.

라. 인 에어(in AIR)

상당수의 기관과 대기업들이 채용 솔루션으로 채택하고 있는 ㈜마이다스
아이티의 '인 에어(in AIR)'의 경우, 시각, 청각, 언어 및 생체신호 정보를 인식·
처리하는 인공지능 기술(V4)을 통해 응시자의 외현적인 특성을 측정하고, 지원
자의 목소리, 어조, 억양, 주로 사용하는 단어 등의 정보를 수집한다. 또한 머
신러닝을 활용하여 지원자의 직무수행 결과와 화상 인터뷰를 분석하며, 이때
지원자의 얼굴에 약 60개의 포인트를 지정하는 안면인식 기술을 적용하여 대
리 면접과 같은 부정행위를 방지하고 있다. AI는 이러한 지원자의 행동을 관
찰하고, 지원자의 답변을 토대로 앞선 합격자 가운데 업무 성과가 탁월한 이
들과 비교해 회사에 정말 적합한 인재인지를 파악한다.[4] AI는 면접은 게임으

4　강윤경(2018). 채용 시장에 나타난 AI. Midas, 2018(5), 120-121.

로도 이루어지는데, 인물의 감정 맞추기 게임, 공 옮기기 게임과 같은 지원자의 전략을 파악할 수 있는 게임으로 구성되어 있다. 이를 통해 AI는 정서인지능력, 계획능력 등 지원자의 능력을 파악할 수 있다.

05 미래 경영학과 언택트 트랜스포메이션

(1) 빅데이터를 이용한 비즈니스 창출 기회

빅데이터는 여러 분야의 신기술과 결합하여 실세계 모든 제품, 서비스를 네트워크로 연결하고 사물을 지능화시켜 기존 산업혁명보다 더 넓은 범위에 더 빠른 속도로 영향을 미치고 있다. 우리는 앞서 언급한 4차 산업기술을 우리의 미래에 더 폭넓게 활용할 수 있는 방법이 없을까 하는 질문에서 출발해, 다양한 고민을 시작했다. 이 항에서는 우리에게 직면할 여러 비즈니스에서의 창출 기회는 무엇이 있는지 현재 코로나 시대에서 각광받고 있는 여러 언택트 정보기술을 통해 논해 보고자 한다.

현재 카드사는 여러 업계의 뜨거운 러브콜의 대상이다. 그 이유는 '데이터 3법'이 2020년 1월 9일 열린 본회의에서 통과되어, 올해 8월 5일부터 시행에 들어갔기 때문이다. 이 데이터 3법은 개인정보 보호법·정보통신망법·신용정보법 개정안을 일컫는 말로, 통계 작성, 연구, 공익적 기록 보존 등을 위해 가명 정보를 신용 정보 주체의 동의 없이 이용 및 제공이 가능한 개정안이다. 이제 카드사는 개인 신상 보호라는 명목으로 40~50개밖에 사용하지 못했던 개인정보가 수천~수만 대로 많아져 신용 분석이 가능해졌다. 말 그대로 빅데이터 창고가 된 것이다. 이제 결제 정보는 돈이 되는 시대가 되었다. 가맹점 수수료 인하 등으로 수익성이 악화한 카드 업계는 빅데이터에 기술과 자본을 적극적으로 투입하고 있다. 빅데이터를 활용한 '초개인화 마케팅'에 공들이며 새로운 활로를 찾고 있다. 초개인화 마케팅은 불특정다수가 아닌 세밀하게 타깃팅한 사용자에게 TPO(시간·장소·상황) 맞춤형 혜택을 주는 서비스이다. 이러한 초개인화 마케팅을 위해 현재 신한, 국민, 삼성 등 많은 카드사들이 앞다투어 데이터 기반 서비스를 선보이고 있다. 그중 BC카드는 빅데이터 센터를 설립하여 경쟁 업체보다 더 빅데이터 경쟁력을 가지고 있다. 이제 카드사는 그동안 서비스만 제공하는 형태였다면 앞으로는 가명 정보 활용으로 데이터 고도화를 통해 사업화를 추진할 수 있는 발판을 마련하였다.

(2) 사물인터넷(IoT)을 이용한 비즈니스 창출 기회

사물인터넷은 제한 없이 모든 사물에 적용할 수 있다. 이러한 강점으로 발전 가능성이 무궁무진하며, 전망이 밝다. 여러 기업에서 출시하는 상품에 해당 기술이 빠지지 않고 적용되고 있으며 지금까지 많이 사용된 스마트폰을 포함하여 다른 제품에도 많이 활용되고 있다. 사물인터넷에 적용된 서비스 분야는 헬스케어/의료/복지, 에너지, 제조, 스마트홈 등으로 총 12개 이상이다. 이 항에서는 사물인터넷이 비즈니스 측면에서 어떠한 창출 기회를 낼 수 있는지 사례를 통해 논해 보고자 한다.[5]

스마트 팩토리란 단순 자동화 공장이 아닌 지능화 공장을 의미한다. 지능화 공장은 제품의 기획·설계·생산·유통·판매 등 전 과정을 ICT(정보통신기술)로 통합해 스스로 데이터를 수집하고 작업 명령을 내릴 수 있도록 설계되었다. 사물인터넷을 통해 실시간으로 기계의 상태나 공정의 진행률 등의 정보를 수집하고 정보를 공유하며, 필요한 의사결정을 내리는 동시에 최고의 생산효율을 낸다.[6] 스마트 팩토리의 구축은 다음과 같은 비즈니스를 창출할 수 있다. 첫째, ICT 기술들을 활용하여 생산에 대한 전 공정에서 수집된 데이터들을 분석하고 활용함으로써 비가동 및 불량으로 추정되는 원인을 파악하기 수월해지고 낭비되는 요인을 감소시킨다. 그로 인해 설비 가동률과 생산설비, 제품, 작업자별로 생산능력을 파악하여 효율성 있는 생산운영이 가능하다. 둘째, 제조

---

5 선연수, "IoT 서비스 산업별 특화 기술과 적용 사례", 테크월드, (2020.5.11.)
   http://www.epnc.co.kr/news/articleView.html?idxno=96176
6 "IoT 오픈 플랫폼 기반 스마트 팩토리 서비스 분야 도입 사례집" VOL.- NO.- (2019)

업의 리쇼어링에 대한 가능성을 촉진한다. 리쇼어링을 통해 고용 창출의 효과
와 기업의 핵심기술의 유출을 막을 수 있다. 셋째, 대기업과 중소기업 간 시너
지 효과를 볼 수 있다. 넷째, 빅데이터를 분석해 소비자의 적합한 상품을 예측
가능하여 개인별 수요에 따른 제품 및 서비스 생산이 가능하다.[7]

사물인터넷 시스템은 물류 창고에서도 중요하게 사용되지만, 무인택배함
에도 활용된다. 최근 외출하지 못하는 사람들에게 외부와의 연결은 택배로 이
루어지고 있다. 그러나 택배를 가지러 문 앞에 나가는 것조차 망설여지는 이
시점에서 택배를 문 앞에 두자니 도난이 걱정되고 직접 만나서 받자니 대면
접촉이 꺼려진다.

이러한 문제의 해결책으로 무인택배함이 떠올랐다. 무인택배함은 저전력
블루투스(BLE)를 통한 차세대 스마트폰 근거리 통신 기술인 비콘 통신을 사용
하며, 물건을 찾으려는 고객은 애플리케이션에서 비콘 ID를 서버로 전송하면
본인이 물건을 꺼낼 수 있다. 서버는 택배함에 개방 명령을 내리고 고객은 물
건을 수령할 수 있게 된다. 정부로부터 전염병 확산을 막기 위한 사회적 거리
두기가 권장되면서 무인택배함과 같은 비대면 서비스를 선호하는 새로운 사회
적 분위기가 형성되고 있다. 이에 따라 비대면 서비스의 수요가 늘어나고 있
으며 무인택배함에 냉장·냉동의 기능을 추가하는 등의 더 많은 발전이 이루
어지고 있다. 앞으로도 무인택배함의 수요는 지속적으로 늘어날 것으로 전망
되며 그에 따른 비즈니스 창출 기회는 무궁무진할 것으로 예상된다.

(3) 인공지능(AI)을 이용한 비즈니스 창출 기회[8]

코로나바이러스감염증-19(COVID-19)로 전 세계가 그동안 겪어보지 못
한 위기에 처하고, 감염병 대응을 위한 비대면, 비접촉 기술과 서비스가 신규
시장을 만들면서 관련 기술이 큰 주목을 받고 있다. 이에 따라 인공지능(AI)

---

7   천우림, "인공지능을 활용한 스마트 팩토리 구축 사례 및 전략 연구" VOL.- NO.- (2019)

8   국경완, 「인공지능 기술 및 산업 분야별 적용 사례」, 「정보통신기획평가원」, IITP, 2019년, 17-25쪽,
    https://www.itfind.or.kr/WZIN/jugidong/1888/file6111801471006205940-188802.pdf

기술과 서비스 로봇 기술이 부각되고 있다. 고령화, 노동력 부족 대응과 기업 생산성 향상 등 그동안 로봇 산업 성장 동인들은 여전히 유효성을 갖고 있으나, 코로나19는 전혀 새로울 뿐 아니라 피할 수 없이 강력한 수요 확대 요인으로 자리 잡아 산업 전반에 AI와 로봇 도입을 촉진해 나갈 것으로 예상되고 있다. 이 항에서는 인공지능(AI)이 비즈니스 측면에서 어떠한 창출 기회를 낼 수 있는지 사례를 통해 논해 보고자 한다.

의료, 헬스케어용 로봇은 이전부터 수술용, 환자 돌봄, 재활 보조 로봇의 형태로 보급되었다. 그러나 코로나가 발병된 이후, 대면 접촉을 최소화하고 방역 및 감염 예방을 위한 수단으로 원격 진료 로봇, 멸균 로봇, 의약품 폐기물 배달 로봇 등이 개발 보급되고 있다. 현재 의료, 헬스케어에 적용된 AI 기술은 치료와 재활 목적에 걸쳐 활발하게 기술이 개발되고 있고, 더 나아가 감염병 백신과 치료제 등 신약 개발 분야에 성과를 내고 있다. 현재 AI(인공지능) 기술이 더욱 고도화되고 있는 의료, 헬스케어용 로봇은 그동안 많이 사용되었던 수술용으로 목적을 둔 전통적인 의료 로봇 분야보다 재활과 서비스용 목적인 돌봄 로봇, 재활 보조 로봇, 의약품 등 배달 로봇, 병원 안내 로봇 등이 의료 로봇 분야에서 시장 성장률이 더욱 빠르게 확대될 것으로 전망되고 있다. 이는 관련 기술분야에서 국제적인 경쟁력을 확보하고 있는 국내 기업들에게는 새로운 비즈니스 창출 기회가 될 것으로 보인다.[9]

요즘 가장 핫한 키워드는 '홈트'이다. '홈트'는 홈트레이닝(home training)의 준말로 집 안에서 간단한 웨이트 트레이닝 기구들을 사용하는 근력 운동을 뜻한다. 코로나19 사태로 인해 활동량이 크게 줄면서 외식의 기회가 차단되었고, 결과적으로 배달 음식의 주문량이 증가하였다. 헬스장에 방문할 수 없으니 체중 관리를 위한 홈트족(홈트레이닝을 하는 사람)이 점점 늘어나고 있으며 그런 홈트족을 위한 영상이 유튜브에서는 아주 핫한 알고리즘으로 뜨고 있다, 하지만 타인의 직접적인 도움이 없이 혼자 운동을 하려니 힘들다는 후기들도 함께 올라오고 있는데, 그런 사람들을 위해 필요한 게 바로 인공지능이 아닐까. AI

9　테크포럼, 『의료, 헬스케어용 인공지능(AI)과 서비스 로봇 기술개발 실태와 시장 전망』, 이슈퀘스트, 2020.

인공지능은 현재 면접, 개인 비서 등 개개인의 맞춤 서비스에 최적화된 상품으로 나와 있다. 이러한 AI 인공지능을 이용하여 나만의 맞춤형 개인 헬스트레이너를 고용하는 것이다. 이러한 서비스가 출시되어 현재 시중에 나오고 있는 인바디 체중계과 연동한다면, 나에게 어느 부위에 어떠한 운동이 필요한지 진단을 내리고 맞춤형 식단을 제시할 수 있다. 그렇게 점점 쌓이는 데이터는 빅데이터가 되어 보다 더 정확한 인공지능 헬스 트레이너가 된다. 이러한 기술을 통해 체중을 관리한다면 TV에 나오는 유명한 헬스 트레이너가 열 부럽지 않을 것이다.

Chapter 03

언택트와 고객 익스피리언스

　코로나19 시대에서 언택트 기술은 사람들에게 단순한 산업 기술이 아닌 교육, 생계, 취미 그 이상의 가치를 지니게 되었다. 여기서 주목해야 할 것은 언택트 기술을 이루는 정보시스템이다. 이것은 기업의 경영 관리에 필요한 정보를 기업 내부의 각 부분으로부터 정확하고 신속하게 수집하여 종합적·조직적으로 가공·저장하여 제공하는 전체 시스템과 그 네트워크를 의미한다. 즉, 자료를 저장하고, 정보를 생성함으로써 기업 내에서 필요한 지식을 생성·축적하여 이를 활용하도록 하는 통합적인 컴퓨터 정보시스템이라고 할 수 있다.

　오늘날 품질과 가격으로 경쟁하던 과거의 시장에서 서비스를 포함한 종합적인 시장으로 변화되었다. 서비스는 고객의 감성을 만족시켜 줄 수 있는 마케팅으로 서비스의 영역은 점차 확대되며 경쟁력을 가지고 있다. 서비스의 변화는 마케팅 믹스(4p)에서 볼 수 있다. 인적자원(people), 프로세스(process), 물리적 환경(physical evidence)을 포함한 기존의 4p에서 7p로 변화하여 서비스 마케팅 믹스에 대해 새롭게 설명하고 있다. 과거의 서비스는 기업이 고객과 마주하여 고객의 문제와 고객의 니즈를 해결해 줬다면 오늘날에는 대면하지 않고도 고객의 문제를 해결해 주는 것을 넘어서 기업이 먼저 고객의 문제를 파악하여 해결해 주는 시대가 도래되었다. 디지털화된 비즈니스에 익숙한 고객들에게 행복하고 의미가 있어 재구매와 충성도를 높일 수 있는 행복한 경험, 익스피리언스를 창출해야 한다.

01 언택트와 고객 익스피리언스

언택트 서비스의 문은 열렸고 기업들은 언택트 서비스를 잘 활용하여 언택트 시장의 문을 계속 두드려야 할 시기이다. 현재 이 시대를 잘 따라오면서 우리에게 친숙하고, 우리의 삶과 가깝게 지내고 있는 '카카오'에 대해 알아보려고 한다. 카카오는 한국 모바일 시장을 중점으로 언택트 서비스를 펼치고 있는 소수 플레이어 중 대표적인 기업이다. 카카오는 웹 시대를 넘어 모바일 시대도 평정하기 위해서 고군분투하고 있고 메신저, 포털, 음악, 동영상 등 다양한 모바일 서비스를 운영하고 있다. 여러 서비스를 운영하는 만큼 그 범위도 다양하다. 카카오뱅크, 카카오페이, 키키오게임즈, 카카오커머스 등 카카오는 각기 다른 전략으로 모바일 시장에서 세력을 확장하고 있다.

언택트 서비스가 사회 현상에 맞춰 시장 규모가 커지고 있을 때 그에 따른 부작용도 같이 나타나고 있다. 불필요한 접촉을 없애고, 간편한 서비스, 그러나 노년층처럼 새로운 것에 익숙하지 않은 세대에게 디지털 문맹이 나타난다. 한국정보화진흥원에서 조사한 2019 디지털 정보격차 실태 보고서에 따르면 기술 및 정보를 배우려는 인원보다 배우지 않는 인원이 훨씬 더 많다는 것을 알 수 있다. 무인 키오스크로 주문과 선결제 후 음식을 받는 서비스가 도입되어도 익숙하지 않은 노년 계층은 주문을 포기하고 돌아서거나 매대 앞으로 가서 직접 물어보는 일도 심심치 않게 볼 수 있다. 이런 문제들을 해결할 근본적인 방안이 마련되지 않고 계속해서 발전하고 변화하는 언택트 사회를 맞이한다면 정보취약계층은 사회적으로 더욱 소외될 수밖에 없으며 이것이 고착화된다면 관계의 단절을 겪게 될 것입니다. 기업에서는 지속되는 저성장 경제 상황에서 사람의 노동력보다 저렴한 기계를 선호하여 일자리 문제 또한 같이 문제되고 있다. 하지만 스마트폰에 익숙해진 소비자들이 더 빠르고 더 쉬운 구매 방식을 선호하여 즉각적인 만족을 얻을 수 있고, 대면이 이뤄지지 않기 때문에 코로나19로 인한 불안감이 감소되며 과잉연결에 따른 심리적 피로감을 회피하기 때문에 대인관계에 대한 피로감이 감소하는 등 이러한 장점들도 나타나고 있다.

언택트 기술이 증가할수록 다양한 서비스들이 등장했다. 가상현실(VR)과 증강현실(AR) 기술로 제품을 가상으로 시착할 수 있어 소비자에게 가장 알맞은 서비스를 제공할 수 있고, 주문과 결제를 무인으로 처리하는 키오스크를 사용, 자율주행차 기술과 언택트 기술이 결합하여 자율주행차를 사용할 수 있으며, 직원의 도움 없이 쇼핑 전 과정을 고객이 혼자서도 할 수 있는 100% 무인가게, 무인 카페, 스마트 호텔 등이 있다. 스마트폰을 이용하며 많은 기능을 사용할 수 있다. 금융 앱을 통하여 통장 개설 및 대출을 방문없이 이용이 가능하게 되며 빅데이터를 활용해 맞춤형 서비스를 제공하는 메신저 '챗봇'이 활발하게 사용되고 있다. 로보어드바이저(Robo-advisor)는 빅데이터를 분석하여 투자자의 투자 성향 정보를 바탕으로 자산 운용에 도움이 될 수 있는 자문을 제공하고, 인터넷 쇼핑몰에서도 취향 맞춤형 쇼핑을 돕는 퍼스널 쇼퍼 서비스도 등장하였다. 그 외 원격 의료, 원격 근무, 영상회의, 클라우드, 로봇, 온라인 동영상 서비스(OTT), 전자상거래(e커머스) 등 다양한 분야의 비즈니스가 발달하고 있다.

02 소매유통(Retail) 부문의 언택트 고객 익스피리언스

불과 몇 년 전까지만 하더라도 소매유통시장의 역할은 정보탐색의 수준 밖에 그치지 못했다. 하지만 언택트 기술들을 소매유통에 접목하면서 많은 변화를 가져왔다. 정보탐색 수준에 그쳤던 소매유통이 플랫폼의 역할을 맡고 있고, 차세대 기술들을 활용해 리테일에 새로운 패러다임을 창출하고 있다.

(1) 아마존 고의 AI비전 기술, 클라우드 시스템, 무게센서를 이용한 무인마켓

아마존이 '저스트 워크 아웃(Just Walk Out)'이라고 이름 붙인 아마존 고의 자동결제기술은 자율주행차에 활용되는 기술과 유사한 컴퓨터 비전(시각지능),

정밀한 사물인터넷 센서, 딥러닝(인공신경망) 등을 활용해 구현된다. 저스트 워크아웃 기술(Just Walk Out)은 완전한 무인 매장으로 운영된다. 완전 무인 매장은 결제를 위해 긴 줄을 설 필요가 없으므로 소비자에게 편의를 제공한다. 최근 하나의 트렌드로 자리 잡은 점원과 접촉 없이 물건을 구매하는 행위를 일컫는 언택트(untact) 소비에도 딱 맞기 때문에 국내 유통업계에서도 무인시스템 확대에 박차를 가하고 있어 완전 무인 매장은 계속 늘어날 것으로 보인다. 저스트 워크아웃 기술(Just Walk Out)은 '아마존 고' 애플리케이션을 이용하여 입장하면 고객이 매장에서 쇼핑하는 동안 자율주행 기술이 적용된 센서가 부착된 원형 카메라가 천장에서 고객을 따라다니며 진열대에 놓인 상품을 집어 드는 동작을 분석한다. 이렇게 분석한 결과를 바탕으로 고객이 쇼핑을 끝내고 내장을 나갈 때 실제 쇼핑을 한 제품에 대한 결제만 자동으로 하는 방식이다. 저스트 워크아웃 기술은 고객들의 '상품 구매내역'이라는 빅데이터를 구축할 수 있게 되어 소비자들의 구매패턴과 구매순서 상품을 고르는 데 걸리는 시간 등 활용가치가 크고 자세한 쇼핑 정보를 수집할 수도 있다.

(2) 실시간 동영상 스트리밍을 통한 상품 판매

실시간을 의미하는 '라이브(Live)'에 '이커머스(E-Commerce)'가 더해진 라이브 커머스는 홈쇼핑처럼 소비자가 영상을 통해 제품을 보고 바로 구매할 수 있다. 하지만 홈쇼핑과는 차별화된 점이 있는데, 바로 '소비자와의 소통'이다. 소비자에게 일방적으로 정보를 제공하던 홈쇼핑과 달리 라이브 커머스에서는 판매자와 소비자 간에 소통이 이루어지는데, 이는 기존 오프라인 유통의 기능을 온라인으로 옮겨 놓은 것이라 할 수 있다. 온라인상에 잘 꾸며진 매장이 있고, 온라인 매장에는 능숙한 진행자가 다수의 온라인상의 소비자들에게 접객한다.

(3) 인공지능 자율주행 로봇을 이용한 무인배달 서비스

비대면 환경에서 로봇 배송은 도심 내 무인배달, 드론은 도심 외곽·무인

배달의 유용한 수단이다. 코로나19 이후 사람을 대신한 로봇과 드론의 '비대면 배달'은 고객과 배달 인력이 마주치지 않아 안전을 추구하려는 고객의 니즈와 인력을 줄이려는 기업의 니즈가 동시에 충족될 것이다. 드론은 가까운 미래에 비교적 인구 밀집도와 트래픽이 적은 도시 외곽과 도서, 산간 등에 유용한 무인배달 수단으로 정착될 전망이며, 배송 로봇은 도심 내 무인배달의 중요한 수단으로 자리 잡을 것으로 예상할 수 있다. 아마존은 작년 1월부터 자율주행 배송로봇 '아마존 스카우트(Scout)'를 시범 운용했다. 국내에서는 GS리테일이 AI 로봇배송 시스템을 도입한다. 배송 로봇에는 인공지능, 초음파 센서, 자율주행 기능 등의 최첨단 기술이 탑재됐다. 크기는 가로 50cm 세로 50cm 높이 130cm 이며, 몸체에는 3개의 서랍이 탑재돼 최대 15kg 중량의 상품을 적재할 수 있다.

(4) AR 기술을 활용한 가상피팅 서비스

오프라인 매장을 방문해 여러 사람이 사용한 상품을 착용해 보는 것을 꺼리는 고객이 급증함에 따라 안경·선글라스 등 패션 소품을 가상으로 착용해 볼 수 있는 서비스가 점점 더 증가하고 있다. 가상피팅 안경쇼핑몰 '라운즈'는 AI 기술을 기반으로 개발한 '안경 가상피팅' 기능을 웹쇼핑몰과 모바일 앱을 통해 제공하여 안경과 선글라스를 마치 실제와 같이 착용해 보고 구매까지 바로 할 수 있는 경험을 제공한다. 또 AI 기반 이미지 분석 기술을 통해 이용자의 얼굴을 분석해 얼굴형에 어울리는 안경·선글라스 제품을 추천하거나 제품의 사진이나 연예인이 착용한 사진을 통해 일치하는 안경과 비슷한 안경을 추천해 주는 기능을 제공한다. LG전자의 인공지능 브랜드 'LG ThinQ' 서비스 중 하나인 '씽큐 핏(ThinQ Fit)'은 LG전자가 자체 개발한 3D 카메라를 활용해 사용자가 옷을 입은 상태에서도 신체를 정확히 측정해 사용자의 외형과 매우 유사한 아바타(Avatar, 가상 공간에서의 분신)를 생성한다. 사용자는 스마트 미러, 모바일 기기 등에 있는 아바타에게 다양한 스타일과 사이즈의 옷을 마음껏 입혀보며 실제 옷을 입어보지 않아도 옷의 쪼임과 헐렁함 등 피팅감을 확인할 수 있다. 씽큐 핏과 연동된 서비스를 통해 마음에 드는 옷을 실제 구매할 수 있고 사용자에게 어울리는 옷을 추천받을 수도 있다.

또 한 가지 해결방안으로 소비자의 치수를 본떠 개인 마네킹을 VR로 구현하고 실제 오프라인에서 매장을 방문하는 것처럼 공간을 오프라인에서 온라인으로 바꿔 온라인에서 여러 매장을 방문해 서로 다른 브랜드의 옷들을 착용하는 피팅 서비스를 제공하는 것이다. 오프라인으로 옷을 구매할 때보다 시간을 줄여주고, 우리가 평소에 입지 못한 명품 브랜드를 온라인을 통해 착용할 수 있는 기회를 제공하여 소비자들은 부담 없이 코디할 수가 있다. VR기술을 이용하여 온라인을 통해 명품 옷들을 코디해 볼 기회를 제공하는 것은 많은 고객에게 명품 브랜드 이미지에 대한 거부감을 줄일 수 있으며, 이는 기업의 이미지를 훼손하지 않고 구전효과 등의 마케팅 효과를 기대할 수 있어 보다 많은 잠재 고객을 당사의 고객으로 유인할 수 있다.

03 교육 부문의 언택트 고객 익스피리언스

코로나19의 확진자 수가 급격하게 증가하자 정부는 사회적 거리두기 단계를 격상시켰다. 이로 인하여 전국의 각 초·중·고 및 대학생들은 대면수업을 진행할 수 없게 되었다. 이를 해결하기 위해 정부에서는 원격수업을 지침하였다. 직장인이라고 예외는 없었다. 50인 이상 집합금지가 실행됨에 따라 직장인들도 원격으로 회의를 진행하게 되었다. 이러한 사회적 변화로 인해 언택트 시대의 새로운 교육 플랫폼들이 탄생하기 시작했다.

(1) 현대모비스 SW교육 플랫폼 구축

현대모비스는 최근 코로나19로 가속화되고 있는 언택트 트랜드에 맞춰 직원들이 온·오프라인을 넘나들며 SW활용 역량을 강화할 수 있게 지원하기 위해 SW교육 플랫폼을 구축했다. 새로 개설된 온라인 교육 플랫폼은 SW역량 개발에 관심이 많은 일반 직원들을 위해 주로 입문 단계 과정을 구성했으며 구체적으로 알고리즘, 인공지능, 프로그래밍 기초 등 SW개발 입문자들에게 필요한 총 45개 강좌로 구성되어 있다. 또한, 동영상으로 수강하는 수동적 교육형태를 넘어, 강의를 들으며 온라인으로 코딩을 동시 실습하는 시스템을 구축했다. 특히 이 온라인 플랫폼의 강좌는 최대 1천 명이 동시 수강이 가능하다.

(2) KT 온라인 교육 플랫폼 구축

KT는 플랫폼 구축에 앞서 교육 일선 현장의 교사 대상의 인터뷰를 진행 후 분석했다. 이를 바탕으로 LMS(Learning Management System)와 연계된 수업 관리, 쉽고 편리한 교육 콘텐츠 제작 도구, 안정적인 품질의 온라인 교육 환경, 파편화된 온라인 교육 서비스들의 통합 등의 교육 현장 요구 사항들을 서비스 기획 단계에서 최우선으로 반영했다. KT가 이번에 구축한 온라인 교육 플랫폼은 실시간 화상 수업을 진행하거나 수업 교재 제작 및 관리를 비롯해 출결이나 과제 등의 학사 관리까지 원격수업에 필요한 모든 기능을 통합적으로 제공하는 최초의 원스톱 통합 플랫폼이다. 기존에는 이러한 원격수업 도구들이 기능별로 나뉘어 제공돼 여러 플랫폼과 서비스들을 혼합해서 활용해야 했지만 앞으로는 수업 교재 제작 및 관리−실시간 화상 수업−출결 및 과제, 주요 일정과 같은 학사 관리 등 전반을 하나의 플랫폼으로 한 번에 해결할 수 있게 됐다. KT는 11개 초등학교 대상으로 이번 온라인 교육 플랫폼의 시범 서비스를 마친 후 개선점을 도출해 플랫폼 고도화를 진행하고 내년도 본격 상용화를 추진할 계획이다. 안면인식 기술을 활용한 자동 출결관리 시스템과 수업 중 학생 집중도 확인 기능, AI 기반의 STT(Speech to Text) 기술을 적용한 강의록 자동 저장기능 및 청각장애 학생 지원 기능 등을 추가로 적용해 서비스 경쟁력을 확보할 예정이다.

04 서비스 부문의 언택트 고객 익스피리언스

(1) 롯데시네마의 스마트 키오스크(I-smart Kiosk)

롯데시네마는 국내 최초로 AI기반 스마트 키오스크를 도입해 고객이 음성으로 원하는 영화 예매부터 팝콘 구매까지의 과정이 주문에서 결제단계까지 원스톱으로 신속하게 진행돼 각자의 고유한 사용자에 맞는 서비스를 지정하고 성공적으로 제공하는 데 필요한 대화를 기획 및 설계해 소비자에게 차별화된 경험을 제공하고 있다. 즉, 이제 영화관에서는 원하는 영화를 선택하고 이에 따른 복잡한 과정 없이 "음성 버튼"을 선택하고 원하는 영화정보를 말하는 방식으로 사람에게 말하듯 얘기를 해도 이에 대응이 가능해진 것이다.

(2) 우리은행의 위비 스마트 키오스크

위비 스마트 키오스크는 핀테크와 금융을 접목, 바이오 정보 및 화상상담을 통해 업무를 시간 제약 없이 스스로 간편하게 처리할 수 있는 새로운 혁신 금융 채널이다. 즉, 미래지향적인 금융 거래로, 본인확인·인증·보안 방법으로 바이오 정보를 채택, 홍채·지문·손바닥 정맥 중 원하는 방법을 통해 신분증 만으로 통장·카드 등 실물 없이 간편하게 거래할 수 있으며 사물인터넷 기술을 도입하여 실시간 화상상담으로 고객 맞춤 서비스 지원을 할 수 있고, 업무시간 외에는 빅데이터·AI 기술을 활용하여 지속적으로 고객의 이용패턴을 분석하고, 고객과 영업점의 의견을 실시간으로 반영함으로써 업무제휴 등을 통한 다양한 기능을 도입할 수 있기에 업무시간 제약 없이 창구업무가 가능하고 고객 맞춤형 운영방식으로 편의성도 제고한다.

(3) 무인마켓 온라인 코스트코

시장 내부를 탑뷰로 찍어 내부의 품목이 어떻게 되어 있는지 스크린을 자택에 있는 소비자들에게 제공한다. 시장 내부를 찍은 화면은 현실 시장 내부를 토대로 컴퓨터그래픽을 통해 실제 시장 안에서 직접 물건을 고르는 고객은 보여주지 않고, 품목만 나오게 하여 자택에 있는 소비자들에게 시장에서 직접 음식을 고르는 것처럼 보여준다. 품목을 클릭하면 그 품목이 언제 들어왔는지, 얼마인지, 상태가 어떤지 소비자들에게 상세히 보여준다. 또한 자신이 선택한 품목이 음식이라면, 상품들 간의 구매 연관 관계를 파악하는 장바구니 분석을 통해 해당 재료를 이용하여 만들 수 있는 요리 레시피를 옆에 자그마한 메모 테이블을 띄워 추천 요리를 소비자에게 제시해 준다. 또한, 신선제품인 정육과 수산, 농산의 경우 제품의 신선도가 중요하기에 소비자가 현재 스크린을 통해 보고 있는 시점의 시간을 토대로 신선도를 상세히 설명해 준다. 이와 같은 무인마켓 온라인시스템은 소비자들에게 잠재 욕구를 창출해 주면서 충족시킬 수 있으며, 온라인의 특성상 시·공간의 제약을 받지 않는 차별화된 점을 통해 경쟁우위를 확보하는 등의 비즈니스 가치를 창출할 수 있다.

05 넷플릭스와 고객 익스피리언스

(1) 언택트 시대와 디지털 익스피리언스

넷플릭스 서비스는 한국을 포함한 190여 개국에서 넷플릭스 서비스를 지원하고 있다. 스트리밍 전용 멤버십을 이용하는 넷플릭스 고객은 바로 TV 프로그램 및 영화를 볼 수 있다. 현재 미국 회사에 대한 정부 규제로 인해 크림반도, 북한, 시리아에서는 넷플릭스 서비스를 이용할 수 없다.

세계 최대의 글로벌 온라인 동영상 서비스(OTT) 업체 넷플릭스는 미국에서 '30일 무료체험' 서비스를 중단했다. 2020년 10월 14일 기준으로 로이터통신 등에 따르면 넷플릭스는 미국 웹사이트에서 무료체험 옵션을 삭제하고 가입자를 유치하기 위한 다른 판촉 방안을 준비 중인 것으로 알려졌다. 넷플릭스 대변인은 "새로운 가입자에게 멋진 경험을 제공할 예정"이라며 "미국 내에서 다양한 판촉 활동을 검토하고 있다"고 전했다. 미국 IT 전문매체 더버지는 "넷플릭스가 교육 관련 콘텐츠를 유튜브에 무료로 제공하고 있으며 시청 상위권의 일부 콘텐츠를 무료로 볼 수 있는 '넷플릭스 워치 프리' 사이트도 개설했다"고 보도했다. 미국에서 무료체험 서비스가 중단되면서 한국을 비롯한 다른 국가에서도 중단될 가능성이 있다.

　　넷플릭스 한국 홈페이지를 접속하면 무료체험 옵션을 그대로 유지하고 있지만 국내외 경쟁사를 살펴보면, 디즈니플러스는 이미 지난 6월 무료체험 서비스를 중단하였다. 넷플릭스에 이어 등장한 스트리밍 서비스 기업의 후발 주자인 미국 NBC유니버설기업의 '피콕', 워너미디어가 출시한 'HBO Max' 기업은 고객 유치를 위해 콘텐츠를 무료로 제공할 필요가 없다고 판단하여 무료체험을 7일로 제한하는 대신 광고 시청을 허용한 가입자에게 월 9.99달러의 이용료를 4.99달러로 줄여 광고를 보는 대신 덜 비싼 가격에 이용할 수 있는 서비스에 대한 수요를 목표로 등장하였다. 넷플릭스는 이러한 스트리밍 서비스를 PC와 스마트폰에 집중하지 않고, IPTV에도 서비스를 이용할 수 있게 넓혀 나갔다. LG U+에 이어 2020년 8월 KT와 제휴했다. 현재 KT의 IPTV 서비스 올레TV에서도 온라인 동영상 서비스 넷플릭스를 이용할 수 있게 되었고, 국내 3사 중 SK브로드밴드를 제외한 회사와 제휴하면서 서비스를 제공하는 회사가 되었다. 지난 7월까지만 해도 국내 IPTV 업계에서는 LG U+만 계약하여 다른 업체 서비스 가입자들은 넷플릭스 서비스를 TV로 이용하려면 스마트TV 앱이나 스마트폰과의 연동 기능을 활용해야 했었다. 하지만 이제부터는 올레TV 가입자들도 넷플릭스의 서비스 지원으로 셋톱박스 내 메뉴를 통해 바로 넷플릭스를 이용할 수 있게 되었다. 현재에도 넷플릭스는 같은 온라인 동영상 서비스(OTT)인 Watcha play(왓챠플레이), Amazon prime video(아마존 프라임 비디오), Hulu 서비스 제공자들 중에서 가장 전 세계 각 나라에 유명하고, 인기 있는 영화, 드라마, 애니메이션, 다큐멘터리 등이 많으며 이런 콘텐츠들을 확보하고 있기에 유튜브와 선두로 이끌어가고 있다.

(2) 성공요인

넷플릭스는 비디오 대여 사업을 시작으로 DVD를 거쳐 현재 온라인 스트리밍 서비스를 하고 있다. 2018년 1월, 창사 이래 처음으로 시가총액 1,000억 달러를 넘긴 후 같은 해 5월에는 장중 한때 월트 디즈니 컴퍼니의 시가 총액마저 뛰어넘어 잠시나마 세계 최대의 엔터테인먼트 기업이라는 타이틀을 얻기도 하였다. 이러한 성공을 가능하게 해 준 넷플릭스의 방식은 첫 번째로 고객이탈의 최소화를 가져왔다는 것이다. 전환비용이 매우 낮은 플랫폼 특성상 고객이탈 최소화가 무엇보다 중요한데, 넷플릭스의 독자적인 콘텐츠(넷플릭스 오리지널)에 엄청난 투자를 통해 앱 비즈니스의 고객이탈을 콘텐츠로 잠금했다. 두 번째로는 30일 무료체험이다. 무료체험을 통해 초기 가입자 수를 폭발적으로 늘려 9% 이탈률이 손실보다 이득이 되었다. 그리고 무료체험을 통해 유입된 사람들은 행동경제학을 통한 소유효과, 손실 회피 경향, 현상 유지 편향이 나타나 본인의 구독권이 보다 높은 가치를 부여하고, 이러한 서비스에 소유를 포기하는 걸 손실로 생각하며 회피한다. 마지막으로 한번 설정한 상태를 유지하려고 30일 체험권을 해지하지 않고 지속하여 유료고객을 만들어내는 중요한 역할을 하게 했다. 앞에서 이러한 무료체험을 통해 2019년 기준 전 세계 동영상 스트리밍 시장에서 30% 점유율을 차지하여 성장했는데, 미국에서 이런 무료체험을 종료하여 신 고객 유치보다 기존 고객에게 더 신경을 쓰는 방향으로 전환하였다.

두 번째로는 빅데이터에 기반한 인공지능으로 사용자들의 선호도를 파악하여 콘텐츠 제작에 적극 활용하였다. 엔터테인먼트 업계의 특성상 플랫폼보다는 콘텐츠의 힘이 우세한데 이를 "개인 맞춤형 서비스" 사용자 개개인의 기록을 바탕으로 각자에게 맞는 DVD를 추천, 시청기록, 평가, 시청 시간대, 사용 디바이스, 시청 시간 등 세세한 모든 것들까지 수집하여 알고리즘에 반영했다.

세 번째는 비슷한 플랫폼(왓차, 티빙 등)과의 차별화다. 오리지널 콘텐츠 제작으로 넷플릭스 플랫폼의 특수성과 적극적인 투자를 이용한 인기 콘텐츠 제작이다. 시리즈(블랙미러, 기묘한 이야기, 하우스 오브 카드, 종이의 집 등), 영화(버

드박스, 아이리시맨 등), 한국의 오리지널 콘텐츠(옥자, 킹덤, 인간수업 등)를 타 플
랫폼과의 대체가 불가능한 독자적인 콘텐츠의 중요성을 인지하고 가장 주력하
고 있다. 단순 만들어진 콘텐츠를 '유통'하는 플랫폼은 지속가능성이 낮고, 전
환비용이 낮은 것을 분석한 것이다.

코로나19에 따른 극장가 상황이 최악으로 치달음에 따라 개봉작을 극장
에서 상영하지 않고 넷플릭스 오리지널 영화로 공개하였다. 흔히 텐트폴
(Tentpole) 영화라고 불리는 대작들이 줄줄이 영화관이 아닌 넷플릭스 공개로
전환되어 더 성장하고 있고, 올 여름 개봉예정이었던 '승리호', '콜', '낙원의
밤'이 영화관이 아닌 넷플릭스 오리지널 영화로 공개될 예정이다.

한국 감독인 윤성현 감독은 코로나19 초기에 한국을 제외한 해외에 넷플
릭스 오리지널 영화로 공개한 이력이 있으며, 유럽과 미국 등에서 좋은 반응
을 얻은 사례가 존재하여 한국 영화계가 넷플릭스를 새로운 대안으로 파악하
고 있다. 코로나19 사태 이후 오리지널 콘텐츠 제작에 본격적으로 뛰어든 왓
차, 웨이브 등과 다르게 이전부터 오리지널 콘텐츠를 시행하고 있던 넷플릭스
가 '코로나 특수'를 확실하게 적용하고 있다.

마지막으로 차별화된 기업 경영 방식이다. 전문적인 인재 채용과 자유로
운 소통을 위한 '극도의 솔직함'을 강조하여 자유와 책임의 운영가이드를 제
시, 솔직하고 공개적인 피드백("공개적으로 비판하라")을 통한 피드백의 중요성을
높게 치고 있다. 그리고 직원들의 가치에 맞는 보상을 지급하며, 명확한 토론
기준을 세워 비생산적인 토론을 방지 ─ 회사 내에 일명 "컨슈머 사이언스 미
팅" 포럼이 있을 정도로 열띤 토론으로 유명한 회사지만, '비지니스와 고객을
위해서만 토론하라'는 기준으로 비생산적인 토론을 최소화 ─ 했다.

(3) 수익창출 현황

이러한 성공요인으로 발전해 가는 넷플릭스는 코로나19 이전과 비교하여
한 달 만에 주가가 $323에서 $345로 7% 증가했다. 그리고 코로나 사태의 장
기화와 시장독점에 가까운 인지도에 의해서 넷플릭스의 주가는 가파르게 상승
하여 9월 1일 기준으로 $556까지 증가했다. 넷플릭스의 2020년 1분기 실적 가

이던스 및 컨센서스 비교표이다. 여기서 가이던스는 기업 자체 예상치이고, 컨센서스는 증권가의 예상치이다. 넷플릭스는 가입자가 700만 명이 증가할 것이라고 예상했으나 코로나의 장기화로 사회적 거리두기가 계속되면서 예상치의 약 2배인 1,577만 명 증가했다. 이는 19년 4분기 가입자 수에 비해서 80% 증가하였고, 총 이용자 수가 1억 8,290만 명이 되었다. 넷플릭스의 수익은 2019년 4분기 $5,467백만에서 20년 1분기 $5,767백만으로 5% 증가했고, 순이익은 $587백만에서 $709백만으로 20% 증가했다.

(4) 미래 발전 예측

현재 대부분의 온라인 동영상 서비스(OTT)들의 성장세를 본다면 앞으로 대부분 미디어 콘텐츠들은 이러한 OTT서비스에 의해서 소비자들에게 제공될 것으로 보인다. 코로나19로 인한 언택트 서비스들의 급격한 상승세는 계속되어 가고 있고, 언택트 서비스 시장은 점차 '레드 오션'이 되어갈 추세이다. 특히, 올해 1월부터 4월까지 코로나19로 인한 경제침체로 상표 전체출원은 2019년 동기 99,090건 대비 3.3% 감소했지만, OTT 서비스업 상표출원은 1,125건에서 1,740건으로 54.6% 증가한 것으로 조사됐다. 국내 시장에서 기대보다 실적이 저조했던 넷플릭스가 점차 그 영향을 키우고 있다. 앱 마켓 조사업체인 와이즈앱에 따르면 넷플릭스 국내 가입자가 지난 2018년 1월에 34만 명이었으나 2018년 12월에는 127만 명으로 약 274%가 급성장했다. 현재 넷플릭스는 국내의 많은 OTT 서비스업들의 출시에도 불구하고 주요 소비층들의 선호로 인하여 계속된 높은 시장 점유율을 가지고 있다.

소비자들은 국내에서 생산되고 있는 콘텐츠보다는 해외콘텐츠를 선호하고 있으며, 앞으로의 OTT서비스, 언택트 서비스의 성장세를 보자면 넷플릭스라는 기업은 각국에서 계속된 점유율 상승과 수익률 상승을 이룰 수 있다는 것을 어렵지 않게 예측할 수 있다. 그렇다면, 넷플릭스라는 기업 그 자체와 넷플릭스의 서비스는 어떻게 발전해 나갈 것인가? 먼저 서비스 보급의 광역화가 주를 이룰 수 있을 것이다. 현재에는 2~30대 층들에게는 서비스의 보급이 잘 이루어져 있지만, 서비스의 접근성을 완화시켜 넓은 범위의 소비자층을 타깃

팅하여 서비스 보급을 이루어내는 것이다.

두 번째로는, 서비스 이용 비용에 관한 것이다. 현재 여러 OTT서비스들은 무척 싼 값과 첫 이용, 신규 가입자 혜택으로 일정기간 동안 무료 이용을 제공하고 있다. 이 과정에서 일부 악용하고 있는 소비자들이 있다. 일정 기간 동안 무료로 이용하고, 다른 신상 정보로 새로 가입하여 계속 무료로 이용하는 방식으로 악용하고 있다. 이 맹점은 기업에게 있어 수익 저하로 연결되고 있다. 하지만 이러한 맹점은 소비자들로 하여금 넷플릭스를 이용하도록 부추길 수 있는 것이다. 넷플릭스는 세 가지의 요금제가 있으며 최소 9,500원부터 최대 14,500원 사이로 요금제가 존재하고, 요금제 간에 있어서 서비스 제공의 차이도 크게 없는 상황이다. 이 상황에서 넷플릭스는 어느 정도 서비스 제공에 있어 차별을 두거나 요금제의 금액을 획일화시키는 방향으로 고쳐 발전해 나갈 것이라고 예측해 볼 수 있다. 마지막으로는 위에도 언급했듯 넷플릭스 고유의 콘텐츠 제작이다.

현재에도 넷플릭스가 가지고 있는 특별한 강점인 오리지널 콘텐츠는 각국에서 제작을 하고 있으며, 이 오리지널 콘텐츠들은 넷플릭스 내에서 TOP 10 안에 항상 순위를 지키면서 인기를 끌고 잇다. 수많은 소비자들이 다른 OTT 서비스 대신 넷플릭스를 이용하는 이유 또한 오리지널 콘텐츠 때문이다. 현재 넷플릭스는 여러 콘텐츠 제작에 있어서 많은 지원을 주고 있다. 이러한 지원들로 넷플릭스의 문화 콘텐츠적 영향력이 강해지고 있고, 극장 영화가 넷플릭스에서도 볼 수 있는 것을 반대로 넷플릭스의 오리지널 콘텐츠들이 극장에서 만나볼 수 있을 것이다.

06 디지털 공룡 '카카오'와 고객 익스피리언스

카카오톡은 카카오가 2010년 3월 출시하여 빠르게 성장한 국내의 대표적인 모바일 메신저 서비스이다. 출시 후 3년 3개월 만인 2013년 7월에 전 세계 가입자 1억 명을 돌파했다. 2014년 3분기 기준으로 MAU 수는 약 8,500만 명이며, 총 가입자는 약 1억 6,000만 명 정도로 추정된다. 카카오톡은 어떻게 국내에서 많은 점유율을 가져올 수 있었을까? 국내 스마트폰 시장 확대에 있어서 초기부터 입소문을 타고 대대적인 홍보마케팅 없이 빠른 시간 내에 전 국민의 스마트폰에 설치되었고, 오늘날에는 스마트폰에 필수적인 앱으로 자리 잡았다. 다음의 마이피플과 네이버의 라인을 비롯한 많은 메신저들이 개발을 위해 출시 기간을 늦췄고, 이로 인해 카카오톡이 선점하는 데 더 많은 시간이 주어지게 되었다. 하지만 카카오톡은 그저 시대를 잘 탄 앱이라고 할 수 있을까? 카카오톡은 무료로 제공되는 모바일 앱이다. 실제로 이 점 때문에 카카오톡을 설치한 유저가 상당수라고 할 수 있다. 이동통신사가 제공하는 SMS는 한 건당 10~20원을 부과하는 상황에서 무료 메신저라는 공략은 카카오톡이 성공한 핵심 원인이라고 해도 과언이 아니다.

왓츠앱이나 해외 유행하는 메신저가 있었는 데도 유료화 정책과 더불어 한국 문화에 특화가 되지 않아서 사용에 일부 불편함이 있다. 초기선점과 한국 문화 그리고 무료라는 가장 큰 장점으로 카카오톡은 막강한 메신저 플랫폼으로 탄생하게 되었다. 그저 메신저 앱을 넘어서 다양한 콘텐츠 개발에도 힘을 썼다. 이모티콘 콘텐츠를 만들어 직접 마주하지 않고도 표정, 몸짓 등을 나타낼 수 있도록 하여 문자에서도 생동감을 주었다. 카카오스토리와 모바일 게임 등 카카오톡과 연계하여 다양한 콘텐츠는 많은 고객들이 사용하였고 우리의 삶과 가깝게 지냈던 기능이었다. 카카오톡은 생활하는 모든 곳의 서비스 및 상품과 융복합하여 카카오톡만의 독자적인 융복합 프로세서를 구축하고 있다. 카카오톡이 메신저라는 관점을 바꾼 최초의 앱이 아닐까 하는 생각이 든다. 국내 스마트폰 사용자의 95% 정도가 실제 카카오톡 사용자일 정도로 국내 시장에서 영향력은 막강하지만, 해외 시장으로 서비스 진출을 꾸준히 시도하고 있으나 아직 성과를 내지는 못하고 있다.

(1) 카카오톡 이용 현황

모바일 메신저 앱 이용자의 91.7%는 주 이용 모바일 메신저로 카카오톡을 꼽았다. 네이트온, 텔레그램 등의 순으로 응답률이 높았으나, 각각 2.3%,

1.3% 비중에 불과해 카카오톡의 이용 비중이 독보적이다. 카카오톡을 주 모바일 메신저로 이용하는 주된 이유는 '주변에서 많이 이용해서'라는 응답이 81.5%로 가장 많고, 다음은 PC버전과 호환성이 좋아서(52.2%), 특별한 이유 없이 익숙해서(41.3%) 등의 순으로 높아, 주 모바일 메신저 앱 선택에 있어 '대중성' 및 '편의성'에 관한 항목이 중요한 고려 속성임을 확인할 수 있다. 카카오톡 앱 이용자의 95%는 일반적인 채팅 외 카카오톡이 제공하는 부가서비스를 이용해 본 경험이 있는 것으로 조사됐는데, 이 중 가장 인기있는 부가서비스는 선물하기(75.2%)로 2년 전 동일 조사 대비 응답률이 12% 상승하며 큰 폭의 성장률을 보였다. 2위 서비스는 결제 및 송금 서비스가 지원되는 '카카오페이(58.4%)', 3위는 검색 기능과 뉴스 등 정보형 콘텐츠를 제공하는 '#탭(24.2%)' 순으로 이용률이 높게 나타났다. 부가서비스 이용 경험은 성별에 따라 확연한 차이를 보이는데, 여성의 카카오톡 부가서비스 이용 경험이 100%로 남성(92.3%)보다 훨씬 이용에 적극적이며, 세부 서비스 역시 TV를 제외한 모든 항목에서 여성의 이용 경험이 월등히 높게 나타난다. 한편, 이용 순위 상위권에 오른 '선물하기', '카카오페이', '#탭' 모두 20~30대 여성에 이용이 집중된 경향을 보였는데, 특히 20~30대 여성의 '선물하기' 서비스 이용 경험이 각각 90.7%와 95.6%로 전체 평균(75.2%) 및 타 집단에 비해 두드러지게 나타났다.

(2) 성장 요인

국내의 대표 메신저 앱을 만들어낸 카카오가 이만큼의 성과를 거두게 된 성공 요인은 무엇일까? 지난해 핵심 사업 부문의 변화뿐만 아니라 신규사업 부문에서도 본격적으로 수익 모델을 구축하여 안정적인 재무 기반을 마련함과 동시에, 카카오톡 중심의 비즈니스 구조 안착과 신규사업의 수익 모델 확대를 실질 개선의 원인으로 꼽았다. 그 결과 역대 최고의 매출과 이익 수준을 달성할 수 있었다. 카카오는 시대 흐름을 잘 탄 것이 가장 큰 성공 요인이라 생각한다. 2010년 3월에 출시되었고 2011, 2012년 스마트폰이 공급되기 시작해 카카오는 적재적소에 등장했다. 모바일 메신저 시장은 선발주자가 유리한데 가장 먼저 네트워크 효과를 통해 사용자의 수를 유치해 시장 점유율을 차지할 수 있었다. 카카오는 인터넷 세대에서 모바일 세대로 넘어가는 큰 조류를 잘 읽고 잘 따랐다. 누구보다 빠르게 결정하여 아이템을 출시한 것이 사용자를 먼저 유치할 수 있었던 비결이라 생각한다. 카카오는 카카오톡으로 모아진 사용자들을 광고, 전자상거래, 게임, 콘텐츠 유통 플랫폼을 구축하였다는 점도 성공의 큰 비결이라 생각한다. 이 과정에서 카카오는 개발사와 개발자, 제작자와 협력하는 관계를 맺고 서비스를 직접 개발했다. 예를 들어 카카오의 많은 매출을 차지하는 부분 중 하나인 이모티콘은 웹툰 작가, 캐릭터 디자인 업체와 판매수익을 5:5로 나누어 갖는 등 협력의 관계를 보였다. 또 주 수입원 중 하나인 게임 분야에서도 게임 매출의 20%를 받으면서 상생 관계를 맺고 있다. 수익 분배를 독점하지 않는 점이 좋은 아이템을 구축할 수 있었던 요인이라 생각한다.

(3) 우리나라 시총 10위, 카카오의 디지털 익스피리언스

카카오 서비스에서 카카오 모바일 앱 현황으로, 카테고리별로 35개의 앱을 살펴본 결과, '소셜' 부분에 가장 많은 앱이 위치해 있다. 그만큼 이용자끼리 소통하고 공유할 수 있는 서비스를 운영하는 데 집중하고 있는 모습이라고 볼 수 있다. 소셜 다음으로 '교통' 카테고리에 많은 앱(7개)이 위치했다. 하지만 카카오 택시와 카카오 드라이버 기사용 앱을 제외하면 커뮤니케이션 카테고리와 비슷한 수준이다. 일상생활에서 소셜이나 커뮤니케이션을 제외하고 교통 앱을 자주 사용한다. 버스나 지하철 등 대중교통을 이용할 때 유용하기 때문이다. 카카오는 관련 서비스를 출시하거나 기존의 서비스를 인수하는 작업을 통해 교통 부문을 장악하고 있다. 특히, 올해 그 작업을 활발히 진행하고 있다. 35개 서비스 중 MAU(월간 활성화 유저)를 기준으로 상위 20개 앱을 조금 더 자세히 살펴보자면, 카카오는 '국민 메신저'라고 불리는 만큼 MAU 규모에서 다른 서비스와 월등한 차이를 보이고 있다. 그 뒤를 이어 카카오스토리, 다음, 멜론 등이 위치했는데 그 외 서비스의 MAU 경우 500만을 넘지 못했다. MAU가 서비스의 좋고 나쁨을 평가하는 절대적인 수치는 아니지만, 운영하는 서비스에 비해 특정 영역에 이용자가 집중되고 있는 모습을 볼 수 있다.

현재의 모바일 메신저 서비스 영역은 크게 메시지 기능에 중점을 두는 서비스군과 플랫폼으로 포지셔닝한 서비스군으로 나뉜다. 2014년 10월 주식회사 다음과 합병을 통해 현재는 주식회사 다음카카오에서 서비스를 운영하고 있다. 다음카카오의 IR(Investor Relations) 보고서에 따르면 2014년 3분기 다음과 카카오의 합산 매출은 2,218억 원으로 전년 대비 20.7% 성장하였으며 이중 모바일 매출 비중은 총 매출의 47.9%를 차지하였다. 이 중 게임 매출은 675억 원을 기록하였는데, 이는 전년 대비 34.9% 증가, 분기 대비 7.8% 증가한 수치이다. 카카오톡의 게임 플랫폼인 카카오게임의 절대적 게임 점유율과 RPG 장르 게임 비중 증가에 따른 ARPU 상승으로 매출의 지속적 성장세가 이어지고 있다. 카카오게임은 2012년 7월 출시하여 현재까지 593개의 게임을 출시하였고 누적 가입자 수 5억 2천만 명을 보유하고 있는 카카오톡이 킬러 콘텐츠라 할 수 있다.

또한, 카카오 게임을 통해 누적 가입자 수를 1천만 명 이상 확보한 국내 게임이 8개나 될 정도로 국내의 모바일 게임 시장에 큰 영향을 끼쳤다고 볼 수 있다. 카카오톡의 경우 서비스 초기에는 국내에서 안정적인 메시지 기능과 단체 대화 기능 제공을 선보이며 모바일 메신저의 기본 기능을 중점적으로 강화하면서 사용자를 확보하였다. 이후 확보된 사용자를 기반으로 카카오게임을 통해 킬러 콘텐츠인 게임을 유통·중개함으로써 수수료로 수익을 올리기 시작했다. 이후 광고 및 커머스 사업과 콘텐츠 사업으로 확장하였으며, 금융사업을 시작으로 다양하게 사업의 영역을 확장하고 있다.

(4) 미래 디지털 익스피리언스를 이끌어

가. "카카오스러움이 곧 사회적으로 유의미한 변화를 이끌어낼 수 있도록 하겠다."

여민수 카카오 대표는 한국인터넷기업협회가 창립 20주년을 맞아 제작한 산업 대표 인사 기념 인터뷰에서 카카오의 사회적 가치와 지향점에 관한 질문에 "지난 10년간 카카오는 가보지 않은 길을 두려워하지 않고 끊임없이 도전과 혁신을 이뤄왔다. 카카오의 시즌 2가 시작되는 향후 10년은 이 같은 카카오스러움이 사회적 가치로 연결될 수 있도록 노력하겠다"는 말로 카카오의 사회적 가치 창출에 대한 의지를 내비쳤다.[1] 카카오는 포털 서비스를 제외한 대부분의 사업영역이 J커브를 그리며 성장하고 있다. 최근 카카오톡의 성장을 견인하고 있는 핵심인 톡 보드는 더욱 빠르게 성장할 가능성이 크다. 코로나19로 인해 광고 시장의 온라인화는 가속화될 것이고, 톡 보드는 이 환경의 수혜자가 될 것이다. 카카오는 성과형 광고를 카카오톡뿐만 아니라 카카오페이나 다음 포털 프리미엄 지면 등에도 적용할 예정이다. 광고를 게재할 채널이 늘어날수록 카카오의 광고 매출도 향상될 전망이다. 이뿐 아니라 카카오의 신사업이 대부분 급성장을 이루고 있다는 점도 카카오의 미래를 밝게 전망할 수 있는 근거이다. 카카오의 여 대표는 향후 10년, 20년 뒤 인터넷 산업 변화와 관련해 '구독경제'와 '콘텐츠'를 가장 큰 키워드로 꼽았다. 즐겨 사용하는 서비스로는 '카카오톡'을 언급했다. 구독경제라고 하는 것은 전 세계적으로도 산업의 규모가 예측할 때마다 굉장히 확산이 되고 있고 '구독 플랫폼의 눈부신 발전'이라고 하는 부분들이 견인해 낸 것 같다. 수많은 콘텐츠의 창작자들이 창작 의지를 마음껏 펼칠 수 있는 그런 플랫폼들이 굉장히 잘 준비되어 있는 부분들, 그리고 기존의 올드 이코노미라고 할 수 있는 자동차, 가전, 모든 분야에서 지금 '구독화'시키려는 노력에 기대와 예측이 같이 공존한다.

콘텐츠는 최근 코로나 상황을 맞이하면서 많은 콘텐츠들이 온라인으로 소비되고 모바일로 소비되는 과정들이 많이 성장했다. 그런 부분들이 IP와 함께 웹 소설, 웹툰, IP를 기반으로 한 드라마나 영화 이런 쪽까지 확장이 되고 K-콘텐츠에 대한 관심이 글로벌하게 집중되고 있어 훨씬 더 확대될 수 있는 기반이 조성될 수 있었다. 카카오에서 고민하고 있는 화두는 '글로벌'화이다. 해외에서 활약하고 있는 네이버에 비해 카카오는 그간 국내에서의 성과만큼 해외에서 빛을 발휘하지 못했다. 카카오 시즌 2를 맞아 향후 글로벌에서도 성과를 내겠다는 의지를 보여주고 있다.[2]

---

1   출처: https://zdnet.co.kr/view/?no=20200916171348
2   출처: https://view.asiae.co.kr/article/2020091018223484756

나. 미래를 예측하라. 현재에서 벗어나기 원한다면

우선 정보에 대해 객관적으로 생각해야 한다. 어떤 정보를 접하면 이 현상은 왜 생겼으며, 이 정보로 인해 이익을 얻게 되는 주체는 무엇이고 누구인가를 생각해 봐야 한다. 기본적으로 현상에 대해 한 번쯤은 조금은 비판적이고 다른 시각의 잣대를 대어볼 필요가 있다. 최소한 '지난주까지 멀쩡했던 사지가 갑자기 왜 아프지?'라고 이유에 대한 의문을 가져봐야 한다. 둘째, 마지막까지 분석해야 한다. 현상의 머리만 보고 결정하지 말고 끝까지 봐야 한다. 분석이란 그런 것이다. 디테일하게 끝까지 봐야 한다. 전체를 한꺼번에 넓은 시각으로 봐야지 한쪽 부분만 보고 결정해서는 안 된다. 우리는 스티브 잡스와 같은 천재가 아니기에 트렌드를 만들어낼 수는 없다. 중요한 것은 제대로 예측하는 것이다. 주변에서 일어나는 작은 현상을 카테고리로 묶어보고 나눠보면서 산업과 환경의 변화를 감지하고 알아내는 것이 필요하다, 그 안에서의 변화를 예측하고 그 안에서 '당신'이라는 개인에 대한 생각해야 한다. 큰 변화가 몰려올 수도 있고, 내가 느끼지 못하는 사이에 바람처럼 형태도 없이 불어올 수도 있다. 미래를 예측하라. 작은 현상 속의 큰 변화의 흐름을 찾고 그 안에서 내가 할 수 있는 일로 기회 요소를 찾는 것이 필요하다. 파도를 보지 말고 바람의 흐름을 보라는 영화 속 대사를 '감동적이다', '좋은 말이다' 정도로 치부하지 말고 적극적으로 예측하고 자신에게 대입하고 행동해야만 살아남는다.[3]

미래를 일찍 예견이나 한 듯 시대 흐름을 잘 파악했으며 그것을 잘 따라간 카카오는 모바일 메신저인 카카오톡뿐 아니라 카카오톡을 활용한 다양한 모바일 플랫폼을 만들어냈다. 모바일 플랫폼들은 카카오톡과 같이 융합되어 사용되고 있으며 그 효과는 굉장했다. 언택트 시대에 살아가고 있는 지금 예술, 문화 등 다양한 영역으로 뻗어가고 있다. 앞으로 언택트 서비스는 하나의 영역에서만 머무르는 것이 아닌 새로운 기술과 기존에 있던 기술을 융합하여 다양한 영역으로 뻗어갈 것이다.

카카오는 지금 그것을 잘 활용하고 있으며 강한 성공 가능성의 의지를

---

3 출처: https://1boon.kakao.com/kickthecompany/59b3b927ed94d20001fbd5c2

보여주고 있다. 언택트 서비스가 다양한 방면으로 활용되고 있어 굳이 오프라인 매장에 가지 않아도 온라인에서 모든 것을 해결할 수 있다. 그렇다고 해서 오프라인 매장은 앞으로 고객 유지에 있어 어려움에 놓여 있을까? 우리는 아니라고 생각한다. 현재 진전이 없는 코로나19 상황으로 인해 오프라인 매장의 발길이 줄어든 것은 맞지만 우리의 삶에서 오프라인은 중요한 채널이며 앞으로 없어지지 않을 중요한 매개체이다. 앞으로 무궁무진한 성장을 기약할 언택트 서비스는 오프라인 사업과 온라인 사업이 새롭게 융합되는 비즈니스 체계로 나가야 한다고 생각하며 우리는 그것을 기대하고 있다. 시간은 빠르게 흐르고 시대는 또 다른 미래를 향해 빠르게 변해 가고 있다. 현재 미래를 살아가기 위해 설계를 해야 하고 계획을 세워야 한다. 이것은 기업뿐 아니라 개인에게도 주어진 숙제이다.

Chapter 04

경영학의 의미와 역할

경영학자 짐 콜린스는 『좋은 기업을 넘어 위대한 기업으로』라는 책에서 좋은 기업이 위대한 기업으로 성장하기 위해 필요한 것을 말한다.

❝ 일반적으로 위대한 삶을 사는 사람들은 아주 드물다. 대개의 경우 편안하고 좋은 삶을 사는 것으로 만족하기 때문이다. 또한 대다수의 회사들은 위대해지지 않는다. 왜냐하면 대부분의 회사들이 장사도 꽤 잘되고(상황도) 제법 좋기 때문이다. 단지 좋은 기업으로만 남으려는 것이 그들의 주된 문제점이다 ❞

01 경영학의 정의와 역할

(1) 경영이란 무엇인가?

경영은 다양하고 여러 가지 차원에서 설명할 수 있으나 '기업이라는 조직이 자신만의 공동목표를 달성하기 위하여 기업이 처한 다양한 환경에 대응해 나가면서 관리 또는 조정을 통해 조직의 제한된 자원을 조직의 활동에 효과적이고 효율적으로 투입, 통합, 조정하는 과정'이라고 할 수 있겠다.

간단히 말해서 경영이란 관리자들이 하는 일을 말한다. 그러나 이 짧은 문장으로 모든 것을 설명하기는 부족하다. 경영(management)이란 용어는 어떤 것을 다른 사람들을 통해서 효과적이고 효율적으로 완성해 가는 과정을 뜻한다.

이 정의와 관련하여 몇 가지 핵심 용어들을 살펴보자.

과정이란 현재 진행 중인 상호 연관되어 있는 활동들의 집합을 말한다. 앞서 언급한 경영에 관한 정의에 의하면 과정이란 관리자가 행하는 가장 중요한 활동과 주요 기능을 말한다. 관리자가 행하는 주요 기능에 대해서는 다음 절에서 보다 자세히 언급하겠다.

효과성과 효율성은 우리가 무엇을 해야 하는가(What we're doing)와 어떻게 해야 하는가(How we're doing it)에 관한 것이다.

효율성(efficiency)은 과업을 올바르게 수행하는 것을 의미하며 투입(input)과 산출(output)의 관계를 뜻한다. 관리자는 자금, 사람, 장비 등과 같은 희소한 자원을 다루기 때문에 이러한 자원들의 효율적인 사용에 관심을 기울여야 한다. 그러므로 관리자는 경영을 통해 자원 비용을 최소화하려고 노력한다.

투입되는 자원의 비용을 최소화하는 것이 중요하다고 하지만 그것만이 효율적이라고 할 수는 없다. 경영은 목표를 달성하는 데에도 관심을 기울여야 한다. 경영과 관련된 용어로 우리는 이것을 효과성(effectiveness)이라고 부른다. 효과성은 조직의 목표 달성에 기여할 수 있는 적절한 업무를 찾아서 수행하는 것을 뜻한다.

효과성과 효율성은 서로 다른 용어이지만 관련되어 있는 개념이다. 효율성이 낮아지는 것을 걱정하지 않는다면 효과성은 상대적으로 쉽게 달성될 수 있다. 만약 Hewlett-Packard가 노동과 제품 투입 비용을 고려하지 않았다면 더욱 정교하고 내구성이 뛰어난 레이저 프린터 카트리지를 만들어 낼 수 있을 것이다. 이와 유사한 경우로서 일부 정부기관들은 정책의 효과성을 추구한 나머지 그 효율성에 대해서는 쉽게 공격받곤 한다. 왜냐하면 목표를 달성하여 효과성을 달성할 수는 있지만 이 경우 비용 지출이 너무 많이 발생하는 문제를 피하지 못했기 때문이다. 따라서 우리의 결론은 다음과 같다. 뛰어난 경영은 정해진 목표를 달성함(효과성)과 동시에 가능한 한 효율적이어야 한다는 것이다.[1]

---

1 Stephen P. Robbins, David A. DeCenso, Mary Coulter(2011), Fundamentals of Management, 7th Edition, 양동훈·임효창·조영복 역, 시그마프레스.

(2) 경영의 역할은 무엇인가?

관리 기능에 관한 Fayol의 주장은 신중한 조사를 거친 결과물이라고 볼 수는 없다. 오히려 이는 그가 프랑스 광산에서 경험한 것과 관찰한 것들을 토대로 정리한 주장이라고 볼 수 있다.

그러나 1960년대 후반 Henry Mintzberg는 5명의 고위 관리자를 관찰한 후 관리자의 업무에 대해 오랜 기간 동안 믿어 왔던 생각들이 사실과 다르다는 점을 발견하였다. 예를 들어, 관리자들이 의사결정을 위해서 매우 조심스럽고 체계적인 과정을 거쳐 수집된 정보들을 신중히 검토한 후 의사결정을 내린다는 기존의 생각과는 달리, Mintzberg가 연구한 관리자들은 다양하고 패턴이 없는 단기적인 사고에 따라 의사결정을 내리는 경향이 있었다. 이러한 관리자들은 사고를 방해하는 이들이 계속 발생하기 때문에 신중히 생각을 정리할 시간이 없었던 것이다. 이러한 이유 때문에 대체로 관리자의 활동 중 절반은 9분 이상 지속되지 않는 성격의 것이었다.

이러한 통찰력 이외에도 Mintzberg는 관리자가 업무현장에서 수행하는 역할에 따라 관리자의 활동을 분류하는 기준을 제시하였다. 관리자의 역할(managerial role)이란 관리자에게 요구되는 행동들을 구분해 놓은 것을 말한다. 이를테면 당신이 수행하는 다양한 역할을 한번 생각해 보라. 당신은 학생, 종업원, 자원 봉사자, 볼링팀 팀원, 보모 등 다양한 역할을 요구받을 수 있다.

Mintzberg에 의하면 관리자는 서로 구분되지만 연관되어 있는 10가지 역할을 수행한다고 한다. 이러한 10가지 역할은 크게 인간관계, 정보의 전달, 의사결정이라는 세 가지 군으로 묶을 수 있다.

인간관계 역할(interpersonal role)은 사람들(부하와 조직 외부의 사람들)과 의식이나 상징적 성격의 업무들과 연관되어 발생한다. 인간관계 역할에 속하는 대표적인 세 가지 역할은 대표자로 역할하기, 리더로 역할하기, 정보의 연락자로 역할하기이다.

정보전달 역할(informational role)은 정보를 수집하고 전달받으며 정보를 퍼뜨리는 정보수집자, 전파자, 대변인의 역할을 수행하는 것을 뜻한다.

마지막으로 의사결정역할(decisional role)은 의사결정과 최종적 선택을 수행하는 것이다. 기업가, 문제해결자, 자원배분자, 교섭자가 의사결정역할에 해당하는 역할이다.

그렇다면 관리자가 하는 일을 파악하기 위해 역할에 초점을 맞추는 것과 기능에 초점을 맞추는 것 중 어느 쪽이 보다 옳은 방법이라 할 수 있을까? 각각의 접근법이 모두 관리자들이 하는 일을 설명해 줄 수 있지만 기능적 접근이 관리자의 업무를 묘사하는 가장 훌륭한 방법이 아닌가 싶다. 기능적 접근이 상대적으로 보다 나은 접근법인 이유는 그 명료성과 간결성에 있다. 관리자의 전통적 기능들은 실제로 목표달성의 과정에서 그들이 수행하는 수많은 행위와 활동을 명료하고 간결하게 설명하는 한 방법이다. 반면에 Mintzberg의 역할 접근법은 의미를 찾으려 한다면 관리자가 무엇을 하는가에 대해 단지 추가적인 통찰력을 줄 수 있는 방법이라고 볼 수 있다.

(3) 왜 경영을 공부해야 하는가?

왜 경영을 공부해야 하는가에 대해 의문을 가진 적이 있을 것이다. 어쩌면 당신은 회계나 마케팅 혹은 정보기술을 전공하지만 자신의 경력에 경영공부가 도움이 될 것인지에 대해 의문을 제기할 수 있다. 왜 우리가 경영을 공부해야 하는가에 대해 알아보자.

우리가 경영을 공부하는 첫 번째 이유는 조직의 경영방식을 개선하기 위함이다. 왜냐하면 경영이란 우리가 일상생활에서 흔히 겪는 일들이기 때문이다. 만약 운전면허증을 발급받고자 몇 시간을 기다린다면 당신은 어떤 기분일까? 백화점에 들어갔을 때 그 누구도 당신에게 관심을 갖지 않는다면? 성장하고 있다고 생각한 회사가 갑자기 망한다면? 비행기 표를 예약할 때 같은 노선에 대해 매번 다른 가격을 지불해야 한다면? 또한 당신의 기업에만 세금이 유난히 많이 부과되었다면 어떤 기분일까? 이러한 문제들은 무능한 경영으로 인한 결과이기 쉽다.

Wal-Mart, Apple, 삼성, McDonald's, Singapore Airlines, Google과 같이 경영을 잘하고 있는 회사들은 충성스러운 고객을 확보하고 불경기하에서도 꾸준히 성장하고 있다. 반면에 경영이 부실한 기업들은 고객을 잃고 수입이 줄어들며 때론 파산하기까지 한다. 이를테면 Gimbels, W.T. Grant, Dave & Barry's, Circuit City, Eastern Airlines, Enron은 한때 번영한 회사였다. 수만 명의 종업원을 고용하고 매일 수십만 명의 고객들에게 제품을 공급하였지만 잘못된 경영으로 오늘날에는 이 기업들을 더 이상 찾아볼 수 없다.

경영을 공부해야 하는 두 번째 이유는 학생들은 대학 졸업 후 관리자가 되거나 혹은 관리받는 종업원 중 하나가 될 것이기 때문이다. 경영 관련 직업을 가지려고 계획한 사람은 경영학을 통해 관리과정의 유형들을 이해하고 관리기술을 배울 수 있는 기초를 습득한다. 그러나 경영을 공부하는 사람들이 모두 장래관리자가 되기 위해 과목을 수강한다고 볼 수는 없다.

경영학 과목은 단지 학점을 얻기 위한 수단이 될 수도 있다. 하지만 그것 자체가 경영하이 중요하지 않다는 것을 의미하지는 않는다. 여러분이 일을 하고 조직에 속해 있다고 가정해 보자. 여러분은 관리자이거나 관리자를 위해 일하는 종업원 중 하나일 것이다. 여러분은 아마도 경영을 공부하면서 상사가 어떻게 행동할 것인지에 대한 통찰력을 얻을 수 있다. 요점은 경영은 꼭 관리자가 되기 위해서만 공부하는 것이 아니라는 점이다.

02 경영학의 발달과정

(1) 경영이론의 시작

경영에 대한 개념적 정의를 근거로 판단해 볼 때, 경영의 출발점은 공동체를 이루고 농경과 목축을 시작할 때부터라고 할 수 있다. 농경과 목축은 인간과 자연과의 교환활동, 즉 주고받는(give & take) 관계로 생각해 볼 수 있기 때문이다. 이러한 교환활동은 인간과 인간의 물물교환의 형태로 발전하였고 화폐가 등장하면서 더욱더 활발해졌다.

이후 1776년 A. Smith(1776)의 『국부론(The Wealth of Nations)』에서 제기된 분업(division of labor)에 대한 주장과 18세기 영국에서 시작된 산업혁명(industrial revolution)을 계기로 대량생산이 이루어지면서 체계적이고 구체적인 이론에 근거한 경영의 필요성이 본격적으로 제기되었다.

(2) 경영학의 발달과정

현대적 의미의 경영학의 발달은 크게 미국의 경영관리학과 독일의 경영경제학에서 찾아볼 수 있다. 그러나 오늘날의 주된 경영학의 접근법들이 미국을 중심으로 발전되고 있기 때문에 이하에서는 미국 경영관리학의 발전을 중심으로 경영학의 발달과정을 전개해 나가고자 한다.

미국 경영관리학의 발전에 공헌한 F. W. Taylor를 비롯한 초기의 경영자들은 관리상의 경험을 서술하고 그 경험들을 기본적인 원칙으로 일반화하려고 노력하였다. 그리고 그 후에는 보다 과학적이고 학문적인 연구를 시도하는 많은 학자들이 나타나 경영학 이론을 학문적으로 체계화하였다. 그 결과 실무자들과 다양한 학자들의 경영관점을 중심으로 여러 경영학파들(schools of management thought)이 생겨나게 되었다.

(3) 경영학의 현대적 접근과정

1950년대부터 기업경영환경이 급격하게 변화하면서 경영자들은 기업조직을 환경과 부단히 상호작용하는 개방체계(open system)로 보게 되었다. 이러한 상황하에서는 고전적 경영학, 행동과학적 경영학, 관리과학적 경영학 등이 제시한 경영기법이나 처방이 일관성 있는 효과를 발휘하지 못하였다.

각각의 접근방법들이 각기 다른 환경하에서 제시되었기 때문이다. 따라서 현대적 경영학은 앞서 살펴본 세 가지 접근법(학파)을 상황에 따라 취사선택하여 절충하고 있다. 예를 들어 고전적 경영학에서는 관리기능을, 행동과학적 경영학에서는 협동과 인본주의를, 관리과학적 경영학에서는 경쟁전략을 차용하고 있다.

그 결과 하나의 독립된 학파로서는 인정받지 못하고 있지만 시스템적 접근법(management systems approach)이나 상황적합적 접근법(contingency approach)이라는 이름으로 많은 연구들이 이루어지고 있다.

가. 시스템이론

시스템(system)이란 공동의 목표를 달성하기 위하여 상호작용하면서도 독립적으로 움직이는 부분들(하위시스템, subsystem)의 집합으로서 하나의 실체(entity)이다. 시스템은 조직 외부환경과의 상호작용 여부에 따라 개방시스템(open system)과 폐쇄시스템(closed system)으로 나누어 볼 수 있으며 특별히 언급하지 않으면 오늘날 개방시스템을 의미한다.

Churchman에 의하면 모든 시스템은 기본적으로 다음과 같은 네 가지 특성을 가지고 있다고 한다. 첫째, 모든 시스템은 임의로 통제할 수 없는 외부적 환경하에서 활동을 전개한다. 둘째, 모든 시스템은 구성 요소(elements orcomponents) 혹은 하위시스템으로 구성된다. 셋째, 모든 시스템의 하위 시스템은 상호관련성(interrelatedness)을 가지고 있다. 특히 하위시스템 간의 상호 관련성은 나머지 하위시스템에 영향을 주지 않고 어느 한 하위시스템을 변화시킬 수 없다는 것을 의미하기 때문에 시스템적 접근법의 주요한 특성을 이룬다. 마지막으로 모든 시스템은 구심점 혹은 목적을 가지고 있다. 이는 조직의 노력과 하위시스템의 노력의 대상이면서 평가 또는 통제 시 표준이나 기준으로 작용한다.

기업조직을 하나의 시스템으로 보게 되면 조직 내의 많은 부분들과 부서, 하위시스템들(subsystems)이 상호 관련되어 있고 그 같은 상호 관련된 부분들 모두가 조직목표달성에 공헌해야 한다는 점을 쉽게 이해할 수가 있다.

나. 상황적합이론

현대적 경영학의 상황적합이론(contingency theory)은 수많은 상황에서 발생하는 모든 문제를 해결할 수 있는 '유일하고도 최선인 방법(one best way)'이 존재한다는 보편주의 입장을 부정하면서 앞서 살펴보았던 전통적 경영이론들의 한계점인 특수 상황하에서의 문제 해결의 부적격성을 극복하고 있다.

즉, 상황적합이론에 따르면, 모든 조직들은 서로 다르고 같은 조직이라고 하더라도 시간의 흐름에 따라 변하기 때문에 계속해서 새로운 상황에 직면하게 된다는 것이다. 따라서 관리기법도 각 상황에 따라 가장 적합한 관리기법이 적용되어야 한다는 것이다. 상황적합이론의 주된 결정요인은 기업조직 내

외의 환경이며 기업조직의 내외부의 환경요인에 적합한 경영(관리)이 이루어져
야 한다.[2]

03 경영과 기업가정신

(1) 좋은 기업을 넘어 위대한 기업으로

현대의 많은 기업들이 사회적 책임감을 갖고 선한 활동을 하더라도 얼마
든지 수익을 창출하고 성공할 수 있을까? 기업의 생존 목표는 기본적으로 수
익 창출을 통한 기업의 영속성에 있다고 볼 수 있다. 그렇기 때문에 사회봉사
나 환경운동 등을 위해 많은 돈을 지출하면서 동시에 수익을 창출하는 것이
가능한가에 대한 의문이 끊임없이 제기되었다. 기업의 이윤추구활동과 사회적
책임 수행은 모순적인 것으로 생각하기 때문이다.

마르크 건서는 그의 저서 『Faith and Fortune: The Quiet Revolution to
Reform American Business』에서 올바르고 선한 영적인 가치관을 실현하면서
수익을 창출하는 비즈니스 형태를 영적 비즈니스라고 정의한다. 여기서 영적
인 가치관이란 모든 인간은 존중받아야 한다는 믿음, 또한 타인에게 도움을
주고 공익을 증진시키겠다는 신념을 의미한다.[3]

미국의 그레이톤 제과점 같은 경우, 1982년에 설립하여 현재 뉴욕의 빈
곤층을 도와주는 조직의 본부이다. 그들은 홈리스들에게 아파트를 마련해 주
고 에이즈 환자들을 돌봐 주며 직업훈련과 보육시설을 제공하고 시민을 위한
공원을 조성하기도 했다. 특히 공개고용을 통해 약물중독자나 홈리스들에게
일자리를 창출한다. 이 회사의 핵심 메시지는 회사에 도움을 주기 때문에 종

---

2 이명호 외 7인(2013), 경영학으로의 초대, 제3판, 박영사.

3 Marc Gunther(2004), Faith and Fortune: The Quiet Revolution to Reform American Business,
   Random House Inc.

업원을 존중하는 게 아니라 인간 그 자체를 존중한다는 것이다.

또한 심각한 경영난 속에서도 구성원들을 존중하고 배려한 유명 가구 업체인 허만 밀러를 예로 들 수 있다. 특히 허만 밀러는 경영난으로 공장을 폐쇄하고 이에 따라 구성원을 해고해야 하는 상황 속에서도 인간 존중 가치를 실현하였는데, 해고 충격을 완화하기 위해 인사부서와의 개별 면담, 카운셀러 제공, 헤드헌터 연결 등 다양한 퇴직 및 전직 서비스를 실시하였다. 허만 밀러는 해고당한 사람에게 기회를 주고 싶었고, 이것이 올바른 일이라는 신념을 실천하기 위해 무려 3,050만 달러를 퇴직 및 전직 서비스에 사용하였다. 그 이후 허만 밀러는 실패를 딛고 재기에 성공하였으며, 다정하고 인간적인 회사문화를 계속 지켜 나갈 수 있었다고 한다.

그리고 아웃도어 용품 업체인 팀버랜드는 '지구의 날' 봉사활동에 직원들이 다양한 지역에서 동시다발적으로 참여하고 있다. 각 나라 지점에서 봉사활동을 함으로써 지역사회의 문화와 팀버랜드의 가치관을 연결시키는 활동을 하는 것이다.

과거에나 현재나 기업은 영업을 열심히 해서 주주 가치를 극대화시킨다는 '주주 제일주의'가 만연하고 있다.

예를 들어, 공룡기업이라는 GE의 전 회장인 잭 웰치는 거대한 관료주의 문화를 형성하였고, 수천 명의 근로자를 해고하였음에도 불구하고 GE의 '주가'를 높였기 때문에 성공한 CEO로 불리고 있는 것이다.[4] 물론, 우리나라에도 겉으론 드러나지 않지만 앞서 외국의 기업의 사례에서 본 바와 같이 영적인 비즈니스를 추구하고 또한 이익창출이란 기본적인 기업의 생존 목표를 넘어서는 기업의 사회적 책임 수행이 주주 가치에 상당한 영향력을 주는 기업이 지금도 꽤 여러 곳에서 나타나고 있다.

즉, 기업가정신이 변하고 있다. 우선 환경보호운동이나 자선사업 등 이른바 선하고 올바른 목적의 지출은 기업 명성이나 브랜드 강화에 훨씬 효과적이라는 것이다. 또한 사회적 책임감이 강한 기업은 직원들의 신뢰를 강화할 수 있고, 충성도 높은 외부고객을 확보할 수도 있다.

---

4 http://www.lgeri.com

또한, 콘(Cone)이라는 미국의 시장조사 기관에서 실시한 '기업시민의식' 조사에서 소비자의 91%가 부정활동을 하는 회사 제품은 쓰지 않을 것이라고 답변하였으며 또한 기업의 부정한 내용을 주위에 알리겠다고 한 사람이 85%, 그 회사에 투자하지 않겠다고 한 사람이 83%, 불매운동을 벌일 거라는 답을 한 사람은 76%로 나타났다. 즉, 기업이 단기적 이익에만 연연하여 자연 환경을 해치는 등 부정적 활동을 하게 될 경우, 소비자들은 그 회사의 제품을 의도적으로 구입하지 않는 경향이 있다는 것이다.

04 세상은 혁신적 경영자에 의해 변화된다

애플사의 스마트 폰의 출시에 대한 역사적 사건을 B.C.(Before Christ), 예수 탄생 이전과 A.D.(Anno Domine), 주께서 오신 뒤(라틴어)로 구분하고 싶을 정도로 매우 중요한 사건이라고 판단하고 싶다. 애플사의 스티브 잡스가 없었다면 아직도 많은 세계의 사람들은 글로벌 통신사들의 통신료 부가정책에 따라서 폐쇄적인 통신 서비스를 받고 있을 확률이 높다.

문자 한두 건 보내는 데에도 요금을 지불해야 하고 부가통신 서비스를 사용하는 데에도 많은 비용을 지불해야 하는 통신 서비스를 아직도 받고 있을지 모른다. 하지만 어떤 혁신적 경영자에 의해서 우리는 변화된 세상과 기업경영을 할 수 있게 된다.

(1) 창조적 파괴와 가치경영의 문을 열다

창조적인 천재 스티브 잡스의 스텐퍼드 강연에서 "곧 죽을 거란 사실을 안다는 것은, 인생에서 커다란 선택을 내리는 데 도움을 주는 가장 중요한 도구"라면서, "제가 아는 한, 여러분이 언젠가 죽는다는 사실을 기억하는 것은 뭔가를 잃을지도 모른다는 생각의 함정을 피하는 최고의 방법"이라고 했다. 완벽한 정답은 아니지만, 그의 말에 동의하고 싶다.

　　머릿속에서 그려왔던 것들을 현실에서 선뜻 실현해 내지 못하는 경우가 많다. 생각한 일을 직접 실천으로 옮기는 일은 그만큼 쉽지 않다. 그런데 여기서 더 나아가 소비자가 생각하는 것을 제품으로 실현해 주는 사람이 있다. 소비자가 원하는 것을 그들을 대신해 제품으로 실현시켜 주는 것이다. 꿈의 제품을 현실로 만들어 주는 애플의 CEO 스티븐 잡스가 바로 그 사람이었다. 그는 과연 어떻게 고객들의 꿈을 선물해 줄 수 있었을까.

　　애플의 제품들이 타 기업들의 제품들과 비교해서 획기적인 기술을 만들어 내고 있지는 않다. 그럼에도 불구하고 어떻게 소비자들에게 사랑을 받는 것일까. 그것은 간단하다. 소비자가 원했던 제품 그 이상을 출시해 내는 것이다. 기존의 고객들에게 편의를 제공해 주고 있는 뛰어난 기능들을 모아 함축시키고 여기에 고객들이 희망하던 디지인을 융합시킴으로써 결국 고객을 위한 제품을 만드는 것이다.

　　애플의 제품을 구매하는 소비자들의 표정을 본 적이 있는가. 제품을 샀다는 의미를 넘어 세상 모든 것을 다 얻은 것 같은 표정을 짓고 있다. 자신에게 꼭 맞는 제품을 구매했을 때 느끼는 행복감을 애플의 제품을 구매하면서 얻게 되는 것이다. 그들은 제품을 구매하기 위해 출시 직전부터 밤을 새서 기다리고 기다리는 동안에도 과연 제품을 살 수 있을지에 대해 마음을 졸인다. 이러한 고객들의 사랑을 받고 싶지 않은가.

　　기존의 것들의 재결합을 통한 제품의 탄생이 지금 애플의 아이팟, 아이폰을 만들어 낼 수 있었고 그 다음 고객의 마음을 사로잡을 제품이 탄생될 수 있도록 만드는 원동력이 될 것이다. 기업은 새로운 것에만 집중하기보다는 기존의 것들을 활용함으로써 얻게 되는 새로움을 창조하기 위한 눈을 키우는 것이 필요하다.

　　이러한 남들과 다른 생각과 행동은 그의 남다른 경험에서 우러나온 것이라고 볼 수 있다. 그는 자신이 설립한 애플 컴퓨터 회사에서 나와 픽사를 설립하고 돌연 애니메이션 영화 제작에 나섰다. 새로운 영역의 도전에도 불구하고 영화의 흥행 이후 다시 애플에 복귀, 문화를 창조할 만큼의 놀라운 업적을 남기고 있는 그에게서 무엇을 하더라도 다르게 생각하는 차별화된 경영을 찾아볼 수 있다.

그의 사업이 기존의 컴퓨터에서 그쳤다면 어떤 결과를 만들었을까. 컴퓨터 사업의 틀에서 벗어나지 못한 채 새로운 영역에 도전했다면 그 결과는 어떠했을까. 그의 개방적인 시각과 더불어 새로운 시장을 창조해 내는 경영을 통해 지금의 특별한 그가 있을 수 있었다. 기업은 다양한 영역으로의 확대에서 기존의 것들을 통한 지속적인 변화를 추구해 나가는 것이 필요하다.

(2) 버버리의 변신경영

영국의 전통과 자존심을 지켜오고 있는 47년의 역사를 가진 트렌치코트의 대명사 '버버리(Burberry)'는 창시자인 '토마스 버버리(Thomas Burberry)'가 '개버딘'이라는 혁신적인 원단 개발에 성공하면서 세상에 모습을 보였다. 이 소재는 습기의 영향을 덜 받는 영국 기후에 적합한 이유로 영국에서 레인코트로 자리 잡았다.

또 세계적으로 유명해진 영화 속에서 주인공들이 의상으로 입고 나오면서 전 세계적인 패션명품으로 부상했다. 노바체크는 한 단계 더 진화해서 슬라이스 노바, 즉 마치 종전 무늬를 촘촘히 잘라 놓은 듯한 독특한 디자인으로 탈바꿈한 상태다. 아예 검정색 가방에 금빛 로고가 박힌 핸드백도 어렵지 않게 볼 수 있다.

하지만 트렌드가 생명인 의류업계의 풍토 속에서 디자인 개발과 마케팅을 소홀히 한 탓에 한때 위기를 맞았다. 비즈니스 위크(Business Week)지에 따르면 버버리는 2002년을 정점으로 뚜렷한 하강곡선을 그었다. 그러나 정작 짝퉁 상품들이 더 문제로서 대두되었다. 그간 100여 년 넘게 전통을 고수해 왔던 일정한 패턴의 디자인은 짝퉁 업자들에게 아주 쉽게 베낄 수 있는 기회를 제공하는 꼴이 됐다.

저소득층에서도 어렵지 않게 짝퉁 버버리를 입고 다니면서 '명품 이미지'가 희석됐던 것이다. 게다가 이 시기 영국에서는 저급하고 값싼 취향의 젊은이들을 뜻하는 '차브(Chav)'족이 활개를 쳤는데 문제는 이들이 버버리의 격자무늬 모자를 즐겨 썼던 것. 이는 결국 매출 급감으로 이어졌고 버버리는 야구모자의 생산을 중단하기에 이르렀다. 공휴일 판매에서조차 실적이 좋지 못하던 2004년, 회사는 중대한 결정을 내린다. "버버리 제품은 노바체크를 과다 사용해 오히려 희소성을 떨어뜨린다"는 리타 클립튼 인터브랜드 사장의 진단도 서슴없이 받아들였다.

이후 버버리는 노바체크 디자인의 정체성을 유지하면서 세련되게 바꾸는 작업을 진행했다. 아울러 이익률이 높은 액세서리류, 높은 가격을 형성하는 제품군 개발 등 대대적인 사업전략의 수정을 가했다. 예를 들어 버버리 로고는 깃발을 든 사람이 말을 타고 도약하는 모습인데 이 깃발에 새겨진 글이 바로 'Prorsum(라틴어로 전진)'이다. 최근 버버리가 이 단어를 내건 상품군으로 새롭게 각광받고 있다.

버버리의 정체성과도 같은 노바체크(격자무늬) 역시 변화의 물결을 타면서 소비사들에게 색다르게 다가가고 있다.

또한, 광고들을 통해 '전통과 현대를 조화시키겠다'는 버버리의 의지를 엿볼 수 있다. 그 결과 2006년 주가는 51%나 뛰었고 2002년 기업공개 때에 비하면 두 배 가까이 성장했다. 90년대 말 버버리의 판매액은 4억 9,700만 달러 정도였지만 최근에는 세 배 가까이 늘었다. 시모어피어스중개소의 소매담당 애널리스트 앤드류 웨이드는 비즈니스 위크지와의 인터뷰에서 "적절한 시점에 좋은 전략을 썼다"며 "버버리는 고객들이 높은 가격의 제품을 소비할 수 있는 사다리를 잘 놓아 성공한 것"이라고 평가했다.

(3) 맨유, 스포츠 서비스 기업으로의 변신

영국의 전통과 정신을 대표하고 있는 기업 중의 하나인 맨유의 비즈니스에 대한 변화과정을 살펴보면, 기존의 전통적인 측면만 강조하지 않고 새로운 서비스의 재창조를 통해 세계 최고의 스포츠클럽으로 변화하고 있다.

또한, 미국의 경제 전문지 포브스는 지난달 맨체스터 유나이티드의 자산 가치를 14억 5,300만 달러(한화 약 1조 3,700억 원)로 평가했다. 축구는 물론 미국 프로풋볼·미국 메이저리그 등 전 종목을 걸쳐 세계 최고의 스포츠 클럽으로 공인받은 셈이다. 세계 최고의 부자구단 맨유를 이끌고 있는 최고경영자 (CEO) 데이비드길 사장은 "축구는 스포츠이자 비즈니스"라고 표현하고 있으며

매주 6만 관중 앞에서 열리는 프리미어리그는 대형 이벤트이며 광고 전문가의
도움이 절실히 필요한 비즈니스다.

그는 맨유의 경영 철학에 대해서 구단의 이니셜을 따서 설명하고 있는데
단결되어 있고(U: united), 직급에 상관없이 모든 이를 공평하게 대하고(N:
nondiscriminated), 혁신적이고(I: innovative), 팀워크(T: teamwork)가 잘 이루어지
고, 탁월하고(E: exel), 확고한 목표의식(D: determinded)을 지녀야 한다는 것이
길 사장이 밝힌 '맨유의 창조적 파괴에 대한 정신'이다.

05 기업의 사회적 책임

(1) 다양한 형태의 사회적 책임 경영

현대사회의 급속한 환경변화와 특성은 기업의 사회적 책임에 영향을 주
고 있다. 기업은 과거 주주중심의 경제적 활동에만 전념하던 시대에서 기업활
동의 사회적인 가치와 기업의 이윤을 동시에 추구하는 단계까지 발전하게 되
었다.

'사랑의 와플하우스'는 서울 광진구 아차산 정립회관 앞에서 아침 출근길
직장인들에게 와플과 커피를 판매하는 곳이다. 여기서 할아버지·할머니 14명
이 바리스타라는 새로운 직업을 얻었다. 전북 진안의 '나눔푸드'는 직접 재배
한 친환경농산물로 매일 아침 도시락을 만들어 판다. 거기서 나온 수익금으로
결식아동들에게는 무료 도시락을 가져다준다.

대학생들이 의기투합해 만든 '딜라이트'는 청각장애인들에게 품질 좋은
보청기를 싼값에 제공하는 회사다. 또 '공신닷컴'의 언니·오빠들은 인터넷 강
의로 돈을 벌면서 가정형편이 어려운 고등학생들에게는 무료로 멘토링을 해
준다.

이러한 기업의 사회공헌활동은 국민들의 호응을 이끌어 낼 수 있는 서비
스이며 좋은 기업이미지 제공에 영향을 미친다. 만약 기업이미지에 치명적 손

상을 입게 되면 수입 감소뿐만 아니라 이후 기업이미지를 회복하기 위해 막대한 비용을 필요로 하게 된다.

이렇듯 기업의 활동에 대한 사회적인 감시와 요구가 끊임없이 요청되고 있는 상황이며, 기업은 이에 다양한 방법으로 반응하고 있는 것이 현실이다. 공익 서비스 제공은 이러한 기업환경의 변화에 능동적으로 대처하는 기업의 노력이며, 경제적 성과와 사회적 성과를 결합시키는 마케팅의 분야로 관심을 받고 있다.

(2) 공정무역과 기업가치

우리나라 커피 수입액이 2011년 5억 달러를 넘어섰다고 한다. 전 세계적으로 기업의 공정무역의 증가가 두드러지고 있는 추세이며 기업의 공정무역 유형 또한 다양해지고 있는 추세이다.

그린마운틴 커피는 미국에서도 시골 중의 시골로 유명한 버몬트주에 위치한 전 직원 600명의 중소기업이다. 이 조그만 회사가 어떻게 휴렛팩커드, AMD, 모토롤라 등 쟁쟁한 대기업을 2~4위로 밀어내고 미국 최고 윤리 기업으로 뽑혔을까? 더구나 '노동력 착취'로 악명이 높은 커피회사가 어떻게 '윤리'에서 최고의 평가를 받았을까?

비결은 바로 '공정무역(Fair Trade)'에 있다. 공정무역이란 선진국의 소비자, 유통업자가 제3세계의 농산물, 수공예품 등을 직접 수입, 판매하는 대신 그 이익을 생산자에게 제대로 돌려주는 것을 의미한다.

잘 알려진 대로 콜롬비아, 과테말라, 에티오피아, 르완다 등 세계의 주요 커피 생산국은 이름만 들어도 빈곤과 내전의 고통이 묻어나는 나라가 대부분이다. 한 잔에 5,000원을 넘나드는 스타벅스 커피가 날개 돋친 듯 팔리는 동안 제3세계의 커피 농민들은 하루에 1달러를 벌기 위해 피땀을 흘려야 한다.

1990년대 중반 이후 이 같은 비난을 줄이자는 취지에서 공정무역의 바람이 일기 시작했다. 이 제도는 커피업체나 인증기관이 현지 생산자와 직접 협상을 통해 최저가격을 보장하고 장기거래계약을 맺음으로써 최저가를 보장해 주는 것이다.

　현재 그린마운틴 커피가 공정무역을 통해 조달하는 커피의 비중은 27%로 미국 커피업계에서 최고를 자랑한다. 아무리 커피원두 가격이 떨어져도 전체 구입량의 27%는 반드시 1파운드당 1.6달러의 공정가격을 주고 구입하고 있다.

　공정무역은 다국적 커피회사들의 착취 고리를 끊고 생산자들에게 정당한 노동의 대가를 지불하자는 운동으로서 생산자와의 직거래를 통해 생산자들이 희망을 일구어 나갈 수 있는 정당한 가격을 지불하고, 소비자들에게는 거품을 뺀 정직한 가격을 제시한다. 이는 경제적으로 소외된 생산자들이 생산품의 질을 향상시키고 생산성을 높이는 방법을 함께 연구하며 판로와 시장을 개척할 수 있도록 도우며, 수익금을 이들의 발전을 위한 기본 설비, 학교, 병원 등에 지원하고 있다.

　좀 더 구체적으로는 공정무역을 통해 거래되었다는 인증서를 발행하고 공정거래로 인증된 제품을 기업들이 구입하도록 하는 운동도 전개되고 있다. 1950년대 영국, 스위스 등에서 시작된 이 운동은 커피뿐만 아니라 코코아, 바나나, 꽃, 의류 등 그 품목을 넓혀 가고 있으며 교역량도 크게 늘고 있는 추세이다.

　공정무역의 기치 아래 아름다운 가게가 들여와 시판하는 국내 공정무역 커피1호 네팔산 '히말라야의 선물'은 공정무역 커피를 파는 커피점에 '생산자에게 희망을, 소비자에겐 기쁨을'이라는 스티커를 붙여 주고 홈페이지에 가게 위치 등을 소개해 주는 '아름다운 카페 캠페인'을 벌이고 있다.

　사실 커피회사 입장에서 공정무역으로 비싸게 커피를 구매하면 그만큼의 '이윤'을 포기하는 셈이다. 하지만 그린마운틴 커피는 오히려 이를 마케팅 차별화 전략으로 사용해 회사의 가치를 더욱 높이고 있다. 공정무역이 실제로 회사에 도움이 되느냐고 묻자 주저 없이 "물론이다(Absolutely)"라는 대답이 돌아왔다. 특히 윤리적이고 친환경적인 회사라는 이미지를 구축하는 데 있어 이보다 효과적인 전략은 없다고 강조했다.

　커피를 물보다 자주 마시는 대다수 미국 소비자는 자신의 기호품인 커피가 후진국 생산자에게 정당한 대가를 지불하지 않고 만들어졌으며 이 과정에서 많은 환경 파괴도 일어난다는 사실을 어느 정도 알고 있다고 한다. 따라서 이런 사실을 알면서 커피를 편안한 마음으로 즐기기는 어렵지만 '공정거래(Fair

Trade)'상표를 보면 그런 죄책감을 덜 수 있다는 설명이다.

실제로 나스닥 상장사인 그린마운틴 커피의 매출은 공정무역 도입 후 가파른 상승세를 타고 있다. 기업가치가 전반적으로 향상되며 2001년 1월 12일 종가기준으로 23.06달러였던 회사의 주가는 2007년 7월 27일 종가기준으로 85.05달러로 무려 268.8%의 급격한 주가상승을 기록했으며 기업이미지가 좋아지면서 실적과 기업가치가 동시에 개선되는 효과를 톡톡히 누리고 있는 것이다. 한마디로 윤리경영을 철저히 수행함으로서 기업의 다른 차원의 부가가치를 누리고 있는 셈이다.

Chapter 05

윤리경영과 사회적 기업

'좋은 일을 하며, 이윤을 추구하는' 사회적 기업이 이제 우리 생활 곳곳에 자리를 잡고 있다. 현재 생활 속에 공존하는 사회적 기업들은 빵을 팔아 돈을 벌려고 고용을 하는 게 아니라 일자리를 주려고 빵을 만들어 파는 '착한 기업'이다. 소비자 입장에선 그 회사 물건이나 서비스를 사기만 해도 어려운 이웃을 도울 수 있는 셈이다. 이러한 사회적 기업의 증가와 더불어 기존기업의 사회적인 노력, 캠페인도 늘어가고 있는 상황이다.

01 사회적 기업이란: 고용하기 위해 빵을 팔아라!

미국 실리콘밸리의 착한 기업 '루비콘'의 창업자인 릭 오브리(Aubry) 스탠퍼드 경영대학 교수는 루비콘의 기업 이념을 이렇게 설명했다. 위의 루비콘의 기업 이념은 사회적 기업이란 무엇인가에 대한 좋은 대답이 될 수 있다.

❝ 빵을 팔기 위해 고용하는 게 아니라 고용하기 위해 빵을 판다. ❞

(1) 사회적 기업의 목적

사회적 기업이란 사회적 목적을 추구하고 이를 위해 수익창출 등 영업활동을 수행하는 조직으로 기존의 기업과 같이 이윤을 추구하나, 그 목적이 취약계층에게 일자리와 사회 서비스를 제공하는 데 있는 것이다. 더 나아가 '사회적 기업'이란 다음과 같은 두 가지 특성을 가지고 있는 조직으로 정의된다.

가. 사회적 가치의 지향 & 공유

지역사회, 국민국가, 세계 사회 차원의 사회적 문제를 해결하고자 하는 조직으로 사회적 가치에 대한 강한 지향성을 가지고 있는 조직인 것이다.

사회적 기업은 사회성에 대한 강한 지향성을 갖춤으로서 지역사회와 관련된 이해관계자들로부터 지지를 받게 되고 이로 인해 존재 의의를 인정받을 수 있다. 사회적 기업은 사회적 가치를 지향하는 것도 중요하지만 그 가치를 이해관계자와 함께 지지하고 공유할 때에 진정한 사회적 기업으로 거듭날 수 있는 것이다.

나. 기업으로서의 사업성

사회적 기업은 사회적 가치를 지향함에 있어서 납득할 수 있는 비즈니스 방법을 활용해 계속적인 사업활동을 진행시키는 조직이어야 한다. 사회적 기업이 아무리 사회적 가치를 지향한다 하여도 이 또한 수익 창출이 이루어지지 않으면 실행될 수 없다.

아무리 사회적 가치에 대한 지향성이 높더라도 기존의 영리 기업과의 경쟁에 밀리지 않으려면 다양한 경영능력을 갖추어야 한다. 그러지 못한 경영자가 사회적 기업을 하는 데에는 큰 리스크가 따르며 기업 자체가 발전은 물론 지속가능성조차도 희박해질 수밖에 없다.

이를 위해 사회적 기업은 기존 영리 기업뿐 아니라 다른 사회적 기업과는 다른 혁신적인 상품과 서비스를 개발할 수 있는 능력을 갖추어야 한다. 결국 사회적 기업이 사업성과 수익성을 가지지 못하면 지속가능한 형태의 대응이 불가능함으로 사회적 기업으로 평가될 수 없다.

이와 같이 사회적 기업은 주위의 취약계층을 보듬고 도와야 하지만 위의 두 가지 특성, 즉 사회적 가치의 지향 & 공유, 사업체로서의 사업성을 갖춘 조직을 '사회적 기업'이라 정의할 수 있으며 현 시장경제의 가속 성장과 글로

벌화의 진전으로 인해 이러한 사회적 기업의 중요성은 나날이 높아지고 있는
상황이다.1

　　이와 같이 사회적 기업은 주위의 취약계층과 지역사회를 도우는 착한 기
업이다. 하지만 착한 기업이라고 하여 고객들은 무조건적으로 사회적 기업의
손을 들어 주지 않는다. 착한 기업을 하려면 먼저 고객에게서부터 착해져야
할 것이다.

　　누구나 사고 싶은 마음이 드는 품질과 서비스를 갖춘 사회적 기업이야
말로 사회적 가치 창출을 이루어 낼 수 있다.

(2) 사회적 기업의 특징

　　사회적 기업의 주요 특징으로는 취약계층에 일자리 및 사회 서비스 제공
등의 사회적 목적 추구, 영업활동 수행 및 수익의 사회적 목적 재투자, 민주적
인 의사결정구조 구비 등을 들 수 있다.

　　사회적 기업이 되기 위해서는 조직 형태, 조직의 목적, 의사결정구조 등이
사회적 기업육성법이 정한 인증요건에 부합해야 하며, 사회적 기업육성위원회
의 심의를 거쳐야 한다. 인증된 사회적 기업에 대해서는 인건비 및 사업주부담
4대 사회보험료 지원, 법인세·소득세 50% 감면 등 세제지원, 시설비 등 융자지
원, 전문 컨설팅 기관을 통한 경영, 세무, 노무 등 경영지원의 혜택이 제공된다.

　　예를 들어, 요쿠르트 회사인 '그라민-다농 컴퍼니', '피프틴' 레스토랑,
잡지 출판 및 판매를 통해 노숙자의 재활을 지원하는 '빅이슈', 가전제품을 재
활용하는 프랑스의 '앙비', 저개발국 치료제 개발 및 판매기업 '원월드헬쓰' 등
이 세계적으로 유명한 사회적 기업이고 국내에서도 재활용품을 수거·판매하
는 '아름다운 가게', 지적장애인이 우리밀 과자를 생산하는 '위캔', 폐타이어
등 재활용품을 활용하여 만든 악기를 통해 소외계층을 위한 공연을 하는 '노
리단', 컴퓨터 재활용 기업 '컴윈', 친환경 건물청소업체 '함께 일하는 세상',
장애인 모자 생산업체 '동천모자' 등의 사회적 기업이 활동하고 있다.

1　양준호(2011), 지역과 세상을 바꾸는 사회적 기업, 도서출판 두남.

02 사회적 기업의 유형별 사례

(1) 일자리 제공형

노동소외계층의 일자리 제공을 목표로 하는 사회적 기업 유형

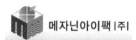

가. 메자닌아이팩에 대한 소개

- 탈북새터민이 빈곤층으로 전락하지 않도록 돕기 위해 2008년 12월에 설립
- 사회복지법인 열매나눔재단이 SK에너지와 협력하여 만들었음.
- 현재 거래처가 50여 곳이 넘는 활발한 작업 공장으로 새터민의 자립
- 단순 원조를 통한 1차적 사회복지를 벗어나 취약계층의 자립이라는 2차적 사회복지를 지향하고자 취약계층들이 믿고 오랫동안 다닐 수 있는 일터를 제공
- 각종 종이박스를 생산하는 기업으로써 취약계층들에게 일자리를 제공하여 경제적으로 자립하고 사회에 적응할 수 있는 기회를 제공

나. 메자닌아이팩의 운영관리방법

- 저소득계층 및 근로빈곤층에게 안정적이고 지속적인 일자리 보급
- 저소득층을 대상으로 하는 사회적 일자리(Box 제조 기업)를 창출하여 생산적 복지 실현
- Box 기업 운영을 통한 지속성장 모델을 창출하여 향후 사회적 기업으로 성장(참여주민에게 최고의 급여 제공)
- 비영리기관과 기업연계를 통해 저소득층이 운영하는 지속성장 가능한 사회적 기업 운영에 대한 한국적 모델 제시

- 취약계층 일자리 창출 사업인 Box 제조 기업에서 업무분장에 따라 역할을 수행하며 주문에 따른 맞춤 Box 제작 업무로 기계를 다루는 업무까지 포함되어 중급 기술이 포함됨.
- 고정 납품 거래처 ㈜씨앤디상사 등 우량 납품거래처에 맞춤 Box 제공
- 사회적응 훈련, 조직 및 사업체계 교육, 정보화 교육, 지역사회연계 프로그램 등 복지 서비스도 함께 연계하여 진행으로 안정적인 정착 지원

다. 메자닌아이팩의 사회적 효과와 보완점

① 사회적 효과

- 일자리 창출이라는 사회적 가치 추구와 경제적인 자립을 동시에 이루는 효과를 기대
- 취약계층 일자리 창출 롤 모델: 사회공헌사업의 새로운 가능성을 제시하여 한국 사회의 큰 의미를 부여해 줌.
- 이윤이 창출되면 취약계층을 추가로 고용하거나 사회적 기업에서 생산한 제품을 구매하는 '착한구매'를 확대하는 등 이윤 전액을 사회적 목적에 사용

② 보완점

- 지원방법이 제한적: 지원방법의 유연성이 필요
- 기업적인 측면에서 전문경영가가 필요

(2) 사회 서비스 제공형

지역문제를 교육과 돌봄으로 푸는 사회적 기업 유형

충남교육연구소   사회적기업 | ㈜휴먼케어 HumanCare

가. ㈜비지팅엔젤스코리아에 대한 소개

- ㈜비지팅엔젤스코리아는 노령화 지수의 증가와 함께 노인문제가 잦아지고 있어 사회문제로까지 번지는 가운데 독거노인들을 정성으로 모시고 살피는 시니어 홈 케어(노인재가 서비스) 서비스를 통해 서비스와 더불어 신뢰성 높고 숙련된 요양보호사를 통해 어려운 선택의 기로에서 현명한 방법을 제시하며 고객들의 가족과 친지들에게 각각에 맞는 다양하고 개인화된 시니어 케어 서비스를 제공함.

- 이곳의 요양보호사들은 필요한 자격 면허 취득을 통해 고객이 안심하고 맡길 수 있는 신뢰 높은 서비스를 제공하고자 노력하고 있으며, 노인과의 1:1 맞춤형으로 요양보호사가 직접 찾아가고 국가적으로 노인복지정책에 힘을 쓰고 있다.

- 특수시스템 도입으로 업무의 진행과정을 수시로 확인받는 등 무엇보다 고객이 최고의 서비스를 받을 수 있도록 하는 데 주력

나. ㈜비지팅엔젤스코리아의 운영관리방법

- 관계형성: 케어매니저는 좋은 요양사의 선발과 그들을 교육시키고 정기적인 라운딩과 1주일 간격으로 고객 및 요양보호사에게 전화 등을 통해 고객의 작은 불만까지 미리 파악

- 시니어 전문 보험: 메리츠화재와 함께 선보인 '메리츠 케어프리'라는 보험 상품은 전국 병원에 비지팅 엔젤스코리아가 파견한 간병인이 입원 환자를 돌봐 주는 보험 상품으로서 대한노인중앙회 등과 제휴를 맺어 안정성을 강화

- 60세 이상의 요양보호사들을 고용하여 인력형 시니어 일자리를 창출

- 지속적인 요양보호사 교육을 통해 시니어들이 전문성을 갖추고 보람되게 일할 수 있도록 도움.

- 시니어 창업을 준비하고 있는 시니어들을 위해 정기적으로 사업설명회를 열고 창업 이후에도 사업이 안착할 수 있도록 계속적인 지점 교육을 실시하며 노하우를 전달하는 데 힘씀.

- 고객의 입장에서 1:1 맞춤형 서비스를 제공
- 이웃의 독거노인 및 소외계층의 어르신들에게 밑반찬 및 음식, 제빵, 이미용 서비스, 생필품, 집 수리 등을 지원
- 거동이 불편한 노인들에게는 장애인 리프트차량 지원하여 무료로 병원 이동 및 조기 검진 서비스를 받을 수 있음.

다. ㈜비지팅엔젤스코리아의 사회적 효과와 보완점

① 사회적 효과

- 노인들의 생산적·활동적 고령화를 지원하며 노인과 사회를 이어 주는 소통의 장 제공 예 시니어클럽
- 고령화 시대를 대비해서 노인들의 경제활동 및 사회참여활동을 지원하여 노인들의 밝고 건강한 노후를 정착

② 보완점

- 임금피크제와 같은 제도에도 불구하고 아직 시니어를 위한 일자리는 턱없이 부족한 형편
- 그동안 우리가 주변에서 보아왔던 육체·단순노동의 일자리 대신, 노인들이 경험과 지식을 나눌 수 있도록 교육과 기회가 늘어나고 또한 노인과 사회를 이어 주는 소통의 장이 더욱더 많이 생겨나야 함. 이와 함께 사회적 기업에서 요양 서비스에만 그치지 않고 정부와 함께 노인에 대한 사회공헌 차원의 일자리를 제공하는 노력이 필요함.

(3) 혼합형

일자리와 사회 서비스가 혼합된 사회적 기업 유형

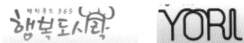 

가. 행복도시락에 대한 소개

- 사회적 협동조합인 행복도시락은 2006년부터 시작
- 결식 이웃에게 무료급식 서비스를 제공
- 취약계층에게는 조리와 배송 등의 과정에 참여하게 하여 일자리를 제공하기 위해 시작한 사업
- 도시락 배달 사업은 지역 센터에서 이미 하고 있었지만 곳곳에 부실도시락이 만연해 있었고 또한 정부가 취약계층에게 제공하는 공공급식의 위생상 태도 문제
- 이러한 문제들을 해결하기 위해 정부, 지자체를 비롯한 SK기업, NGO가 다자간 협력모델로 행복도시락 센터를 만들어 체계적인 위생시스템을 도입하였고 취약계층을 고용해 스스로가 조합원이 됨.
- '행복도시락'은 대기업이 '후원(행복나눔재단)'하고 '후원받는 곳(사회적 기업)'이 조합원으로 참여해 공동 운영하는 독특한 형태의 협동조합으로 지난해 말 29개 센터 중 20곳이 SK그룹의 공익재단인 행복나눔재단과 함께 조합원이 됨. 나머지 9개 센터는 행복도시락이라는 이름으로 운영되고 있음.

나. 행복도시락의 운영관리방법

① 영양

- 전문영양사가 표준화된 메뉴와 레시피를 지원
- 전국 도시락센터에서 급식전산 프로그램을 공유하여 효율적 업무시스템을 지원
- 매월 센터별 급식만족도 조사 실시로, 선호하는 메뉴데이터를 분석하여 최상의 도시락제공을 위해 노력

② 위생

- 사업장은 HACCP(식품위해요소관리기준)에 따라 오염/비오염 구역으로

철저히 나누고 적합시설을 갖추어 관리

▪ 식자재 입고, 조리과정, 포장 등의 전 과정을 HACCP 기준으로 자체 제작된 위생 매뉴얼에 의해 관리

▪ 재단 위생팀의 위생 점검표에 의한 연 2회 불시점검 및 위생 점검시스템을 구비한 전문 업체와 연계

▪ 연 2회의 외부점검을 통해 과학적인 분석과 제3자 점검으로 다중안전 위생관리를 실시

③ 수익창출

▪ 일반 기업의 행사 도시락이라든가 케이터링(전문 출장 뷔페) 같은 형식의 수익사업으로 여기서 얻은 수입으로 센터를 운영하고 부족한 부분은 보건복지부 아동급식 지침에 따라 급식단가에 20%를 운영비로 사용할 수 있도록 되어 있어 그 부분에서 충당

다. 행복도시락의 사회적 효과와 보완점

① 사회적 효과

▪ 일자리 창출과 사회적 기업으로 발전

▪ 결식이웃 무료급식: 전국 29개의 행복도시락센터를 통해 총 1만 명의 결식 이웃에게 양질의 무료도시락 제공

▪ 도시락센터 운영에 필요한 순수인력(7~13명/센터)과 더불어 식자재 유통, 도시락용품 제조업 등의 협력업체로부터 새로운 일자리가 창출되어 약 700여 명에게 건강하고 안정적인 일자리 제공

▪ 사회책임투자성격의 기업사회 공헌활동 확대

▪ 기업과 정부, NGO가 파트너십으로 참여하여 정부지원의 사각지대에 놓인 결식이웃과 실직 빈곤층을 지원하고 사회적기업의 선도적 모델을 만들어 나감으로써 사회구성원의 행복 극대화하고 사회 서비스를 제공

② 보완점

- 고객관리시스템의 혼선이나 회사의 이윤 또한 무료 급식의 질 등 여러 모로 여건이 미흡
- 사회적 기업으로서의 기업의 이윤과 최고의 복지 서비스를 추구하기 위해 무엇보다 다양한 분석과 시도, 그리고 전문인의 결합과 정부의 지원책을 통해 다양한 무료급식의 모델을 모색하고 아울러 취약계층 고용에 있어서도 일자리를 많이 늘리는 것도 중요하지만 질적으로 일자리를 얼마만큼 안정적으로 유지할 수 있는지를 고민
- 일시적인 일터가 아닌 질 높은 공공 서비스를 제공하고 소비자에게 만족을 줄 수 있는 기업이 되기 위해 직원 간의 소통의 시간을 가져 일터의 문제를 직시하고 함께 해결하는 등의 노력이 필요

(4) 기타형

버려진 것을 새롭게 살리고 나눔과 순환을 실천하는 사회적 기업 유형

가. 트래블러스맵에 대한 소개

- 여행 부분 1호 사회적 기업
- 2009년 창립 이후 2011년까지 여행참가자, 교육생, 여행을 통해 63,429명의 지역주민에게 혜택 제공
- 사회적 기업 최초로 경영 공시
- 사회적 기업 부분 최초 기업경영윤리대상 수상
- 자연에는 최소의 영향, 지역에는 최선의 기여, 여행자에게 최고의 기회라는 모토를 기반으로 운영
- 대안여행 전문가를 양성, 사회적 과제를 해결 새로운 인재를 육성

나. 트래블러스맵의 운영관리방법

- 국내 여행 상품 개발 및 판매: 도심에서 산골 마을까지 대한민국을 구석구석 탐방, 지역 네트워크 연결 및 내·외국인을 위한 여행상품 개발 및 제공
- 해외여행 상품 개발 및 제공: 현지민이 운영하는 지역 여행사 고용, 마을 홈스테이 운영, 사회적 기업 NGO 공동으로 운영
- 전문가와 함께하는 태마교육 여행: 장·단기 여행학교, 자원봉사여행 프로그램 운영, 체계적인 사전 교육시스템 도입
- 맞춤 여행 기획 및 진행: 기업연수, 수학여행, 가족여행 등 단체 여행 계획, 지속가능한 여행을 위한 맞춤식 여행 상품 제공
- 대안학교 로스드꼴라 운영: 로스드꼴라는 15세에서 22세의 청소년을 대상으로 여행을 통한 인문학 교육 제공
- 기타 사업: 공정 여행 인식 확대와 여행문화 개선을 위한 캠페인 진행, 여행 애플리케이션 개발

다. 트래블러스맵의 사회적 효과 및 보완점

① 사회적 효과

- 국내 및 해외 저소득층 지역 소득 창출과 고용창출
- 탄소 배출 절감: 관광객의 대중교통 이용 장려, 도보 여행 등의 여행 프로그램 변화를 통한 탄소배출
- 탈학교 청소년 직업 교육: 직업능력향상과 인턴십 제도 운영
- 소외계층 청소년의 여행제공: 취약계층을 대상으로 한 여행 상품 제공, 직접 지원 성격의 청소년 여행 무료 제공 및 할인
- 장기 실업자 채용
- 친환경 여행 정책 장려: 친환경 숙소와 먹거리 제공, 일회용품 사용 제한, 환경 훼손 금지, 동물 학대 금지, 생물 및 환경 자원 상품 구매 금지, 친환경 세제, 물 사용 최소화, 쓰레기 회수 장려

② 트래블러스맵의 보완점

- 트래블러스맵, '공정 여행'이라는 사회적 인식: '봉사'나 '노동력을 필요로 한다'는 사회적 인식을 '즐기는 자유 여행'으로 이미지 전환 필요
- 현지 가이드 및 전문가 선생님 전문성과 프로그램 구성: 한 예로 '어린이 지구별 지리산 여행' 프로그램에서 무리한 활동 프로그램 구성
- 현지 가이드의 비효율적인 프로그램 진행 및 부족한 현지 설명: 현지 가이드와 프로그램 진행 담당자의 전문교육 프로그램 실시 및 효율적 프로그램 구성 필요
- 이동 수단의 불확신성: 여행을 온 고개들에게 충분한 이동 경로 설명과 비상상황 발생 시 대피 요령을 충분히 교육시킴.

(5) 지역사회 공헌형

가. 홍성유기농영농조합에 대한 소개

- 충남 홍성군 장곡면에 위치
- 지역의 자연순환농업을 실천, 지역농업 공동체를 지향하는 친환경농산물 생산자 조직
- 1997년 시작 유기농업쌀작목반, 친환경채소류작목반, 항생제축산작목반 등을 생산
- 유통단계를 줄여 도시 소비자와 직거래
- 대보름행사, 오리입식행사, 체험농장 등 다양한 프로그램 운영
- 20011년부터 직영농장을 운영, 귀농 사람들의 영농기술 습득 및 정착 기반 마련

나. 홍성유기농영농조합의 운영관리방법

- 자연순환농법으로 소비자들에게 친환경농산물 제공: 합성농약과 화학비료 사용을 금지, 벼를 심음, 유기농 부산물을 가축에게 먹임, 무항생

제 사료 사용

- 도시 소비자와의 직거래시스템: 자연순환농법으로 얻은 친환경농산물은 유통단계를 줄여서 소비자에게 직거래로 제공
- 도시 소비자와 농촌의 생산자와 함께 하는 프로그램 운영: 대보름행사, 오리입식행사, 가을걷이 나눔의 잔치, 체험 농장, 어린이 캠프 등 다양한 프로그램 구성 및 운영
- 귀농인을 위한 프로그램 운영: 2011년 충남형 사회적 기업으로 인정을 받아 귀농인들의 영농기술의 학습 제공
- 유기농업과 자연순환농법에 대한 정보 제공: 다양한 정보 제공의 학습장과 체험의 장을 운영
- 귀농인이나 평소 농업에 관심 있는 사람이 아니더라도 일반인들에게 유기농업을 알리고 친근함을 형성

다. 홍성유기농영농조합의 사회적 효과와 보완점

① 사회적 효과

- 도시와 농촌의 만남 도농교류: 귀농인에게 농업 기술을 제공, 도시인들은 유기농업문화를 알려 도농교류 활성화
- 농촌형 일자리 창출: 품앗이 형태로 소농들에게 일자리 기회를 주고 농촌활동 활성화에 주력
- 실질적 정보 수집에 용이: 지속적으로 농촌 체험 프로그램과 지역 방문을 통해 실질적인 목소리를 토대로 농촌사업 기반에 힘씀.
- 지역리더 실현 구축: 21세기 네트워크 사회에서 개개인 능력이 더 중요시 되고 있는 추세
- 로컬 푸드와 바른 먹거리에 대한 사회적 인식 구축: 바쁜 현대사회에 패스트푸드와 조미료가 첨가된 음식이 주를 이루고 있음.

② 보완점

- 젊은 소비자들은 '자연순환농법'에 대한 정보가 부족하과 관심이 적음:

트위터, 페이스북 등 소셜 미디어를 통해 유기농작물에 대한 장려와
'자연순환농법'을 알림.

■ 여러 가지 체험 프로그램 및 농장 운영의 규모의 확대에 다른 사후 관
리: 단순한 프로그램 확장 및 운영에서 벗어나 지속적인 운영 관리에
힘써야 함.

■ 체험 후 커뮤니티 활성화를 통해 소비자를 통해 개선해야 할 점과 설
문조사를 실행해야 함.

■ 의견을 토대로 수정 및 피드백을 통해 더 나은 서비스를 제공해야 함.

03 해외 사회적 기업 사례

(1) 탐스 슈즈: One for One

독특한 비즈니스 기부 방식 'ONE FOR ONE'을 실현하고 있는 탐스 슈즈
나눔은 우리가 채우는 것이고 나눔은 우리의 미래이다. 창업자는 블레이
크 마이코스키이고 2006년에 창립하였다. 미국 캘리포니아에 본사를 두고 있
는 신발업체이다. '내일을 위한 신발'이라는 슬로건을 가지고 있는데, 줄여서
TOMS라는 이름을 가지게 되었다고 한다. 소비자가 한 켤레의 신발을 구입하
면 한 켤레의 신발을 제 3세계 어린이들에게 기부하는 일대일 기부 공식을 도
입하여 착한 신발로 알려져 있다.

(2) 그라민 은행: 책임감과 믿음의 성공

방글라데시의 은행으로, 무하마드 유누스가 빈곤퇴치의 일환으로 1983년
법인으로 설립하였고 빈민들에게 담보 없이 소액대출을 제공하여 빈곤퇴치에
이바지한 사회적 기업

일반 은행이 돈을 빌려주면 갚을 날짜가 될 때까지 아무런 신경도 쓰지

않는 것과 달리, 그라민 은행은 대출자들이 경제적으로 자립할 수 있도록 지속적으로 관심을 갖고 일자리 정보를 제공해 주는 등 여러 가지 도움을 준다.

그라민 은행의 직원은 은행에 앉아서 고객을 기다리는 것이 아니라 이 마을 저 마을로 돌아다니며 돈을 빌린 사람들을 도와주는 것이 업무이다.

예를 들어, 바구니를 짜서 팔아 벌어들이는 적은 돈 가운데 대부분을 이자 갚는 데 쓰고, 모자라는 생활비는 다시 빚을 얻어 쓰고, 더 불어난 이자를 갚느라 생활은 더욱 어려워지는 악순환에 놓인 사람이 있다.

그라민 은행은 이 사람에게 빚을 갚을 수 있는 돈을 빌려준다. 이 사람은 먼저 비싼 이자를 물어야 했던 빚을 갚고, 바구니를 짤 재료를 구입하면 계속 바구니 장사를 할 수 있게 된다. 비싼 이자의 굴레에서 벗어나니 돈을 모을 수가 있고 그라민 은행에서 빌린 돈도 갚을 수 있게 된다. 그리고 빚에서 벗어나니 살림은 윤택해지고 미래를 설계할 수 있게 된다.

은행 직원들은 이 사람이 가난에서 벗어날 수 있도록 다양한 각도에서 지원을 해 준다. 마을 사람들 중에 이런 방법으로 빚에서 벗어나 생활이 나아지는 것을 본 다른 사람들도 희망을 갖고 자립할 수 있게 되는 것이다.

(3) The Big Issue: 당신이 읽는 순간, 세상이 바뀝니다!

노숙자의 자활을 돕는 착한 잡지

'The Big Issue'는 영국에서부터 시작된 사회적 기업이다.

'Big Issue'는 노숙인(homeless)에게는 경제적 자립을, 사회(society)에는 노숙인의 가능성을, 시장(market)에는 기업의 새로운 패러다임을 제공한다는 창간의의를 가진 대중문화잡지이다. 영국에서만 5,550명이 빅이슈 판매를 통하여 자립에 성공하였고, 현재 세계 10개국에서 15종이 발행되고 있으며 아시아에서는 일본, 타이완에 이어 세 번째로 2010년 7월에 한국에서도 창간되었다.

INSP(세계 노숙인 자립 지원 신문잡지 협회) 40개국 118개 회원사들은 콘텐츠를 공유하여 다양한 읽을거리를 제공한다. 데이비드 베컴, 버락 오바마, 레이디 가가, 조니뎁 등 유명인들의 재능기부자들과 다양한 분야의 자원활동가들이 참여하여 그 특성을 더 살리고 있다.

또한 빅이슈코리아는 소셜 엔터테인먼트라는 편집 콘셉트를 가지고 일회성 가십이 아닌 의미와 재미, 가치를 추구하면서 친환경, 공정무역 등 건강한 사회문화 이슈를 담은 대중잡지이다.

빅 이슈는 노숙을 경험한 사람들 중에 자립의 의지가 있으며, 행동수칙을 준수할 수 있는 사람에게만 잡지 판매권을 주어 '빅 이슈 판매원(빅판)'이라는 직업을 통해 경제적 자립을 지원함으로서 자존감과 자신감을 회복할 수 있도록 한다.

04 사회적 기업의 매력

오늘날 사회적 기업의 성장은 전 세계적으로 확산되고 있으며 이에 따라 청소년과 명문대 대학생들의 사회적 기업에 대한 관심도 급격히 늘고 있는 추세이다. 외국의 학생들이 사회적 기업에 대한 관심을 보이는 정도는 미국 명문대 출신의 엘리트 청년들의 취업 관심사에서 찾아볼 수 있다.

과거의 미국 명문 대학 출신의 대학생들의 취업 관심사는 주로 금융가에 쏠려 있었다. 하지만 2008년 금융위기 이후 업을 통한 사회적 기업의 운용으로 사회적 가치와 수익을 동시에 추구하고자 한다.[2] 이렇듯 미국뿐 아니라 세계적인 차세대 인재들이 '사회적 기업'에 지대한 관심과 매력을 느끼는 이유는 무엇일까?

이는 단연 금융위기의 여파로 인한 대체 산업으로서의 환경, 복지, 교육 산업의 대두로 인한 매력일 수도 있겠지만 사회적 추세로써도 사회적 기업은 그 가치와 매력이 계속적으로 상승하고 있기 때문이다.

---

2 양준호(2011), 지역과 세상을 바꾸는 사회적 기업, 도서출판 두남.

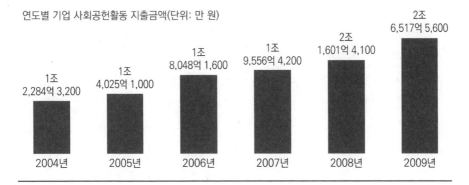

연도별 기업 사회공헌활동 지출금액(단위: 만 원)

그림 5-1 ┃ 기업의 사회공헌활동의 중요성 증대

자료: 전경련

'한국을 넘어 지구촌으로'

국내 기업들의 사회공헌활동이 글로벌 경영에 맞춰 국내뿐 아니라 지구촌 곳곳으로 퍼져 나가고 있다. 경영행보가 넓어지면서 사회공헌활동도 협력사와의 동반성장에서부터 소외계층 지원, 청소년 육성, 지역 및 환경보호, 글로벌 지원에 이르기까지 폭넓게 펼쳐지고 있다. 사회공헌활동이 한층 성숙된 모습이다.[3]

이미 세계는 더불어 사는 사회라는 모토에 맞게 기업으로서도 국가로서도 사회공헌의 중요성은 나날이 증가하고 있다. 위의 신문기사는 이러한 사회적 풍토를 잘 보여주는 자료라고 할 수 있으며 우리나라에서도 월드비전, 컴페션 등이 활발하게 이루어지고 있다.

이러한 사회공헌의 중요성에 따라 앞으로의 기업은 이윤추구만을 목적으로 하는 영리 기업보다는 사회공헌과 함께하는 사회적 기업이 세계경제를 주도하는 차세대 선도 산업의 주체로 활약하게 될 것이다. 차세대 인재들이 이러한 사회적 기업의 가치와 매력을 알아보는 것은 당연한 것이 아닐까 생각한다.[4]

---

3 이용웅(2011), 사랑과 희망을 나누는 기업, 동반성장에서 지구촌 곳곳까지… 도약하는 사회공헌활동, 국민일보.

4   한국사회적기업진흥원, 「http://www.socialenterprise.or.kr/」

가. 사회적 기업가

> ❝ 사회적 기업가는 생선을 주는 것은 물론, 고기 잡는 법을 가르쳐 주는 것으로도
> 만족하지 않는다. 그들은 고기잡이 산업을 혁명적으로 바꿀 때까지
> 결코 멈추지 않을 것이다. ❞
>
> — 빌 드레이튼(Ashoka 창립자)

혁신적 접근 방식과 프로그램을 이용하여 사회적 가치와 임무를 실현하기 위한 사회문제를 풀어 가고자 하는 사람들

나.

'고객의 구매는 단순한 소비가 아닌, 나눔이고 기부이며 더 좋은 세상을 만드는 가장 달콤한 동참이다' – (주)좋은세상베이커리 이욱희 대표

다. **Room to Read®**

아시아의 개발도상국가에 책을 기증하고 도서관과 학교를 지어 주는 자선단체 'Room to Read'의 설립자 – 존 우드

라. **동천Dongchun Company**

발달 장애우의 집중력과 섬세함을 원동력으로 세계적 수준의 제품을 생산하는 동천모자 설립자 – 성선경 대표

마. 수익금 전액을 자선단체에 기부하는 유기농 샐러드 드레싱 제조회사 뉴먼스 오운의 설립자 – 배우 폴 뉴먼

바. 무담보, 무보증, 대출자격은 '가난'뿐

상식을 깨는 원칙으로 가난한 사람들의 은행 그라민 뱅크를 설립한 경제학자 - 무하마드 유누스

05 협동조합의 탄생: 무엇이든 상상하면 이루어진다

(1) 협동조합의 개념

협동조합이란 재화 또는 용역의 구매·생산·판매·제공 등을 협동으로 영위함으로써 조합원의 권익을 향상하고 지역사회에 공헌하고자 하는 사업조직을 말한다. 구체적으로 말하면, 경제적으로 약소한 처지에 있는 농민이나 중·소상공업자, 일반 소비대중들이 상부상조의 정신으로 경제적 이익을 추구하기 위하여, 물자 등의 구매·생산·판매·소비 등의 일부 또는 전부를 협동으로 영위하는 조직단체를 의미하는 것이다.

이러한 협동조합이 가지고 있는 특징은 조직이 자발적이고, 운영이 민주적이며, 사업활동이 자조적이고, 경영이 자율적이라는 점에서 정부기업과 구별되며, 또 경제활동의 목적이 조합의 이윤추구에 있지 않고 조합원에게 봉사하는 데 있다는 점에서 주식회사와도 구별된다.

또한 협동조합을 노동조합과 비교했을 때는 둘이 모두 조합원의 경제적·사회적 지위 향상과 권익 옹호를 목적으로 하고 있으면서도 협동조합은 조합원이 자체적으로 자본을 마련하여 자신들이 필요로 하는 사업활동을 벌이고 있는 데 반하여, 노동조합은 단순히 임금투쟁이나 노동조건 개선에 주력하고 있다는 점에서 이 둘의 차이를 찾아볼 수 있다. 한 걸음 더 나아가 협동조합은 비단 조합원에 대한 봉사 이외에도 정부의 손이 미처 미치지 못하는 분야에서 시장경제의 상도덕 재건과 경제 질서 회복에 이바지할 뿐만 아니라 지역사회 발전에도 일익을 담당하고 있다.

결국 이러한 협동조합의 특성을 한마디로 이야기하면, 협동조합은 스스로의 힘으로 현재와 미래의 상태를 개선하고자 모인 사람들의 조직이며, 이러한 사람들이 모인 조직이기 때문에 이 조직의 목적은 조합원촉진이라고 할 수 있다.

그리고 이러한 촉진목적을 달성하고자 다음과 같은 다양한 사업을 수행하고 있다.

첫째, 목적사업으로서 이는 협동조합의 설립목적인 조합원촉진에 직접적으로 관련되는 사업이다. 예컨대 협동조합 상호금융업의 경우, 조합원에 대한 신용대출, 소비협동조합의 경우, 조합원이 요구하는 제품이나 서비스 공급이 목적사업에 해당되는 것이다. 이는 협동조합이 결코 포기할 수 없는 사업이며, 적법기래인 것이다. 이 목적사업을 영위하지 않을 경우, 협동조합 설립을 법률로 허용한 근거가 없어지게 되는 것이다.

둘째, 반대사업으로서 이는 협동조합이 조합원의 요구 충족을 위해 제3자, 즉 조합원이 아닌 자와의 거래이다. 그 전형적인 거래로써 소비협동조합의 경우, 일반시장에서 조합원이 아닌 자와 이루어지는 협동조합의 구매행위를 들 수 있다. 이 점에서 보면, 협동조합에는 성질이 전혀 다른 2종류의 거래행위가 있다.

이를테면 소비협동조합은 한편으로 주인(공동소유자)인 조합원을 위해 시장에서 구매자의 역할을 하고, 다른 한편 판매자로서 고객(이용자)인 조합원에게 필요한 제품과 서비스를 제공하여 조합원을 위한 협동조합경영을 도모하고 있는 것이다. 이러한 거래 구조적 특성에서 보면, 반대거래는 조합원촉진을 위해 조합원 측과 반대편에 있는 시장에서 이루어지는 거래행위이며, 이 역시 협동조합의 적법거래인 것이다. 따라서 협동조합의 비조합원거래라고 하면 조합원거래와 동일한 거래를 조합원이 아닌 자와 영위하는 것이다. 표현을 달리하면 조합원거래, 즉 조합원촉진을 위해서 조합원이 아닌 자와 이루어지는 거래는 비조합원거래라고 할 수 없는 것이다.

셋째, 보조사업으로서 이는 협동조합경영을 위한 사실적 조건을 창출하는 것이다. 이를테면 협동조합경영을 위해 건물이나 대지 등을 구입한다든지, 혹은 이외의 다른 경영자재 조달, 인력수급 등이 보조사업에 해당한다.

마지막, 긴급사업으로서 이는 극히 예외적 상황으로 인해 응급조치로 이루어진 거래이다. 예로써 육류구매협동조합의 경우, 보존기간 내에 조합원에게 판매할 수 없는 물량을 조합원이 아닌 자에게 확대 공급하는 사업을 말하는 것이다.

이렇게 협동조합은 다양한 사업을 수행하여 조합원의 이익을 도모하는데, 특히 생산운영 측면에서 보면, 이러한 협동조합의 효과는 더욱더 크다고 생각된다.

(2) 협동조합 특징

협동조합이 가지고 있는 특징은 조직이 자발적이고, 운영이 민주적이며 사업활동이 자조적이고, 경영이 자율적이라는 점에서 정부기업과 구별되며, 또 경제활동의 목적이 조합의 이윤추구에 있지 않고 조합원에게 봉사하는 데 있다는 점에서 주식회사와도 구별이 된다.

한 걸음 더 나아가 협동조합은 비단 조합원에 대한 봉사 이외에도 정부의 손이 미처 미치지 못하는 분야에서 시장경제의 상도덕재건과 경제질서 회복에 이바지할 뿐만 아니라 지역사회 발전에도 일익을 담당하고 있다.

사업범위로는 공동의 목적을 가진 5인 이상이 모여 조직한 사업체로서 그 사업의 종류에는 금융 및 보험을 제외하고는 제한이 없다. 또한 출자 규모와 무관하게 1인 1표제이며 조합원은 출자자산에 한정한 유한책임을 가진다. 가입과 탈퇴는 자유로우며 투자금액이 아닌 이용 실적 등에 따라 배당이 이루어진다.[5]

(3) 협동조합의 종류

협동조합은 공동으로 소유하고 민주적으로 운영되는 기업을 통하여 경제적, 사회적, 문화적 필요와 열망을 충족시키고자 하는 사람들의 자발적으로 결

---

5 이정흔, 협동조합 관련 기사, 재태크주간지 머니위크.

성한 자발적 결사체, 즉 경제적으로 어렵고 사회적으로 소외되어 있는 사람들이 뜻을 같이하고 힘을 한데 모아 스스로 자신들의 처지를 개선하고 필요를 충족시키기 위해 만든 경제조직이다. 이러한 협동조합의 종류는 총 7가지로 소비자구매·소비자이용·지원·사업자 다중이해관계자·의료 사회적·사회적 협동조합으로 구성된다.

이 중에서 사회적 협동조합에 관해 구체적으로 살펴보면 사회적 협동조합은 협동조합기본법 제2조에 따르면 지역주민들의 권익·복리 증진과 관련된 사업을 수행하거나 취약계층에게 사회 서비스 또는 일자리를 제공하는 등 영리를 목적으로 하지 아니하는 협동조합을 말한다. 이러한 사회적 협동조합은 사회 서비스 증대와 서민경제 활성화, 복지전달체계 개선의 기능을 한다.6

가. 구매협동조합

구매협동조합은 조합원에게 필요한 생산물이나 원재료를 공동구매하기 위한 목적으로 설립된 조합으로서 생산물이나 원재료의 구매는 생산운영 측면에서 첫걸음이라고 할 수 있는 동시에 어떻게 보면, 생산을 통한 제품 품질의 질을 좌지우지하기 때문에 가장 중요한 단계라고 할 수 있다.

이러한 구매협동조합의 효과는 간단한데, 이는 바로 개별적으로 구매하던 것을 공동으로 구매함으로써 구매하고자 하는 제품의 구매 원가를 낮출 수 있다는 것이다. 이는 현재 쇼핑몰의 공동구매의 효과와 똑같은 것이다.

나. 생산협동조합

생산협동조합은 조합원이 공동 생산하는 협동조합으로 원료구입에서부터 생산·가공까지를 행하는 것과 가공만을 행하는 것이 있는데, 최근 트렌드는 생산·가공까지 모두 하는 것이라고 할 수 있다. 이러한 생산협동조합의 목적은 생산·가공 측면에 있어서 열악한 환경을 개별적으로 극복하기 힘들기 때문에 협동조합을 설립함으로써 이를 공동으로 합심하여 극복하는 데 있다.

---

6 네이버 카페 coop' coop (2014), 협동조합의 종류.

그리고 이러한 대표적인 생산협동조합 사례가 바로 서울우유이다. 1937년에는 생산·가공시설이 열악하였기 때문에 우유가 전국적으로 가정에 확산되기가 힘들었다. 물론 우유도 귀한 것도 사실이었지만, 생산·가공에 있어서 부패를 해결할 수가 없었던 것이 가장 큰 문제였다.

개별 축산농가에서는 이를 해결하지 못하였고, 이 때문에 바로 서울우유협동조합이 결성된 것이다. 서울우유협동조합은 1937년 결성된 이후, 지난 76년간 조합원이 고품질로 생산한 우유를 신선한 상태로 고객에게 전달하기 위해 모든 역량을 집중해 왔다. 그리고 이러한 역량 집중을 통해서 1961년엔 유지방의 소화를 돕고 지방이 뜨는 부유 현상을 없애기 위해 균질기를 도입, 선진화된 고급 균질우유 생산의 시초를 마련할 수 있었다 그리고 생산된 우유를 신선한 상태로 고객들에게 전달하기 위해 1984년 국내 처음으로 콜드체인시스템을 완비함으로써 1등급 A원유 제품을 출시할 수 있는 근간도 마련한 것이다.

결국 생산협동조합을 결성하여 만든 효과는 바로 생산·가공에 있어서 다양한 아이디어를 발굴하고, 이를 통해서 이 부분에 모든 역량을 집중할 수 있다는 것이다. 개별적인 경우에는 모든 것을 혼자 해야 하기 때문에 애로사항이 있지만, 많은 조합원이 함께한다면 분담을 하는 등의 방식으로 이러한 애로사항을 감소시킬 수 있게 되고 이는 결국 생산 부분에서의 역량 집중화로 이어져 생산운영 측면에서 효율성 및 합리화를 이끌어 내어 경쟁력을 강화시키는 효과를 얻을 수 있다.

다. 판매협동조합

판매협동조합은 조합원의 판매상의 불리를 없애기 위하여 공동으로 조합원의 생산물을 판매하는 조합이라고 할 수 있다. 생산운영 측면에서 보면, 판매가 생산운영의 마지막 단계로서 판매가 되지 않는다면 생산운영의 실효성이 감소된다. 그러므로 조직에서 판매단계는 중요하다고 할 수 있으며, 이에 따라서 협동조합도 판매 부분에 있어서 판매상의 불리함을 감소하기 위해 판매협동조합을 설립하여 생산을 통해서 발생한 생산물을 판매하는 것이다. 결국 판매협동조합의 목적은 조합원이 생산운영을 통해서 발생한 생산물을 불리함 없이 판매를 극대화시키는 것이라고 할 수 있다.

이러한 판매협동조합의 대표적인 사례가 미국의 썬키스트이다. 현재 오렌지 주스의 대명사인 썬키스트는 미국 6,000여 명의 오렌지농민과 8개 협동조합이 중간상인의 독과점 횡포에 대응하기 위해 출범한 판매협동조합 연합회이다. 구체적으로 보면, 1877년 미국 대륙횡단 철도의 개통은 캘리포니아에 국한된 감귤 소비를 미국 전역으로 확대시켰다.

그리고 당연히 감귤산업은 크게 성장했지만, 감귤 재배농가들은 도매상들의 흉포에 고통을 당해야만 했는데, 그 이유는 도매상들은 판매된 감귤에 대해서만 대금을 지불했고, 모든 리스크는 감귤 재배농가들이 짊어지게 했기 때문이다.

그럼에도 불구하고 이익의 대부분은 도매상들이 가로채 감귤 재배농가들은 적자를 면치 못했다. 이에 따라서 몇몇 감귤 재배농가들이 남부 캘리포니아 과일 거래소를 만들어 직접 판매와 유통을 수행하였고, 결국 이것이 오늘날의 썬키스트가 된 것이다.

결국 판매협동조합을 결성하여 생기는 효과는 바로 조직 규모의 확대를 통해서 직접적인 유통채널을 확보할 수 있는 역량이 생긴다는 것이다. 소규모의 영농업자는 비용 측면 등으로 인하여 남을 통해서 유통채널을 확보해야 하지만, 소규모의 영농업자가 규합하여 만든 협동조합은 그만큼 조직 규모가 확대되기 때문에 비용 측면에서도 독단적인 유통채널을 만들 수 있게 되는 것이다. 그리고 이러한 역량을 통해서 썬키스트의 경우에서처럼 타 세력에 의해 좌지우지되지 않을 수 있게 되는 것이다.

경영사례 PART 01: 구글 📖

구글(Google)은 인터넷 검색, 클라우드 컴퓨팅, 인터넷광고 서비스를 제공하는 미국 기업이다.

세계적인 IT기업이며, 전 세계 국가의 인구를 대상으로 다양한 서비스를 통해 수익을 창출하고 있다. 또한 외국계 기업 중에서도 취업준비생이 가장 가고 싶어 하는 회사 1위로 그 이유로는 한국기업과 다르게 자유로운 회사 생활을 할 수 있으며 든든한 복리후생을 꼽을 수 있다.

구글의 목표는 전 세계 정보를 체계화하여 모두가 편리하게 이용할 수 있도록 하는 것이고 이를 이루기 위해 정당하고 원리 원칙을 지키면서 사업을 꾸려 나가는 참된 기업이다. 어쩌면 무모해 보이기까지 하는 직원관리와 운영방침이 큰 이득의 파도가 되어 밀려왔고 10년이라는 짧은 시간 내에 세계 최대의 포털사이트가 되었다. 그로 인해 엄청난 부를 손에 쥐게 되었고 그 부를 토대로 많은 사업에 현재 투자하고 개발하는 중이다.

1. 구글에서 하는 사업
1) 안드로이드 사업

세계 각국의 이동통신 관련 회사 연합체인 '오픈 핸드셋 얼라이언스(OHA: Open Handset Alliance)'가 2007년 11월에 공개되었다. 실질적으로는 세계적 검색엔진 업체인 구글(Google)사가 작은 회사인 안드로이드사를 인수하여 개발하였으며, 따라서 '구글 안드로이드'라고도 한다.

안드로이드는 리눅스(Linux) 2.6 커널을 기반으로 강력한 운영체제(OS: Operating System)와 포괄적 라이브러리 세트, 풍부한 멀티미디어 사용자 인터페이스, 폰 애플리케이션 등을 제공한다. 컴퓨터에서 소프트웨어와 하드웨어를 제어하는 운영체제인 '윈도'에 비유할 수 있는데, 휴대폰에 안드로이드를 탑재하여 인터넷과 메신저 등을 이용할 수 있으며, 휴대폰뿐 아니라 다양한 정보 가전기기에 적용할 수 있는 연동성도 갖추고 있다. 안드로이드가 기존의 휴대폰 운영체제인 마이크로소프트의 '윈도 모바일'이나 노키아의 '심비안'과 차별화되는 것은 완전 개방형 플랫폼이라는 점이다. 종전에는 휴대폰 제조업체와 서비스 업체마다 운영체제가 달라 개별적으로 응용 프로그램을 만들어야 하였다.

이에 비하여 안드로이드는 기반 기술인 '소스 코드'를 모두 공개함으로써 누구라도 이를 이용하여 소프트웨어와 기기를 만들어 판매할 수 있도록 하였다. 개발자들은 이를 확장, 대체 또는 재사용하여 사용자들에게 풍부하고 통합된 모바일 서비스를 제공할 수 있게 된 것이다. 안드로이드를 탑재한 휴대폰 단말기를 안드로이드폰이라고 하며, 이 플랫폼에서 응용할 수 있는 애플리케이션을 거래하는 온라인 공간을 '안드로이드 마켓'이라고 한다. 미국의 시사 주간지 《타임》은 모토로라의 안드로이드 폰 '드로이드(Droid)'를 2009년 최고의 디지털 기기로 선정하였다. 한국에서 처음 선보인 안드로이드 폰은 2010년 1월에 출시된 모토로라의 '모토로이(Motoroi)'이다.

2) 검색 엔진

구글 검색의 특징 중 하나는 페이지와 페이지 사이의 링크를 분석하여 많이 연결된 페이지를 더 좋은 문서로 판단하는 것인데 이것을 페이지랭크(PageRank)라고 한다. 구글의 알고리즘은 접속빈도가 잦고 연관성이 높은 링크를 상위에 노출할 뿐 아니라, 신뢰성에도 가산점을 부여한다. 특정 링크의 클릭률이나 특정 링크가 얼마나 많이 링크되었는지를 기록해 '연관성' 점수를 부여한다. 이렇듯 정량화된 값을 창립자 페이지의 이름을 따서, 페이지랭크(PageRank)라고 한다. 검색 기술에는 정확한 결과를 이끌어 내는 두 가지 중요한 특징이 있다. 첫째, 웹의 링크 구조를 활용하여 각 웹페이지의 품질 순위를 결정한다. 이런 순위 방식을 페이지랭크라고 한다. 둘째, 링크를 활용하여 웹페이지의 '페이지랭크'를 빠르게 계산하게 해 주는 맵을 만든다.

3) 광고

구글은 광고주에게 애드워즈 프로그램을 제공한다. 이 프로그램을 통해 입찰함으로써 검색 결과 옆에 뜨는 텍스트 광고를 구매할 수 있다. 희소성이 높은 키워드는 클릭당 광고비가 더 비싸게 책정된다. 애드센스를 통해서 광고를 하고 싶어 하는 회사와 관련 사이트를 연결하는 역할을 한다. 애드워즈와 유사한 자동화 프로그램을 통해 둘을 연결해 준다.

구글은 클릭당 지불 데이터를 가지고 해당 광고를 클릭할 때만 비용을 내도록 한다. 구글 애널리틱스(Google Analytics)는 광고주에게 해당 광고의 효과를 즉시 확인할 수 있는 무료 툴을 제공한다. 이 프로그램은 매시간 클릭 수와 판매량, 해당 키워드의 트래픽, 클릭이 판매로 이어진 비율 등 광고 효과를 즉각 확인할 수 있게 해 준다.

　미디어 업체로 하여금 광고 판매에 들어가는 비용을 줄임으로써 롱테일(longtail)이라는 형태로 변화하도록 한다. 그렇게 한다면 기존에는 광고를 잘 하지 않던 이들까지도 타깃팅이 잘된 저렴한 광고를 구매하도록 끌어들일 수 있다는 것이다.

　구글은 사용자들에게 신문이나 책, 잡지를 자유롭게 검색하도록 권장한다. 해당 발행물들 역시 검색 트래픽을 활용해서 무료로 자신들을 홍보하고 광고를 판매해 수익을 창출한다. TV 방송사나 영화사들은 유튜브를 홍보채널 겸 온라인 배급시스템으로 활용하도록 권장한다. 광고주들에게는 구글이 2007년에 인수한 디지털 광고 서비스 업체 더블클릭(Doubleclick)을 통해 온라인 광고를 하도록 권한다.

2. 구글의 과거이력

　구글의 이름은 10의 100승을 뜻하는 구골을 잘못 표기한 것에서 유래되었다. 매우 큰 유한수를 의미하는 이 단어는 '엄청난 규모의 검색엔진을 만들겠다'는 설립자들의 목표와 맞아 떨어졌으나 구골이라는 도메인이 선점되어 있어 바뀌었다. '왓박스(whatbox)'라는 이름도 고려되었으나 포르노 사이트를 연상시키는 웻박스(watbox)와 유사해 제외되었다. 구글은 세계 최대의 검색엔진으로 현재 나스닥에 상장된 기업이다. 특히 영어권에서는 독보적인 점유율을 보이고 있다. 2006년, 구글은 유튜브라는 세계 최대의 동영상 공유 사이트를 인수했다. 같은 해 11월, 유튜브의 하루 방문자는 2,500만 명으로 추정되었다. 2007년, 구글은 최고의 디지털 마케팅 회사인 더블클릭을 인수했고, 같은 해 더블클릭은 하루 170억 개의 광고를 집행했다. 그리하여 구글은 2008년, 증권거래위원회에 보낸 공개문서에서 구글은 "우리는 기술회사로 시작해서 소프트웨어, 기술, 인터넷, 광고, 미디어 회사가 모두 하나로 합해진 기업으로 진화했다"고 말했다. 230억 달러에 달하는 미국 온라인 광고시장과 540억 달러에 달하는 전 세계 온라인 광고시장의 40%를 독식했다.

3. 구글의 기업문화

　Google을 만들어 가는 주체는 바로 사람이다. 현명하고 결단력 있는 사람을 환영하며 경력보다는 능력을 중시한다. Google 직원들은 회사에 대해 공동의 목표와 비전을 갖고 있지만, 전 세계 Google 사용자만큼이나 다양한 사회 각계각층의 다양한 언어를 사용하는 사람들이 함께 일하고 있다. 직원들은 다양성에 걸맞게 근무 외 시간에는 사이클, 양봉, 원반 던지기, 폭스트롯 댄스 등의 취미활동을 한다.

1) 사용자를 위한 서비스

공동 창립자 겸 CEO인 Larry Page는 '완벽한 검색엔진'이란 '사용자의 의도를 정확하게 이해하고 사용자가 원하는 결과를 정확하게 제공하는' 검색엔진이라고 정의한다. 이후로 Google은 검색을 넘어 다양한 제품영역으로 서비스를 확장하고 있으나, 그가 제시한 정신은 그대로 이어져 오고 있다. 검색에서 Chrome, Gmail에 이르기까지 모든 제품을 통해 Google이 지향하는 목표는 사용자가 원하는 정보를 최대한 쉽게 찾고 필요한 작업을 간편하게 완료하도록 하는 것이다.

이는 더 똑똑하고 더 빠르게 검색한다는 의미로서, 가령 [재규어]를 입력할 때 동물 사진이 아닌 자동차를 검색하려 한다는 사실을 검색엔진이 인식할 수 있도록 하는 것이다. 또한 친구들이 특정 광고나 검색결과를 좋아한다는 사실을 표시함으로써 그것이 내게 가치 있는 정보인지 여부를 확인할 수 있도록 하는 것이다. 또한 Google 제품들이 직관적으로 작동하게 하여, 복사하여 붙여 넣지 않고도 Gmail 주소록 친구와 문서를 공유할 수 있게 하고 데스크톱에서 Chrome 브라우저로 여는 탭을 Android 휴대전화에서도 똑같이 열 수 있게 하는 것이다. 무엇보다 이는 Google 제품을 개선함으로써 가족과 즐거운 시간을 보내고, 야외에서 캠핑하고, 그림을 그리고, 파티를 여는 등 내가 좋아하는 일에 시간을 활용할 수 있도록 하는 데 목적이 있다. Google은 이러한 비전을 실현하기 위해 계속 노력하고 있다.

2) 비즈니스를 위한 서비스

Google은 온라인 및 오프라인에서 모든 종류의 비즈니스의 성공을 지원하기 위한 다양한 도구를 제공한다. 이러한 프로그램은 Google의 사업을 운영하기 위한 중추적 역할을 하며, 전 세계 기업가와 게시자의 사업 확장에도 기여하고 있다. 단순한 텍스트 광고에서 리치 미디어 광고에 이르기까지 Google의 광고 프로그램은 사용자의 비즈니스를 고객과 연결해 드리며 게시자가 콘텐츠로 수익을 창출할 수 있도록 지원한다. 또한 클라우드 컴퓨팅 도구를 제공하여 비즈니스 비용을 절감하고 조직의 생산성을 높이고 있다.

3) 웹을 위한 서비스

Google은 웹 환경을 개선하여 웹을 더 효율적으로 사용할 수 있도록 해 주는 제품을 만든다. Chrome과 Android 등의 제품을 통해 온라인에서 더 간편하고 빠르게 작업할 수 있도록 지원한다. Google은 또한 개방형 웹을 지향하고 있으며, 개발자가 온라인 공간에 기여하고 웹을 발전시켜 나갈 수 있도록 다양한 프로젝트에 참여하고 있다. 이와 동시에 자원을 효율적으로 사용하고 재생 가능한 에너지를 지원함으로써 보다 환경 친화적인 웹을 만들기 위해 노력하고 있다. Google이 웹 분야에 등장한 이후로도 웹은 놀라울 정도로 진화해 왔지만, 인터넷의 무한한 가능성에 대한 Google의 믿음에는 변화가 없다.

Part 1. 참고문헌 ─────────────────────────────────── 📖

김기섭(2012), 깨어나라! 협동조합, 들녘.

김봉화·김재호(2001), 세계사회적기업의 현황과 전략, 한국학술정보.

김선화·방진희·이근희(2010), "사회서비스 전달체계 변화에 따른 사회적 일자리 창출 효과
    비교," 보건사회연구, 30(2): 312-357.

김성기(2011), 사회적기업의 이슈와 쟁점: '여럿이 함께'의 동학, 홍천: 아르케.

김성이·大橋謙策(2000), 한일 지역복지 비교연구, 서울: 나남출판.

김순양(2008), "사회적 기업에 대한 성과지표의 개발 및 적용," 지방정부연구, 12(1): 31-60.

김신양(2001), 지동향, 28: 72-54.

김영진(2011), "사회적기업에 관한 비교법적 연구," 공법학연구, 12(2): 295-318.

김윤태(2009), "사회적 기업의 트라일레마: 한국형 모델의 전망," 사회와 이론, 14: 243-273.

김윤호(2010), "사회적기업은 재분배 정책인가 분배 정책인가?: 인증 사회적 기업의 유형화,
    실증적 비교분석, 그리고 육성방안," 한국정책학회보, 19(4): 211-248.

김현대(2012), 협동조합 참 좋다, 푸른지식.

노대명(2009), "한국 사회적 기업 발전방향에 대한 고찰," 시민과 세계, 15: 128-149.

박재환·김용태(2009), "사회적 기업의 가치와 지속적 발전에 관한 연구," 대한경영학회 학술
    연구발표대회, 11: 817-832.

손지은(2011), "좋은 일 하며 돈도 벌자" 도시락 업체부터 IT벤처까지, 중앙일보.

신명호·김홍일(2002). "생산공동체 운동의 역사와 자활지원사업," 동향과 전망, 53: 6-37.

오미(2007), "사회적 기업의 이해: 미국과 유럽의 사례를 중심으로," 사회과학연구, 23(2): 173-
    192.

오용선·손형만·신승혜(2007), "독일의 사회경제 발전모델과 사회적 기업의 특성," ECO. 11(2):
    81-120.

유병선(2008), 보노보 혁명: 제4섹터, 사회적기업의 아름다운 반란, 부키.

이광우(2009), "지속가능한 사회적기업의 성공요인에 관한 연구," 한국비영리학회 학술대회, 1:
    1-45.

이도희(2012). "사회적기업 관련 제도 고찰," 경영경제연구, 35(1): 109-138.

이미숙·최외출(2011), "단체참여와 사회자본이 사회적 가치에 미치는 영향," 한국지방자치 연

구, 13(2): 25-46.

이승규·라준영(2009), 사회적기업 가치 측정 및 평가, 함께일하는재단.

이은선(2009). "사회적 기업의 특성에 관한 비교 연구: 영국, 미국, 한국을 중심으로," 행정논총, 47(4): 363-397.

장인봉·장원봉(2008), "공동생산자로서 지방정부와 사회적 기업의 파트너십 형성과 전망," 한국거버넌스학회보, 15(3): 299-320.

전병유 외(2003), 사회적 일자리창출방안 연구, 한국노동연구원.

정대용·김민석(2010), "조직구성원의 사회적 가치추구와 경제적 가치추구가 사회적 기업의 발전에 미치는 영향에 관한 연구," 산업경제연구, 23(5): 2299-2321.

정선희(2004), 사회적기업, 다우.

정태인(2010), "사회경제론-공동체발전과 풀뿌리 민주주의의 산실," 리얼진보, 레디앙.

최조순(2012), 사회적 기업의 지속가능성과 기업가정신, 한국학술정보.

Aiken(2006), "Towards Market or State? Tensions and Opportunities in the Evolutionary Path of Three Types of UK Social Enterprise" in M. Nyssens(ed.), Social Enterprise in Europe?: Between Market, Public Policies and Communities, London: Routledge.

Gidron, B., R. M. Kramer, & L. M. Salamon(1982), Government and the third sector: Emerging relationships in welfare states, Jossey-Bass.

Goodin, Robert E.(1998), Reasons for Welfare: The Political Theory of the Welfare State, Princeton: Princeton University Press.

Homans(1958), "Social Behavior as Exchange," American Journal of Sociology, 63(6): 598-606.

Lisa Whitehouse(2006), "영국 기업의 사회적 책임: 정책과 관행," 국제노동브리프, 4(4): 5-11.

Monica Loss(2006), "이탈리아의 사회적 기업," 국제노동브리프, 4(6): 31-38.

Mort, Weerawardena & Carnegia(2003), "Social Entrepreneurship: Towards Conceptualisation," International Journal of Nonprofit and Voluntary Sector Marketing, 8(1): 76-88.

Robbins, Stephen P., David A. DeCenzo, and Mary Coulter(2011), Fundamentals of Management, 7th Edition, 양동훈·임효창·조영복 역, 시스마프레스.

Salomon, G.(2003), The essential nature of peace education and some of the dilemmas that accompany it. In T. Fried (Ed.). Social and psychological factors in conflict and its resolution: The Mid-Eastern and European experience, European Commission: Directorate-General for Research.

Tracey & Phillips(2007), "The Distinctive Challenge of Educating Social Entrepreneurs: A Postscript and Rejoinder to the Special Issue on Entrepreneurship Education," Academy of Management Learning & Education, 6(2): 264-271.

고승희, 「만나지 않는 서비스, 언택트 서비스」, HMG JURNAL, 2018.07.26.

네이버 셀렉티브(SELECTIVE), https://selective.naver.com/lives/archive,

네이버 엑스퍼트 오피셜 홈페이지, https://m.kin.naver.com/mobile/expert/home.

"네이버 온라인 법률상담, 변호사법 위반 논란…약관봤더니", 강한 기자, 법률신문 뉴스, 2020. 04.20.

"네이버·카카오가 푹 빠진 '라이브 커머스'", 차현아 기자, iT조선, 2020.03.10.

네이버페이, https://pay.naver.com/about#thirdPage,

"'라이브 커머스 툴' 네이버의 라이브 커머스 마케팅", 문성진 기자, 소비자 평가, 2020.03.27.

[마켓인]로젠택배 인수전 '새국면'…신세계 연합군 등장 '촉각', 김성훈 기자, 이데일리, 20.04.06,

매일경제신문(2007), 기존 디자인 버리자 판매 급증.

명품도 '언택트'로 사세요…신세계인터, 온라인몰 확장, 심상대 기자 ,매일경제 MBN, 20.03.24.

문화일보(2006), "사회적 일자리, 사업 86%가 月 100만원 이하 質낮은 고용"

박수호, 「퍼져가는 '언택트(untact) 마케팅'-'혼자 볼게요' 대세…무인주문·결제 봇물」, 매일 경제, 2019.03.17.

언택트 소비 확산…고가 가구도 '온라인 주문', 박준호 기자, 전자신문 & etnews.com, 20.03.16.

'언택트의 맛'에 눈뜬 방콕족…쓱, 치고들어간다, 김소연 기자, 머니투데이, 20.03.23.

윤진, 「노인들이 기차에서 서서 가는 까닭」, 오마이뉴스, 2019.07.26.

"자영업자가 알아두면 좋은 네이버 서비스", 자영업 트렌드 2018 시리즈, 미래의 창, 네이버블 로그, 2017.12.28.

"주문 1시간내 배송"… 롯데마트 '풀필먼트' 뭘까?, 박정훈 기자, 이코노믹리뷰, 2020.02.26.

코로나19發 '사회적 거리두기'…'언택트' 서비스 트래픽 급증, 정윤경 기자, news1, 20.03.19.

허상우, 「노인들 '디지털 소외'… 10명 중 7명 "무인주문기 한번도 안 써봤다"」, 조선일보, 2020.01.01.

고용노동부. http://www.moel.go.kr

한국사회적기업진흥원. http://www.socialenterprise.or.kr

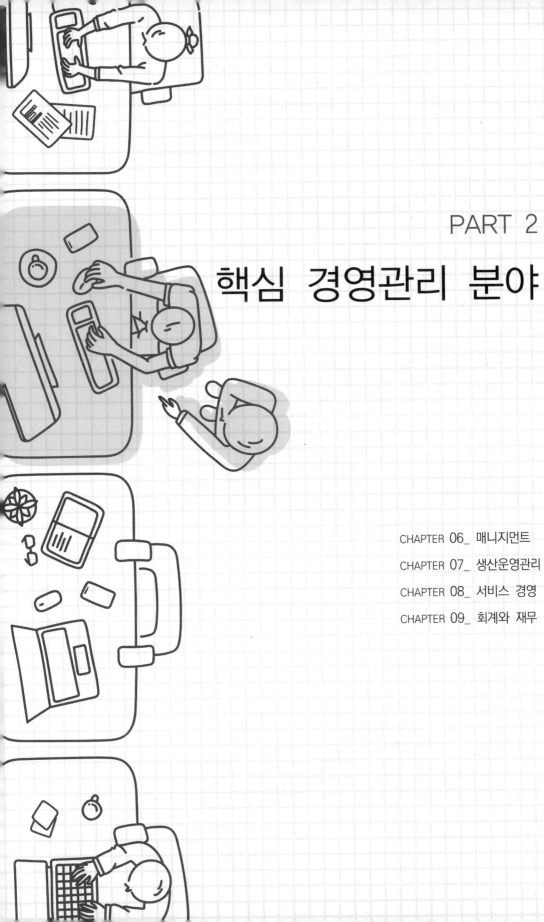

PART 2

핵심 경영관리 분야

Chapter 06

매니지먼트

01 관리의 4가지 기능

관리(management)란 계획, 조직화, 지휘, 조직 내의 사람과 자원의 통제를 통해 목표를 달성하기 위한 절차를 의미한다.

표 6-1 ▌ 관리자들이 하는 일

[계획]	[지휘]
• 조직 목표 설정 • 목표 달성을 위한 전략 개발 • 필요한 자원 결정 • 정확한 기준 설정	• 효과적으로 조직 목표를 달성하기 위해 종업원들을 인도하고 동기를 부여하는 업무 할당 • 절차의 설명 • 정책의 명확화 • 성과에 대한 평가
[조직화]	[통제]
• 자원의 배분, 업무의 할당, 목표 달성을 위한 절차의 구축 • 권한과 책임을 표시하는 조직 구조(조직도) 설정 • 리크루팅(recruiting), 선발, 훈련, 직원 역량 개발 • 적소에 인재 배치	• 기업 목표 대비 결과의 측정 • 기준 대비 성과의 감독 • 성과에 대한 보상 • 필요한 경우 조정의 역할 수행

자료: William G. Nickels, James M. McHugh, and Susan M. McHugh(2012), Understanding Business, ninth edition, McGraw-Hill, 권구혁 외 6인 공역, 생능출판사.

(1) 계획

계획(planning)은 미래의 추세에 대해 예측하고 조직의 목표를 달성하기 위한 최선의 전략과 전술을 결정하는 과정이다. 여기서 말하는 조직의 목표 중 대표적인 것으로 고객 만족을 꼽을 수 있다. 최근의 추세는 기업 환경을 분석하고, 사업기회를 탐색하며, 예상되는 위협 요인들에 대해 파악하는 역할을 수행하는 계획 팀을 운영하는 것이다. 기업경영과 관련된 다른 모든 기능들이 훌륭한 계획에 의해 결정된다는 점에서, 계획은 가장 핵심적인 관리 기능이라고 할 수 있다.

(2) 조직화

조직화(organizing)란 조직의 구조를 설계하고 모든 것들이 목표 달성을 위해 함께 작동하는 어떤 체계를 구축하는 과정이다. 오늘날의 많은 조직들은 고객을 중심으로 설계되어 있다. 핵심 아이디어는 이익을 확보하면서 직원들이 고객만족을 위해 일하는 기업을 만들자는 것이다. 그런데 고객의 요구는 변화하게 마련이고, 생존을 위해서는 조직 역시 그러한 고객의 요구 변화에 맞추어 변화해야 하기 때문에, 조직은 반드시 유연하고 적응이 가능한 상태를 유지해야 한다.

예를 들어, 홀 푸즈 마켓(Whole Foods Market)은 고가에 높은 품질의 식품을 판매하는 것으로 유명하다. 그러나 곧 고객의 주머니 사정에 맞추기 위해 많은 저가 제품을 도입했다. 제너럴 모터스(General Motors)는 연비가 좋은 자동차를 생산하는 업체들에 고객을 빼앗겼다. 현재 GM은 연비가 좋은 수소 자동차를 통해 시장에서 그들의 입지를 회복하고자 하고 있다.

(3) 지휘

지휘(leading)란 비전을 수립하고, 조직 목표를 효과적으로 달성하기 위해 다른 이들과 의사소통하고, 인도, 훈련, 코치하고, 의욕을 고취시키는 행동을 의미한다. 최근에는 직원들에게 더 많은 권한과 동기를 부여하여 스스로 방향을 결정하는 직원이 될 수 있도록 자유를 허용하는 추세이다.

이러한 기능은 한때 지시라는 개념으로 불렸는데, 이는 직원에게 무엇을 해야 한다고 직접적으로 이야기하지 않는다. 지식 근로자들이나 다른 직원들이 종종 효과적인 업무를 위해 필요한 내용들에 대해 경영자보다 더 잘 알고 있기 때문이다. 그러나 적시에 직원들을 업무에 집중시키기 위한 리더십은 필수적이다.

(4) 통제

통제(controlling)란 조직이 목표에 다가가고 있는지 확인하기 위한 명확한 기준을 설정하고, 직원들의 성공적인 직무 수행에 대해 보상하며, 그렇지 않은 경우 일을 바로잡기 위한 행동 등을 포괄하는 개념이다. 기본적으로 통제는 실제로 벌어지고 있는 일들이 조직의 목표와 부합하는지를 확인하는 과정이라고 할 수 있다. 이상의 네 가지 기능(계획, 조직화, 지휘, 통제)은 관리의 핵심이다.

02 리더십의 개념과 유형

(1) 리더십의 개념

리더십(leadership)이란 일정한 상황하에서 목표의 달성을 위하여 개인, 혹은 집단행동에 영향력을 행사하는 과정을 말한다. 결국 리더십은 조직원을 인도하고 지시하고 선도하는 것이다. 지도자는 집단이 그 능력을 최대한 발휘하여 목표를 달성할 수 있도록 도와주어야 한다. 지도자는 집단의 배후에 서서 등을 떠밀어 대고 괴롭히는 사람이 아니다. 그는 집단에 앞장서서 집단이 조직 목표를 달성하는 것을 촉진하고 고무해 주는 사람인 것이다.[1]

관리 분야의 학자들에게 가장 어려운 문제는 최고의 리더십의 특성, 행

---

1   박정호·강병욱(2014), 매경TEST핵심이론서, 와우패스.

동, 유형을 규명하는 것이다. 리더가 다른 사람들과 구분되는 특성, 즉 리더십 특성에 대해 확인하기 위해 수천 편의 연구가 수행되었다.

연구자들이 밝혀낸 것과 동일한 것을 여러분도 직관적으로 예상할 수 있을 것이다. 리더십 특성을 명확하게 밝혀낼 수는 없다. 실제로 대부분의 리더십 연구들은 통계적으로 유의하거나 신뢰할 만한 결과를 도출하지 못하였다.

몇몇 리더들은 잘 훈련되고 능숙한 사람들이었지만, 반대로 어떤 리더들은 깔끔하지 못하고 신경을 거스르게 만드는 사람들이었다. 그러나 후자 역시 전자만큼 효과적인 리더 역할을 하였다.

리더를 규명하는 하나의 특성이 존재하지 않는 것처럼 모든 상황에서 최선인 하나의 리더십 유형이란 존재하지 않는다. 그럼에도 불구하고 우리는 가상 널리 받아들여지는 리더십 유형을 찾아서 그것이 왜 효과적인지에 대해서 이야기하고자 한다.

(2) 리더십 유형

가. 전제적 리더십

전제적 리더십(autocratic leadership)이란 다른 이들과 상의하지 않고 의사결정을 내리는 유형을 의미한다. 이런 유형은 화재 진압과 같이 부하들의 절대적인 복종이 필요한 위기 상황에서 특히 유효하다.

전제적 리더십은 명확한 방향과 지침을 필요로 하는 비숙련 근로자들을 지휘해야 하는 상황에서도 효과적이다. 필 잭슨 감독은 전제적 리더십을 발휘하여 LA 레이커스(Lakers)를 전미 농구 연맹(NBA) 3회 우승으로 이끌었다. 그의 리더십을 본받아 훌륭한 선수들이 승자가 되었다. 이 팀은 현재 어떤 상태인가? 독자 여러분은 야구나 축구 등의 스포츠 팀에서 어떠한 리더십의 유형이 가장 효과적으로 활용되고 있는 것을 목격하는가?

나. 참여적(민주적) 리더십

참여적(민주적) 리더십(participative/democratic leadership)은 의사결정과정에

경영자와 종업원이 함께 참여함으로써 형성된다. 종업원들의 참여가 항상 효과성의 제고로 나타나는 것은 아니지만, 대체로 직무 만족도를 향상시키는 것으로 나타났다.

많은 현대적인 조직들은 유연성, 상대 의견에 대한 경청, 공감 등의 가치를 중시하는 민주적 유형의 리더십을 활용하고 있다. 월마트, 페덱스, IBM, 시스코, AT&T와 소규모 기업들이 참여적 리더십을 성공적으로 활용한 조직으로 꼽힌다. 이 기업들의 회의는 민주적인 방법으로 경영 관련 문제들에 대해 종업원들이 토의하고 함께 해결하는 방식으로 진행된다.

즉, 모든 이들이 결정을 내리는 데 기여할 기회를 갖는 것이다. 많은 기업들이 회사 곳곳에 회의실을 설치하고 종업원들이 회의를 소집할 수 있는 권한을 부여하고 있다.

다. 자유방임적 리더십

자유방임적 리더십(free-rein leadership)은 경영자들이 목표를 설정하면 종업원들은 비교적 자유로운 방법으로 목표 달성을 위해 일할 수 있는 형태이다. 경영자들이 의사나 교수, 엔지니어, 또는 다른 전문직을 상대해야 하는 조직에서는 자유방임적이 방법이 가장 성공적인 리더십 유형이다.

이 경우 경영자들에게 필요한 특성은 따뜻함, 친근함, 상대방에 대한 이해 등이다. 많은 기업들이 적어도 소수의 직원들에 대해서는 이러한 유형의 리더십을 채택한다.

위의 유형 중 하나에 정확하게 맞아 떨어지는 리더는 거의 없다. 연구자들은 상사 중심적인 리더십에서 부하 중심적인 리더십으로 구성된 연속선에서 종업원의 참여 정도에 따라 리더십을 설명하고 있다.

그렇다면 어떤 리더십 유형이 최선인가? 성공적인 리더십은 기업의 목표와 가치, 누구를 지휘하고 있는지, 기업이 처한 환경은 어떠한지에 의해 결정된다.

경영자들은 신입 종업원에 대해서는 전제적이지만 친근할 수 있고, 자신의 말을 잘 들어주는 유연한 리더 앞에서 좋은 아이디어를 개진하는 숙련된 종업원들에 대해서는 민주적일 것이다.

모든 상황에서 최선인 리더십 특성은 존재하지 않으며, 그러한 리더십 유형도 존재하지 않는다. 가장 성공적인 리더는 상황과 대상이 되는 종업원들에 맞게 리더십 유형을 변용할 수 있는 능력을 지닌 사람이다.

(3) 리더십과 멘토 이야기

'멘토(Mentor: 그리스어로 멘토르)'라는 말은 고대 그리스 신화에서 '오디세우스(Oydysseus)'가 B.C. 1250년경 트로이 전쟁터로 출정하면서 전쟁이 언제 끝나 돌아올 지 기약할 수 없는 때에 그의 외아들 텔레마쿠스를 자기의 친구인 '멘토(Mentor)'에게 아들을 제대로 양육하여 줄 것을 부탁하면서부터 시작되었다. 멘토의 교육빙법은 한미디로 '대화식'이었으며 함께 이야기를 나누며 사색을 하고 스승은 제자로 하여금 상상력을 최대한 동원케 하며 뜨겁게 토론을 벌였다.

한편, 17세기 페넬롱(Fenelon)이라는 프랑스 작가는 그의 저서 『텔레 마쿠스모험(The Adventure of Telema chus, 1966년)』에서 프로테제(Protege)라는 단어를 최초로 사용한 데서 기인하며 프로테제는 불어로 피보호자라는 뜻을 담고 있다.

또한 영국에서는 멘토리(Mentoree)라는 단어를 사용했고 현재 북미지역에서는 멘티(Mentee), 멘토리(Mentoree), 멘토랜드(Mentorland), 빅브라더즈(BigBrothers)라는 여러 가지 단어를 혼용해서 쓰고 있다. 이렇게 여러 단어를 사용하고 있는 이유는 멘토링 프로그램 개발자가 각기 개인의 특성이나 자국의 사정을 감안하여 자유롭게 단어를 사용한 것이 그 이유이다.

사실 멘토는 특별한 성공을 이루고 싶은 모든 분야에서 필요하다.

멘토는 우리가 특별한 성공을 이룰 수 있게 해 줄 뿐만 아니라, 훨씬 더 빠른 속도로 성공할 수 있도록 해 준다. 멘토링의 분야는 우리가 상상할 수 없을 정도로 우리 주변의 일상적인 삶과 일터에서 찾아낼 수 있는데, 예를 들어 비즈니스 멘토, 창의력 멘토, 결혼생활과 부모자식 간의 관계에 도움을 주는 멘토가 있다.

지금까지의 멘토, 코칭 그리고 리더십 등과 관련된 목표들은 자신에게 필요하고 적합한 어떠한 멘토를 찾아내고 그로부터 자신에게 필요한 부분을 배우거나 회사 또는 조직의 선배들에게 업무와 관련된 전반적인 경험을 전수받아서 시행착오를 줄이는 기본적인 목적과 더불어 차세대 리더를 세우는 데에 멘토링의 목적을 두고 멘토에 대한 코칭 프로그램을 시행하고 있었던 반면에 현재의 코칭 스타일은 멘토 스스로가 교사, 예언자, 철학자, 지도자이기에 앞서서 멘제(Menger, 도움을 받는 사람)를 먼저 섬기는 자가 되는 것이 미래 멘토의 성공모델이다.

모세와 여호수아, 공자와 맹자, 소크라테스와 플라톤 모두 스승과 제자의 관계를 통해서 자신의 삶의 방식들을 전수해 주었다. 스승으로서 이들의 영향력이 지대했던 데에는 이들이 스스로 모범이 되어서 사상적으로뿐만 아니라 실천적으로도 본받을 수 있는 삶의 방식을 제공했기 때문이다. 하지만 이러한 역사 속의 스승들을 현재 우리들에게 진정한 의미의 멘토라고 정의할 수 있을까?

이들은 우리에게서 시공간적으로 너무 멀리 떨어져서 다른 세계에 살고 있는 것은 아닐까? 아니면 이들은 너무 위대하거나 우리 일반적인 사람들과는 전혀 다른 유전자를 가지고 있거나, 우리들의 삶과 비교해서 너무 많은 차이를 가지고 있는 것은 아닐까 하는 질문을 하게 된다.

현재 우리가 필요로 하는 멘토는 단순히 경험이나 지식을 나에게 전달해 주거나 전수해 주는 단편적이고 일회성적인 스승을 원하는 것이 아니며 저 멀리서 나오는 다른 차원의 지적능력을 가지고 있어서 조언자로서 나를 감동시키는 그런 스승을 필요로 하는 것이 아니다. 나와 항상 함께 있으면서 내가 필요로 할 때 언제든지 달려와서 나의 문제를 해결해 주고 나의 상한 감정을 위로해 주고 실질적으로 나의 사업의 방향성이나 사업개발을 위하여 의론해 줄 수 있는 나와 친구 같은 멘토 또는 리더십을 가진 그런 리더십을 갈망하고 있다.

인간은 사회적 동물이기 때문에 혼자서는 살아갈 수가 없다. 나 아닌 또 다른 사람과의 감정 또는 행동의 교류를 통해서 영향을 주고받는다. 특별히 맥킨지는 경영환경의 멘토를 요구한다.

신입사원이 정글과도 같은 기업세계에서는 혼자 모험하는 것은 생존율이 낮은 방법이다. 특히 IT산업이나, 벤처경영, 경영컨설팅 등 첨단 기술이나 지식의 필요성이 높은 회사의 신입사원은 경험이 많은 누군가에게 빠르고 쉬운 길을 배우고 늪지대를 피해 가는 방법을 익히는 것이 정글 같은 기업에서 살아남을 수 있는 방법이라고 할 수 있겠다.

자신의 후견인을 발견해야 하는 것이다. 이 후견인은 신입사원 스스로가 적극적으로 찾아나서야 한다. 신뢰하고 존경하며 덕이 높은 후견인이 있으면 정글과도 같은 기업세계에서 살아남는 데 큰 도움이 된다.

철저한 경영컨설팅 회사로 유명한 맥킨지의 경영기법 중 맥킨지 3년 차 사원의 글을 통하여 경영환경의 멘토 사례를 소개한다.

❝ 자신의 멘토(Mentor)를 발견하라! 가능하다면 다른 사람의 경험을 활용하라. 자신보다 높은 지위에 있는 누군가를 정신적인 멘토로 삼아라. ❞

언젠가 타잔이 얘기했듯이 이 세상은 정글이다. 기업세계의 열대우림을 통과하려면 안내인이 있어야 한다. 그러니까 누군가 경험이 더 많아서 당신에게 숨은 길을 알려주고 늪지를 피해 가게 해 줄 수 있는 사람을 말한다. 우리는 이런 사람을 스승, 혹은 멘토(Mentor)라고 얘기한다.

맥킨지는 다양한 방식으로 컨설턴트들이 멘토를 가질 수 있도록 도와준다. 직급에 관계없이 맥킨지 컨설턴트들에게는 멘토가 붙어서 그들의 활동을 지켜보고 좋은 경력을 쌓을 수 있도록 조언을 해 준다.

당신의 조직이 어떤 시스템을 갖고 있건, 반드시 자신의 멘토를 찾아라. 당신이 신뢰하고 존경하는 멘토가 있으면 기업세계 정글에서 살아남는 데 큰 도움이 된다.

기업이 지속적으로 성장하기 위해서는 우수한 인적자원의 확보가 중요하다. 하지만 우수한 인재들만을 뽑아 그들이 원하는 일을 할 수 있도록 배치하고, 높은 보상을 해 준다고 해서 탁월한 경쟁력과 지속적인 성장을 보장받을 수 있을까? 대답은 "그렇지 않다"이다. 물리적 조건만 강조한다고 해서 기업의 지속적인 성장을 할 수 있는 것이 아니다.

직원이 진정한 가치를 발산하기 위해서는 사람의 마음을 얻는 것이 먼저 요구된다. '회사에 대한 구성원들의 자부심 제고'가 중요한 것이다. 회사가 먼저 구성원 개개인을 존중하고 배려해 주어야만 구성원들이 자발적이고 의욕적으로 고객에게 보다 나은 서비스를 제공하게 되고, 그 결과 기업의 성과가 높아지게 된다.

03 조직 행동과 모델들

(1) 조직행동이론

조직행동론은 하나의 학문이다. 조직행동에 관한 지식을 얻기 위해 조직 행동을 연구하는 학문이다. 그러므로 학문으로서의 조직행동론에 관한 몇 가지 기초적인 상식을 알고 배우는 목적은 조직을 위해서만 있는 것은 아니다. 우리의 인간관계도 개선시킨다.[2]

조직행동(organizational behavior)에 관한 정의는 학자에 따라 조금씩 다양하게 정의하고 있다. 경영학(business administration)에서 조직행동론은 조직상황에 있어서의 인간의 행동과 태도, 인간의 지각·감정·행동에 대한 조직의 영향, 조직에 대한 인간의 영향, 특히 조직목표의 달성에 의하여 인간행동이 어떻게 영향을 미치는지를 규명하는 학문이다.

또한 조직환경에서의 인간의 행동을 기술하고 예측하고 통제하는 학문이다. 또한 조직의 유효성 개선을 위한 지식을 응용할 목적으로 개인·집단·구조가 조직행동에 미치는 연구를 하는 학문으로 볼 수 있다.

이와 같은 학자들의 개념 및 정의를 정리하여 보면 결국 조직행동론은 조직유효성을 제고하기 위하여 조직 내 인간들의 상호작용을 행동과학적인 방법으로 연구하는 학문으로 볼 수 있다.

조직행동론은 조직 속에서 인간의 행위를 파악해 봄으로써 인적자원에 대한 중요성을 인식하여 개인에게는 직무만족과 자아실현 및 자기개발에 의한 능력 개발을 지향하는 것이다. 그리고 조직에게는 인간존중을 통한 개인목적의 달성과 함께 조직목적으로서의 조직유효성을 제고시키는 데 있는 것이다.

2　임창희(2009), 조직행동, 4판, 비앤앰북스.

(2) 조직모델이론

지금부터 조직을 설계하는 다양한 방법들에 대하여 자세히 알아보기로 하자.

조직 설계의 4가지 모델,

즉, (1) 라인 조직(line organizations),

    (2) 라인－스태프 조직(line-staff organizations),

    (3) 매트릭스 조직(matrix-style organizations),

    (4) 교차기능 자율경영팀(cross functional self-management teams)에 대하여 알아보자.

4가지 모델 중 전통적인 경영원리에 반하는 것도 볼 수 있다.

기업환경은 변화의 시기에 놓여 있고, 전통적인 조직모델은 새로운 조직구조로 대체되고 있다. 그러한 변화는 고통스러울 뿐만 아니라 문제와 실수로 가득 차 있을 수 있다. 조직 설계의 원리를 배운 후에는 이와 관련된 이슈들에 대한 이해가 쉬워질 것이다.

가. 라인 조직

라인 조직(line organization)은 책임과 권한이 병행되고, 모든 사람들이 한 명의 감독자에게 보고하며, 조직의 상부에서 하부로 전달되는 의사소통 흐름을 가진 조직을 말한다. 군대와 많은 중소기업들은 이런 방법으로 조직되어 있다.

예를 들면, 마리오의 피자점(Mario' Pizza Parlor)은 총지배인과 관리자로 조직이 구성되어 있다. 모든 종업원들은 관리자에게 보고하고, 관리자는 총지배인 또는 사장에게 보고한다. 라인 조직에는 경영관리 지원 전문가가 존재하지 않는다.

예를 들어, 법무팀, 회계부, 인사부, 정보기술부 등이 존재하지 않는다. 이와 같은 조직들은 파욜의 전통적인 관리 원칙을 따른다. 라인 매니저는 명령을 내리거나 규율을 강화하고 상황의 변화에 따라 조직을 변화시킬 수 있다.

대기업에서는 라인 조직이 지닌 경직된 구조, 라인의 다수 종업원들에게 조언을 해 주는 소수의 전문가, 지나치게 긴 의사소통과정, 관련 없는 수천 개의 제품들과 말 그대로 수천 톤의 문서 업무를 포함하여 다루기 힘든 복잡한 의사결정을 해야 하는 점들이 단점이 될 수 있다. 이런 조직들은 대부분 라인-스태프 조직으로 변화하게 된다.

나. 라인-스태프 조직

오늘날의 많은 조직은 라인 조직의 단점을 최소화하기 위하여 라인-스태프 조직을 채택하고 있다. 주요 용어들에 대한 정이는 내용을 이해하는 데 도움이 될 것이다.

라인 종업원(line-personnel)은 조직의 목표를 달성하기 위한 책임을 지닌 지휘 계통의 일부분이 되는 종업원이다. 생산, 유통, 마케팅 종업원들이 포함된다. 스태프(staff)는 라인 종업원이 목표를 달성할 수 있도록 조언과 도움을 주는 업무를 담당하는 종업원이다.

라인과 스태프의 한 가지 중요한 차이점은 권한(authority)에 있다. 라인 종업원은 정책을 결정할 수 있는 공식적인 권한을 가지고 있다. 스태프는 라인 종업원에게 조언을 하고 그들의 결정에 영향을 줄 수 있는 제안을 할 수는 있으나 스스로 정책을 바꿀 수는 없다. 라인 관리자는 스태프의 조언을 택하거나 무시할 수 있다.

많은 조직들은 안전, 법률적 이유, 품질 관리, 데이터베이스 관리, 동기부여, 투자와 관련된 부분에서 스태프의 전문적인 조언으로 많은 이익을 본다. 스태프 직위는 라인의 직위를 강화해 주며 절대로 열등하지도 적은 임금을 받지도 않는다. 스태프를 유지하는 것은 조직에서 임금을 지불하고 고액 연봉을 받는 전문 컨설턴트를 유지하는 것과 같다.

다. 매트릭스 조직

라인 조직과 라인-스태프 조직 구조는 융통성이 떨어지는 점이 단점이다. 두 조직은 확립된 권한과 의사소통 라인 수립을 가능하게 하며, 비교적 환경의 변화에 민감하지 않은 기업인 토스트 기계나 냉장고 같은 소비자 제품을 판매하는 기업들에게는 효율적이다. 이와 같은 기업들에게는 명확한 권한 체계와 비교적 정형화된 조직구조가 효율적인 경영을 보장하는 자산이다.

그러나 오늘날의 경제 환경은 과거에는 볼 수 없었던 고성장 산업(예를 들어 원격통신, 나노기술, 로봇공학, 생물공학, 항공우주산업)이 주도하고 있다. 이러한 산업들은 경쟁이 심하고 새로운 아이디어에 대한 수명주기도 짧다. 상품개발, 창조성, 특별 프로젝트, 신속한 의사결정, 독립적인 팀 활동이 강조되고 있다. 경제, 기술, 경쟁 환경이 빠르게 변화하고 있다.

이러한 변화로 인해 매트릭스 조직의 인기도 증가하고 있다. 매트릭스 조직(matrix organization)에서는 기존의 라인 – 스태프 조직의 구성원 상태를 유지하면서 특별한 프로젝트를 위해 조지 내익 서로 다른 분야의 전문가들이 협력하여 일한다. 다시 말하면, 프로젝트 관리자는 다른 부서로부터 신제품을 디자인하고 마케팅하는 데 도움이 되는 사람을 영입할 수 있다.

04 커뮤니케이션

(1) 커뮤니케이션의 개념

커뮤니케이션은 사용상의 관점에 따라 여러 가지로 정의될 수 있지만 일반적으로 '대인 간에 정보와 메시지를 전달하고 수신해서 공통된 의미를 성립하며 서로의 행동에 변화를 유발시키는 과정'이라고 정의될 수 있다.

따라서 기업조직 내에서의 커뮤니케이션은 경영관리과정(계획, 조직, 지휘, 통제)을 구성하는 모든 경영활동에 개입되며, 경영자의 모든 역할(대인적, 정보적, 의사결정적 역할)을 실천하는 데 필수적이다.

특히 구성원들에게 동기를 부여하고 영향력을 행사하는 지휘과정은 커뮤니케이션을 통해서만 가능하다.

(2) 커뮤니케이션 과정

커뮤니케이션의 과정은 우선 발신자(sender)는 전달하려고 의도한 의미(meaning)를 메시지(message)로 부호화(encoding)하고 발신하면, 그 메시지는 커뮤니케이션 경로(channel)를 통해 수신자(receiver)에게로 전달된다. 수신자는 그 메시지를 해독(decoding)하고 의미를 지각(perceived meanings)하게 된다. 그리고 피드백(feedback)과정을 통해 발신자의 의도가 수신자에게 정확하게 전달되었는지를 확인한다.

커뮤니케이션은 발신자가 전달하려고 의도한 의미와 수신자가 지각한 의미가 일치하는 효과적인 의사소통(effective communication)이 바람직하지만 효과적인 의사소통이 언제나 이루어지는 것은 아니다. 왜냐하면 이러한 커뮤니케이션을 방해하는 여러 요인들(noise)이 커뮤니케이션 과정에 개입되기 때문이다. 소음(noise)의 주요 원천으로는 정보원이나 매체 등의 커뮤니케이션 네트워크 자체의 문제도 있지만 대부분의 원인은 발신자나 수신자, 그리고 커뮤니케이션 과정에서의 상황과 관련된 요인들이다.

첫째, 발신자에 의한 소음에는 발신자의 목적의식 결여, 커뮤니케이션 기술의 부족, 감정이입의 부족, 준거기준의 차이, 그리고 정보의 여과(filtering) 등이 있다.

둘째, 수신자와 관련된 장애요인으로는 메시지의 전반적인 가치에 대한 사전적인 평가경향, 선입관, 선택적 지각, 반응적 피드백의 부족, 그리고 발신자에 대한 신뢰도의 부족 등이 있다.

마지막으로 상황과 관련된 장애요인으로는 어의상의 문제, 정보의 과중, 시간의 압박, 커뮤니케이션 분위기, 그리고 언어적 메시지와 비언어적 메시지 간의 불일치 등을 들 수 있다.

(3) 갈등과 협동

현대에 와서 갈등의 평가는 과거와는 달라졌다. 과거의 전통적인 관점에서 갈등은, 특정 문제 유발자 때문이며 갈등 자체가 나쁜 것이며, 웬만하면 피

하거나 억압하여 갈등이 발생하지 않도록 하는 것이 최선이라 생각했다. 그러
나 현대의 관점은, 갈등은 피할 수 없는 것이며 변화에 따른 자연적 현상이며
관리할 수 있으며 관리해야 하는 것 그리고 갈등이 꼭 나쁜 것만은 아니며 가
끔 이익이 된다는 관점으로 변화하고 있다.[3]

❏ 갈등 해결의 5가지 방법

① 철수/회피(Withdrawal)

자기주장도 하지 않고 타협도 하지 않고 그냥 회피하는 방법이다.
- 이슈가 사소한 것일 때
- 추가적인 정보가 필요할 때
- 자기의 의견이 관철될 가능성이 매우 낮을 때

② 양보/수용(Smoothing)

자기의 주장은 낮추고 타협을 중시하는 방법이다.
- 나중을 위하여 신용을 얻고자 할 때
- 조화와 안정이 매우 중요할 때(분위기가 우선일 때)
- 이슈가 갈등 상대방에게 보다 중요한 사안일 때

③ 타협(Compromising)

자기의 주장도 적당히 하고 타협점도 찾는 방법이다.
- 목표는 중요하나 더 이상 설득이 힘들 때
- 비슷한 파워를 가진 집단들끼리의 갈등일 때
- 양측이 어느 정도 만족할 수 있는 합의점을 도출할 때

④ 강요(Forcing)

자기의 주장을 강하게 고집하고 타협은 하지 않는 방법이다.

---

3 http://www.mkexdev.net/Article/Content.aspx?parentCategoryID=2&categoryID=27&ID=480

    – 인기 없는 정책이지만 꼭 필요한 정책을 집행할 때

    – 긴급한 사안을 결정해야 할 때

    – 갈등 상대방보다 경쟁우위에 있을 때

⑤ 문제해결/대면(Problem Solving/Confrontation)

자신의 주장도 강하게 어필하면서 타협점도 적극적으로 찾는 방법이다.

    – 매우 중요한 통합된 의견을 도출하고자 할 때

    – 공감대를 형성해 지속적인 관계유지가 필요할 때

05 인적자원의 관리와 개발

(1) 인적자원관리의 목적

인적자원관리는 조직이 목표를 달성하기 위하여 조직체에 투입된 사람을 인적자원으로 인식하고, 이를 대상으로 확보, 개발, 활용, 보상, 유지 등의 기능을 효과적으로 수행할 수 있도록 계획, 실행, 통제하는 관리활동으로 경영 전체적인 관점에서 보면 조직의 기능별 분화에 의한 부문관리에 해당된다.[4]

또한, 인적자원관리는 기업(조직)의 능동적 구성 요소인 인적자원으로서의 종업원의 잠재능력을 최대한으로 발휘하게 하여 그들 스스로가 최대한의 성과를 달성하도록 하며, 그들이 인간으로서의 만족을 얻게 하려는 일련의 체계적인 관리활동을 말한다.[5]

오늘날의 인적자원관리는,

① 기업의 생산적 목적의 달성,

② 조직 내 이해관계의 조정,

---

4 서도원(2012), 인적자원관리, 도서출판 대경.

5 http://terms.naver.com/entry.nhn?docId=1136240&cid=40942&categoryId=31911

③ 인간적 측면의 충실 등 3가지를 지주로 하여 이들을 효과적으로 관리하는 기술의 체계라고 할 수 있다.

즉, 오늘날의 인적자원관리는 인간노동력의 관리로서의 인력관리(manpower management)에 그치는 것이 아닌, 인간을 인적자원(human resource)으로 이해하는 입장에서 인간으로서의 욕구를 충족시켜 줌으로써 사기(morale) 또는 근로의욕을 드높여 그들 스스로가 창의력을 발휘하는 자발적 협동체제가 형성·유지되도록 하는 관리활동이다.

즉, 광의의 인적자원관리 내용으로는,

① 직무분석, 선발과 배치, 교육과 훈련, 직무평가, 보수제도, 안전계획 등 협의의 인사관리, 즉 고용관리,
② 단체교섭·고충처리·경영참가 등익 노사관계관리,
③ 종업원 PR·제안제도·인사상담제도·동기부여, 참가적 리더십 등의 인간관계관리 등을 들 수 있다.

궁극적으로 인적자원관리의 목적은,

① 기업의 경영목적의 효율적인 달성에 기여하는 데 있으며, 성과는 이익·업적·생산성·비용·품질·결근율·이직률 등에 나타난다.
② 종업원 각자의 욕구를 충족시켜 줌으로써 기업에의 협동적 의욕을 높이는 것으로, 성과는 사기조사(morale survey) 등을 통해 측정할 수 있다.
③ 신체장애자의 고용, 정실주의(情實主義)의 배제, 성별·학력별 차별의 폐지, 지역사회의 복지향상과 같은 사회적 책임의 수행과도 관련을 갖는다.

(2) 인적자원의 육성과 개발

인적자원은 조직의 가장 중요한 자원이다. 따라서 조직의 장기적인 성장은 인력자원의 능력수준과 이의 효과적인 활용에 달려 있다. 그러므로 조직의 인력자원의 잠재능력을 최대로 개발하고, 이것이 조직의 성과달성과정에서 발휘하도록 하는 데 많은 노력을 기울여야 한다.

조직은 새로운 기술에 대한 교육뿐만 아니라, 다변화 환경에 적합한 구성

원의 의식과 태도, 그리고 행동을 개발하지 않으면 안 된다. 특히, 과학기술의
발전과 사회문화의 발전으로 인한 지식 인적자원의 증가는 경력개발의 중요성
을 증대시키는 동시에, 이에 따른 인적자원 개발의 중성을 한층 더 높여 준다
(Mary Ann Von Glinow, 1989).

이러한 인적자원 개발은 '인적자원의 개발가능성'에 기인한 것이며, 고용
주의 입장에서 볼 때 사회적 책임으로 인식될 수 있고, 피고용자의 입장에서
는 자신의 경력관리 차원으로 인식될 수 있다. 이러한 맥락에서 인적자원 개
발은 개인과 조직의 효과성을 높여 조직뿐 아니라 개인의 목표달성을 촉진시
킨다고 할 수 있다. 결국 인적자원 개발은 현대 조직의 생존뿐만 아니라, 이의
지속적인 발전에 매우 중요한 요소이다.

교육학자인 L. Nadler & Z. Nadler(1989)는 인적자원 개발이란, "생산성
증대와 개인성장 가능성을 목표로 일정 기간 동안 고용자가 제공하는 조직화
된 학습 경험"으로 정의하고 있다. 그는 인적자원 개발모델을 인적자원 개발
활동영역과 인적자원 개발담당자의 역할을 분류하여 각각의 역할과 기능을 제
시하였다.

인적자원 개발의 활동영역은 세 가지 영역으로 구분된다.

첫째는 훈련영역으로서, 학습자 기준으로 현재의 직업에 초점을 둔 학습
　　　을 말한다.

둘째는 교육영역으로서, 미래의 직업에 초점을 둔 학습이고,

셋째는 개발영역으로서, 직업과 관련 없는 학습을 의미하고 있다.

인적자원 개발담당자는 학습전문가, HRD 관리자, 컨설턴트 등으로 구분
하고 있다. Nadler가 제시한 역할과 기능은 급격히 변화하는 HRD 환경의 여
건에 따른 각각의 영역과 역할을 새롭게 제시하는 모델로 활용될 수 있다.

(3) 인적자원의 개발과정

인적자원 개발은 뚜렷한 목적으로 조직의 성과향상을 위하여, 이에 효과
적인 방법과 내용을 중심으로 계획, 추진되어야 한다. 인적자원은 다음과 같은
과정을 거치게 된다.

가. 1단계

조직이 인적자원개발의 필요성을 실제로 느끼는 것이다.

이것은 조직체의 실제적인 성과나 각종 통계와 지표, 그리고 조직구성원으로부터의 피드백에 의하여 감지된다.

나. 2단계

인적자원 개발의 필요성을 구체적으로 분석하여 인적자원 개발의 목적을 수립하는 것이다.

인적자원 개발의 필요성을 분석하는 방법에는 조직분석(organizational analysis), 업무분석(operational analysis), 개인분석(person analysis) 등이 있다.

다. 3단계

인적자원 개발의 필요성과 목적이 구체화되면 이를 달성할 계획이 수립되어야 한다. 인적자원은 교육훈련 프로그램, 인사이동, 경력개발 등과 밀접한 관계가 있다.

라. 4단계

각종 교육훈련을 실제로 실시하는 것이다. 교육훈련은 다양한 형태와 방법으로 실시될 수 있다.

마. 5단계

인적자원 개발 프로그램이 효과적으로 이루어지는지를 평가하는 것이다. 인적자원 개발 프로그램이 효과적으로 관리되려면 교육훈련의 효과를 반드시 측정, 평가하여 그 결과를 앞으로의 인적자원 개발계획에 참조해야 한다.

바. 6단계

인적자원 개발의 필요성과 특히 조직구성원 각 개인의 교육훈련의 필요성을 측정, 평가하는 데 많은 도움을 줄 수 있는 종합평가를 실시하는 것이다.

06 인적자원관리와 동기부여

(1) 직원만족

직원만족의 중요성은 아무리 강조해도 지나치지 않다. 행복한 직원은 행복한 고객을 만들고, 행복한 고객은 성공적인 사업을 만들어 낸다. 반대로, 행복하지 않은 직원들은 회사를 떠난다. 이런 일이 일어나면, 회사는 한 명의 직원만 잃는 것이 아니다. 대체 직원 고용 및 훈련의 과정 속에서 회사는 한 직원의 6개월에서 18개월 정도의 봉급만큼 타격을 입을 수 있다. 이에 수반되는 간접비용은 더욱더 크다. 지적자산의 손실, 직원들의 사기 저하 및 스트레스 증가, 고객 서비스 저하, 상품개발 중단, 회사에 대한 부정적인 평판 등이 발생하기 때문이다.

새로운 직원을 고용하고 훈련시키는 것에도 많은 비용이 발생하지만, 업무에 대한 몰입이나 애착이 없는 직원을 계속 고용하는 것 역시 비용이 발생한다. 몰입한 직원들은 업무에 대한 열정을 가짐과 동시에 회사에 대한 유대를 느낀다. 몰입하지 않은 직원들은 사실상 회사를 나갔다고 볼 수 있다.

그들은 시간을 투입하지만 열정을 투입하지는 않으며, 스스로 불행하다고 행동하고, 몰입한 동료들의 노력을 방해한다. 최근의 갤럽 조사에 따르면, 미국의 직원들 중 29퍼센트는 몰입한 직원들이고 54퍼센트는 깊이 몰입했다고 보기 어려운 직원들이며 나머지 17퍼센트는 몰입하지 않은 직원들이다. 또 다른 갤럽 조사는 몰입하지 않은 직원들 때문에 미국 경제에 발생하는 생산성의 저하가 연간 3,000억 달러 규모라고 한다.

(2) 성과와 동기부여

좋은 사람들이 조직에 들어와서 머무르도록 동기부여하는 것은 경영자들이 기본적인 역할이다. 높은 성과를 내는 경영자들의 주변에는 높은 성과를 내는 직원들이 있다. 새가 혼자 날 때보다 대형을 짜서 날 때 더 빠르다는 것은 우연이 아니다. 열심히 일하고자 하는 마음은 궁극적으로 사람의 내부에서 생성되지만, 좋은 경영자들은 직원들에게 자극을 줌으로써 그들의 내부에서 일을 잘하고자 하는 동기를 이끌어 낸다. 사람들은 자신이 하는 일이 변화를 가져오며, 그것이 인정을 받는다고 느낄 때 일을 할 동기를 찾고 결과적으로 열심히 한다.

사람들은 인정, 성취, 지위 등 여러 가지 요소에 의해 동기부여된다. 내적 보상(intrinsic reward)은 일을 잘 수행하고 목표를 달성했을 때 느끼는 만족감이다. 내가 한 일이 조직이나 사회에 의미 있는 기여를 한다는 믿음은 내적 보상의 한 형태이다. 외적 보상(extrinsic reward)은 일을 잘한 데에 대한 보상으로 타인이 주는 것이다. 외적 보상의 예로는 임금 인상, 칭찬, 승진 등이 있다.

(3) 인적자원관리의 사례연구

고객만족도 1위, 미국에서 가장 일해 보고 싶은 100대 기업인 사우스웨스트 에어라인은 직원들의 의욕관리가 뛰어난 기업으로 알려져 있다. 그럼 지금부터 사우스웨스트 에어라인의 직원들의 의욕관리에 대하여 알아보도록 하자.

첫 번째는 직원들에 대한 배려와 깊은 신뢰에 있다.

일반 기업들은 말단 직원들이 고위 관리와 만나서 토론할 수 있는 기회가 극히 드물다. 하지만 사우스웨스트 에어라인의 직원들은 최고경영자에게 이 메일을 쓰는 것에 대해 전혀 거리낌이 없고, 최고경영자는 아주 사소해 보이는 문제라도 성의를 다해 답변을 해 준다. 일회적인 것이 아니라 끊임없이 지속되는 일상적인 활동으로서, 직원 및 구성원들은 경영진의 배려와 감성적 활동에 신뢰를 갖고 일함으로서, 자신의 모든 업무가 회사에 중요한 의미를 갖고 있다는 것을 깨닫게 한다.

두 번째는 리더십을 강화하는 것이다.

사우스웨스트 에어라인은 다른 기업에 비해 더 많은 관리자를 두고 있다. 그렇다고 해서 관리자가 모든 과업을 지시하는 것이 아니라 직원들이 성과를 유지하도록 돕고 함께 일하게 된다. 많은 수의 관리자는 기존보다 적은 직원을 관리하기 때문에 직원 한 명, 한 명과 치밀하고 돈독한 관계를 가질 수 있다. 이렇게 되면 팀원과의 보다 친밀하고 단단한 유대 관계를 갖게 되고 과업을 수행하는 데 있어 더욱 수월해질 수 있다.

세 번째는 원만한 인간관계이다.

직원들 간의 또는 직원과 관리자 간의 깊은 유대관계는 업무 간의 조화와 통합을 촉진시킬 수 있다. 사우스웨스트 에어라인은 직원 채용 시에 원만한 대인관계를 가진 사람만을 채용하고, 그러한 역량을 계속 교육시키고 있다. 이러한 유대관계와 교육으로 인해 자신의 이익, 자기 조직의 이익을 위해 전체의 목표를 해치는 행위는 찾기 힘들다.

네 번째는 갈등 해결을 조직적으로 하는 것이다.

업무와 관련하여 갈등이 생겼을 때는 관리자 또는 경영층에서 해결하는 방법을 사용하는 것이 아니라 관련된 사람들이 모두 한자리에 모여 갈등 해결에 필요한 정보를 수집하고, 공유하고, 그 갈등이 해결될 때까지 회의를 계속한다. 이런 방법은 구성원 간의 껄끄러움을 막아 주고, 일로 인한 스트레스를 줄이며, 돈독한 유대관계를 갖게 한다.

다섯 번째는 기업이 가정생활을 평온하게 할 수 있도록 장려한다.

사우스웨스트 에어라인은 일터와 가정이 동떨어진 것이 아니라 일은 가정생활의 연속이라고 생각하고 있다. 가정의 화목함은 일터에서의 즐거움으로 이어진다는 견해이다. 그렇기 때문에 기업 측에서 직원들의 경조사를 하나하나 챙김으로서 직원으로부터의 신뢰를 얻고, 일터와 가정의 조화를 꾀하는 것이다. 직원들에게 업무 이외에 다른 동료들의 가정생활에 더욱 신경 쓰도록 하면서 더욱 인간관계도 돈독해질 수 있다.

마지막으로 유연성 있는 업무방식이다.

직원들이 작업량이 너무 많거나 담당자가 부재중일 때에도 다른 직원들이 업무를 대체할 수 있도록 추가적으로 수행할 직무에 대해 구체적으로 설명

130 Part 2. 핵심 경영관리 분야

한 업무목록이 존재한다.

이러한 시스템은 공동의 목표를 명확히 인식하는 데 도움을 주고, 전체 과업에서 자신이 해야 하는 일, 기업이 하고 있는 일이 무엇인지 명확하게 이해할 수 있도록 도와주며, 결과적으로 업무에 대한 만족도를 높여 주게 되었다. 또한 다른 직원들의 업무를 대체하거나 도움으로써 동료들과의 유대관계를 형성하고, 그들은 더욱 잘 이해할 수 있게 함으로서 더욱 친근한 유대관계를 가질 수 있게 한다.

결론적으로, 사우스웨스트 에어라인의 경영방법은 직원들이 주인의식을 갖고 돈독한 유대관계에 있다고 할 수 있다. 돈독한 관계는 문제해결의 속도를 높이고, 의사소통과 업무조정에 필요한 비용을 획기적으로 줄여 준다. 또한 직원들이 자발적이고 의욕적으로 일할 수 있게 도와준다. 기업은 공동의 목표를 달성하기 위해 사람들이 모인 조직이다. 다양한 생각과 삶의 방식을 갖고 있는 사람들이 모이기 때문에 갈등과 문제점들이 발생한다. 기업들은 갈등과 문제점을 최소화하고 해결하는 데 많은 돈과 시간을 지속적으로 투자한다. 사람들이 맺는 관계의 중요성을 성공에 가장 필요한 요소로 인식하고 있는 것이다.

07 조직성과와 최고경영자

최근 기업들은 국적을 가리지 않고 외부의 우수한 인재를 영입하기 위해서 치열한 경쟁을 하고 있다. 이러한 추세는 R&D 인력이나 일반 관리자의 영역뿐 아니라 경영의 최고책임자인 CEO까지 외국인을 뽑는 현상으로 이어지고 있다.

외국인 CEO를 영입하는 가장 대표적인 이유는 기업 내부적으로 강력한 구조개혁을 추진하거나 획기적인 변화의 기회를 마련하기 위해서이다. 외국인 CEO들은 학연, 지연, 의전 등과 같은 전 근대적 요인에 영향을 받거나 하지 않고 제3자의 입장에서 객관적이고 냉철하게 상황을 파악하고 활동한다는 것이다.

　이렇게 영입된 외국인 CEO들은 하나같이 과감한 혁신과 구조 개혁을 통한 환골탈태만이 글로벌 경쟁력을 갖추고 변화하는 환경에 대응할 수 있다는 점을 강조하였다. 뿐만 아니라, 정치와 경제의 글로벌화의 가속화로 글로벌 기업의 외국인 CEO를 자국경제의 건강함과 매력을 알리는 창구로서 활용하고 있다.

　'영국 프리미어리그 최고의 구단'으로 명성이 난 맨체스터 유나이티드(Manchester United)에서 그 사례를 찾아볼 수 있다.

　잉글랜드 축구의 중심인 맨체스터 유나이티드는 헤이젤 참사 이후, 내실 없는 외형 위주의 방만한 구단기업으로 어두운 나날을 보내야만 했다. 하지만 이제는 힘든 시간들도 모두 지나갔다. 잉글랜드 축구가 다시 살아난 것에는 여러 가지 이유가 있지만 그중에서도 가장 중요한 것은 외국인 감독들의 취임이다. 외국인 감독들이 도입한 다양한 매니지먼트 기술이 커다란 몫을 해낸 것이라고 볼 수 있다.

　잉글랜드 축구가 유럽 축구계에서 오랜 공백기를 갖는 동안 매니지먼트 기술에서나 유럽축구 흐름에서 뒤쳐져 있었다. 하지만 외국인 감독들이 잉글랜드에 들어오기 시작했고, 잉글랜드 사람들은 다른 나라의 수준을 따라잡을 필요가 있다는 것을 깨닫게 되었다. 외국인 감독들은 새로운 축구 개념을 가지고 잉글랜드에 들어왔다. 이방인 지도자들의 새로운 시각은 잉글랜드 축구가 다시 한 번 세계 최고수준에서 경쟁할 수 있도록 힘을 불어넣어 주었다.

　과거 잉글랜드 감독들은 선수들의 개인 관리나 선수 보호를 중요하게 생각하지 않았다. 하지만 외국 감독들은 엄격한 다이어트와 식습관, 새로운 훈련 과정 등을 도입하여 철저한 선수 매니지먼트에 심혈을 기울였다. 이러한 새로운 접근방법을 통해 선수 개인마다 즉각적인 도움을 줄 수 있었다.

　영국의 전통의 접근 방식이 클럽을 상향하는 것이 아니라는 것을 보여주는 사례였다. 결국 잉글랜드 감독들도 달라져야만 했다. 선수들을 최고의 상태로 만들기 위해서는 그동안 해왔던 방식을 바꿔야 했던 것이다. 영국은 다른 외국 감독들을 따랐고 유럽의 기타 강팀들의 방식도 눈여겨보기 시작했다. 활력 있고 경쟁력 있는 조직으로 만들기 위해 모든 부문에 있어 구체적인 목표를 설정하고 구성원들의 헌신을 강하게 요구하는 등 서구식 경쟁 체계를 적극 도입하였다.

'외국인 감독 특유의 긍정적인 효과'를 제공하는 측면이 많다. 치밀한 사전 연구와 관찰을 통해 자신이 구상하는 축구 색깔에 부합하는 선수들을 연령에 관계없이 중용할 뿐 아니라 선수들의 '최적의 포지션' 찾아 주기에 있어서도 능력을 보였다. 이렇게 성공적인 외국인 CEO들의 특징은, 현지화와 글로벌화를 적절하게 조화시키며 선진 경영기법 도입에 앞장선 것이다.

영국 전통의 방식이 굳이 나쁘다는 것은 아니다. 이제 잉글랜드는 전통적인 방법과 유럽식의 접근에서 그 균형점을 찾아내야만 한다. 궁극적으로 글로벌 사고와 국가적 사고의 조화 또는 접점을 찾는 것이 중요하다. 성공하는 CEO는 서구적 방식이나 경험만을 고집하지 않고 무엇을 버리고 무엇을 취해야 할지를 분명히 알고 있다.

성공을 원하는 요즘의 영국인 감독들은 우선적으로 외국인 감독들의 방식을 연구해야 할 필요가 있다. 그리고 해외에 가서 관련 경험을 익히거나, 아니면 그러한 시스템을 제대로 이해하고 있는 사람을 옆에 두고 일해야 한다. 좋은 예가 퍼거슨 감독이다. 퍼거슨 감독은 외국인 코치를 데려오는 데 있어 탁월함을 발휘했다. 맨체스터 유나이티드의 카를로 케이로스 코치는 유럽적인 방식으로 퍼거슨의 팀 운영을 성공적으로 도왔다.

외국인 지도자들이 줄 수 있는 또 다른 장점은 세계 최고의 선수들도 함께 데려올 수 있다는 점이다. 현재 잉글랜드에서는 웽거, 무링요, 베니테즈 등이 활발한 활동을 펼치고 있고, 이러한 외국인 감독들의 활약은 유럽과 남미의 선수들에게 잉글랜드에서 뛰고 싶다는 열망을 갖게 한다. 영국 지도자들보다는 아무래도 외국인 감독과 코치들이 유럽이나 남미 선수들을 다루는 데 용이하다.

또한 유럽, 남미 출신의 선수들도 외국인 감독의 시스템에 더 쉽게 적응하며, 선수들이 느끼는 그러한 편안함은 그라운드에서의 좋은 경기력으로 되돌아온다. 보통은 행복한 선수가 좋은 선수가 된다. 외국인 감독들이 현재처럼 우리 축구계를 풍성하게 한다면, 잉글랜드 축구의 전성기는 앞으로도 계속 될 것이라 생각된다.

그러나 잊지 말아야 할 것이 있다. 잉글랜드가 외국인 명장들로 인해 리그 경기력과 경쟁력이 강화된 반면, 대표팀을 맡길 잉글랜드인이 마땅치 않을 정도로 자국인 명장 기근 현상을 겪고 있다는 사실이 문제로 제기되고 있다. 양질의 외국인들로부터 바람직한 측면들을 흡수하되, 연구하는 토종 지도자들의 수를 더 늘려 가는 일에도 끊임없는 노력을 기울여야 한다.

　외국인 CEO를 영입하는 기업들은 현재의 위기를 극복하고 조직에 새로운 활력을 불어넣어야 한다는 절박한 심정일 것이다. 외국인 CEO 영입이 단순히 하나의 유행으로서 '남들이 하니까 우리도 한다'라는 식으로 접근해서는 곤란하다. CEO라는 위치가 너무도 중요하기 때문이다. 실제로 많은 외국인 CEO들이 기존의 경영진과 갈등을 일으켜 실패하면서 기업 전체를 위기에 빠뜨리기도 했다. 그러므로 기업이 처한 현실과 상황에 맞춰 가장 적합한 CEO를 찾기 위한 신중한 노력이 필요하다.

　물론 외국인 CEO들도 비즈니스를 통해 이익을 챙기는 장사꾼이다. 하지만 한국경제의 퇴보는 자신들에게도 마이너스가 되기 때문에 우리 경제의 발전과 선진화를 염원하는 친구이자 동반자이기도 하다. 이들의 움직임을 철저하게 벤치마킹하고 전략적으로 활용할 경우, 선진 경영기법 도입과 마케팅 향상 등을 통한 경쟁력 강화효과를 기대할 수 있을 것이다.

Chapter 07

생산운영관리

01 생산운영관리의 정의 및 개념

(1) 생산관리의 의미

생산운영관리(production & operation management)는 경영의 기본적·핵심적 기능을 담당하고 있다. 현실적으로 생산이 없는 기업은 존재할 수 없으며 생산이 있기 때문에 기업의 가치가 존재하는 것이다. 보통 생산이란 자원의 물리적·시간적·공간적, 혹은 지리적 변형을 통해 가치를 창출하는 행위를 일컫는다.

생산을 위한 인간의 노력은 인류의 역사와 함께 존재해 왔다. 최초 인간의 생산활동은 인간의 근본적인 욕구라 할 수 있는 의·식·주의 충족을 위한 수단을 발견하는 데 있었지만, 그 후 가면 갈수록 생산활동을 통하여 인간문화의 가치체계 안에서보다도 윤택한 생활을 누리고 삶의 질을 높이기 위해 생산관리의 노력을 해 왔다.

생산관리는 기본적으로 생산에 관한 활동을 관리하는 학문이며, 구체적으로는 기업의 목표를 효과적으로 달성하기 위해 인적자원, 물적자원 등을 효율적으로 활용하는 것이다. 특히 생산과 관련된 계획의 수립과 집행, 통솔 및 통제와 같은 일련의 활동을 수행하는 것을 의미한다.

생산관리는 유형 재화의 생산이나 무형 재화인 서비스의 공급을 담당하는 생산시스템의 관리를 의미한다. 생산시스템이란 투입물을 원하는 산출물로 변환시키는 생산활동을 하는 조직으로 볼 수 있다.

그림 7-1 ▎ 투입-변형-산출관계

자료: 임재화·이재식·김종원·김승욱(2012), 서비스 운영관리, 도서출판 청람.

생산시스템에서 투입은 사람, 자재, 자금, 기계, 방법, 즉 기술, 시장 등으로 구성되고, 변환은 투입물을 효과적이며 능률적으로 결합하여 효용성이 증가된 부가가치와 제품, 서비스 등의 작은 산출물을 낳는 기능을 하는 것이다. 그리고 산출은 유형 또는 무형의 재화나 서비스, 정보 등으로서 소비자의 욕구를 충족시켜 줄 수 있는 효용이 있어야 하고 부가가치의 증대를 가져와야 한다.

(2) 생산운영관리의 목적

생산운영관리는 경영적 생산활동을 대상으로 생산시스템에 알맞은 관리시스템의 설계와 운영·통제에 관한 체계적 연구를 목적으로 한다. 경영적 생산활동은 경영적 급부(給付)의 생산을 목적으로 하는 경영활동의 한 기능으로서 기술적·경제적·사회적 조건의 제약하에 목표를 합리화하기 위한 경영적 의사결정에 의존한다.

생산관리의 과제는 경영 내적으로는 급부생산에 필요한 제자원의 결합에 있어 생산의 능률성과 효율성을 높이는 것이며, 생산 외적으로는 생산경영에 부과된 과제를 효과적으로 수행하는 것이다.

오늘날 대부분의 기업들의 목표 중 하나는 경쟁우위를 차지하는 것이다. 경영학에서 생산전략의 목표도 제품과 서비스 측면에서 경쟁우위를 달성하는 것이다. 이 목표를 달성하기 위해서 생산전략을 구체적으로 실현할 수 있는 생산공정의 선택과 생산인프라 구축으로 연결되는 의사결정을 하여야 한다.

따라서 생산관리의 목표는 효용의 창출, 고객욕구의 충족, 경제적 생산에 의한 부가가치를 창출하는 것이다. 구체적으로는 생산성 향상, 품질 향상, 원가 절감, 공급 및 납품 능력 향상, 그리고 융통성 및 유연성을 확보하는 것이다.

(3) 생산관리의 의의

현대 경영학이론에 의하면 기업이 지속적으로 성장하고 경쟁력을 유지하기 위해서는 기업 역량과 환경이 일치되어야 한다. 또 기업의 역량은 경쟁사가 쉽게 모방할 수 없어야 한다. 아무리 창의적이고 획기적인 아이디어를 낸다고 해도 경쟁사가 곧 모방해서 좇아 한다고 하면 기업의 지속성장을 가능하게 하는 핵심 경쟁력이 되지 않는다. 따라서 기업의 생산관리 방식이 남들이 단시간에 쉽게 모방할 수 없는 것이 될 때에 진정한 기업자산이 되는 것이며 바로 여기에서 생산관리의 중요성을 찾을 수 있다.

표 7-1 ┃ 생산-운영시스템의 사례

시스템	투입요소	변형과정	산출
자동차공장	여러 부품	조립	완성된 자동차
대학	신입생, 교수, 교재, 도서관, 강의실	교육, 연구	졸업생(지식인)
은행	은행원, 예금상품, 현금지급기, 금고	고객재산 보호·증식, 안전한 보관	높고 안정적 이자, 각종 예금·대출·신탁
병원	환자, 의사, 간호사, 약품, 의료기구	진료·치료·수술, 건강상담	건강한(완치된) 사람
식당	배고픈 고객, 음식재료, 종업원, 요리사, 주방기구	맛있는 음식 및 서비스	배부른(만족한) 사람
항공	비행기, 기장, 스튜어디스	빠른 수송, 안전운행	목적지 도착
컴퓨터 통신	각종 프로그램, 정보이용자, 장비	다양한 정보에 접속	정보취득
이/미용실	이/미용사, 기기, 화장품	커트, 퍼머, 면도, 화장	깔끔한(멋있는) 외모

자료: 임재화·이재식·김종원·김승욱 (2012), 서비스 운영관리, 도서출판 청람.

02 생산운영관리와 경영학

조직의 3대 기능인 마케팅, 생산·운영, 재무 부문 중 생산·운영 부문에는 가장 많은 인원이 투입되고 자본투자가 많다. 그러므로 효율성을 높이고 효과를 올릴 수 있는 잠재력이 가장 큰 부문으로 볼 수 있다.

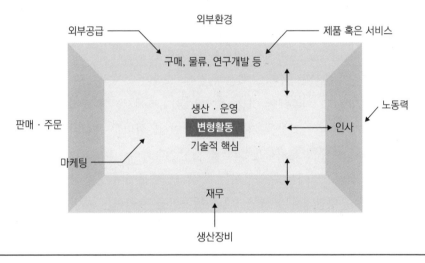

그림 7-2 ┃ 생산·운영, 기타 기능, 환경 간의 관계

자료: 임재화·이재식·김종원·김승욱(2012), 서비스 운영관리, 도서출판 청람.

게다가 운영 부문은 조직의 중심적인 기능을 수행하며 제품과 서비스 생산을 위해 존재하지만 다른 기능은 운영 부문을 지원하는 역할을 한다. 예를 들면, 운영 부문은 마케팅과 상호작용하여 고객수요를 예측하고 문제에 대한 고객 피드백을 받는다.

재무부서와는 자본투자, 예산할당 등에 대한 공조가 필요하고, 인사부서는 운영 부문의 직원훈련, 고용 및 해고를 담당하고, 구매부서는 생산에 필요한 원·부자재를 발주 및 수취한다.

이와 같이 운영 부문은 외부의 환경이나 고객으로부터 분리되어 안정적 환경에서 효율성을 추구할 수 있는 완충장치를 가진다.

생산·운영 부문은 중추적 역할수행을 하므로 조직 내에 영향력이 매우 크다. 즉, 생산·운영 부문 없이는 제품이나 서비스 생산이 불가능하고 판매도 불가능하다. 그러므로 기업의 원활한 활동을 위해서 주요 기능부서는 반드시 조직 내 핵심기능인 운영 부문을 이해해야 하고 운영관리의 핵심개념, 정책, 관행, 기법을 숙지하는 것이 필수적이다.

서비스 상황에서는 서비스 제공 현장에 고객이 존재하므로 각 부문이 밀접하게 상호작용 및 의존해야 하는 것이다. 서비스에서는 현장직원 관리에 대해 운영부서가 책임과 권한을 가지며 기술, 인사, 설비를 통합하여 서비스 제공시 고객과의 관계를 유지하는 역할을 담당한다.

서비스 상황에서는 서비스 제공 현장에 고객이 존재하므로 각 부문이 밀접하게 상호작용 및 의존해야 하는 것이다. 시비스에서는 현장직원 관리에 대해 운영부서가 책임과 권한을 가지며 기술, 인사, 설비를 통합하여 서비스 제공시 고객과의 관계를 유지하는 역할을 담당한다.

이렇게 서비스업에서 운영부서는 가장 큰 부문이며 중추적 기능을 수행한다. 그리고 운영관리자는 생산설비나 절차만을 관리하는 것이 아니라 소매업에서처럼 고객이 이용하는 시설도 직접 관리한다. 특히 인력 집약적 개인 서비스에서는 운영관리자가 현장직원을 비롯한 인력을 관리하고 유통시스템을 운영하며 마케팅역할을 수행하기도 한다.

그 결과 서비스기업의 마케팅부서는 운영부서에서 관리하는 절차, 인력, 시설 등과 관계가 밀접하며 운영부서에 크게 의존하는 경향이 있다.

03 생산운영관리의 발전과정

연대	개념 및 기법
1910년대	과학적 관리법, 이동조립라인, 경제적 주문량 모형
1930년대	통계적 품질관리, 인간관계론
1940년대	선형계획법

연대	개념 및 기법
1950~60년대	OR (Operation Research) 기법
1970년대	컴퓨터의 사용
1980년대	서비스의 품질 및 생산성, 생산전략 패러다임, 공장자동화 제약이론, JIT (just in time), TQC (total quality control) FA (factory automation)
1990년대	TQM (total quality management) BPR (business process reengineering) SCM (supply chain management) 전사적자원관리(Enterprise Resource Planning) 등
2000년대~최근	• JIT의 확산　　　　• 글로벌화 촉진 • 경쟁의 심화　　　　• 기술의 급속한 발전 • 아웃소싱과 같은 공급사슬관리 확대 • 제품 다양성맞춤 생산　• 품질관리의 강조 • 시간기준경쟁　　　• 서비스의 중요성 강조 • 인터넷 등 정보통신기술의 활용 • 환경보전과 기업윤리

04 생산운영관리 이론의 흐름

생산운영관리는 원래 생산관리(Production Management)라는 명칭으로 시작했으나, 미국의 산업구조가 제조업에서 서비스업으로 옮겨 가면서 명칭이 생산관리 → 생산운영관리(Production & Operations Management) → 운영관리(Operations Management) 등으로 변하는 추세에 있다. 미국에서는 Operations Management(OM)로 불린 지 오래지만, 국내에서는 Operations라는 용어를 번역하기가 까다롭기 때문에 생산관리라는 명칭을 많이 사용하고 있다. 운영관리라는 말을 쓰기보다는 아예 영어 그대로 '오퍼레이션 관리'라고 쓰기도 한다.

(1) 과학적 관리법(scientific management method)

미국의 공학 기술자 프레더릭 테일러가 19세기 말부터 연구하고 발표한 이론이다. 발표 이후 1929년 세계 대공황 이전까지 전 세계적인 주목을 받은 조직이론이자 생산관리이론이다.

19세기 말부터 본격적으로 시작된 산업혁명과 자연과학, 공학의 급진적인 발전, 행정－경영의 일원화의 과정에서 만들어진 이론으로 과학적인 수치와 근거에 기초하여 조직을 관리하기 위해 탄생한 이론이다. 생산과정에 있어서 필요한 지식과 기술을 적절히 활용해 최소비용으로 최대 능률을 올리고자 하는 관리이론이다. 여기에서 파생된 결과로는 프랭크 길브란트, 릴리안 길브란트 부부의 동작 연구(Motion Study), 헨리 간트의 시간 연구(Time Study)와 간트 차트(Gantt Chart), 그리고 독일의 전설적인 사회학자 막스 베버의 관료제가 있다. 프레더릭 테일러가 '과학적 관리론'이라는 이론을 창안하고 발전시켰기에, 그의 이름을 따서 테일러시스템(Taylor System), 혹은 아예 테일러리즘(Taylorism)이라고 하기도 한다.

(2) 이동조립법 － 포드시스템(Ford system)

헨리포드(Henry Ford)가 1912년에 만든 포드시스템(Ford system)이 있다. 포드시스템에는 현대에도 활용되고 있는 이동조립법(moving assembly line method)이 있다. 이는 생산의 표준화를 전제로 컨베이어벨트와 작업자가 타이밍을 맞추어 작업하는 방식이다.

(3) 통계적 품질관리(statistical quality control: SQC)

1925년도에 슈하트(Walter Andrew Shewhart)가 품질관리 문제에 통계적 기법을 처음으로 적용하게 되었다. 통계적 품질관리란 최고의 사용가치가 있고 시장성이 있는 제품을 가장 경제적으로 생산하기 위해서 생산활동의 모든 단계에서 통계적인 방법을 응용하는 것이다.

(4) 린 생산시스템(Lean production)

린 생산시스템(Lean production)이라는 것은 미국의 MIT의 연구그룹이 1990년 도요타 생산방식으로 대표되는 일본의 생산시스템에 붙인 이름이다. 1970~1990년대 도요타를 비롯한 일본 회사들이 수공업 생산방식과 대량생산방식의 장점을 결합하여 수공업 생산방식의 원가 상승 및 대량생산방식의 유연성 부족 문제를 해결함으로서 만들어진 생산시스템이다. 이는 매우 다양한 제품들을 적정량씩 생산하여 각 프로세스 단계에서 낭비를 제거하고 리드 타임을 줄여 안정성을 개선하면서 사기를 높이고 최고의 품질과 최저의 비용을 얻는 방식이다.

(5) 종합적 품질관리(Total Quality Control: TQC)

종합적 품질관리란, 수요자에게 충분히 만족되는 제품을 가장 경제적인 수준으로 생산할 수 있도록 사내의 각 부문이 품질개발, 품질 유지 및 품질 향상의 노력을 조정 통합하는 효과적인 체계이다.

(6) 전사적 품질관리(Total Quality Management: TQM)

전사적 품질 관리란, 기업활동의 전반적인 부분의 품질을 높여 고객 만족을 달성하기 위한 경영 방식이다. 기존의 품질 관리는 주로 제품과 서비스에 대한 관리였으나, TQM에서는 조직 및 업무의 관리에도 중점을 두어 구성원 모두가 품질 향상을 위해 노력하여야 한다. 제품 및 서비스 생산과정 개선, 지속적인 종업원 교육, 바람직한 기업문화 창출, 미래 경영환경 대비, 신기술 개발 등을 통해 경쟁력을 높이고 장기적인 성장을 도모할 수 있다.

05 현대의 생산운영관리 이론

(1) AHP

1970년대 Pennsylvaina University Wharton School의 Thomas L. Saaty 교수가 미 국무부의 무기통제 및 군비축소에 관한 의사결정의 비능률을 개선하기 위해 개발하였고, 이론적 정의는 의사결정의 목표 또는 평가기준이 다수이며 복합적인 경우, 이를 계층화해, 주요 요인을 이루는 세부 요인들로 분해하고, 이러한 요인들을 상대비교를 통해 중요도를 산출하는 분석방법이다.

(2) JIT(Just-In-Time)

1970년대부터 일본기업들이 적용하고 있었으며, 낭비 요소가 최소화된 효율적인 생산의 운영 및 통제시스템을 지칭하는 용어로서 1980년대 이후 미국을 비롯한 서양국가에서 활발하게 연구되고 도입되었다. JIT시스템은 모든 생산과정에서 필요할 때, 필요한 것만을 필요한 만큼만 생산함으로 생산시간을 단축하고 재고를 최소화하여 낭비를 없애는 시스템으로 정의된다.

(3) PERT / CPM

프로젝트는 일회성, 비반복적 특성을 갖는 업무로서 목표 지향성, 복잡성, 불확실성, 특이성, 일시성의 특징이 있다. 프로젝트의 관리는 공정계획, 일정계획, 진도관리의 과정으로 전개되며 일정이나 시간이 중점적으로 관리되는 일정 관리가 중심이 되는데, 칸트차트나의 PERT 혹은 CPM기법이 주로 적용된다.

Chapter 08

서비스 경영

01 감성 서비스 경영

(1) 생산운영관리과 서비스산업

기술의 우수성보다는 감성과 서비스가 키워드.

카메라 광고를 보더라도 최고의 디지털 카메라 광고의 특징은 결코 기술적인 차원의 선명성에 대하여 이야기하지 않는다. 유명 연예인이 나와서 그냥 일상의 여러 가지를 사진에 담는다. 추억을 저장하는 저장소가 디카인 것이다. 감성에 의존하는 광고기법이다. 하지만 여기서 그치지 않고 감격의 눈물을 흘려야만 마음이 개운하다. 이것이 진정한 서비스이다.

감성능력은 지도자로서 성공하는 데에 결정적인 역할을 한다. 간혹 뛰어난 지적능력이나 기술적인 능력으로 인하여 승진을 하는 경우도 있으나, 결국에는 미래에 리더로서 얼마나 잘 성공할 것인가를 결정하는 요소는 감성능력이다. 또한, '서비스는 모든 사람들의 비즈니스(Service is everybody's business)'라는 말처럼 현재 우리들이 지내는 하루하루를 살펴보면 다른 사람으로부터 서비스를 받고 또 다른 사람에게 나의 서비스를 전달해 주는 등 서비스의 연쇄 고리관계 속에서 살고 있다.

감성능력이란 자신의 감정을 이해하고, 타인의 기분에 감정이입을 하며, 사람들과 친밀한 업무관계를 증대시키는 방향으로 상호작용하는 것을 의미한다. 예를 들어, 직장생활을 하면서 어느 시점인가에는 너무나 현명하고 지식과 기술이 뛰어나 당연히 다른 사람들보다 앞서갈 것 같은데도 불구하고 그 반대로 실패하는 직원들을 경험하게 되는데 이런 직원들은 종종 자기 자신의 경력을 파괴할 뿐만 아니라 나머지 팀원들의 사기도 저하시킨다. 이러한 행동 이 처음에는 의도적인 것처럼 보이기는 하나 실제적으로는 감성능력의 부족이 큰 원인이라고 해석할 수 있다.

아주 헌신적이면서도 뛰어난 기술을 보유하고 있는 직원일지라도 대인관 계 미숙으로 인하여 다른 사람들로부터 따돌림을 당할 수 있다. 다른 면에서 는 천부적인 재능을 가진 사람들임에도 불구하고 업무현장에서 저조한 성과를 보여주는 주요한 이유 중의 하나가 바로 타인의 욕구나 희망에 대한 감정통제 의 결핍, 즉 감성능력 또는 감정을 다스리는 힘이 부족하기 때문이다.

(2) 서비스 운영관리의 중요성 대두

한편, 현대사회는 서비스에 의해 주도되고 있다.

전 세계적으로 서비스 산업의 비중이 증대되면서 서비스 관련업의 경쟁 력이 국가 경쟁력을 좌우하는 시대가 되고 있다. 서비스 기업은 물론이고 제 조업에서도 서비스 부문의 비중이 제조 부문의 비중보다 커지고 있어, 서비스 경쟁력 강화가 기업의 핵심 과제가 되고 있다.

하지만 기존의 서비스 경영은 단순히 생산관리 또는 서비스 운영관리와 같이 딱딱하고 계량적인 측면에서 다루어 왔던 것이 사실이다. 하지만 앞으로 의 서비스 경영은 감성을 바탕으로 한 서비스 능력을 학습하여야 한다.

세계적으로 신규 직업들은 거의 대부분 서비스업에서 창출되고 있다. 시 간과 공간을 넘어서는 새로운 서비스 창조는 길거리 테이크아웃 커피점이나 에스프레소 커피전문점에서부터 거대 통신사, 보험회사, 은행, 항공사, 호텔 그리고 교회 등에 이르기까지 엄청난 성장과 다양한 형태를 보이고 있다.

따라서 세계적 수준의 서비스를 찾는 시도는 이들의 서비스 기술과 그 안에 담긴 서비스 정신을 찾아내려는 시도이다. 이는 서비스에 대한 무형적 가치의 발굴과 규명·그리고 서비스 정신에 대한 새롭고 강력한 경영원칙의 제시를 통하여 조직원들을 변화시키고 진정한 서비스 문화를 갖춘 조직을 선도하며 지속적인 수익을 낼 수 있는 새로운 모델의 창출이라고 할 수 있다.

결론적으로 서비스 업계에는 감성과 서비스 능력이 중심이 된다. 감성능력이 약한 기업은 조직원들에게 두려움과 공포의 분위기를 형성하여 그들의 충성도나 아이디어의 표현, 진정한 서비스 제공을 위한 부드러운 마인드 형성에 부정적인 영향을 미친다. 위대한 서비스 리더들은 다른 사람들을 칭찬하고 격려하는 방법을 통하여 통찰력(insight)을 제공하고 실제 업무에 있어서 그 업무의 가치를 잘 전달하고 다른 사람들을 스스로 움직이게 만든다.

또한 서비스 능력은 서비스 기업에게 있어서 중요한 역할을 수행한다. 고객 또는 자신이 서비스 대상자를 단순히 비즈니스의 대상 또는 일회성의 고객으로 인식하는 것이 아니라 고객을 '우리'라는 범주 안에 담아 두면서 '함께'라는 정신으로 평생 동안 고객을 대할 때에 비로소 현대 소비자(고객)를 만족시킬 수 있으며 기업에 있어서는 지속적인 수익 창출과 장기적인 상호작용을 이끌어 내어 서로가 'win-win'하는 관계로서 존재할 수 있게 하는 것이다.

(3) 감성 서비스 사례

하겐다즈(Haagen Dazs)? 대체 어느 나라 아이스크림 가게지? 덴마크인가? 아마 유럽 어느 지역이겠지….

하겐다즈가 미국 브랜드라는 것을 알고 있는 사람이 과연 얼마나 있을까? 고객들은 하겐다즈라는 단어만 들으면 마치 유럽풍의 어감을 가지고 있어 이 브랜드가 매우 고급스럽고 세련됐다고 생각하게 된다. 이것이 바로 브랜드전략이다.

제품의 이름이나 겉모양 등은 소비자에게 어떤 느낌을 불러일으키는 연상을 가져온다. 하겐다즈는 고객에게 의도된 연상, 이미지를 불러일으키기 위하여 여러 가지 기법을 사용하였다. 그중 가장 강력한 연상 작용은 브랜드 네임과 상품 및 매장의 디자인이다. 하겐다즈는 기존에 존재하는 단어가 아니다. 아무리 사전을 찾아봐도 뜻이 나오지 않는다. 고객들은 이러한 신조어는 왠지 모를 낯설음을 느끼고 모호하게 하지만 한편으로는 유가공품의 대표국인 '덴마크'나 유럽 대륙의 이미지를 연상하도록 한다. 즉, 유럽스타일의 프리미엄 아이스크림이라는 연상을 하게 하여 판매한 것이다.

또한 매장의 디자인 또한 뛰어나다. 전통적이고 평범한 기존의 미국식 아이스크림 매장과 차별화하여 유럽풍으로 꾸민 이 카페의 내부는 오가는 행인들의 시선을 사로잡는다. 이곳은 외형적인 디자인에서부터 서비스에 이르기까지 고객에게 즐겁고 독특한 체험을 하게 한다.

관능적인 즐거움과 사랑의 기쁨이라는 브랜드 콘셉트가 느껴지도록 로맨틱하게 디자인이 된 이 카페는 주로 유동인구가 많은 유명 상권에 위치하고 있다. 마치 주얼리숍 같기도 하고 레드의 강한 컬러가 관능적이기도 하지만 몹시 사랑스럽기도 하다. 카페 내 팸플릿에는 젊은 연인들이 1개의 아이스크림 스푼에 서로 입을 대고 있는 사진이 실려 있고 모든 판촉물에 "즐거움을 드립니다"라는 로맨틱한 슬로건은 지나가는 커플들의 발걸음을 잡는다.

그리고 패키지 또한 기존의 아이스크림과는 달리 레드컬러와 골드컬러를 이용하여 고급스런 감각을 주고 하겐다즈라는 브랜드 네임을 둘러싼 로고 이미지와 더불어, 바(bar)에도 개별사각 포장을 하는 등 최대한 모든 메시지를 프리미엄에 맞추려는 노력을 보였다.

이러한 호기심과 감성을 자극하는 것은 브랜드를 고객의 기억에 깊이 심어주고 아이스크림이라는 상품과 가장 강력한 연상으로 변하여 강한 브랜드 파워를 가진다. 모든 상징이 복합되어 하겐다즈만의 브랜드 스타일(Brand Style)을 창출하였으며, 이것이 결국 강력한 하겐다즈의 브랜드 아이덴티티인 것이다.

이러한 전략을 통하여 하겐다즈는 기존의 아이스크림과 달리 프리미엄 계층의 성인 소비자를 타깃으로 한 차별화된 브랜드 이미지로 세계적인 슈퍼 프리미엄 아이스크림이 되었다. 감각적이고, 자유분방한 느낌을 살려 고객이 최고로 즐거운 경험을 하게 하는 것이다.

고급 아이스크림의 대명사 하겐다즈(Haagen Dazs)는 아이스크림이란 단순한 상품을 팔기보다는 낭만이라는 감성을 잘 활용하여 감성을 팔았다고 해도 과언이 아닐 것이다.

02 서비스는 경험 경제학

가로수길 등 유명한 거리의 창밖을 바라본 적 있는가. 창밖에서 가장 많이 눈에 띄는 곳이 바로 커피숍이다. 대표적으로 테헤란로를 거닐다 보면 마치 커피 숲에 들어선 듯하다. 굳건하게 뿌리를 박은 커피숍들이 그 끝을 모르게 늘어서 있는 것이다.

(1) 스타벅스에서의 서비스 경험 경제학

컵을 가리키는 용어도 달라 어느 정도의 양인지 가늠하기 어려울 때도 있다. 하루의 커피를 얼마나 마시는가. 미국의 스타벅스는 쇼트(short), 톨(tall), 그란데(grande), 벤티(venti), 메가(mega) 등 영어와 이탈리아어가 뒤섞인 이름을 붙인 다섯 가지의 컵 사이즈를 가지고 있다. 하지만 한국에 들어오면서 자판기 커피 정도 양의 커피를 즐기는 한국인의 특성에 맞게 쇼트(short), 톨(tall), 그란데(grande)만을 출시해 왔다. 현재는 스타벅스를 비롯한 서양의 커피문화가 한국인의 정서에 융합되면서 기존보다 많은 양의 커피를 원하는 소비자가 늘어나고 있다.

한국인의 사랑을 받는 헐리웃 스타들의 사진을 본 적이 있는가?

그들이 들고 있는 스타벅스의 벤티 컵 사이즈에 대한 관심을 보이는 여성들과 동시에 찌는 더위가 계속되면서 벤티 컵 사이즈의 아이스 커피를 요구하는 소비자의 증가로 2007년 5월 1일부터 한국에서도 벤티 컵 사이즈를 접할 수 있게 되었다. 커피빈은 어떨까. 커피빈의 컵 사이즈는 스몰과 레귤러 사이즈로 구분된다. 커피빈의 스몰 사이즈는 스타벅스의 톨 사이즈와, 레귤러사이즈는 그란데 사이즈와 비슷함을 보이고 있다.

스타벅스와 커피빈의 컵 사이즈 다양화의 차이는 무슨 의미를 지니고 있을까. 필자는 개수의 차이를 고객의 기호에 대한 배려의 차이라고 말하고 싶다. 이미 시행되고 있는 고객맞춤 커피 서비스와 그 맥락을 같이 하는 것으로 고객의 선호에 따른 발 빠른 변화는 점차적으로 고객의 선택에 또 다른 큰 영향을 끼치게 될 것이다.

당신은 복잡하더라도, 컵의 크기를 고민하면서 고르는 것을 좋아하는가? 아님, 단순히 2개 중에서 하나를 선택하는 것을 좋아하는가?

예전에 커피를 주문하고 기다릴 경우 이름을 물어보는 커피집이 있었다. 커피를 주문하고 기다리고 있으면 이름을 부르겠다고 했다. 처음에는 이런 서비스가 별로 달갑지 않았는데 이름을 공개하고 싶지 않아서였다. 이 서비스는 곧 사라지게 되었다.

(2) 도미노 피자에서의 서비스 경험

"앞서가는 배달, 앞서가는 도미노 피자", "전 세계 8,000여 개 이상 국내 288개 매장 보유의 세계 최대 피자배달 회사", "고객에게 맛있는 피자를 30분 내에 배달한다."

도미노 피자는 30분 안에 따뜻하고 맛있는 피자를 배달한다는 모토로 연간 40억 달러의 매출을 올리는 세계적인 프랜차이즈 기업이 되었다. 피자업계 최초로 '30분 내 빨리(3082) 배달하는 피자', '세계 최대 배달 피자 전문 브랜드'라는 인식을 소비자들에게 심어 준 것이 적중한 것이다. 최고가 되기 위한 마케팅활동 못지않게 중요한 것이 시장에서 고객에게 먼저 다가가는 마케팅활동을 통해 업계에서 선도자의 입지를 굳히는 것이다.

30분 안에 배달되지 않으면 피자를 공짜로 주겠다고 제안한 광고는 전 세계에 도미노 피자를 알리게 했다. 도미노 피자가 30분 배달 보증제를 시작하고 사람들은 어떻게 그렇게 빨리 배달하는가에 대한 궁금증을 갖지 않을 수 없었다. 어떤 사람은 배달하는 오토바이에서 피자를 구워 낸다는 생각을 하기도 했다.

배가 고프기는 한데 사 먹으러 나가는 게 귀찮을 때, 사람들은 빠르게 배달되는 음식을 찾게 마련이다. 설령 맛이 없는 피자라 할지라도 30분 안에 배달하지 못하면 피자를 공짜로 준다는 생각에 주문하게 되는 것이다.

하지만 발전 없는 기업은 단기적으로 매출을 올릴 수밖에 없으며 항상 2인자의 자리에서 머물게 된다. 그렇다면 도미노 피자가 오직 30분 내에 피자를 배달했기 때문에 세계적 프랜차이즈 기업이 된 것일까?

　　다양한 경쟁업체 브랜드의 피자집이 많음에도 도미노 피자 가맹점들이 안정적으로 운영되고 폐점률이 낮은 이유는 바로 꼼꼼한 매뉴얼과 세계를 평정한 맛, 그리고 철저한 가맹점 관리가 뒷받침됐기 때문이다.

　　전 세계 61개국 7,200개의 매장에서 하루에 100만 개 이상의 피자를 공급하고 있는 세계 최대 피자배달 브랜드답게 '도미노 피자'의 매뉴얼은 정말 잘되어 있다. 40년이 넘은 세월 동안 여러 번의 수정과정을 걸쳐 체계화된 시스템에다가 피자를 굽는 법이나 가맹점 선발법이나 어느 하나 흠잡을 것이 없다. 또한 프랜차이즈 관리는 어느 대기업 못지않은 철저한 점주 관리로 명성이 나 있다.

　　도미노 피자 프랜차이즈 가맹점을 운영하기 위해선 가장 먼저 가맹점에서 12개월 동안 슈퍼바이저로 재직한 경험이 있어야 한다. 충분한 기간 동안 도미노 피자의 우수성을 파악한 다음 가맹점 신청을 해야 한다는 본사의 규정 때문이다.

　　이 과정을 거친 후 6일 동안 실시되는 '프랜차이즈 신규점포 개발 프로그램'에 등록해 피자 만들기를 비롯해 팀 운영, 마케팅, 재무 등 영업에 필요한 기본지식을 배우게 된다. 가맹점을 열기 위해선 기본 회계원리 지식을 객관적으로 입증해야 하며 프랜차이즈 자격시험을 통과해야 한다.

　　이러한 과정을 통과한 후 창업 희망지역의 적정 장소를 물색해서 본사에 고지하면 본사의 최종 승인을 거쳐 창업할 수 있다.

　　순식간에 도미노 피자의 맛이 좋아져서 고객들이 찾고 전 세계 수많은 가맹점이 생기지 않았을 것이다. 하지만 고객과 가맹주가 도미노 피자를 찾는 이유는 도미노 피자는 제품을 값지게 하는 중요한 요소를 알고 있었던 것이 아닐까?

　　고객의 입장에서 고객에게 도움이 되는 서비스와 혜택을 추가하라. 도미노 피자는 30분 배달 보증제로 효과적으로 수많은 고객의 관심을 끌었다. 하지만 도미노 피자가 소비자의 입맛에 맞는 피자를 만들려고 노력하지 않았다면 그 인기는 오래가지 못했을 것이다. 또한 가맹주들에게 상품의 우수성을 알려라. 충분히 가르치고 알게 하면 주인 의식을 갖게 할 수 있다.

(3) 패밀리 레스토랑에서의 서비스 경험

입구에 들어서자마자 직원들은 무릎을 꿇은 채 아이 손목에 풍선을 매달아 주었고 머리에 생일 기념 고깔을 씌워 주었다. 자리에 앉아 식사를 시작하려고 하니 직원들이 케이크를 들고 오며 생일 축하 노래를 부르고 사진까지 연신 찍어 냈다. 아이가 신이 나서 폴짝폴짝 뛰며 좋아하는 모습에 어른인 나도 신이 났다. 비싼 가격이지만 이런 친절한 서비스를 받으니 다시 찾고 싶다는 생각을 하게 되었다.

패밀리 레스토랑에서 식사를 할 때도 우리는 서비스 제공자로부터 서비스를 제공받고, 극장에서 영화를 보거나, 마트에서 물건을 살 때마저 서비스를 제공받는다. 우리 주위는 온통 서비스라 봐도 과언이 아니다.

먹는 것, 입는 것, 사는 것 모두 서비스라는 개념이 자리 잡고 있으며, 가치가 커지고 있다.

우리가 패밀리 레스토랑에서 일반 식당보다 두 배 이상 하는 돈을 지불하고서라도 패밀리 레스토랑의 음식을 선호하는 이유는 서비스에 대한 대가도 포함되어 있는 것이다. 그냥 일반식당에서 먹어도 맛있는 음식을 먹을 수 있는데 굳이 패밀리 레스토랑을 찾는 이유는 음식 이외의 좀 더 나은 서비스를 제공받고 싶어 하는 욕구 때문이다.

패밀리 레스토랑에는 '퍼피독 서비스(Puppy dog Service)'라는 것이 있다. 고객의 주문을 받을 때 서서 받는 것이 아니라 앉아 있는 고객과 눈높이를 맞추기 위해서 무릎을 꿇고 주문을 받는 서비스이다. 이러한 서비스가 바로 패밀리 레스토랑만의 더 나은 서비스인 것이다.

03 서비스 품질관리

올해 우리나라 커피 수입액이 5억 달러 이상으로 사상 최고 금액을 기록하였다. 커피 한잔 값이 4~5천 원인 아주 비싼 가격의 커피를 마시고 있으나,

럭셔리 분위기에 취해서 비싸다는 생각이 거의 들지 않는다. 대한민국에 사는 고객의 마음은 누구나 럭셔리한 경험을 하고 싶어 하고 더 이상 가격에 신경 쓰지 않는 것 같다.

(1) 호텔 산업과 서비스 품질관리

호텔의 크기는 작지만 고객을 향한 가장 큰 규모의 서비스를 제공하고 있는 호텔이 있다. 전 세계에 체인점을 두고 있지만 서비스를 받고 나오는 고객들의 얼굴엔 국경을 넘어서도 언제나 미소가 가득하다. 작은 규모에도 불구하고 불경기 속에서도 대규모 호텔보다 수익률은 물론 객실 점유율을 꾸준히 상승시키고 있는 리츠칼튼 호텔만의 비결은 과연 무엇일까.

고객이 서비스를 제공받는 동안 고객은 신사 숙녀로 대우를 받는다. '신사숙녀를 대우하는 신사숙녀'가 바로 그들의 슬로건이다. 고객과 직원의 가치를 동시에 높여 주는 이 슬로건은 고객에게는 최고급의 대우를 직원에게는 권한 이임을 제공해 준다.

리츠칼튼 호텔 내에서 서비스만큼은 고객이 불만을 가질 여유가 없다. 고객에게 먼저 다가가는 것은 물론 고객의 행동 하나하나 세심하게 서비스하기 위한 직원들의 은밀한 노력이 숨어 있다. 직원들은 고객이 원하는 서비스, 고객의 취향에 대한 정보를 제공하고 이를 기록해 둔다. 이 기록은 전 세계의 리츠칼튼 호텔에서 공유하게 되고 이후 말하지 않아도 눈빛만으로 고객에게 최고의 서비스를 제공하게 된다. 과연 어떤 의미를 지니고 있는 것일까.

직원은 낮은 직책에 있더라도 고객에게 어떠한 서비스든지 제공할 수 있는 권한을 이임받는다. 고객이 원하는 서비스를 제공하는 데 있어서 낮은 직책에 있는 직원은 높은 직책의 직원에게 이에 대한 질문을 한 후 서비스를 제공하는 경우가 있다. 이러한 경우 고객은 직원보다 낮은 위치에 있다는 인식을 받게 된다. 이를 고려하여 고객의 가치를 높여 주기 위한 제도가 바로 이것이다. 직원은 고객 만족을 위한 것이면 뭐든 할 수 있다.

호텔의 객실료는 5성급의 비싼 객실료를 지불해야 하지만 이에 불만을 가지는 사람은 찾아보기 힘들 정도이다. 모든 샤워 물품이 불가리 제품이며 노르웨이산 Voss물을 제공하고 있다. 바로 최고급 제품을 사용하는 것이다. 최고급 서비스와 최고급 제품, 이 밖에도 고급스러운 인테리어, 아름다운 경치 등을 제공함으로써 고객에게 어느 것 하나 빠짐이 없는 완벽한 서비스를 제공하고 있다.

신사숙녀라는 마음가짐으로 모든 고객들에게 신사숙녀급 대우를 해야 한다. 작은 규모라고 해도 상관이 없다. 규모를 뛰어넘는 큰 서비스로 고객들에게 먼저 다가간다면 고객의 마음속 가장 큰 부분에 자리할 수 있다.

한번 마주친 고객의 모든 바람을 기억해 낼 수 있을 정도의 관심을 가지고 고객을 접함으로써 고객에게 이 기업에서만큼은 자신이 특별한 존재라는 인식을 지니게 해야 한다. 이 기업의 전 세계 어느 지점을 방문하더라도 고객으로 하여금 익숙함과 편안함을 느낄 수 있는 서비스를 제공한다면 어떠한 어려운 상황 속에서도 고객과 지속적인 관계를 유지할 수 있을 것이다.

그렇다면 고객에게 하여금 고객 스스로가 만족을 넘어서 대접받고 있다는 느낌이 들게 만드는 방법에는 무엇이 있을까?

정보기술을 활용한 리츠칼튼 호텔은 말콤 볼드리지 품질대상을 받았다. 이 호텔은 철저히 개별화된 배려를 고객에게 제공한다. 이 호텔은 직원들에게 고객이 좋아하고 싫어하는 것을 적게 하여, 이를 컴퓨터의 고객 프로필에 입력시킨다. 이렇게 하여 24만 명 정도 되는 단골들의 개인적 취향에 대한 정보로, 보다 고객화된 서비스를 제공하고 있다.

이러한 서비스는 단순히 고객의 기대를 충족시켜 주는 것을 넘어 그들에게 '기념될 만한 방문(memorable visit)'의 기억을 심어 주기 위해서이다.

이처럼 서비스 기업은 고객의 기대를 초과 충족시키는 데 고객에 관한 정보를 이용할 수 있다. 단골고객이 숙박을 위해 중앙 예약실에 전화를 걸어왔을 때, 예약 직원은 컴퓨터 한 대만으로도 그 고객의 취향에 관한 정보를 불러올 수 있다. 불러온 정보는 예약하려는 특정 호텔에 전자통신네트워크를 통해 전송된다. 전송된 정보는 고객의 신상과 선호도에 대한 자료들로 이는 서비스를 위해 예약된 호텔의 서비스 직원에게 전달된다. 그러면 직원들은 체크인 시 단골에게 친하게 인사하며 맞아들이고 고객의 욕구나 취향을 예상하여 미리 대처한다.

이러한 접근법이 얼마나 성과를 거두고 있는가? 개별 조사기관에 의해 수행된 리츠칼튼 호텔 이용객을 대상으로 한 조사에 따르면 고객 중 92~97%가 만족했다고 한다.

(2) 항공사의 서비스 품질관리

노스캐롤라이나 주의 롤리－더햄(Raleigh-Durham)과 샬로트(Charlotte) 간의 비행을 상상해 보자. 비행시간은 30분이 되지 않기에 음료 서비스를 하기에는 너무 짧은 거리다. 어느 날 밤, 의욕 있는 승무원들은 어떻게 해서든지 승객들에게 음료 서비스를 제공한다고 인터컴으로 방송했다. 하지만 모든 승객들에게 음료를 제공하지 못할 수도 있다고도 말했다.

이는 승객들이 음료 서비스를 기대하지 않고 있는 상황에서 갑작스럽게 승무원들로부터 음료 서비스를 제공받게 하여 승객들에게 독특한 느낌을 줄 수 있다. 하지만 이것은 어디까지나 시나리오일 뿐 오늘날까지 우리는 음료 서비스를 받지 못했으며, 사실 기대하지도 않는다.

이러한 시나리오에서, 승객들은 감동했으나 이로 인해 정상적 서비스에 대한 기대가 높아지지는 않는다. 이처럼 (오늘날 과열된 기업 간의 경쟁과 고객의 욕구 증대로) 많은 기업들은 고객의 기대를 뛰어넘는 서비스를 제공한다. 고객이 기대하는 서비스의 양보다 더 많은 양을 제공함으로써 그들을 놀라게 하고 감동하게 하는 것이다.

04 제품의 서비스화, 서비스의 제품화

서비스 업체의 경우에는 무형의 서비스 자체가 상품이므로 제조업체의 부가 서비스와는 그 속성이 매우 다르다. 즉, 서비스 혁신의 대상은 서비스를 제공하는 새로운 프로세스를 설계하는 경우와 기존 프로세스를 개선하는 경우로 크게 구분된다.

전자는 새로운 시장에서 고객의 니즈를 파악하여 새롭게 서비스 전달 경로를 설계하는 것이 중요하다. 또한 소비자가 배송업체를 이용함에 있어서 불편함을 느꼈던 프로세스가 바로 배송현황을 확인하는 것이었는데, 이러한 기존의 프로세스를 개선하기 위해서 인터넷이나 휴대폰 문자 메시지로 배송현황을 알려 주는 서비스는 후자에 속한다.

한편, 서비스 혁신의 유형별 전략은 다음과 같다.

(1) 타입 1

서비스도 사업화할 수 있다는 관점 전환, 즉 제품과 관련된 부가 서비스 사업화, 기존 제품보다 서비스에서 주 수익 발생(성수기임내 등), 아예 사업영역을 서비스업으로 전환하는 경우와 같이 그동안 전통적으로 메인 프레임 컴퓨터와 서버를 제작 판매하였던 IBM사는 프라이스워터하우스앤쿠퍼스(PRICEWATER HOUSE & COOPERS)란 세계적인 경영컨설팅사를 인수하여 제품관련 새로운 사업에 뛰어들어서 현재는 컨설팅 비즈니스가 IBM의 주요 비즈니스로 자리매김하고 있다.

(2) 타입 2

제조업체가 제품과 관련된 서비스 프로젝트를 고객 관점에서 혁신하는 것으로 애프터서비스를 혁신하거나 제품 인도시간을 단축하는 것 등이다. 전형적인 업무 프로세스 개선이다. 자동차 구입 시에 대출을 도와주는 서비스라든가 신차 구입 시 사용하던 차를 처분하여 주는 중고차 매입 서비스가 대표적이다.

(3) 타입 3

서비스업체 & 신 프로세스 설계로서 신사업 기회를 창출하는 형태이다. 예를 들면 구글은 구글어스, 구글 맵 등 완전히 새로운 서비스 상품을 개발하

고 있다. 국내에서는 이마트가 온라인 할인점을 개설했다. 하지만 이런 종류의
신사업은 모방이 용이할 것이다.

(4) 타입 4

서비스 상품 경쟁력 강화로서 서비스 상품 자체의 프로세스 혁신으로 서
비스 품질에 대한 경쟁력을 높이는 방법이다. 기존의 서비스 수준에 대한 고
객의 기대는 계속 높아지고 있으므로 지속적인 프로세스 혁신이 필요한데, 예
를 들어 프로세스를 고객중심으로 변화시키는 방법으로서 병무청의 징병검사
프로세스 단축이나 인터넷으로 병원 예약을 하는 것 등이 여기에 속하는 혁신
전략이라고 할 수 있다.

(5) 셀프 서비스 테크놀로지

한편 온라인 뱅킹 서비스는 모든 산업분야에서 확산되고 있는 셀프 서비
스 기술(Self-Service Technologies: SST) 중 단지 하나의 사례일 뿐이다. 셀프 서
비스 기술은 고객과 직원 모두가 효과적으로 서비스를 제공받도록 하였으며
시간과 장소의 제약을 없애 보다 효과적으로 고객의 편익과 욕구를 충족시키
고 있다.

SST가 비용절감과 효율성 달성, 경쟁 우위의 확보, 고객만족의 증가, 잠
재시장 규모의 신장 등이 가능하도록 한다는 시각이 확산됨에 따라 SST의 적
용이 급속히 늘어나고 있는 실정이다.

여러 가지 이유로 새로운 SST가 급속히 증가하고 있다. 기업은 오랜 기간
동안 값비싼 인적 서비스를 대신하여 기술기반의 자동화된 시스템을 사용해
고객을 이동시킴으로써 비용을 절감하려는 유혹을 받아 왔다.

만약 비용절감이 SST 도입의 유일한 이유이고, 고객이 명백한 혜택을 보
지 못한다면 SST는 실패할 것이다. 다시 말해 고객이 이러한 기업의 비용절감
전략을 꿰뚫어 볼 수 있고, 서비스에 대한 다른 대안이 있다면 SST를 채택하
지 않을 것이다.

점차 기업들은 고객요구에 기초하여 새로운 SST를 도입하고 있다.

고객들은 온라인으로 정보나 서비스 제공 대안을 찾기를 점점 더 기대하고 있다. 고객들은 특정 기업의 온라인에서 그들이 원하는 것을 찾지 못한다면 경쟁기업을 선택하게 될 것이다. 이처럼 고객의 요구가 기업이 기술을 통해 서비스를 개발하고 제공하도록 만든다. 많은 기업들이 전통적인 경로를 통해서는 접근할 수 없었던 새로운 지리적, 사회경제적, 라이프스타일 시장을 열기 위해 SST를 개발하고 있다.

SST 중 일부가 제공하는 편익(사용 용이성, 접근 가능성, 편의성)을 고객이 소중히 여겼기 때문에 성공하였다. 비용절감과 수익증가 같은 기업의 편익은 SST의 성공으로 얻은 결과이다. 또 다른 SST인 항공티켓 판매장치(kiosk), 온라인 호텔 예약, 점포 셀프스캐닝 등은 고객에게 덜 받아들여진 예이다.

고객이 새로운 기술로 개인적 편익을 얻지 못하거나, 그것을 사용할 능력이 없거나, 그들이 무엇을 해야 하는지 알지 못할 때 SST는 실패한다. 종종 새로운 SST를 수용하는 데는 전통적 행동을 상당히 변화시킬 필요가 있는데, 많은 사람들은 그러한 변화를 주저한다. 고객의 SST 수용에 대한 연구에서 '고객 준비(customer readiness)'가 고객이 새로운 셀프 서비스 대안을 시도하는지를 결정하는 주요 요인이라는 것을 발견하였다.

Chapter 09

회계와 재무

01 회계의 정의와 분야

회계(accounting)란 관리자나 이해관계자들이 올바른 의사결정을 내리는데 필요한 재무적 사건이나 거래를 기록, 분류, 요약, 해석하는 일련의 과정을 의미한다. 재무적 거래는 재화와 용역의 구매나 판매, 보험의 구매, 급여지급, 자재의 사용 등을 포함한다.

(1) 관리회계

관리회계(managerial accounting)는 경영자의 내부자원 관리에 대한 의사결정에 도움을 줄 수 있는 정보와 분석을 제공한다. 관리회계는 생산, 마케팅 등의 다양한 기능을 수행하는 데 드는 비용을 책정하고 보고하며, 예산을 편성하고, 주어진 예산 안에서 잘 통제되고 있는지 여부를 확인하고, 세금을 최소화하기 위한 전략을 모색한다.

(2) 재무회계

재무회계(financial accounting)에서 나오는 재무정보나 분석은 조직 외부관계자를 위한 것이라는 점에서 재무회계와 관리회계는 서로 다르다. 이 정보는 기업의 주주, 경영진, 종업원뿐만 아니라 채권자와 대금업자, 노동조합원, 고객, 공급자, 정부기관, 일반 대중에게도 제공된다. 외부정보이용자는 기업이 수익성, 비용부담능력, 부채 규모 등 재정사항들에 관심을 가진다.

연차보고서(annual report)에서 이러한 질문의 답을 찾을 수 있다. 연차보고서는 연 1회 발표되는 보고서로, 기업의 재무상태, 발전정도, 목표치 등을 보여준다. 주주들이 기업의 재정에 대해 더욱 자세한 정보를 요구하고 있어, 기업들은 연차보고서에 많은 정보를 담기 위해 노력하고 있다.

(3) 회계감사

기업의 재무제표 작성에 사용된 자료를 재검토하고 평가하는 일을 회계감사(auditing)라고 한다. 기업 내부에 있는 개인회계사는 적합한 회계절차와 재정보고가 이루어지고 있음을 확인하기 위해 종종 내부감사를 실시한다. 공인회계사들도 회계정보 및 그와 관련된 보고서에 대한 독립감사를 실시한다. 독립감사(independent audit)란 회사의 재무제표의 정확성에 대한 공정한 평가와 의견이다. 연차보고서에는 감사자의 서면 의견이 기재된다.

오늘날의 회계감사자들은 기업의 재무 건전성 조사는 물론이고 경영 효율성과 유효성도 확인한다. 학사 학위를 소지하고 최소 2년의 내부감사 경력이 있으며, 내부 감사자협회가 주최하는 시험에 합격한 회계사는 공인 내부감사자(Certified internal Auditor: CIA)로 인정받는다.

(4) 세무회계

세금은 도로, 공원, 경찰, 등 정부가 하는 기능들을 가능하게 한다. 세무회계사는 세법관련 교육을 받은 사람이며, 세금 환급 신청서 준비와 세금전략 개발업무를 맡고 있다. 정부가 특정 필요나 목적에 의해서 세금 정책을 자주 변경하기 때문에 세무회계사는 지속적으로 변화하는 정책을 공부해야 한다. 또한 세금에 대한 부담이 점점 커지고 있는 상황에서 조직과 기업가들에게 있어서 세무회계사의 역할은 점점 중요해지고 있다.

(5) 정부비영리회계

정부비영리회계(government and not-for-profit accounting)은 수익 창출을 목적으로 하지 않고 국민들을 위해 봉사하는 비영리기관들을 위한 회계시스템이다.

정부회계 정보의 주 이용자는 일반 시민, 특정 이익단체, 입법기구, 채권자 등이다. 이러한 정보 이용자들은 정부가 의무를 다하고 국민들이 납부한 세금을 적절하게 사용하고 있는지 여부를 확인하고자 한다.

02 주요 재무제표의 이해

회사는 주주, 채권자, 거래처 등과 같은 이해관계자들에게 회사의 경영활동과정에 관한 정보를 전달하기 위해 재무제표를 작성하여 제공하고 있다. 이러한 재무제표가 전달하는 정보는 어떤 것들이 있는지 살펴보도록 하자.

(1) 재무제표 기본가정

재무제표의 발생기준과 계속기업을 기본 가정으로 한다.

- 발생기준: 거래나 그 밖의 사건의 영향을 받아 현금이나 현금성 자산의 수취나 지급시점이 아니라, 당해 거래 또는 사건이 발생한 기간에 인식하며 해당기간의 장부에 기록하고 재무제표에 표시하는 것을 말한다.
- 계속기업: 기업이 예상가능한 기간 동안 영업을 계속할 것이며, 경영활동을 청산하거나 중요하게 축소할 의도나 필요성을 갖고 있지 않다는 것을 의미한다.

(2) 재무제표의 종류

가. 재무상태표

재무상태표(statement of financial position)는 일정 시점에 있어서 회사의 재무상태를 나타내는 보고서이다. 여기서 재무상태란 현금, 토지, 건물, 기계장치 등 회사가 소유하고 있는 재산에 해당하는 자산과, 동 자산을 구입한 자금의 출처에 따라 타인에게서 조달한 부채 및 회사의 실질적 소유자인 주주로부터 조달한 자본을 의미한다. 즉, 재무상태표는 회사의 일정시점에 있어서 재무상태를 자산, 부채, 자본으로 구별하여 나타내는 보고서이다(자본 등식: 자산-부채-자본).

나. 손익계산서

손익계산서(income statement: I/S)는 일정 기간 동안 회사가 달성한 경영성과를 나타내는 보고서이다. 여기에서 경영성과란 일정기간에 실현된 수익에서 발생된 비용을 차감하여 순이익을 산출한 것이다.

손익계산서 등식: 수익-비용=이익 또는 손실

- 수익: 회사의 영업활동의 결과로서 획득하거나 실현한 금액으로 제품을 판매하여 얻은 매출, 서비스를 제공하고 받은 용역수수료 같은 것.
- 비용: 비용이란 수익을 얻기 위해 지출하거나 발생한 금액으로서, 매출한 물품의 원가 또는 판매 수수료 같은 것.

이렇게 산출된 당기순이익은 회사 이해관계자들의 의사결정에 매우 유용한 정보가 된다. 당기순이익이 높은 회사는 미래에도 이러한 수익률이 지속될 것이라는 기대감 때문에 회사에 대한 평가가 좋아지고 주가도 높게 형성될 것이다. 반대경우라면 회사에 대해 높은 평가를 내리기 어려울 것이다.

다. 현금흐름표

현금흐름표(statement of cash flows)란 기업의 현금흐름을 나타내는 표로서 현금의 변동내용을 명확하게 보고하기 위하여 당해 회계기간에 속하는 현금의 유입과 유출내용을 적정하게 표시하는 보고서로서, 보고기간 말 현재의 현금 유동성 확보를 위한 기중의 거래별 내역을 알 수 있게 해 주며 보고기간 말 현재의 기업 자금동원능력을 평가할 수 있는 자료를 제공해 준다.

라. 자본변동표

자본변동표(statement of changes in financial position)란 기업의 재무상태표 에 표시되어 있는 자본의 변화내역을 자본구성 요소별로 보여주는 재무보고서 이다. 자본은 자산에서 부채를 차감한 기업의 잔여지분을 의미하므로 주주에 게는 매우 유용한 재무정보이다. 따라서 이러한 자본이 전기와 당기에 어떻게 변화되었는지를 자세하게 보여줄 필요가 있는 것이다.

마. 주석

주석(footnote)은 재무제표 본문에 표시된 정보를 이해하는 데 도움이 되 는 추가적인 정보를 제공한다. 중요한 회계방침이나 자산 및 부채에 대한 대 체적 측정치에 대한 설명 등과 같은 주석은 재무제표가 제공하는 정보를 이해 하는 데 필수적인 요소로서 회계기준에 따라 작성된 재무제표의 중요한 부분 이다.

03 재무와 증권시장의 역할

(1) 재무관리의 역할

기업의 활동은 재화와 서비스를 생산하고 판매하는 일련의 순환과정으로 요약될 수 있다. 재화와 서비스를 생산하기 위해서 기업은 많은 실물자산을 필요로 한다. 여기서 실물자산은 기계설비, 공장, 사무실 등의 유형자산과 전문적 기술, 상표권, 특허권 등의 무형자산을 의미한다. 그리고 기업이 생산활동에 필요한 실물 자산을 구입하려면 많은 자금이 소요되는데, 이와 같은 자금은 주식, 채권 등을 발행하여 조달되고 있다.

재무관리는 자금과 관련된 기업활동을 다루는 학문으로서 주요 연구 분야는 자금의 조달과 운용이다. 즉, 재무관리는 합리적인 투자활동과 자금조달 활동을 연구하는 학문이라고 할 수 있다. 기업의 재무관리자는 금융시장을 통하여 필요한 자금을 조달한 후, 그 자금을 실물자산에 투자한다. 이와 같은 투자의 결과 생성되는 성과는 자금제공자인 투자자에게 배당 또는 이자의 형태로 지급되거나 재투자를 위하여 사내에 유보된다.

기업의 재무관리자가 수행하여야 하는 재무의사결정은 다음의 두 가지 기본적인 의사결정문제로 요약될 수 있다.

첫째, 얼마만큼의 자금을 어떤 자산에 투자할 것인가를 결정하는 투자결정이다. 투자결정에 의해서 자산의 규모와 구성이 결정되며, 그 결과는 재무상태표의 차변에 나타난다.

둘째, 투자에 필요한 자금을 어떻게 조달할 것인가를 결정하는 자본조달결정이다. 자본조달결정에 의해서 부채와 자기자본의 규모와 구성이 결정되며, 그 결과는 재무상태표의 대변에 나타난다.

(2) 증권시장의 기능

뉴욕 증권거래소나 나스닥과 같은 증권시장은 주식과 채권을 위한 금융

장터이다. 이 기관들은 두 가지의 중요한 기능을 수행한다. 첫째는 초기사업의
운영, 기존사업의 확장, 주요 재화와 서비스의 구입 등 필요한 자본의 장기적
인 조달을 필요로 하는 기업들을 도와준다. 둘째는 개인 투자자들이 미래 재
무 설계를 할 수 있도록 주식, 채권, 뮤추얼펀드 등과 같은 증권을 개인 투자
자들이 사고팔 수 있는 장소를 제공해 준다.

　증권시장은 일차 발행시장과 이차 유통시장으로 나누어져 있다. 발행시
장은 새로운 주식 판매를 취급한다. 기업들은 발행시장에서 증권을 판매함으
로써만 자금을 조달할 수 있다. 이처럼 기업이 대중을 상대로 주식을 판매하
는 것을 기업공개(Initial Public Offering: IPO)라고 한다. 기업공개 이후에는 유통
시장에서 투자자들 간의 거래가 이루어지며, 거래대금은 해당 기업으로 가는
것이 아니라 주식을 매각한 투자자에게로 간다.

(3) 투자은행의 역할

　투자은행가(investment bankers)는 새로운 주식의 발행과 매각을 도와주는
전문가이다. 투자은행은 특정 기업이 발행한 주식이나 채권을 서로 협의한 할
인 가격에 전체를 매입한 후에 개인투자자들이나 기관투자자들에게 이익을 붙
인 가격으로 매각한다.

　기관투자자(institutional investor)는 연기금펀드, 뮤추얼펀드, 보험회사, 은
행과 같이 대규모 투자기관이며, 기관자체의 펀드나 타인에 대한 모금한 돈을
투자하는 기관이다. 기관투자자들은 막강한 구매력으로 증권시장에서 막강한
힘을 행사한다.

04 자금의 조달방법

(1) 주식발행을 통한 자기자본 조달

주식(stocks)이란 기업의 지분 소유권이다. 주권(stock certificate)은 기업 이름, 주식 수, 발행주식 종류 등이 명기되어 있는 증서이다.

배당금(dividends)은 주주들에게 현금이나 추가적인 주식의 형태로 배분되는 기업 수익의 일부분이다. 배당금은 기업 이사회(board of directors)에서 공표하며 보통 매 분기마다 지급된다.

가. 보통주 발행

보통주(common stock)는 기업의 소유권을 나타내는 가장 기본적인 형태이다. 만약 기업이 한 가지 주식만 발행한다면 반드시 보통주여야 한다. 보통주를 소유한 주주들은 이사진과 기업의 사안에 대한 투표권을 행사할 수 있고, 이사회에서 승인된 배당금을 통해 기업의 수익을 나눠 갖는다. 기업에 대한 투표권을 가지고 있으면 기업 정책에 영향을 줄 수 있다.

또한 신주인수권, 기업이 신주발행 시 우선으로 매입할 수 있는 권리를 가진다.

나. 우선주 발행

우선주(preferred stock) 소유자들은 배당금 수령에 있어서 우선권을 누린다. 또 기업이 파산되어 자산을 청산할 경우 우선 청구권이 있다. 하지만 일반적으로 우선주는 기업의 투표권이 없다.

우선주는 보통주와 다르게 조기상환 될 수 있다. 즉, 기업이 우선주를 매입할 수도 있다. 우선주 또한 보통주로의 전환도 가능하다. 또 다른 중요한 특징은 배당금이 누적될 수 있다. 즉, 약정과 달리 배당금이 지급되지 않았을 경우 지급되지 못한 배당금은 축적되어 향후 지급된다. 즉, 보통주주들이 배당금

을 받기 전에 우선주주들이 과거에 받지 못했던 배당금을 포함한 모든 배당금
을 먼저 지급받게 된다.

(2) 채권발행을 통한 타인자본 조달

채권(bond)은 특정인이 기업에 돈을 빌려주었음을 입증하는 증서이다. 채
권을 발행한 기업이나 정부는 규정된 기간 안에 정기적인 이자 지급과 전체
원금을 투자자에게 돌려줄 법적인 의무가 있다.

가. 채권 용어 이해하기

사채의 권면에는 액면금액, 액면이자율, 발행일, 만기일, 이자지급방법 등
이 표시되어 있다. 액면금액은 발행 기업이 사채를 매수한 투자자에게 만기일
에 지급하기로 약정한 금액을 의미한다.

그리고 액면이자율(표시이자율)은 만기일까지의 기간 중에 사채매수자에게
지급하기로 약정한 연간 이자율이다. 발행일은 사채가 발행된 일자이고 만기일
은 액면금액의 지급(상환)약정일이다. 이자지급방법은 연 4회, 연 2회, 연 1회
또는 만기일에 일시 지급 등으로 정해진다.

나. 채권의 종류

채권은 이자지급방법에 따라서 순수할인채권, 확정이자부채권 등으로 구
분될 수 있다. 순수할인채권은 이자를 지급하지 않고 만기일에 원금만을 상환
하는 채권이며, 확정이자부채권은 만기까지 확정된 액면이자를 매 기간 말에
지급하고 만기일에는 원금이 상환되는 채권이다.

다. 채권발행의 장·단점

① 장점

■ 채권소유자는 기업의 중요사안에 대해 투표권이 없다.

- 채권에 대한 이자지급은 발행한 기업에 법인세 감면 효과를 가져다준다.
- 채권은 기업의 일시적인 자금조달의 방법이다. 결국엔 상환함으로써 채무 의무는 없어진다.

② 단점

- 채권은 기업의 부채를 높여 주기 때문에 시장이 기업을 인식하는 데 있어서 악영향을 줄 수 있다.
- 채권이자지급은 법적인 의무이다. 이자가 지급되지 않을 경우 채권자가 법적인 조치를 통해서 이자 지급을 강제할 수 있다.
- 채권의 액면가는 반드시 만기일에 상환되어야 한다. 사전에 치한 계획이 없을 경우, 만기 시에 현금흐름의 문제를 야기할 수 있다.

(3) 간접금융을 통한 자본조달활동

기업이 주식이나 사채 등 직접금융방식을 통하여 필요한 자금을 조달하기도 하지만, 은행 등 금융기관을 통하여 자금을 조달하기도 하는데 이를 간접금융이라고 한다. 즉, 투자자와 직접거래를 하는 것이 아니라 금융기관과 같은 중개업체를 통해 자금을 조달하는 형태를 의미하는 것으로 대표적인 방법으로는 은행차입, 매입채무, 기업어음의 발행 등이 있다.

가. 은행차입

은행차입은 가장 보편적인 방법의 간접금융 방식으로서 만기가 1년 이상인 장기차입금과 1년 미만인 일반대출, 당좌차월, 적금 대출 등의 단기차입금으로 분류할 수 있다. 기업은 은행과 당좌예금거래를 개설하고 수표를 발행하는데 당좌차월(bank overdraft) 계약을 맺게 되면 당좌예금이 없더라도 당좌차월한도 내에서 수표를 발행할 수 있다. 일반적으로 은행은 신용대출요건과 담보대출요건을 설정해 놓고 대출을 하므로 수속절차가 번거롭고 요건에 충족하지 못한 기업은 은행차입대신 기업어음을 발행하기도 한다.

나. 매입채무

매입채무란 상품이나 원료를 구입한 뒤 대금을 즉시 지불하지 않아서 발생되는 부채를 말하는 것으로 대표적인 매입채무에는 외상매입금과 지급어음이 있다. 외상매입금은 상품이나 원재료의 구입 후 회사의 신용을 바탕으로 대금의 지급을 연기받는 형태를 말하며 지급어음은 매입대금을 지불할 기한과 금액을 명시한 증서인 어음을 발행하여 대금지급을 연기하는 것을 말한다.

특히 지급어음의 경우는 법적 구속력이 있기 때문에 약속된 날짜에 대금을 지급하지 않으면 부도처리가 된다. 이러한 매입채무는 거래상대방으로부터 운영자금을 조달하는 방법이며 기업 간의 신용제도가 확립될수록 증가하는 경향이 있다.

다. 기업어음

기업어음(commercial paper: CP)은 기업이 담보제공 없이 수시로 자금을 조달하기 위하여 발행한 약속어음을 말하는 것으로 주로 투자금융회사나 종합금융회사 및 시중은행을 통하여 판매를 한다. 기업어음은 중개기관의 보증 여부에 따라 보증어음과 무보증어음으로 구분된다. 흔히 기업어음은 1년 미만의 단기 자금조달에 사용되고 있는 방법이다.

05 재무관리의 특수 분야

(1) 기업의 합병과 매수

M&A는 한 기업이 다른 기업을 합병(Merger)하거나 매수(Acquisition)하는 것으로서, 일반적으로 신규사업의 진출이나 기업확장의 수단으로 이용된다. M&A는 불확실성 하에서 이루어진 투자결정이라고 할 수 있다. 따라서 M&A의 기본적인 평가원칙은 인수기업의 주주에게 양의 순현가를 가져다주는 인수대상

기업 또는 피인수기업을 인수하여야 한다는 것이다.

(2) M&A의 유형

가. 흡수합병

한 기업(합병회사)이 다른 기업(피합병회사)을 흡수하여 결합하는 것을 의미한다. 이 경우 합병회사가 피합병회사의 모든 자산과 채무를 인수함으로써 피합병회사가 없어지고 하나의 회사로 결합한다.

나. 신설합병

다수의 기업들이 새로운 하나의 기업으로 결합되는 것을 의미한다. 이 경우 결합하려고 하는 기업은 모두 해산되고 새로운 하나의 기업이 설립되어, 이 신설기업에 해산된 기업들의 모든 자산과 부채가 승계된다.

다. 주식매수

인수기업이 인수대상기업의 의결권주식을 매입함으로써 인수대상기업의 지배권을 획득하는 것을 의미한다.

라. 자산매수

인수기업이 인수대상기업의 경영지배권을 획득하기 위하여 인수대상기업의 전부 또는 일부 주요자산을 매입하는 것을 말한다.

마. 위임장 투쟁

일부의 주주집단이 주로 자기가 지지하는 이사를 선임하여 기업의 지배권을 획득하기 위한 것으로서, 다른 주주들로부터 의결권을 위임받아 주주총회에서 선임권을 대리 행사하는 것을 의미한다.

바. 비공개기업화

일부 주주가 상장된 주식의 대부분을 비공개함으로써 사실상의 개인 기업으로 만들고, 그 결과 상장이 폐지되어 비공개기업으로 전락시키는 것을 의미한다. 비공개기업이 되면 우호적인 경우 외에는 M&A가 원칙적으로 일어날 수 없기 때문에 적대적 M&A로부터 벗어날 수 있다. 또한 공개회사에 대해서 요구되는 각종 보고의무 등에서도 면제되어 경영진은 경영에만 주력할 수 있다.

(3) 선물과 위험관리

1848년에 설립된 미국의 시카고상품거래소(Chicago Board of Trade: CBOT)에서 시작되었다. 그리고 시카고 상업거래소의 부속거래소로 1972년에 설립된 국제통화시장(International Monetary Market: IMM)에 금융선물이 도입되면서 선물거래는 획기적인 발전의 전기를 맞게 된다.

가. 선물거래의 의의

선물거래란 품질과 가격 등이 표준화된 일정량의 상품(현물)을 현재시점에서 약정된 가격으로 미래의 일정시점에 매입 또는 매도하기로 조직화된 거래소 내에서 약정하는 거래이다.

나. 선물거래의 종류

선물계약은 그 기초자산의 종류에 따라 크게 두 가지로 분류된다.

① 상품선물

주요 원자재인 원유, 구리, 금, 은, 옥수수, 밀, 대두 등 일반 상품을 기초자산으로 하는 것.

② 금융선물

주가지수, 금리, 통화 등을 기초자산으로 거래하는 것.

다. 선물시장의 경제적 기능

① 가격변동위험의 관리

예상하지 못한 가격변동으로 인한 손실위험을 사전에 방지할 수 있는 수
단을 제공한다.

② 가격의 예시

미래 특정시점에 있어서 현물의 수요·공급에 대한 예상에 의해 결정되기
때문에 이것에 의해서 미래 현물가격의 동향을 사전에 예측할 수 있다.

③ 시장효율성의 제고

전문적으로 시장정보를 수집하고 평가하는 다수의 투기자를 시장에 참여
시킴으로써 시장정보의 양과 질을 높이고 거래비용을 절감시킨다.

④ 자본형성의 촉진

선물시장이 효율적인 투자 장소로 운되면 투기자의 부동자금이 금융시장
으로 유입되고, 이 자금은 다시 건전한 산업자금으로 활용될 수 있다.

경영사례 PART 02: 농심

1. 농심 소개

농심그룹의 모기업으로 라면, 스낵, 음료를 생산하는 음식료품 제조업체이다.

2. 농심의 혁신

1) 시장지식

가. 다양한 모니터제도 활용

농심은 소비자들의 의견이나 아이디어를 모으는 사이버견학관을 자사 홈페이지에 마련해 학생과 주부 등 다양한 계층의 모니터를 받고 있다. 다양한 계층의 모니터요원들을 통해 그들이 원하는 제품을 파악하고 기존의 불만사항이나 원하는 개선점 등을 바탕으로 신제품 개발과 기존제품 개선에 활용하고 있다.

나. 소비자 욕구 파악

농심의 소비자 욕구 파악을 위해 1996년 여의도에 농심 스탠드(현 '농심가락') 면전문 업체를 설치해 여러 지역에 체인화함으로써 소비자의 욕구를 파악하고 새로운 시장의 needs를 파악하는 중요한 수단으로 활용하고 있다.

2) 농심의 제품개발

가. 제품개발

'신(辛)라면'으로 라면업계 1위를 차지하고 있는 농심은 지난 76년 상장된 이후 29년간 한 해도 빼놓지 않고 흑자 배당을 해 오고 있는 상장기업이다. 농심의 강점은 라면·스낵 영역에 전문화하고, 신제품 개발에 역량을 집중했다는 것이다. 농심은 1965년 설립과 동시에 자체 연구소부터 만들었다. 자장라면인 '짜파게티', 사발 형태의 용기면인 '육개장 사발면' 등 새로운 유형의 제품을 남들보다 앞서 꾸준히 출시할 수 있었던 비결이 여기에 있었다. 또 1971년 12월에는 국내 최초의 스낵인 '새우깡'을 개발했고, 이어 '포테토칩', '양파링' 등 베스트셀러 스낵을 잇달아 내놓았다. 농심 제품 개발의 특징은 경쟁기업보다 신속하다는 것과 신제품 개발에 끊임없는 투자를 한다는 것이다. 생활수준이 높아지면서 입맛이 다양해졌지만, 세분화된 시장에서도 농심은 넘버원 브랜드를 가장 많이 가지고 있으며, 시너지가 가능한 관련 영역에의 사업다각화도 발 빠르게 진행 중이다. 정상 안주에 머물지 않고 새로운 성장엔진을 찾는다는 건 농심의 기본전략이다.

나. 제품개발 혁신활동
① 신라면

'신라면'의 성공요인은 매운 것을 좋아하는 한국인의 입맛을 정확히 맞췄다는 것이다. 안성탕면의 성공이후 새로운 수요창출을 위해 농심은 품질의 차별화를 시도했다. 고품질로 소비자를 유인하기로 한 것이다. 얼큰하고 매운 국물, 고급 소맥분을 사용하는 등 라면은 싸고 양가도 별로 없는 식품이라는 기존의 고정관념을 완전히 뒤집었다. 또 당시의 라면은 대부분 순한 맛 위주여서 매운맛은 누구도 상상하지 못하는 것이었다. 두 번째는 차별화된 콘셉트 창출이었다. 매운맛이 한국인이 가장 선호하고 보편적으로 좋아하는 맛이라는 키워드를 잡아 품질과 콘셉트로 소비자 욕구에 부응하는 신라면을 탄생시켰다. 이후 마케팅활동에서도 매운맛의 특성을 네이밍, 제품 디자인에 적극 도입하고, 후에는 용기면으로까지 제품을 확장시켜 수요창출을 할 수 있었다.

② 새우깡

새우를 주원료로 한 스낵을 만들자고 결정한 농심은 최상의 맛과 품질을 찾기 위해 재료를 아낌없이 사용했다. 혁명은 물량뿐만 아니라 기술적인 면에서도 이루어졌다. 일반적으로 과자를 만들 때 기름에 튀겨내지만 새우깡의 경우 가열된 소금의 열을 이용해 튀겨내는 파칭(Parching)법을 창안해 새우 함량에 따른 최적의 맛과 조직감을 창출해 냈다. 특히 일반 파칭과 달리 식물성 기름인 팜유를 뿌려준 상태에서 파칭하는 독특한 기술을 발전시켜 더욱 고소하면서도 짭짤한 맛을 창조해 냈다. 새우깡을 개발하기 위해 사용된 가루 양이 4.5톤 트럭 80대 분에 이르는데 1970년대 초의 경제상황을 감안할 때 그것은 엄청난 양이었다. 새우깡의 시제품을 만드는 과정에서 튀김온도가 적절치 않아 수도 없이 태우는 과정을 반복했고, 또 가장 먹기에 적당한 강도를 유지하기 위한 강도 실험만도 수백 번이나 했다. 이러한 수없는 연구개발과 투자가 현재 연령, 성별에 상관없이 모든 국민에게 선호받는 원한 성숙기에 있는 제품인 새우깡을 개발할 수 있었다.

다. 신제품 개발

농심은 출범과 동시에 독자적인 연구개발실을 창립할 만큼 제품 개발에 역점을 두고 있다. 현재도 역시 다양해지는 소비자의 입맛을 맞추고자 끊임없는 신제품 개발을 하고 있으며, 이에 역량을 집중하고 있다. 현재 농심에서 개발된 신제품에는 健건강할 건 健麵世代(건면세대) 제품은 논 프라잉(Non-frying)공법으로 면을 기름에 튀기지 않은 건강을 생각한 획기적 웰빙라면이다. 또한 젊은 층에 '도넛츠꼬깜'은 달콤한 초콜릿과 고소한 코코넛이 어우러진 맛을 즐길 수 있는 작고 깜찍한 사이즈의 미니 과자이며 한 손에 쏙 들어오는 사이즈로 편리함을 더한 포장은 동물 캐릭터를 활용하여 깜찍한 이미지가 독특하다. 농심의 신제품을 보면 혁신적인 제품들이 많으며, 기존 시장에는 존재하지 않았던 차별성을 지닌 제품들이 많이 있다.

3) 농심의 고객관계관리(CRM)전략

가. 최근 CRM

전략 농심 데이터시스템이 DW 기반의 CRM사업 강화에 나섰다. 농심 데이터시스템은 그동안의 단순 하드웨어 소프트웨어기반의 CRM사업보다는 업종별, 업무별 프레임워크에 맞춘 개별 비즈니스 솔루션 분야에 역점을 두기로 했다. 지난해부터 농심을 비롯해 농심가, 율촌화학 등 계열사 위주로 DW사업을 펼쳐왔던 농심 데이터시스템은 물류유통 분야의 사업실적을 바탕으로 컨설팅 개념이 포함된 종합CRM 사업을 펼쳐나갈 계획이다.

나. 농심 제품의 마케팅전략

농심 라면은 그들만의 스프 제조 기술 개발과 지속적인 연구 등을 통해 선발기업 삼양라면을 제치고 부동의 1위 자리를 굳건히 지켜오는 것은 물론, 국내 50대 기술기업으로 인정받고 있다. OB에 밀려 부도까지 났던 크라운맥주가 크라운이라는 이름을 철저히 가리면서 하이트로 이름을 바꾸고 "맥주의 95%를 차지하는 물을 천연 암반수로 사용한다"는 평범한 것 같지만, 중요한 광고전략으로 상황을 역전시킨 경우가 있다.

Part 2. 참고문헌 ──────────────────────── 📖

강명희·김부희·김민정·임현진(2011), "조직충성에 대한 감성지능, 직무만족, 조직몰입의 직·
　　간접 향력 검증," 한국HRD연구, 6(3).

강명희·김지현·유란·유지원(2013), "조직유효성에 향을 미치는 비공식 멘토 수와 멘토링 기
　　능," 교육방법연구, 25(4).

김경수·손재(2009), "조직내 대인간 상사신뢰가 조직몰입에 미치는 향에 관한 연구, 경정보연
　　구, 28(2).

김권중, K-IFRS New 회계원리, 창민사.

김규 외(2013), 에센스 재무관리, 5판, 유원북스.

김민정·김민수·오홍석(2006), "멘토링 네트워크 특성에서 멘토의 네트워크 특성이 조직 기
　　반 자긍심에 미치는 향에 관한 연구," 한국심리학회지 산업 및 조직, 19(3).

김민정·박지혜(2009), "멘토들에 대해 프로테제가 느끼는 만족이 조직시민행동에 미치는 향
　　및 개인 특성과의 상호작용효과 연구," 인사관리연구.

김성환·최은수(2012), "공공기관의 변혁적 리더십, 전략적 인적자원개발, 학습조직 구축, 조직
　　시민행동 간의 구조적 관계," 평생교육·HRD연구.

김승욱(2012), 경학 콘서트, 필통. 밥 월(2007), 감성코칭 리더쉽, 지평.

김진혁(2013), "기업체 중간관리자의 서번트 리더십, 학습조직 수준, 조직시민행동, 조직 유효
　　성 간의 구조적 관계," 박사학위논문, 숭실대학교.

나병선(2002), "대기업집단의 학습조직과 조직문화, 조직학습, 조직유효성의 관계분석," 박사
　　학위논문, 고려대학교.

박배(2008), 현대기업과 조직행동, 서울: 법문사.

삼일회계법인(2014), 재무제표가 한 눈에 보이는 회계원리, 삼일회계법인.

서도원(2012), 인적자원관리, 도서출판 대경. 이명호 외 7인(2013), 경학으로의 초대, 제3판,
　　박사.

서비스사이언스연구회(2007), 서비스 사이언스, 매일경제신문사.

임재화·이재식·김종원·김승욱(2012), 서비스 운관리, 도서출판 청람.

임창희(2009), 조직행동, 4판, 비앤엠북스.

Nickels, William G., James M. McHugh, and Susan M. McHugh(2012), Understanding Business, ninth edition, McGraw-Hill, 권구혁 외 6인 공역, 생능출판사.

Nickels, William G., James M. McHugh, and Susan M. McHugh, 경학의 이해, 권구혁 · 박광태 · 박주 · 장정주 · 최우석 · 최진남 · 홍광헌 공역(2013), 생능출판사.

네이버, http://terms.naver.com/entry.nhn?docId=2083618&cid=508&categoryId=508

PART 3

마케팅과
고객관계관리

Chapter 10

마케팅관리

01 마케팅의 개념과 4P

(1) 마케팅의 개념

고객의 욕구가 다양해지고 경쟁이 심화되면서 기업의 경영은 고객중심 체계로 바뀌고 있다. 고객을 단순히 기업의 물건을 구매하는 구매자로 인식하는 관점에서 벗어나 경영의 초점은 고객만족, 고객감동을 지향하게 되었으며, 기업은 고객들을 위해 제품이나 서비스를 제공하고자 한다.

따라서 고객의 이해를 대변하지 못하는 기업은 존재 근거를 상실하게 되므로, 고객과의 접점을 이루는 마케팅의 기능이 더욱 중요해졌으며 고객지향적인 태도를 가져야 한다.

> ❝ 마케팅은 소비자, 고객, 파트너, 그리고 전체사회에 가치가 있는 제공물을 창조, 소통, 전달, 교환하는 활동, 일련의 조직, 과정을 뜻한다. ❞
> ‒ AMA(2007)

결국 마케팅은 고객들, 협력자들, 그리고 더 나아가 사회 전반에게 가치 있는 것을 만들고, 알리며, 전달하고, 교환하기 위한 활동과 일련의 제도 및 과정들이다.

(2) 마케팅믹스

❝ 마케팅믹스란, 기업이 목표시장의 고객에게 기대하는 반응을 창출해 내기 위해 사용하는 통제가능하고, 전술적인 도구의 집합이다. ❞

− 하버드대 필립 코틀러 교수

'시장의 변화에 파악된 기업의 위협과 기회에 마케팅 목적을 달성하기 위해 어떻게 대응하여야 하는가' 하는 문제를 다루고 있는 것이 전략적 마케팅 관리의 근간을 형성한다. 기업은 마케팅믹스, 즉 마케팅 의사결정변수로 대표되는 4P를 중심으로 대응하거나, 혹은 4P 이외에 온라인의 도입으로 새롭게 등장한 다른 마케팅 수단으로 대응할 수 있다.

여기서는 대부분의 교과서에서 다루고 있는 마케팅믹스(4P)를 중심으로 살펴보기로 한다. 먼저, 4P(Product, Pricing, Promotions, Place)는 마케팅믹스(marketing mix)라고도 하며, 가장 대표적인 마케팅 의사결정변수들이다. 예를 들어 친구들과 재미로 포커게임을 하는 경우, 우리 손안(통제)에 들어 있는 카드는 언제든지 취사선택을 할 수 있는, 즉 우리의 통제하에 있으므로 그 카드는 의사결정변수가 된다. 따라서 마케팅 담당자는 4P를 적절하게 구사함으로써 마케팅 목적을 달성하게 된다.

가. 가격(Price)

가격은 제품가격의 수준과 범위, 가격결정법, 판매조건 등을 결정하는 것이다.

나. 제품(Product)

제품, 제품색, 제품이미지, 상표, 포장 등의 개발과 관련된 의사결정들이다.

다. 촉진(Promotion)

광고, 인적판매, PR(Public relations), 판매촉진 등을 통해 고객이나 일반대중들에게 제품정보를 전달하고 구매하도록 설득하는 일에 관한 의사결정이다.

라. 유통(Place)

유통경로를 설계하고, 물류 및 재고관리, 도매상 및 소매상의 관리를 위한 계획을 세우는 것이다.

(3) 최근 마케팅 동향

가. 소셜 마케팅

삼성전자·현대차 '사회공헌' 캠페인

같은 품질과 맛의 커피 두 잔이 있다. 한 잔은 2,500원, 한 잔은 3,000원에 판매한다. 경제적인 관점에서만 바라본다면 조금이라도 값이 싼 재화, 즉 2,500원짜리 커피를 사는 게 현명한 선택이다. 그런데 현실에선 이와 정반대의 현상이 벌어지기도 한다. 자진해서 500원을 더 지불하며 비싼 커피를 선택하는 경우다. '500원의 추가 수익은 남미의 가난한 커피농가 몫으로 돌아간다'는 안내 때문이다. 경제학, 특히 자유시장 경제학의 논리로는 설명되지 않는 현상, '공정 무역'의 일면이다. 사회적 기업으로 대표되는 '착한 기업'의 이미지를 빌려 이를 마케팅에 활용하는 식이다.

나. 바이럴(Viral) 마케팅

특정 기업이나 제품에 대해 좋은 인상을 받은 소비자가 이메일, 블로그, 카페, SNS 등을 통해 자발적으로 알리는 과정에서 자연스러운 마케팅 효과를 거두게 되는 것이다. 예를 들어, 인기 IT 커뮤니티에 최신 스마트폰에 대한 후한 평가가 달렸고, 이에 동조하는 댓글이 다수 달린다고 하자. 이렇게 되면 수

십만, 수백만의 커뮤니티 이용자(불특정 다수)에게 해당 정보를 제공한 것은 물론, 은연중에 호감도와 인지도를 높여 결국 구매까지 이어지는 효과를 거두게 된다. 실제로 이런 효과를 악용해 조직적인 댓글 달기에 나선 통신사를 공개해 망신을 준 커뮤니티 사례도 있다.

02 제품관리

마케팅계획은 제품에서 출발하는 경우가 많다. 일반적으로 제품이란 고객의 욕구에 부응하기 위해 기업이 제공하는 깃을 말히는 것으로, 눈에 보이거나 만질 수 있는 '유형의 제품(tangible product)'과 '무형의 서비스(intangible service)'를 포괄하는 개념이다.

기업의 관점에선 제품이 마케팅믹스이지만 고객의 관점에선 고객들이 향유할 수 있는 편익의 묶음이 된다. 따라서 오늘날의 소비자들은 제품이 주는 기능적 편익(치약의 충치예방기능)뿐만 아니라 제품을 구입, 소유, 사용함에 따른 심리적인 만족감인 심리적 기능(세계 최고의 제품 사용 시 느끼는 시적인 만족)과 특정 제품의 사용을 다른 사람들에게 자신의 개성을 얻는 사회적 편익도 높아진다.

'제품관리를 이해할 때 제품이라는 것은 홀로 존재하지 않는다'라는 사실이다. 즉, 제품은 제품믹스의 일부분을 형성하고 있다는 것이다. 제품믹스(product mix)란 어떤 회사가 판매하는 모든 제품들의 집합을 말한다.

국내 모 생활건강의 제품관리를 사례로 살펴보면,

- 샴푸/린스,
- 치약,
- 주방/주거세제,
- 세탁/섬유유연제,
- 화장비누 등을

각각 제품군(product category)이라 하며 이들 제품군 내의 개별 브랜드들은 제품아이템(product item)이 된다.

서로 연관성이 높은 제품들의 집합을 제품라인(product line)이라 한다. 제품 믹스의 폭(length of product mix)은 제품믹스 안에 들어 있는 제품라인의 개수로 국내 모 생활건강의 경우 5가지 제품라인이 있는 것(열의 수와 동일)이다.

제품라인의 길이(length of product line)는 제품라인 안에 들어 있는 브랜드의 개수(치약의 경우 11개)이며, 제품라인의 깊이(depth of product line)는 어떤 브랜드가 얼마나 많은 품목을 거느리고 있는가를 의미하는 것으로 랑데부 샴푸는 세 가지 종류로 나오고 있다.

03 촉진관리

촉진은 우리가 가장 쉽게 접할 수 있는 마케팅기법으로, 광고, 홍보물 등이 모두 이 범주에 속한다. 즉, 제품의 이미지를 통합하고 이를 소비자에게 알리는 모든 활동을 말하는 것이다.

(1) 촉진수단

가. 인적판매

인적판매(personal selling)는 다른 촉진기법과 비교하여 보다 자세한 정보를 전달할 수 있다는 장점을 갖고 있어서 특정 제품의 판매에 도움을 준다.

나. PR과 홍보

PR(public relations)과 홍보(publicity)는 광범위한 대중에게 정보전달 시 효과적이며, 직접적 판매 수단이 아니므로 제품이나 기업에 대한 호감을 창출하는 데 유리하며, 나쁜 이미지를 전환하거나 기업의 행동을 설명하는 데도 효과적이다.

다. 판촉활동

판매촉진(sales promotion)은 자사 제품을 사용하지 않던 소비자의 구매를
유도하거나 구매량을 늘리게 하고 재구매를 설득하며, 상표 이미지를 높이는
등 직접적인 판매량 증가를 위해 흔히 사용되는데, 소비자를 대상으로 한 수
단과 유통채널, 즉 중간상을 대상으로 한 수단으로 나뉜다.

라. 점포 내 실연

점포 내 실연(in-store demonstration)이란 제조업자가 매장에 전문가를 파
견시켜 제품을 실연해 보임으로써 소비자의 관심을 유발하고 제품을 보다 멋
지고 실용적으로 보이게 하는 방법이다.

❏ 촉진관리와 관련하여 다음과 같은 사례를 생각해 보자.

촉진전략과 관련된 사례에 대해서 알아보자. 구글의 전략 중 하나가 '악
마가 되지 않기'인 것은 널리 알려진 사실이다. 가끔 '악마가 안 될게' 하는 이
브랜드전략이 이슈화되기도 한다.

(2) 구글의 촉진관리와 브랜딩전략

구글이 '그렇게 친절하지도 않고, 그다지 투명하지도 않고, 다른 기성 기업
들과 별 차이가 보이지 않는다'라는 주장이다. 구글 서비스에 대한 고객의 요청
도 거의 기계번역 수준이고 광고관련 서비스는 애드센스 사용자가 절대적으로
불리하게 되어 있다. 엄청난 수준의 개인정보수집으로 조만간 빅브라더가 될지도
모른다는 우려도 있으며 여기저기 유망한 기업들을 흡수한다는 비판도 잇따른다.
그런데도 구글의 이미지는 그리 심각한 타격을 받지 않았다. 피부로 느낄
수 있는 애드센스 관련 글들을 봐도 계정 폐쇄된 블로거들의 "너무하다, 믿을
만 하지 못하다, 불친절하다"라는 등의 포스팅은 그 멤버들에게서만 맴돌지
그리 널리 퍼지지 못한 듯하다.

구글의 '악마짓 안 할게'라는 의미를 보이는 그대로 받아들이는 순진한 사람은 없다. 구글이 기성 기업에 비해서 딱히 천사와 같은 기업일 거라고 생각하는 사람이 없는 것이다. 구글에 열광하는 사람들 역시 마찬가지다. '그냥 중간 정도만 하면 된다'라는 식이다.

구글의 브랜딩전략은 천사가 되는 것이 아닌 '악마처럼 보이지 않기'에 있기 때문이다. 게다가 이 전략은 성공적이라고 볼 수 있다. 구글이 '전략을 충실히 이행하지 않는다'라는 근거 있는 주장이 배포되어도 그 자체로 구글의 이미지가 크게 손상되지는 않는다. 거짓말인 것을 다 알고 있기 때문이다.

'악마처럼 보이지 않기' 전략이 성공한 증거는 여러 곳에서 나타난다. 몇 달 전, 구글이 구글 메일에 애드센스 광고를 노출시키겠다고 선언한 적이 있다. 메일의 문맥을 분석해서 내용에 매칭되는 광고주의 광고를 노출시킨다는 것 때문에, 개인의 프라이버시를 해칠 수 있기 때문이다. 구글 측에서 순도 100% 기계로 문맥을 분석함으로, 개인의 프라이버시는 절대 보호된다고 주장은 했지만 구글 사용자들은 믿지 못했다. 결국 한 달이 지나서 조용해졌고 두 달이 지나서는 아무런 얘기도 없었다.

하지만 구글 사용자들은 지금은 구글 메일에 광고가 노출되는 걸 일상적인 것으로 생각하고 있다.

구글과 구글 사용자와의 관계는 기존의 서비스 제공자와 소비자의 단순한 관계를 벗어나고 있다는 점에 있어서, 기존의 기업과 평가에 있어서 차별요소가 주어진다. 구글과 구글 사용자와의 관계는 서로의 이익을 위해서 관계가 맺어진 파트너십의 관계에 더 가깝기 때문이다.

회원제의 프랜차이즈 사업이 진행 중이라고 가정해 보자. 그런데 A라는 회사가 본사와의 계약을 어겼다는 이유로 회원자격을 박탈당했다. 대게 이런 문제는 누가 보기에도 명백한 불공정한 문제로 회원자격이 박탈되었다는 명확한 증거가 없는 한, 찻잔 속의 폭풍으로 끝나 버린다.

이는, 파트너십 관계에 있기 때문이다. 프랜차이즈의 브랜드로 서로서로 이익을 만드는 와중에, 전체 파트너십의 신뢰를 무너트리는 행위 혹은 전체에 피해가 가는 일이 아닌 이상 별로 신경 쓰지 않는 것이다. 소비자 운동에서 흔히 볼 수 있는 '친절하다, 아니다'는 문제가 되지 않는다. '이익이 되는가? 안

되는가?'가 최대의 관심사다. 때문에 구글에 대한 대개의 비판이 찻잔 속의 태풍으로 끝나 버리는 것이다.

(3) 브로드웨이의 촉진관리

정통성과 역사적 가치를 인정받는 브로드웨이 극장들은 오랫동안 광고 게시판, 라디오 및 텔레비전 광고와 고급 잡지, 기타 간행물에 광고를 게재하는 식의 전통적인 촉진전략을 이용하여 왔다.

하지만 현대에 와서는 전통적인 촉진전략보다는 고객의 마음을 획득하고 고객이 이해하여 습득하게 할 수 있게 하는 것이 우선되어야 한다. 한 명의 진정한 고객은 구전을 통하여 수백 명의 고객을 유치할 수도 있다. 우리기 잘된 영화 한편을 보고 친구한테 권하는 것과 같은 것처럼 구전은 계속해서 브로드웨이 쇼에 있어 주요한 촉진수단이 된다.

예를 들어, 한 운전사가 밤에 자신이 브로드웨이를 누비고 다니면서 보고 들은 것을 승객들에게 이야기한다고 하자. 수많은 사람들이 세계에서 가장 유명한 거리 중의 하나인 브로드웨이의 화려한 조명과 사람들에 대해 그가 느꼈던 황홀한 경험을 공유하게 될 것이다. 승객들과 대화를 나누는 도중, 그는 브로드웨이 쇼에 대해 추천해 주고, 종종 승객들은 그의 조언에 관심을 갖거나 따르기도 한다. 구전효과의 또 다른 예로 토크쇼 사회자인 로시 오도웰은 그녀의 TV 토크쇼에서 브로드웨이 쇼를 추천해 줌으로서 브로드웨이 쇼의 티켓 판매를 증가시키는 데 기여하였다.

특히 오페라나 뮤지컬 같은 예술활동은 일반인들이 다가가기가 영화처럼 쉽지가 않다. 음악이나 춤에 대한 조예가 있어야 하기 때문이다. 그런 예술적 특성 때문에 고급 잡지 같은 것으로 고객에게 다가가는 것은 어느 정도의 한계를 가지고 있다. 고객에게 다가가기 위해서는 고객이 서비스에 대해 관심 갖게 하는 것도 매우 중요하다. 고객들은 자신이 알고 있는 것이나 관심이 있는 일에는 어느 정도 투자할 가치를 느끼게 된다.

뉴욕시립 오페라단은 비순수예술 전공자들이나 예술에 관심이 없는 학생들을 위하고 예술에 대해 생각할 기회를 마련해 주는 방법을 고심하게 되었

다. 일반대학을 후원하고 법학, 의학, 경학, 행정학 등을 전공하는 대학생들을
표적으로 하여 한 학기 동안 15개의 오페라, 20편의 브로드웨이 쇼, 6편의 공
연예술, 뉴욕 필하모닉 오케스트라 리허설과 공연관람, 박물관 방문, 연기자,
제작자, 감독 그리고 가수들과의 대화 등을 가르쳤다.

이러한 고객 교육은 오페라의 새로운 고객층을 만들었다. 또한 잠재적인
영향력을 지닌 사람들이 예술에 대한 지식을 갖고 그 중요성을 인정하도록 한
것은 예술시장의 주요한 자산이 될 수 있는 일석이조의 효과를 가져왔다.

04 유통관리

유통은 제품이나 서비스가 생산자로부터 소비자에게 전달되는 하나의 흐
름이며, 유통경로는 이 흐름 속에서 개입되는 상호의존적인 이해관계 조직을
의미한다. 유통은 고객과의 최후접점에서 제품의 개념을 전달하고 구매 장애
요인, 특히 시간과 공간상의 구매 장애 요인을 제거하는 역할을 한다.

(1) 유통경로의 기능

가. 총거래 수 최소화

제조업체가 유통업체를 이용하게 되면 총거래 수가 최소화되어 거래의
경제성을 달성할 수 있다.

나. 시간효용 및 장소효용의 창조

제조업체는 유통상을 고용함으로 인하여 소비자들이 원하는 시간에 원하
는 장소에서 제품을 구매할 수 있게 하여 소비자들의 효용을 높여 줄 수 있다.
즉, 유통은 소비자와 생산자 간의 시간과 공간적 제약을 극복해 주는 역할을
하게 된다.

다. 마케팅기능 수행

유통업체는 제조업자를 대신하여 거래 기능, 물적 유통 기능, 거래촉진 기능 등의 마케팅기능을 수행하여 줄 수 있다.

라. 집중저장의 원리

유통기관은 많이 생산자들의 제품을 적절히 분류하여 적절한 구색을 갖춤으로써 소비자들의 다양한 욕구를 충족시켜 줄 수 있다.

(2) 유통관리 사례

가. 홈쇼핑

인터넷 또는 TV를 통해 쇼핑을 하는 사람들이 늘고 있다. 학업과 일로 인해 바쁜 사람들이 친구들과 가족, 혹은 연인과 함께 쇼핑을 하는 경우가 줄어들었다는 것이다. 멀리 떨어진 매장을 다니며 쇼핑을 한다는 것은 비효율적인 것이 사실이다. 직접 밖으로 나와 적은 시간 동안 효율적인 쇼핑을 즐길 수는 없을까.

　　　　"마감 임박", "구매를 서두르세요! 몇 분 남지 않았습니다."

홈쇼핑을 보는 사람이라면 이런 말을 들으면 왠지 모르게 저걸 사야 되지 않을까 하는 그런 고민을 한번쯤은 생각하게 된다. 요즘 유선 방송, 특히 보급형 케이블 방송을 보면 70개 채널 중 상당수가 홈쇼핑으로 채워져 있다. 특히 시간대마다 적정한 상품을 판매하다 보니 많이 접하게 되고 꼭 필요한 물건들이 있으면 구매하게 된다.

골든타임을 노리고 고객의 특성에 맞추는 방송, 일의 효율을 늘리는 것. 이것이 홈쇼핑의 상품 판매 요인이며 일 잘하는 비결이다. 골든타임이란 시장이나 백화점에서 장사가 잘되는 이른바 '목 좋은 자리'가 있는 것처럼 홈쇼핑에도 유난히 매출이 높은 시간대를 말한다. 우선 주문량이 가장 많은 시간은 오전 11시로, 가장 주문량이 적은 시간대인 오전 5시대에 비하면 무려 30.5배에 달한다고 한다. 이것은 홈쇼핑의 주 고객이 주부이기 때문에 배우자와 자녀가 출근, 등교를 마친 후에야 편안히 쇼핑을 즐길 수 있기 때문이다. 또한 주로 아침 11시까지 편성되어 있는 공중파 방송의 주부 대상 프로그램들이 끝나고 나야 비로소 홈쇼핑을 시청하기 때문이다.

주문 액수가 가장 높은 시간대는 오후 11시다. 또한 이러한 늦은 밤에는 고가품이 많이 팔린다. 고가의 상품일수록 주부 단독으로 구매하기 어렵기 때문에, 퇴근 후 부부가 함께 TV를 시청하고 나서야 비로소 구매 결정을 내리기 때문이다. 또 공중파 방송의 인기 미니시리즈가 오후 10시부터 11시까지 편성된 데에 결정적인 영향을 받기도 하다. 다른 시간대에는 최소한 간소하고 저렴한 상품을 판매하며 인기 스타의 출현율도 낮다.

홈쇼핑은 시간 관리와 활용을 가장 잘하는 예라고 할 수 있다. 여러 데이터들을 통해 고객이 원하는 시간대에 필요한 상품을 보여줄 수 있다는 것은 수많은 고민과 과학적 방법을 통하여 철저하게 계획하고 그에 따라 적절한 시간활용을 하고 있다는 것을 보여준다.

기업이나 일반인이나 똑같다. 일 잘하는 사람이 되고 싶다면 시간 관리를 잘해야 한다. 이것이 일의 기본이며 성공하는 지름길이다. 무작정 '열심히'가 아니라 '효율적이고 알차게' 시간을 쓸 수 있는 방법을 알아야 한다.

똑같은 시간을 쓰고, 똑같은 자원을 활용하면서도 성과가 다르게 나타난다. 심지어 나보다 더 적은 시간을 들이고, 열심히 하는 것 같지도 않은데 언제나 앞선 결과물을 내기도 한다.

'되는 대로', '닥치는 대로' 일할 것이 아니라 '계획'하고 '점검'하며 일을 하라는 것이다. 계획하고 순서를 정하는 일은 일을 하면서 소비되는 모든 종류의 '낭비'를 예방하게 한다. 여기서 낭비는 시간 낭비, 에너지 낭비, 자원 낭비 등이다. 에너지 낭비나 자원 낭비는 돈으로 해결이 되지만 시간 낭비는 보상받을 수가 없다. 그렇기 때문에 시간의 낭비는 우리가 예방해야 할 가장 중요한 낭비다. 순서를 잘못 정해 빙 둘러가느라 들인 시간, 계획 없이 시작했다가 중간에 다시 돌아가는 시간, 했던 일을 다시 해야 하는 시간들이다. 물론

계획만 한다고 일이 되는 것은 아니다. 계획은 실행해야 의미가 있다. 계획대로 움직이고, 제대로 되었는지 계속 점검하며 앞으로 나아가야 한다.

나. 멀티숍

또한 한 공간에서 여러 브랜드를 접하면서 가격 비교까지 가능한 숍이 있다면 어떨까. 고객들이 원하던 형태 그대로를 갖춘 '멀티숍(multi brands products shop)'이 새롭게 등장했다. 이 혁신적인 유통은 역시나 꾸준한 성장세를 기록하며 그 역할이 크게 확산되고 있다. 또 최근에는 생산과 유통판매 분야까지 통합되어 있던 우리나라의 유통에 하나의 커다란 바람을 일으키고 있다.

국내 스포츠 멀티숍 시장은 어떨까. '우들스'와 '스프리스' 등도 현재 80개에 달하는 매장을 운하는 등 시장을 끊임없이 확대해 가고 있다. 이와 같은 국내 멀티숍뿐 아니라 일본의 'ABC마트'를 따라 외국계 대형 멀티숍 또한 국내 도입을 추진하고 있다. 'ABC마트'는 지난 2002년 명동에 첫 매장을 오픈한 뒤 시장 진출 월 평균 7억 원의 이익을 내며 3년여 만에 300억 원의 매출을 올렸고 앞으로 더 많은 수익을 창출할 것이라고 내다보고 있다.

생소한 유통방식을 지닌 매장이 어떻게 국내에서 성공을 이룰 수 있었을까. 브랜드를 직접 전개하는 방식으로 백화점 중심의 유통을 전개해 왔던 기존의 유통방법과 달리 'ABC마트'는 유명 브랜드를 입점시키는 리테일 유통 정책을 시도했다. 100평 규모로 전국에 33개 매장을 운하고 있으며 취급 브랜드가 글로벌 브랜드 40여 개로 최다 브랜드를 보유하고 있다.

ABC마트는 설립 직후 핵심 상권에 매장을 오픈하고 다양한 이벤트와 고객의 반응에 따라 낮은 마진을 감수한 할인으로 재고 소진을 통해 그 역을 넓혀 나갔다. 이러한 고객 분석과 제품 회전율은 고객들에게 발 빠른 신상품 제공, 가격 경쟁력을 높이는 요소로 작용할 수 있었다.

4년간의 직영 체제를 최근에는 대리점 체제로 전환하여 유통망을 넓혀 가고 있다. 특히 유통전략을 바꾸면서 대리점 지원을 강화하고 있다. 또 '우들스'와 핵심 브랜드를 교환 판매하기 시작했으며 스포츠뿐 아니라 캐주얼 브랜드에 스포츠 제품을 공급하는 홀 세일 영업을 확대하고 있다.

생산, 유통, 판매의 통합이라는 국내 유통구조를 분리한다는 것을 의미한다. 기존의 국내 유통라인으로 멀티숍들은 독점 수입 등의 전개 브랜드의 판권을 보유하는 방식으로 유통을 전개해 오고 있었기에 이번 브랜드 교환 합의로 두 업체는 경쟁 업체에게 자신이 보유한 브랜드를 공급할 수 있게 되었다. 그로 인해 이 업체들은 판권을 보유한 브랜드를 전개하는 것과 유통마진을 취하는 멀티숍의 운영, 두 가지 사업 영역을 갖게 된다.

이 같은 수입 판매의 다원화방식이 다른 멀티숍으로 확대된다면 이 두 가지 사업 분야의 분리뿐 아니라 국내 업체들 사이에서 제품 공급이 활발해지게 돼 외국에서 특정 제품을 수입하는 수고를 덜 수 있을 것으로 기대되고 있다. 스포츠 멀티숍의 성공적인 영업과 함께 찾아온 유통정책의 변화는 국내 유일의 멀티숍 생성의 길이 열리는 데 큰 역할을 할 것이다.

낯설기만 했던 유통방식이 자리를 잡아 그 영역을 확장해 나가듯이 기업은 새로운 유통방식의 시도에 두려워해서는 안 된다. 새로운 시도를 통해 성공 또는 실패를 얻게 될지라도 또 다른 발전 가능성을 가진 유통으로 위기를 기회로 바꿔 나가야 한다. 작은 시도가 기존의 난제를 해결해 나가는 결정적 열쇠가 되어 돌아올 것이다.

고객들은 자발적으로 불만이나 개선사항을 웹에 바로바로 올린다. 쓴소리, 격한 말을 하는 고객들도 있다. 하지만 이런 지적사항들은 기업에 해가 되는 것이 아니다. 게시판에 올린 고객의 불만을 삭제하는 기업도 있다고 한다. 고객을 더 자극시키는 일이다. 고객의 쓴소리건 단소리건 모두 기업에 도움이 되는 정보이다. 이러한 고객들의 의견을 제품의 업데이트와 개발에 적극 활용해야 한다.

고객들의 불만과 개선 사항은 바로 중요한 정보로 간주되어 지도를 수정하거나 새로운 지도를 만드는 데 활용된다. 이것은 또한 비용절감의 효과를 부르는 것이다. 비용절감 효과뿐 아니라 사용자들이 제품 개발에 참여함으로서 생기는 충성도와 홍보효과가 가장 중요하다고 하겠다. 진정한 서비스 맨은 이를 활용할 줄 알아야 한다. 고객은 자신의 의견과 새로운 정보를 접함으로서 제품의 충실한 홍보 요원이 되는 것이다.

잘나가는 기업은 항상 변화에 깨어 있으며 소비자의 쓴소리를 기업의 양분으로 바꿀 수 있는 능력을 가진 기업이다. 수많은 도전과 변화의 요구를 "깨어 있는 사고"를 통하여 행동해야 하며, 실패와 고통은 극복하여 변화를 선도해야 한다. 기업의 모든 분야가 변화에 깨어 있어야 하며 고객의 쓴소리를 받아들여 환경에 적응할 수 있는 역량을 강화해야 한다.

05 가격관리

❑ 온라인 쇼핑에서도 가격흥정

대학생 김 모 씨는 카메라를 사기 위해 인터넷 쇼핑몰에 들렀다. 맘에 들지만 가격이 조금 비싸서 고민하다가 판매자와 가격흥정을 시작했다. 10% 정도 에누리를 원했는데, 판매자는 흔쾌히 판매에 응했다. 밀고 당기는 재미는 마치 재래시장에 온듯한 느낌을 들게 해 왠지 김 씨를 즐겁게 했다.

가격흥정은 재래시장에서 가격을 흥정하여 구입하는 재미와 오프라인에서 상인과 고객의 '흥정'을 통한 쌍방향 거래방식을 이용하여 제품의 판매가격을 할인하여 판매하는 방식이다. 기존의 쇼핑몰에서는 오직 판매자로부터 구성되는 가격표시의 한계를 극복하고 고객과 운영자가 1:1로 대면하여 가격을 절충하거나 흥정하여 제품을 할인하는 것은 매우 획기적 아이디어이다.

고객은 이런 서비스를 이용하여 상품을 조금이라도 더 싸게 살 수 있고 경기 불황으로 인한 소비자들의 민감한 가격으로 인한 불황에도 판매자는 빠르게 판매할 수 있다.

MSN코리아는 최근 MSN장터를 열었다. 구매자와 판매자가 메신저를 통해 서로 연락할 수 있게 한 것이 다른 인터넷 쇼핑몰과 구분되는 특징이라고 할 수 있다. 물건을 사기 전에 상품에 대해 궁금한 점을 묻거나 가격을 흥정할 수 있다. 상품명 옆의 '판매자와의 대화'를 클릭하면 메신저로 이야기할 수 있게 된다. 판매자가 온라인에 없으면 '쪽지'를 보내거나 'Q&A'에 글을 남겨 놓으면 된다.

G마켓(www.gmarket.co.kr)에도 흥정하는 기능이 있다. 사이버 장터인 G마켓은 지난 2000년 5월 업계 처음으로 '다대다 쌍방향 경매 방식에 의한 통신 상품거래소 장치 및 그 방법'이라는 특허를 출원하고 흥정 서비스를 시작했다. 상품 정보 페이지에 '흥정하기' 버튼이 있는데 기본 판매 가격보다 싼 가격으로 구매 요청을 하면 된다. 이 버튼을 이용해 판매자와 직접 가격협상을 벌일 수 있다.

구매자가 적어 낸 가격이 판매자가 미리 정해 놓은 최저가격보다 높으면 바로 거래가 이루어진다. 희망 가격이 너무 낮으면 판매자가 가격을 다시 제시하는 식으로 서로 주고받으며 흥정이 이루어진다. 흥정하기의 가격은 G마켓의 체결 로봇을 거치면서 지나치게 헐값을 제시하는 등 '장난성'은 자동 제외된다. G마켓은 '흥정하기' 서비스를 활성화하기 위해 흥정을 통해 상품이 팔리면 판매 수수료를 깎아 준다. 체결로봇을 거친 제시가격은 판매자가 접수, 이메일과 SMS(문자메시지) 등을 통해 성사 여부가 결정된다. 가격흥정은 최초 가격 대비 평균 10% 이내에서 가능하다.

즉, 당신의 상상력은 곧 돈이 될 수 있다. 성공의 비결은 경쟁자보다 더 많은 돈을 쓰는 것이 아니라 더 넓게, 더 깊이 고객의 니즈에 관심을 기울이면서 창조적으로 생각하는 것에 있다.

기업 입장에서는 기업과 사랑에 빠진 고객을 새로운 시장 형성의 주도층이나 구전 매체로 적극 활용할 수 있다. 고객들은 때로는 좋은 아이디어를 내기도 하며 기업은 그러한 고객들을 위해 또 다른 아이디어를 낸다. 마치 자연의 공생관계와도 같다. 고객들은 더 많은 아이디어를 원하고 혁신을 원한다. 당신의 사소한 아이디어 하나도 고객에게는 재미와 감동이 될 것이다.

06 시장세분화와 포지셔닝

(1) 시장세분화와 표적시장

가. 시장세분화

시장을 세분화하려면 기업이 모든 마케팅 노력을 집중시켜 가장 효과적으로 시장을 공략할 수 있도록 시장을 의미 있는 집단으로 구분해야 한다. 시장에는 세분하지 않은 비세분화 시장도 있고 세분화된 시장의 수가 고객의 수와 같은 완전세분화 시장도 있다. 하지만 대부분 성별, 연령, 고객 성향 등의 변수에 의해 몇 가지 시장으로 세분화되는 것이 보통이다, 즉 소비자들이 제품을 어떤 목적을 가지고 어떤 용도로 어떻게 사용하는지에 대해서 기준을 정해 시장을 나누어야 기업의 목적에 맞게 효과적인 마케팅전략을 세울 수 있다.

나. 표적시장

소비자의 인구통계적 속성과 라이프 스타일에 관한 정보를 활용, 소비자 욕구를 최대한 충족시키는 마케팅전략이다. 이를 위해 소비자들을 가장 작은 단위로 나눈 다음 계층별로 소비자 특성에 관한 데이터를 수집해 마케팅계획을 세운다.

(2) 포지셔닝

제품 포지셔닝이란 기업이 원하는 바대로 자사의 제품을 소비자들에게 인식시켜 시장에서 자사의 제품이 독특한 위치를 차지할 수 있도록 자리 잡는 것을 말한다. 제품 포지셔닝을 통해서 기업은 자사 제품을 경쟁 제품과 차별화된 지위를 얻도록 하여 표적시장에서 고객의 욕구를 충족시킬 수 있다는 인식을 소비자들에게 심어 주게 된다.

제품 포지셔닝의 전략을 세우기 위해서는 기업이 시장에서 차지하는 위치, 시장선도 기업, 시장도전 기업, 시장추종 기업, 시장틈새 기업과 경쟁기업 및 제품의 포지셔닝, 소비자들의 니즈와 브랜드에 대한 소비자의 지각, 자사의 마케팅자원, 자사의 이미지 등 전반적인 사항을 고려해야 한다.

제품을 포지셔닝 하려면 다른 경쟁 제품과의 차별점을 표적시장의 소비자에게 확고하게 인식시킬 수 있는 마케팅믹스가 필요하다. 포지셔닝은 기존 제품이나 서비스에 대한 고객의 시각을 파악하여 소비자들이 인식을 명확하게 파악하여 자사의 제품이나 서비스가 가장 차별화될 수 있는 위치를 찾는 것이 중요하다. 자사 제품의 이미지를 얼마나 정확하고 강력하게 고객에게 심어 주고 소비자가 이를 인지해 주느냐에 포지셔닝의 성공 여부가 달려 있다.

❑ 포지셔닝 전략의 절차

1단계: 소비자분석

해당 제품군에서 소비자들이 얻고자 하는 것이 무엇인지, 그리고 기존 제품들에 대해서는 어떤 불만을 가지고 있는지 등 소비자욕구와 기존 제품에 대한 불만족 원인을 파악하는 과정이다.

2단계: 경쟁자 확인

도입하고자 하는 제품의 경쟁 상대를 파악하는 과정으로서 이때 주의할 것은 표적시장을 어떻게 설정하느냐에 따라 경쟁자가 달라질 수 있다는 점이다.

3단계: 경쟁 제품의 포지션 분석

경쟁제품이 소비자들에게 어떻게 인식되고 평가받는지 파악하는 작업이다. 이때 포지셔닝 맵을 작성해 보면 경쟁 제품의 속성과 소비자의 지각 상태를 파악하는 데 매우 유용하다.

4단계: 자사 제품의 포지션 개발

경쟁제품에 비하여 소비자의 욕구를 더 잘 충족시킬 수 있는 적합한 자사 제품의 포지션을 결정한다.

5단계: 포지셔닝의 확인 및 리포지셔닝

포지셔닝 전략이 실행된 후에는 자사 제품이 목표한 위치에 포지셔닝되었는지 확인하여야 한다. 매출성과로도 마케팅전략의 효과를 알 수 있겠으나 전문적인 조사를 통해 보다 구체적으로 소비자와 시장에 관한 분석을 해 보아야 한다. 또한 초기에 성공적인 포지셔닝이 되었다 하더라도 시간이 흐름에 따라 경쟁 환경과 소비자 욕구가 변화하였을 경우에는 목표 포지션을 재설정하여 그곳으로 이동시키는 리포지셔닝을 하여야 한다.

Chapter **11**

서비스와 마케팅

01 서비스 시대의 마케팅믹스의 변신

흔히 현대의 소비자들을 '켄타우로스(Kentauros)'라고 부른다. 온라인과 오프라인 시장을 마음대로 누비는 혼성 소비성향을 반인반마 켄타우로스에 비유한 것이다. 그러나 지금처럼 다양한 문화가 어우러져 어느 분야에서나 최고의 서비스를 요구하고 있는 소비자들을 켄타우로스 고객으로 한정지어서 정의할 수 있을까?

고객의 서비스 수준이 점점 더 높아지면서 기업들도 변하고 있다. 즉, 기업은 기존의 전통적 '브릭 앤 모타(brick-and-mortar)' 방식에서 인터넷을 기반으로 하는 '클릭 앤 모뎀(click-and-modem)'의 기업 형태를 거쳐서 감성 서비스를 기반으로 하는 '서비스 앤 컬처(service-and-culture)' 또는 다문화 기업으로 진화하고 있다.

❑ 변화하는 마케팅믹스 4P

마케팅믹스에서 4P란 성공적인 마케팅활동을 위해 필요로 하는 4가지 요소로서 제품, 가격, 유통, 촉진 등을 말한다. 이러한 4가지 마케팅믹스는 시대의 변화에 따라서 꾸준히 변화하고 있다.

첫 번째, 이제는 보이지 않는 내용의 품질이 더 중요하다. 제품(product)에 대해서 알아보자. 굴뚝기업의 제품은 기본적으로 빵, 커피, 가루, 자동차, 휴대전화 등의 제품이었다. 하지만 점차 서비스 문화 기업으로 패러다임이 전환되

	전통적 기업: 브릭 앤 모타 (brick-and-mortar)	온라인 기업: 클릭 앤 모뎀 (click-and-modem)	서비스 기업: 서비스 앤 이모션 (service-and-emotion)
제품 (product)	• 유형제품 • 물리적 제품	• 물리적 제품 • 디지털 제품 위주 • MP3 등	• 서비스 제품 • 감성 제품 • 콘텐츠 중시
가격 (price)	• 저가격 • 중가격 • 고가격	• 저~고가격 • 무가격 • 인터넷 전화 등	• 점심 값보다 비싼 커피 • 월급보다 많은 입장료 • 브랜드 이미지 팔기
유통채널 (place)	• 시장 • 백화점 • 길고 복잡함	• 단순하고 간결 • 다수의 중간상 생성 • 오픈 마켓 등	• 서비스의 일관성 유지 • 프랜차이즈 기업화 • 스타 양성과 팔기
촉진 (promotion)	• 광고 • 인적판매 위주	• 체험 마케팅 • 커뮤니티 & 블로그 • 토론문화	• 감성 공간 만들기 • 우량 파드너와 제휴 • 좋은 관계 만들기

면서부터 보이지 않는 제품, 즉 디지털 제품과 서비스 문화 제품이 시대에 적합한 제품으로 자리 잡고 있다.

가수 김범수가 부른 〈제발〉이라는 음원은 원작 가수인 이소라가 부른 음원보다도 더 높은 인기를 끌었다. 또한 커피 한 잔의 가격이 5천 원에서 많게는 2만 원이 훌쩍 넘는다. 이러한 현상은 제품에 담긴 성능이나 특징이 중요한 시대가 아니라 제품에 담긴 이야기, 감성, 추억 등 보이지 않는 내용의 품질이 더 중요한 시대임을 보여준다.

두 번째, 이제 프리미엄 가격의 시대가 왔다.

가격이라는 마케팅믹스는 전통적인 기업에서는 저·중·고라는 가격대를 형성하고 시장에서 기능한다. 하지만 서비스 문화 기업으로 전환되면서 가격은 무가격이라는 특징을 보이다가 프리미엄 가격을 고수하게 되었다.

세 번째, 프랜차이즈 형태의 유통채널을 선호하고 있다.

브릭 앤 모타 시대에는 백화점, 재래시장 그리고 길고 복잡한 유통단계를 거쳐 왔지만, 서비스 문화 시대로 접어들면서부터 서비스 일관성을 유지하기 위해서 프랜차이즈 형태의 유통채널을 선호하기 시작했다. 또한 그 지역 또는 그 가문을 대표하는 프랜차이즈 스타를 배출하기 시작했으며, 온라인 마켓에서는 중간 상인이 처음에는 줄어들다가, 종래에는 더 많은 중간 상인이 등장하여 다양한 정보를 제공하고 소비자와 기업의 중간에서 중요한 역할을 하고 있다.

네 번째, 기업의 이미지를 간접적으로 전달하는 간접광고와 홍보가 대세이다.

과거에는 유명 연예인들이 출연하는 광고와, 사람들이 고객을 직접 만나서 판촉활동을 수행하는 인적판매 위주다. 예를 들어, 보험 하나를 가입하려고 해도 보험회사에 다니는 친척이나 지인들이 직접 방문해서 보험에 가입하는 번거로운 단계를 거쳐야 하는 시대다.

점차 서비스 문화 시대로 접어들면서부터는 직접적인 광고활동보다는 우량 기업들과 전략적 제휴를 통해서 고객들에게 기업의 이미지를 간접적으로 전달하는 간접광고와 홍보가 대세를 보이고 있다. 혹시 스타벅스가 텔레비전이나 라디오를 통해서 직접 광고를 하는 것을 본 적이 있는가? 없을 것이다. 그들은 국내 주요 대기업과 은행들과 제휴하여 고객들에게 소리 없이 다가가고 있다.

이렇듯 다문화 세상에서는 마케팅믹스 4P의 패러다임이 변화하고 있다. 전통적인 기업에서 인터넷 기업, 그리고 서비스와 문화를 중요시하는 기업으로 진화하고 있다. 마케팅믹스가 중요한 이유는 마케팅과 서비스의 전력을 세울 때 가장 기본이 되는 원재료 중에 하나가 4P이기 때문이다.

02 사람관리

사람들은 서로 원하는 것에 반(反)하는 행동을 했을 경우, 이성보다는 감정에 치우쳐 서로 다투게 된다. 싸움에서 시작된 좋지 않은 감정은 그곳에서 끝나지 않는다.

주로 싸우게 되면 그 곁을 떠나 쇼핑을 하러 가거나 문화생활을 즐기는 등의 문화적 서비스를 누리러 다니게 된다. 하지만 싸운 후 좋지 않은 감정을 가지고 있으므로, 서비스를 기분 좋게 즐기는 것이 아니라 고객의 기분에 따라 받아들이게 된다.

　같은 서비스가 제공되더라도 기분 좋은 감정을 가진 고객은 긍정적으로 서비스를 평가하게 된다. 하지만 기분 좋지 않은 감정을 가진 고객이라면, 부정적으로 서비스를 평가할 뿐만 아니라, 아무리 좋은 서비스를 제공해도 부정적인 태도부터 먼저 보이게 된다.

　감정(emotion)과 기분(mood)은 경험에 대한 평가에 영향을 미치는 '느낌의 상태'이다. 감정은 깊이 있고 지속적이며 광대한 것에 반해, 기분은 일이 일어난 시각과 상황에 대한 순간적인 느낌의 상태라는 점에서 감정과는 구별된다. 따라서 기분과 감정은 서비스의 평가에 대한 느낌을 결정짓는 요소이다.

　그렇다면 기분은 어떤 특별한 경로로 통해 서비스 고객의 행동에 영향을 미칠까?

- 긍정적인 기분은 소비자를 보다 능동적으로 서비스에 참여하게 하여 서비스 제공을 성공하게 한다.
- 기분과 감정이 서비스 시작부터 그 제공자에 대한 고객의 평가까지도 좌우하게 한다. 기분과 감정은 체험을 촉진시켜, 기분과 감정이 없을 때보다 훨씬 더 긍정적이거나 더 부정적으로 만든다.
- 기분과 감정은 서비스에 대한 정보를 기억하며, 그 기억을 회상하는 데 영향을 미친다. 서비스에 대한 기억은 서비스 시작부터 회상하기 때문에 그 순간의 느낌이 기억과 분리되기는 어렵다.

　감정과 기분은 서비스 체험의 영향을 주는 데 있어 중요한 역할을 수행한다. 따라서 조직은 제품과 서비스 기능성을 관리하듯이, 서비스를 체험하는 고객의 감정적인 요소도 엄격히 관리하여야 한다. 조직은 서비스를 체험한 고객의 감정적인 반응을 관찰하며 특정한 감정을 강화하기 위한 장소와 과정, 상호작용을 이끌어 낼 수 있도록 노력해야 한다.

　많은 기업들 또한 이런 감성을 자각해 전통적인 측정치인 고객 만족과 고객 행동 애호도 외에도 소비자의 감정과 반응까지 측정하고 있다. 이런 고객을 향한 공손함, 친근감 등은 조직을 대신해서 이러한 책임을 떠맡고 있는 서비스 직원들에게 엄청난 양의 감정노동을 요구한다.

감정노동(emotional labor)이란, 양질의 서비스를 제공하는 데 필요한 육체적 혹은 정신적 노동 이상의 노동을 말한다. 이 말은 알리 호취차일드(Arlie Hochschild)에 의해 처음으로 사용되었다. 이는 미소를 짓고, 눈을 마주치고, 진실한 관심을 보이고, 다시는 못 만나게 될지도 모르는 낯선 사람과 친절하게 대화를 나누는 것을 의미한다.

이렇듯, 고객의 감정과 기분까지 고려하며 서비스를 제공하는 사람이 감정노동자이다. 사람들의 기분과 감정을 잘 활용해야 하며, 자신의 느낌은 억제하며 서비스를 제공해야 감정노동자로서 효과적으로 감정노동을 수행할 수 있다. 감정노동자가 기분이 나쁜 날이거나 혹은 감정이 상하는 일이 있더라도 고객은 이들에게 회사의 얼굴을 기대하기 때문이다.

03 물리적 환경

무더운 여름 차가운 음료 생각이 절실해진다. 얼음 하나만으로도 온 세상을 얻은 것 같았던 예전과 달리 스타벅스의 시원한 커피로 겨울을 만나고자 하는 사람들이 많아지고 있다. 로고를 보면 머리를 길게 늘어뜨린 여인 싸이렌이 있다. 그녀는 그리스 신화에 나오는 마녀로 아름다운 노랫소리를 중독시켜 뱃사람들을 유혹하고 배를 난파시켰다고 전해진다.

혹시 여러분은 스타벅스 커피에 중독되어 있지 않은가? 대부분의 사람들이 싸이렌에 중독이라도 된 것처럼 카라멜 마끼아또 등 커피, 고구마, 치즈 케익류를 찾고 있다.

이러한 이미지는 실제 경험한 서비스와 회사의 여러 마케팅을 통해 우리들의 감성에 영향을 미칠 수 있다. 자연스럽게 형성된 긍정적인 이미지는 이후 실패에 대한 보호막 구실을 해 주기도 한다.

그러나 부정적인 이미지는 이후 실패에 대한 더 큰 화를 불러일으키기 때문에 이미지 변화를 위한 다른 경험을 필요로 한다. 좋은 서비스, 사려 깊은 종업원, 효율적인 작업환경 등의 이미지를 갖기 위해 많은 회사들이 투자를 하고 있다. 탁월한 마케팅을 통한 커뮤니케이션과 이에 걸맞은 서비스 경험을 통해 이미지를 형성하기 위해 노력해야 한다.

당신의 제품의 로고는 무엇인가? 당신의 로고, 별명, 좌우명은 그대로 자신의 인생이 될 것이다. 더위에 나른해지기 쉬운 요즘 공부도 힘들고 할 일도 미루고픈 이때 주위를 둘러보자. 스타벅스와 같이 자주 접할 수 있는 공간도 꿈의 실현을 이루어 낸 위대한 곳임을 생각하면서 자신의 시간과 행동들을 항상 깨우고 감성을 느끼고 행동하기 위한 노력이 필요하다.

서비스 기업의 로고는 서비스 기업의 이미지를 형성하는 데 매우 중요하다. 그렇기 때문에 서비스를 통한 고객의 마음에 영향을 미칠 수 있는 물리적 환경을 잘 조성해야 한다.

어머니라는 한 단어만으로도 눈시울이 붉어지는가. 부모님의 입장에서 영양부족으로 자식에게 모유수유를 할 수 없다면 그 마음이 어떠할까. 자식의 건강과 행복을 위해서라면 자신을 기꺼이 희생하시는 부모님과 그 모습이 닮아 있는 기업이 있다.

어머니의 마음으로 고객들의 건강을 생각하라는 것이 세계 최대 식품 기업 네슬레의 슬로건이다. 네슬레 설립 당시 유럽 산모들의 영양부족으로 모유가 나오지 않아 아기의 사망률이 높았고 이 비율을 낮추기 위해 아기들에게 엄마 젖을 대신해서 아이의 양에 도움을 줄 수 있는 것이 무엇인지 연구하기 시작했다. 물론 수유가 가능한 산모들의 경우 직접 모유수유를 하는 것이 바람직하지만 그럴 수 없는 경우를 위해 수유제품을 개발하게 된 것이다.

또 매출보다는 고객의 안전을 위한 제품을 판매하기 위한 끊임없는 노력을 하고 있고 수유제품 개발과 더불어 환경원칙을 지정하다. 이는 생산량을 유지하면서도 물, 에너지 소비량을 절감하여 천연자원을 보존하고 낭비를 최소화하는 방안이다. 이외에 공공재단을 설립하여 전 세계의 양문제를 연구하고 긴급 구호 식품은 물론 보건 위생 교육에도 적극 힘쓰고 있다. 이러한 실천에서 고객은 소비자의 건강과 환경을 생각하는 어머니의 따뜻한 마음을 느낄 수 있다.

이러한 활동에 의한 고객들의 인식은 매출 성장뿐 아니라 최고의 기업으로 우뚝 설 수 있는 기틀을 마련해 주었고 다른 기업에게 이익을 창출해 내는 것만이 기업 성장을 이끌어 내는 것이 아니라는 인식을 심어 주었다. 단순히 상품을 판매하는 회사가 아니라 어머니의 입장에서 고객의 가슴까지 따스하게 만들어 주어야 한다.

04 프로세스 관리

(1) 기다림도 즐거워야 한다

기업의 이미지를 좌우하는 순간이 언제라고 생각하는가. 매장에 들어서는 단계, 주문하는 단계, 서비스를 제공받는 단계, 계산하는 단계? 또는 기업의 서비스를 경험하는 모든 순간이 고객의 인식에 적용되는 것일까. 진실의 순간을 가장 잘 표현해 주는 사례들을 통해 알아보자.

지난해의 1천만 명의 고객이 5명의 우리 스칸디나비아 항공사의 직원과 접촉을 했다. 이 접촉은 매번 평균 15초 정도이지만 1년 동안 5천만 번의 접점을 통해 우리는 고객의 마음에 SAS항공사의 이미지를 창조해 냈다. 궁극적으로 이러한 5천만 번의 진실의 순간을 통해서 우리 회사가 성공할 것인지 실패할 것인지가 결정될 것이다. 이러한 접점은 고객에게 SAS항공사가 최상의 대안이라는 것을 입증하는 순간일 것이다.

극장에 방문했을 때를 예로 들어보자. 극장에 가기 전 예매를 위해 전화를 했다면 콜 서비스 요원으로부터 첫 서비스를 경험하게 된다. 극장에 차를 타고 갔다면 도착했을 때 극장의 주차 요원으로부터의 서비스를 인식하게 되며 극장에 들어가기 전 매표소 직원으로부터 표를 확인받고 자리 안내를 받을 때, 영화가 끝나고 출입구 안내를 받을 때 등등 극장에 있는 내내 고객은 그 극장직원과의 서비스 상호교환을 지속할 것이다.

고객과의 접촉은 짧은 순간이지만 고객에게 긴 여운을 남긴다. 최초로 서비스를 경험했을 때 첫인상이 결정되는 것은 물론 이후 서비스 회사와 고객 간의 상호작용을 하는 시점 역시 중요하게 작용한다. 이는 고객만족과 재구매 의사에 영향을 미칠 것이며 기업은 이를 기회로 삼아 고객 충성도를 증가시키 도록 노력해야 한다.

(2) 진실의 순간

그렇다면 어떻게 고객에게 진실의 순간을 만족시킬 수 있을까. 순간순간 최선의 서비스와 노력이 필요하다. 고객에게 다가가기 위해 고객의 소리에 귀를 기울여야 하고 고객의 평가에서 하나도 빠짐없이 모든 서비스가 긍정적인 인식을 쌓을 수 있도록 해야 한다.

시간은 상대성 이론이다. 1초가 100년 같고, 100년이 1초로 기억될 수 있다. 당신이 10년 전의 일을 기억해 내는 데 걸린 시간과 회상속도를 생각해 보라. 벌써 당신의 과거의 아름답던 추억을 끄집어내는 데 1초도 걸리지 않았을 것이다. 당신의 추억의 1초는 당신을 견디게 하고 오늘을 살아가는 에너지인 것이다.

무언가를 간절히 기다리면 기다릴수록 시간이 더 더디게 가는 것처럼 느껴진다. 회사에 가는 버스가 오지 않을 때, 기다리는 전화가 오지 않을 때, 기분 전환을 위해 찾은 맛집 앞 길게 늘어선 사람들을 봤을 때, 주문한 음식이 늦게 나올 때, 누구나 한번쯤 기다림에 지쳤던 경험이 있었을 것이다.

또한 아웃백 스테이크하우스에서의 기다림은 행복이다. 레스토랑에 자리가 없을 경우 대기 고객들에게 '웨이팅 푸드(waiting food)'를 선사하고 있다. 대기자에게 소량의 음식을 대접하는 순간에도 정식메뉴와 메뉴판을 서비스한다. 웨이팅 푸드를 접한 고객은 "같이 온 친구들과 이것만 먹고 도망갈까"라는 농담까지 할 정도로 여러 가지 음식을 맛보기도 한다. 지점에 따라 평일 9시에도 운행되며 가끔 스테이크가 준비되어 나올 때면 고객의 배고픔과 지루함을 달래줄 뿐 아니라 기다림조차도 서비스를 접하는 시간으로 탈바꿈해 준다.

이외에도 대기 고객에게 수신기를 주고 음식이 나온 즉시 종업원들이 해당 번호의 고객에게 신호를 주면 신호를 받은 고객은 자신의 차례가 되었음을 알게 되는 '페이저(Pager) 서비스'를 시행하고 있다. 또 고객이 매장에 오지 않고 전화 한 통화로 예약을 할 수 있는 '콜 어헤드(Call Ahead)' 서비스 역시 고객지향 정신을 보여주는 사례로 나타난다.

고객 스스로 기다리고 있다는 것을 느끼지 못할 만큼의 서비스를 제공하고 있는가. 지속적인 커뮤니케이션을 통해 즐거움을 주는 대기시스템을 도입함으로써 기다림도 행복할 수 있다는 것을 보여주자.

또한 온라인 뱅킹 서비스의 프로세스 관리의 자동화는 고객들이 은행 직원의 도움 없이 자신의 계정에 접속하고, 잔고를 확인하며, 대출 신청을 하고, 다른 계좌로 돈을 이체할 수 있게 되었다. 온라인 서비스를 처음으로 제공한 곳은 미국의 웰스 파고 은행이다. 웰스 파고 은행은 자사의 온라인 고객들이, 일반 타 은행의 고객들이 갖는 만족도보다 더 큰 최상의 만족감을 가지고 있으며, 이를 보여주고 있음을 알게 되었다.

05 마케팅전략

(1) 경쟁전략

가. 원가우위

원가우위(cost leadership)란 경쟁사보다 낮은 원가로 공급하는 것을 뜻한다. 저원가전략을 수행함으로써 결과적으로 저가격이 가능해질 수 있으나 가격을 낮추는 저가격전략이 아닌 원가를 낮추는 저원가전략임을 명시해야 한다.

나. 차별화(differentiation)

가격을 더 받을 수 있는 독창적 제품을 공급한다.

- 고객이 원하는 부분을 차별화해야 한다,

- 차별화는 인지(by perception)이지 사실이 아니다.
- 모방에 의해 차별화 요소는 쉽게 소멸된다.

다. 집중화

본원적 전략(원가우위, 차별화)을 이용한 국지적 경쟁우위(일정하게 한정된 시장, 틈새시장 등에서의 경쟁우위를 말한다.)를 확보한다.

(2) 제품수명주기전략

가. 도입기

도입기(introduction)는 기업이 개발한 신제품을 처음으로 출시하는 단계로 개척기라고도 한다. 이 단계에서는 생산은 시험적으로 이루어지는 소량생산이며, 경로는 제한적이고, 경쟁자는 거의 없다. 이 단계는 낮은 판매율을 보이는 단계이며, 수익성 없으며, 제품 수용력 확장이 늦다. 제품의 하자 등 기술적 문제들이 발생하기도 하고, 소비자에게 충분한 물량을 공급하지 못한다. 제한적 판매망으로 인해, 판매 채널 확보와 프로모션을 위한 지출이 높은 단계이다. 경쟁은 적으며 주 소비자층은 고소득층이거나 혁신자들이 대부분이다. 따라서 기업은 그 제품에 대한 기본적 수요를 자극시켜야 한다. 따라서 광고는 신제품의 존재, 이점 및 사용방법 등을 소비자에게 알려 주는 것이어야 한다.

나. 성장기

성장기(growth)는 점차적으로 판매율이 성장하는 단계이며, 새로운 경쟁자들이 시장에 진입하거나, 새로운 제품들을 출시하기 시작한다. 판매 채널이 증가되지만, 프로모션 지출액은 도입기에 비해 약간 높아지며 수익이 점차로 증가한다. 이 단계에서는 급속한 시장성장률을 계속하기 유지하기 위하여 다음과 같은 전략을 수행하여야 한다.

다. 성숙기

판매율은 오히려 감소하기 시작한다. 가장 오래 지속되는 기간이며, 대부분의 제품들이 성숙기(maturity)에 있으므로 일반적으로 마케터들은 성숙기 제품들 위주로 전략을 수립하게 된다. 과잉생산, 치열한 경쟁, 가격 경쟁 심화 등으로 회사들은 합병을 고려하거나 제품의 업그레이드 버전을 출시하기도 한다. 약한 경쟁자들이 시장에서 도태되기 시작하므로, 이 단계에서 체계적이고 효율적인 마케팅전략을 제시하지 못하면 쇠퇴기가 빨리 올 수 있다. 성숙기에 기업은 다음과 같은 전략을 수행해야 한다.

라. 쇠퇴기

쇠퇴기(decline)는 제품을 생산하는 회사들의 수가 점차적으로 감소하는 단계이다. 프로모션을 줄이거나 제한하며, 제품 라인을 축소하는 경향을 보인다. 주 고객층은 충성고객이 중심이며, 기업은 그 브랜드를 다른 회사에 매각하거나 시장에서 회수하거나, 투자 없이 판매를 강행한다.

이 단계에서는 기업은 정기적으로 제품검토위원회를 개최하여 쇠퇴기에 있는 제품을 적시에 판별해 내고, 만일 시장 수정, 제품 수정 및 마케팅믹스 수정으로 재생의 여지가 엿보이지 않을 때는 때를 맞추어 즉시 폐기시키는 것이 현명하다.

빅데이터와 고객관계관리

01 고객관계관리의 본질

고객관계관리(Customer Relationship Management: CRM) 원론을 그동안 5~6년 강의해 오면서 CRM에 대한 내용이 단지 경영학 분야에만 적용되고 다루어지고 있는 것이 아니라 다양한 우리 사회 전 분야에서 '관계'에 대한 논의와 이야기가 더욱 많아지고 있음을 매일매일 일상 속에서 피부로 느끼고 있다.

(1) SNS와 관계관리

특히 소셜네트워크서비스(SNS)와 소셜커머스 등과 관련된 다양한 서비스들이 출시되면서 현대를 살아가고 있는 많은 사람들이 다양한 의미에서 다양한 사람들과 관계를 유지하고 그 관계를 넘어서서 사회적 연결망을 통해서 자신들만의 다양한 일상적인 이야깃거리들을 매초 또는 매시간에 걸쳐서 쏟아내고 있는 최근의 현상들은 우리 주변에서 매우 익숙한 모습들이다.

다양한 관계 속에서 자신들만의 특별한 관계를 형성해서 이를 바탕으로 사회적인 연결망을 다시 구축하고 이러한 다양한 관계 속에서 생산되어지는 의미 있는 가치들을 현대 기업들은 서비스라는 명목의 비즈니스의 주요 요인으로 활용하고 있다는 생각을 가지게 된다.

대학의 강의실에서도 많은 학생들은 수업시간에도 특별한 이유 없이 스마트폰을 책상 위에 꺼내놓고 자신이 가입한 페이스북, 트위터, 미투데이 등과

같은 서비스에서 실시간으로 올라오는 친구들의 다양한 실시간 지저귐(twitter)
들에 마음을 빼앗기고 실시간으로 반응하려고 하는 모습을 보면서 사람들은
어디엔가 항상 연결되어 있는 자신을 확인해야만 마음의 편안함을 느끼는 것
이 아닐까 하는 생각을 갖게 된다.

(2) 관계관리는 우리 생활 전체가 대상

고객관계관리는 일단 비즈니스 차원인 기업과 고객의 관계에서부터 출발
하지만, 이러한 관계는 우리들의 일상생활에서 다양한 차원을 이루고 있는데
부모관계, 이성관계, 남녀관계, 동맹관계, 하나님과 나와의 관계에 이르기까지
그 관계의 영역은 우리의 상상을 뛰어넘는다.

하지만 모든 관계의 기본적인 사상이나 정신은 서로를 제대로 알기 위한
노력과 정보들의 연결을 통해서 진실한 관계를 형성하는 데에까지 이르러야
한다. 기업은 고객의 마음을 이해하고 고객의 더 많은 정보를 획득하기 위해
서 노력하고 기존의 남남이던 관계에서 발전하여 '우리'라는 관계발전의 단계
에 이르러야 한다. 기업과 고객이 '우리'라는 단계에 이르러야만 서로에게 신
뢰가 쌓이고 고객 만족의 수준과 충성도가 더 높아지기 마련이다. 실제로 우
리 생활을 들여다보면 무수히 많은 사람들과의 네트워킹 속에서 살아가고 있
지만 그 주요 핵심은 기능적인 부분으로 묶여진 네트워크라고 할 수 있다.

예를 들어, 우리가 휴대폰을 사용할 때 특정 통신회사에 가입하게 되고
가입과 동시에 여러 종류의 멤버십에 가입하게 된다. 하지만 여기에는 관계라
는 의미는 없이 내가 어떤 종류의 상품이나 서비스를 구입할 때에 가격을 할
인해 주거나 좀 더 나은 서비스를 받을 수 있다.

다른 한편으로 중·고등학교의 동문회 같은 네트워크 집단은 기능보다는
관계로 뭉쳐진 집단으로서 여기에는 선·후배 간의 정과 그 학교만의 특별한
전통 같은 것을 강조하고 동일한 공동체 의식을 공유하려고 한다. 즉, 관계를
중요시 여기는 집단이라고 할 수 있다.

전문 서비스 영역에서도 마찬가지이다. 에스프레소 커피 한 잔, 빵을 굽
는 사람, 호텔리어, 소믈리에 등과 같은 전문 서비스 인력에서부터 지적, 영적

서비스를 담당하는 모든 전문 지도자에 이르기까지 '관계' 서비스를 향상시키기 위해서 노력하는 자만이 장기적으로 성공할 수도 있고 풍요로운 인간관계 속에서 행복해질 수 있다.

02 고객관계관리의 등장배경

고객과 기업 간의 강력한 관계는, 고객만족에 대한 실패의 부정적 영향으로부터 기업을 보호하는 데 도움을 줄 수 있다. 실패 후라도 만족의 증가, 애호도의 증대, 부정적 구전 커뮤니케이션의 감소 등의 편익을 제공한다. 관계를 지속할 것으로 기대하는 고객은, 장기적 관점에서 공정성의 균형을 고려한다. 그래서 서비스 회복 기대가 낮은 경향이 있고, 실패에 대한 즉각적인 보상으로 덜 요구할 수도 있다고 한다.

그러므로 실패가 발생했을 때, 강력한 고객관계의 구축은 서비스기업에게 중요한 완충장치를 제공할 수 있다. 고객과 '우리'라는 감정적 관계를 맺기란 쉬운 것은 아니지만, 그만한 가치는 충분히 있다. 친분이 있는 사람의 가게에 발이 한 번 더 가기 마련이다. '우리'라는 감정적 관계를 맺게 된다면, 손님이 아니라 매일 가족을 만나게 되는 것이고, 가족과 거래를 하는 것이다.

그동안 기업들의 경영혁신활동 또는 대규모 정보시스템의 투자 목적들이 내부(internal)의 효율성, 즉 품질(quality), 비용(cost), 시간(time), 서비스(service) 등에 초점을 두고 내부의 프로세스를 혁신시키고 이에 근거한 정보시스템의 도입이 대부분이었다. 그러나 이제 IMF와 글로벌 금융위기를 거쳐 오면서 기업은 실제로 고객을 통하여 수익을 창출해야 기업이 생존할 수 있다는 철저하고 냉철한 비즈니스 규칙(rules)에 대해서 배우기 시작하다. 따라서 고객관계관리는 내부의 프로세스 및 정보시스템의 효율성에 기반을 두고 철저하게 고객의 전생애단계(life stage)에 근거하여 고객으로부터 실제적인 이익을 창출하는데에 그 목적을 두고 있다.

기존의 한국기업들은 생산과 판매 그리고 이익 창출이 연결된 하나의 비즈니스라고 보기보다는 일단 금융기관 또는 정부로부터 자금조달을 통하여 제품을 생산하고 그 이후에 이익이 창출되건 손해를 보건 일단 만들고 보자는 식으로 기업을 운영해 온 것이 명백한 사실이었다. 결국 기업은 하나의 제품을 생산해서 얼마만큼의 이익을 내느냐에 목적을 두는 것이 아니라 누가 더 많이 생산하는지 또는 누가 더 규모의 경제를 통해서 제품을 생산하여 시장을 확보하는지에 대해서만 관심을 둔 것이 사실이다.

(1) 시장의 변화

시장의 규제완화로 인하여 새로운 시장으로의 진입 기회가 늘어남에 따라 동일 업종에서의 경쟁사가 많아지기 시작했다. 시장의 성숙에 의해서든 또는 전반적인 경제침체 때문이든, 시장의 수요가 별로 늘지 않는 상황에서 공급자들이 늘어나고 대체될 만한 상품이나 서비스가 많아지면서 그 시장은 실제 수요자가 중심이 되는 구매자시장(buyer's market)으로 변화하였다.

한정된 시장을 놓고 판매업체 사이에는 경쟁이 심화되기 마련이다. 시장에서 실세를 갖고 있는 고개들은 각자의 선호와 욕구에 맞는 상품과 서비스를 찾기 때문에 기업들은 전과 같이 고객을 동질적 집단으로 간주하고 무차별적으로 공략하는 매스 마케팅방식에 더 이상 의존할 수 없게 되었다. 이러한 시장 상황에서 고객에 대한 정보를 바탕으로 전략적인 고객세분화를 통하여 목표 고객군, 더 나아가서 개별화된 목표고객을 설정하고, 그에 적절한 마케팅믹스를 기획하고 실행하여 기존고객과의 관계를 강화해야 할 필요성이 대두되었다.

(2) 소셜네트워크의 등장

지금 우리가 살고 있는 이 시대는 인터넷이라는 거대한 정보망에 세계의 거의 모든 사람들과 연결되어 있다. 지금 컴퓨터를 켜고 인터넷에 접속을 하면 저 지구 반대편에 있는 나라의 뉴스도 볼 수 있고 날씨도 알 수 있는 시대이다. 인터넷을 이용하는 전 세계 사람들은 우리의 반대편에 살고 있는 사람들에 대한 궁금증이 생기게 되었고, 자연스럽게 그들에 대해 알고 싶어졌다.

언제, 어디서든 인터넷만 접속하게 되면 자신과 같은 생각을 하는 사람들과 대화도 할 수 있게 되었다. 이런 욕구를 충족시켜 주기 위한 사이트(트위터, 페이스북 등등)들이 개발되었다.

이런 사이트들은 전 세계의 인터넷 사용자들을 통합해 주었고 이를 통한 사람들의 네트워크가 형성되었다. 이 인터넷상에서의 네트워크를 소셜네트워크라고 한다. 소셜네트워크는 오프라인의 어떤 네트워크보다 거대하며 많은 사람들이 포함되어 있다. 따라서 이 소셜네트워크의 파괴력은 엄청나다. 최근 이 소셜네트워크를 이용해 이익을 창출해 내는 산업들이 발달하고 있다. 이렇듯 소셜네트워크는 이 세상에 새롭게 등장한 거대한 시장이다.

(3) 고객의 변화

최근 들어 어느 시장을 막론하고 고객들이 갖고 있는 기대와 요구가 다양화되고 있으며, 이러한 고객의 필요와 요구는 고객조차 모를 정도로 끊임없이 변화하여 고객만족은 더욱더 복잡해져 가고 있는 실정이다.

비록 상품 자체는 만족한다 할지라도 고객은 끊임없이 더 나은 서비스나 차별화된 대우를 요구하는데 이것이 바로 관계에 대한 가치이다. 이러한 현실에서 끊임없이 변화하는 고객의 기대와 요구에 부응하여 고객과의 관계를 유지하고 적절한 상품과 서비스의 차별화를 통해 장기적으로 기업의 경쟁적 우위를 고수하는 것이 현재 기업들의 당면과제이다. 이를 위해 많은 기업들은 고객중심적(customer-centric)인 경영방식인 CRM의 도입을 서두르고 있고, CRM은 기업의 필수적인 전략적 선택이라는 생각이 보편화되고 있는 것이다.

(4) 마케팅 커뮤니케이션의 변화

기존 매스 마케팅방식의 비효율성은 광고를 비롯한 마케팅 커뮤니케이션 방식에서도 나타난다. 고객의 이질성이 심해지고 이로 인해 시장이 점점 세분화 되어 가고 있을 때, 뚜렷이 차별화되지 못한 획일적인 메시지를 불특정다수의 고객에게 반복하여 뿌리는 매스 미디어상의 브로드캐스팅 광고는 더 이상 효과적이지 못하다.

　따라서 광고의 효율성을 높이기 위해서는 우선 구체적인 광고의 목표를 세우고 이를 달성하기 위한 목표 고객을 찾아낸 후에 그들의 필요나 욕구를 채워 줄 수 있는 상품이나 서비스에 대한 차별화된 광고 메시지를 선별하는 것이 필요하다. 또한 광고는 단순히 상품이나 서비스를 고객에게 알리는 목적으로가 아니라 고객과의 장기적인 관계유지라는 관점에서 전체적인 커뮤니케이션으로 이해하고 그에 맞는 활동을 전개하는 것이 광고의 효율성을 높이기 위한 방안이다.

03 고객관계관리의 정의와 특징

　최근에는 기업의 사업 규모가 확대되고 제품과 서비스의 복잡성이 증가함에 따라 기존 CRM시스템에서의 문제점들도 속속 나타나고 있다. 고객수요에 대한 비탄력적, 비대면 판매와 비대면 서비스의 증가 및 채널의 다양화, 고객질의의 폭증 및 다양화, 전문 고객 서비스 인원의 인건비 증가, 시간과 장소의 제약 등 전통적인 CRM시스템이 처리하지 못하는 부분들이 늘어나고 있으며 B2B, B2C전자상거래의 급성장에 따라 기업들은 고객 서비스 향상에 더 많은 관심이 필요하게 되었다.

(1) CRM의 개념 및 정의

가. Pricewaterhouse Coopers

　CRM은 '기업들이 고객행동을 통해 경영성과를 높이고자 전략, 프로세스, 조직, 기술 등을 변화시켜 나가는 과정으로서 이를 위해 고객에 대한 지식을 획득하고 이러한 지식을 다양한 경로를 통하여 이용하며, 이를 통하여 수익을 늘리고 운영상의 효율성을 도모하는 활동'이다. 이는 크게 고객에 대한 학습단계와 학습을 기반으로 한 고객에 대한 대응단계의 두 가지로 구분하여 이해할 수 있는데, 이렇게 고객행동을 이해하고 영향을 주게 되면 수익성이 확대되고 기존고객을 유지하며 신규고객을 획득하는 것이 가능해진다.

나. 가트너 그룹

고객관계관리는 신규고객 획득, 기존고객 유지, 고객수익성 증대 등을 위하여 지속적인 커뮤니케이션을 통해 고객행동을 이해하고 영향력을 주기 위한 광범위한 접근으로써 고객에 대해 학습하고, 학습된 내용을 바탕으로 고객에 대응하는 계속적인 반복과정이라고 정의하고 있다.

다. Flanagan & Safdie

무엇보다 중요한 것은 CRM이 단순히 정보기술에 의해 이루어진 시스템 이라기보다는 하나의 프로세스라고 주장한다.

(2) 고객관계관리의 특징

고객관계관리 과거 기업이나 학계에서 제시되었던 데이터 마케팅과 차별 되는 점은 다음과 같이 크게 3가지로 설명할 수 있다.

가. 시장점유율보다는 고객점유율에 비중을 둔다

기존고객 및 잠재고객을 대상으로 고객유지 및 이탈방지, 타 상품과의 연계판매(cross-sell) 및 수익성이 높은 상품을 판매하기 위한 성향판매(up-sell) 등 1:1 마케팅전략을 통해 고객점유율을 높이는 전략이 필요하다. 이를 위해서는 기업의 고객을 여러 가지 기준으로 분류하는 작업이 선행되어야 한다.

어느 고객이 우리 기업에게 가장 가치 있는 고객인가? 어떤 고객이 다른 회사로 이탈할 가능성이 높은 고객인가? 연계판매가 가능한 대상 고객은 누구 인가? 등의 관점에서 기존고객을 분류하고, 분류된 고객별로 차별적인 마케팅

전략을 집행하기 위해서 고객과의 다양한 접점(contact point)을 활용하며, 고객
의 반응결과를 다시 피드백을 통해 보다 향상된 고객관계관리 전략을 수립할
수 있게 된다.

나. 고객획득보다는 고객유지에 중점을 둔다

마케팅활동의 초기에는 더 많은 고객을 획득하기 위해 노력해 왔다. 심지
어는 정보를 제공해 주는 고객들에게는 다양한 상품 및 할인 정책을 제시하기
도 한다. 그러나 이제는 한 사람의 우수한 고객을 통해 기업의 수익성을 높이
며, 이러한 우수한 고객을 유지하는 것에 중점을 두는 방향으로 바뀌어야 한다.
매스 마케팅(mass marketing)을 통해 검증되지 않은 고객들을 획득하기보다는 검
증된 한 명의 우수한 고객이 기업에게는 훨씬 더 도움이 될 것이기 때문이다.

다. 제품판매보다는 고객관계에 중점을 둔다

기존 마케팅 방향은 모든 소비자를 대상으로 대량 생산한 제품을 대량
유통시키고, 대량촉진(promotion)을 해 왔다. 이는 고객중심이라기보다는 기업
의 입장에서 제품을 생산한 것이다. 반면 CRM은 이것을 고객의 입장에 맞추
는 작업이며 고객과의 관계를 기반으로 고객의 입장에서 제품을 만드는 것이
다. 즉, 고객이 원하는 상품을 만들고 고객의 입장에서 고객의 욕구를 파악하
여 그 고객이 원하는 제품을 공급하는 것이다.

04 통합 고객관계관리 모형

고객관계관리는 기업의 다양한 부서와 조직들 간의 원활한 정보의 흐름
과 실시간 경영이 가능한 경우에 매우 효율적으로 그 특징을 잘 활용할 수 있
다. 예를 들어, 단순히 고객의 주문 접수를 원활하게 처리하였다고 해서 끝나
는 것이 아니라 주문된 접수 건은 기업 내부의 생산능력과 재고수준 그리고

물류기능 간의 정보교류 등 조직의 통합된 정보처리와 의사결정 프로세스 상
에서 원활하게 처리되어야 한다.

　　이를 위하여 고객관계관리에서는 기업은 고객에게 일관된 하나의 모습
(on face to the customer)으로 고객 대응 시 서비스 및 정보를 제공하여야 한다.
이를 달성하기 위해서는 기업은 모든 고객 채널들이 정보를 전방조직 또는 후
방조직과 실시간으로 통합되어 있어야 한다.

(1) 고객접점(contact-office)

　　CRM의 첫 번째 요소로서는 다양한 고객채널과 연계하여 시행하는 과정
이 필요하다. 즉, 기업과 고객의 모든 접점에서 고객 데이터를 바탕으로 분석
된 정보를 이용하여 고객의 감동을 이끌어 낼 수 있는 실질적인 활동이 필요
한 것이다.

(2) 전방조직(front-office)

　　CRM은 영업, 마케팅, 고객 서비스에 초점을 맞춰 기업 전방조직의 기능
을 강화한다. 영업은 일반적으로 업사원이 현장에서 직접 고객과 만나서 이루
어지는 부분과 웹상에서 이루어지는 인터넷 세일즈 및 콜 센터의 상담원들의
텔레세일즈 등이며 마케팅은 마케팅계획을 수립하거나 캠페인을 수립하고 실
행하는 부분들이며 서비스는 고객의 불만사항이나 요구사항들을 처리해 주는
부분들을 말하고 있다.

　　여기에는 전자메일, 채팅, 전화, 팩스 등 고객으로부터(inbound call)의 요
구사항들을 처리해 주며 기업 내부로부터 고객에게(outbound call) 행하여지는
텔레세일즈, 텔레마케팅을 지원하는 콜 센터 애플리케이션이 하나의 중심을
이루고 있다.

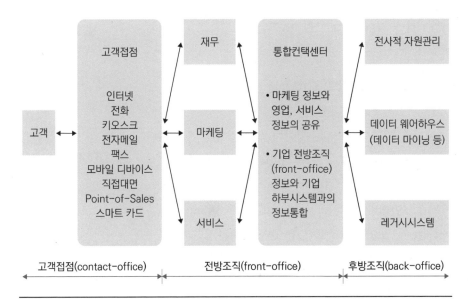

그림 12-1 ▎ 통합 고객관계관리 모형

자료: 김승욱·강기두·김민철(2019), 고객관계관리, 무역경영사.

(3) 후방조직(back-office)

CRM은 기업 레거시시스템(legacy system), 전사적 자원관리(Enterprise Resource Planning: ERP)시스템 그리고 데이터 웨어하우스(Data Warehouse) 등과도 통합되어 운영되어야 한다.

종합적으로 고객의 입장에서는 고객이 모든 요구사항들을 시간이나 공간의 제약 없이 자신에게 필요한 정보를 획득할 수 있고, 제품을 구매하고 불만사항들에 대한 서비스를 받기 원하고 있다. 이러한 고객의 요구에 대한 대응방법 및 과정은 고객에게 있어 경험으로써 축적되며 다음번에 제품 구매계획에 있어 중요한 의사결정의 판단으로 작용되고 있다.

05 고객관계관리의 종류

(1) 전략 기반의 CRM

전략 기반의 CRM은 명확히 목적을 설정하고, 목표고객을 명확히한 다음 실행될 때 비로소 효과를 발휘한다는 입장을 취한다. 또 CRM은 반드시 전사적 전략과 정합성을 지녀야 한다는 것을 강조한다.

즉, 먼저 기업의 핵심 역량이 무엇이며 핵심 역량을 중심으로 사업을 전개하는 데 필요한 요소들은 무엇인지를 분명히 한 후, 그 속에서 CRM의 위상을 찾는다. 그 다음 CRM의 목적을 분명히 하고, 그 목적 달성을 위한 실행 프로그램과 정보기술시스템의 요건을 결정하는 순서로 진행된다.

CRM전략은 나머지 3가지 유형의 CRM을 도입하기 이전에 반드시 수립되어야 한다. 그리고 CRM전략은 CRM을 도입하는 기업이 직접 수립하거나, CRM시스템 공급업체와 관련 없는 컨설팅업체에 의뢰하여 수립해야 한다.

(2) 데이터베이스 기반의 CRM

데이터베이스 기반에 바탕을 둔 CRM이든, 고객접점 관리에 바탕을 둔 CRM이든 간에 고객을 이해하는 데 바탕이 되는 데이터베이스가 반드시 필요하다는 입장에서 출발한다. 이러한 주장은 데이터 웨어하우스의 등장과 함께 그 강도가 높아졌다.

데이터 웨어하우스란 분석용 데이터를 모아 놓은 정보창고를 의미한다. 이는 기존의 운영계 데이터베이스가 현장의 업무 처리를 편리하게 해 주는 목적으로 구축되었기 때문에, 분석용 정보는 효과적으로 제공하지 못한다는 한계점을 극복하기 위해 등장하였다. CRM은 고객에 대한 지식을 바탕으로 하는 것이므로 데이터베이스는 필수조건이다. 그런데도 데이터베이스 중점의 CRM이라는 것을 CRM에 관한 하나의 유형으로 따로 상정하는 것은 이 유형이 데이터베이스의 범위와 역할에 관해서 다소 과도한 주장을 하고 있기 때문이다.

즉, 이 유형은 CRM을 위해서는 다양한 분석이 필요하며 그 분석의 형태는 미리 예측하기 어렵기 때문에 분석의 필요성이 조금이라도 있는 정보를 포괄적으로 데이터베이스에 적재하여 미래의 정보 수요에 대응해야 한다고 주장한다. 물론 이런 막강한 데이터베이스를 갖추면 좋다. 문제는 시간과 돈이다. 방대한 데이터베이스를 구축해도 실제 분석에 쓰이는 것은 몇 가지 반복적인 분석들이 대부분이다.

따라서 많은 데이터들이 한번 제대로 분석도 되지 못한 채 시스템과 데이터가 진부화되는 경우가 많다. 필요한 데이터만으로 데이터베이스를 구축한다면, 훨씬 적은 비용으로 신속하게 구축할 수 있다. 또 데이터 웨어하우스는 분석의 기반이 되는 가치중립적 수단일 뿐, 그 자체로는 아무런 해답도 제공하지 않는다. 따라서 명확한 목적과 분석 기술 없이 데이터 웨어하우스를 구축한다면 현실적으로 아무런 의미가 없게 된다.

(3) 분석 기반의 CRM

분석 기반의 CRM의 주장은 고객정보를 잘 분석하면 피상적으로 보이는 내용이 아닌, 무엇인가 숨겨진 비밀을 발견할 수 있다는 것이다. 데이터베이스 중심 CRM이 데이터 수집과 저장에 초점을 두고 있다면, 분석 중심 CRM은 수집된 데이터의 분석에 초점을 둔다. 마이닝이란 용어 자체가 의미하는 것과 같이, 데이터 마이닝이란 쌓여 있는 데이터 속에서 유용한 정보를 꺼내는 것이다. 이때 효과적으로 정보를 분석하기 위해 통계적인 기법이나 신경망(Neural Network)기법이 활용된다.

경영사례 PART 03: 다음카카오 ────────────────────────── 📖

1. 과거의 다음과 카카오

1995년에 당시 영동고등학교 동창생이었던 창업주 이재웅 님과 지금은 작고하신 박건희 님이 각자의 전문 분야인 인터넷과 예술을 접목한 사이트를 만들기로 하였고, 이렇게 만들어진 초기의 다음은 예술 작가들의 사진과 회화를 전시하는 '버추얼 갤러리' 형태의 서비스로 시작했다. 1998년 12월에 다음은 '한메일넷'으로 포털 서비스를 개시했다. 다음은 한메일 성공을 발판삼아 1999년 본격적으로 포털 서비스를 시작하였고, 다음 포털에서 정보검색, 뉴스, 이메일 등이 가능하게 되었다. 1999년 7월에 다음은 '한메일넷'에서 '다음'으로 브랜드명을 변경하고 본격적으로 포털 서비스를 시작했다.

카카오톡의 창업주 김범수 의장은 우연히 후배의 연구실에 놀러갔다가 한 번도 본 적 없는 사람들이 친구처럼 대화하는 것을 보고 이것을 계기로 pc통신 분야에 관심을 갖게 되었으며 스마트폰과 문자의 급성장하는 흐름에 대한 확신을 갖고 무료문자 사업에 뛰어들었다. 초창기 카카오톡의 이름은 '아이위랩'이고 직원 4명이서 2달 안에 만들자는 '4-2법칙'을 세워 무료 메시지 앱이라는 아이디어로 회의를 거쳤고 그 후 오직 문자 서비스에 초점을 맞춘 카카오톡이 출시되었다.

2. 다음과 카카오의 사업

1) 다음의 사업

- 마이피플: 모바일 메신저, 아이폰, 안드로이드 애플리케이션 다운로드 및 채팅, 무료 통화 기능 제공
- 카페: 오픈 동호회 서비스, 카페 랭킹정보, 서포터즈 안내, 스타 공식커뮤니티 운영
- 메일: 다음 제공 메일 서비스, 주소록, 캘린더 등 기능 제공
- 다음 지도: 다음 지도 검색 서비스, 교통, 맛집정보 및 빠른길 찾기, 로드뷰 등 안내
- 미디어 다음: 다음 뉴스 서비스, 블로거 뉴스, 네티즌이 뽑은 뉴스, 만화 속 세상 등 제공

- 다음 부동산: 부동산 정보 사이트, 원룸, 아파트 등 매매, 월세, 투자정보, 분양 자료 및 기사 수록
- 다음 뮤직: 음악감상, 가요, 뮤직비디오 등 감상 서비스, mp3 다운로드, 음악 뉴스, 방금 그 곡 등 제공
- 다음 영화: 영화 상영 정보, 예매 및 시간표 안내, 순위, 영화광 클럽, 뉴스매거진 제공
- 다음 키즈짱: 유아포털사이트, 애니메이션, 놀이, 학습 컨텐츠 제공
- 다음 책: 소설, 외국어, 유아, 만화 등 분야별 도서 소개, 리뷰, 베스트셀러 안내
- 다음 TV팟: 다음 커뮤니티 동영상 서비스, 주제별 동영상 및 랭킹정보, 동영상 카페 제공
- 다음 스토리볼: 요일별, 인기, 공감, 주제별 스토리, 활용서 서비스 등 제공

2) 카카오의 사업

- 카카오톡: 스마트폰 모바일 메신저 서비스, 그룹 채팅, 일대일 채팅, 지인추천 기능 등 소개
- 카카오토픽: 카카오 제공 콘텐츠 추천 서비스, 서비스 소개, 다운로드 링크 제공
- 카카오 플레이스: 카카오톡 위치기반 서비스, 특징, 사용방법, 앱 다운로드 등 제공
- 카카오 뮤직: 소셜 음악 서비스 카카오뮤직
- 카카오 페이지: 친구와 나누는 콘텐츠 세상, 함께 크는 콘텐츠 마켓, 페이지 에디터 사용법 안내
- 카카오 스타일: 최정상 인기 쇼핑몰과 상품을 한 번에 볼 수 있는 카카오 스타일
- 카카오홈: 카카오 제공, 안드로이드폰 전용 런처 카카오홈, 폰 꾸미기, 간편 답장, 필수 위젯 등 사용방법 안내
- 카카오 그룹: 카카오 제공 모바일 커뮤니티, 사진, 동영상, 파일 공유, 관심사 그룹 찾기 제공
- 카카오 아지트: 인터넷, 스마트폰 연동 실시간 그룹 커뮤니케이션 서비스, 사진, 동영상, 파일, 장소 공유, 일정기능 제공
- 카카오 스토리: 카카오 제공 소셜네트워크서비스, 친구 소식, 내스토리, 앱 다

운로드 등 제공
- 카카오 게임: 카카오톡 모바일 게임 서비스, 게임소개 및 다운로드 안내
- 카카오픽: 카카오가 Pick한 상품을 친구에게 Pick해 줄 수 있는 모바일 쇼핑 서비스
- 카카오 앨범: 모바일 소셜 앨범 서비스, 특징, 이용문의, 앱 다운로드 등 안내
- 카카오 ZAP: 카카오 제공, 인스턴트 기반의 사진 메신저

3) 해외로 뻗어나가는 다음카카오

가. 베이징 카카오 Beijing KAKAO Co., LTD.
중국사업을 위한 전초 기지로서 당사와 함께할 현지 파트너를 발굴하고 사업기회를 모색하기 위하여 2013년 6월 베이징 카카오를 설립, 운영하고 있다.

나. 카카오 싱가포르 KAKAO SINGAPORE PTE. LTD.
인도네시아, 필리핀, 말레이시아 등 동남아시아 지역 사업추진을 위하여, 해당 지역 모바일 네트워크 인프라 구축의 목적으로 2013년 4월 카카오 싱가포르를 설립, 운영하고 있다.

다. 카카오 재팬 KAKAO JAPAN Corp.
2011년 7월, 스마트폰 보급률이 가장 빠른 일본시장 진출을 위해 설립한 회사이다. 2012년 10월부터는 야후 재팬과 손을 잡고 카카오 재팬을 합작 회사로 운영하며 일본시장에서 카카오톡을 비롯한 모바일 서비스를 공동 진행하였지만 현재는 단독 진행을 하고 있다.

Part 3. 참고문헌 ──────────────────────────── 📖

김승욱·강기두(2012), 고객관계관리(CRM)원론, 법문사.

김승욱(2012), 경영학 콘서트, 필통.

박정호·강병욱(2014), EBS 매경 TEST 핵심이론서, WOWPASS.

안광호·하영원·박흥수 공저(2012), 마케팅원론, 학현사.

한국경제매거진(2013), [마케팅 완벽 해부] 최신 동향 한눈에, 최신 마케팅 트렌드.

Achrol, Ravi S.(1991), "Evolution of the Marketing Organization: New Forms for Turbulent Environments," Journal of Marketing, 55: 77-93.

Anderson, Erin and Barton Weitz(1989), "Determinants of Continuity in Conventional Industrial Channel Dyads," Marketing Science, 8: 310-323.

Anderson, Erin and Barton Weitz.(1992), "The Use of Pledges to Build and Sustain Commitment in Distribution," Journal of Marketing Research, 24: 18-34.

Anderson, Erin, Leonard M. Lodish, and Barton A. Weitz(1987), "Resource Allocation Behavior in Conventional Channels," Journal of Marketing Research, 24: 85-97.

Anderson, James C. and James A. Narus(1984), "A Model of the Distributor's Perspective of Distributor-Manufacturer Working Relationships," Journal of Marketing, 48: 62-74.

Anderson, James C. and James A. Narus(1990), "A Model of Distributor Firm and Manufacturer Firm Working Partnerships," Journal of Marketing, 54: 42-58.

Andreson, C. Fornell, and D. R. Lehmann(1994), "Customer Satisfaction, Market Share, and Profitability: Finding From Sweden," Journal of Marketing, 58(July), 53-66.

Arndt, Johan(1979), "Toward a Concept of Domesticated Markets," Journal of Marketing, 43: 69-75.

Baker, Julie(1987) "The Role of Environment in Marketing Service: The Consumer Perspective," in J. A. Czepiel, C. Congram and J. Shanaham eds., "The Service 188 Challenge: Integrating for Competitive Advantage, Chicago, IL: American Marketing Association, 79-84.

Baker, Julie(1990), The Effects of Retail Store Environment on Consumer Perceptions of Quality, Price and Value, Ph. D. Dissertation, Texas: A&M University.

Beaton, M. and C. Beaton(1995), "Marrying Service Providers and their Cliants: a relationship approach to services management," Journal of Marketing Management, 11: 55-70.

Becker, Howard S.(1960), "Notes on the Concept of Commitment," American Journal of Sociology, 66: 32-42.

Belk, R. W.(1975), "Situational Variables in Consumer Behavior", Journal of Consumer Research, 2 (December), 157-164.

Berry, Leonard L. and A. Parasuraman(1991), Marketing Services, New York: The Free Press.

Berry, Leonard L.(1995), "Relationship Marketing of Services-Growing Interest, Emerging Perspectives," Journal of the Academy of Marketing Science, 23(4): 236-245.

Bitner, Mary J.(1990), "Evaluating Service Encounters: The Effects of Physical Surroundings and Employee Responses," Journal of Marketing, 54 (April), 69-82. (1992), "Servicescapes: The Impact of Physical Surroundings on Customers and Employees," Journal of Marketing, 56 (April), 57-71.

Bleek, Joel and David Ernst(1993), Collaborating to Compete, New York: John Willy & Sons, Inc.

Bonnici, P.(1999), Visual Language, Watson-guptill publication.

Boyle, G.(2003), Design Project Management, Ashgate Publishing Limited.

Bruce, M., B. H. Jevaker(1998), Management of Design Alliances, John Wiley & Sons, Ltd..

Bruce, M., J. Bessant(2002), Design in Business: Strategic Innovation through design, Pearson Education Limited.

Bruce, M., R. Cooper(1997), Marketing and Design Management, International Thomson Business Press.

Cook, Karen S. and Richard M. Emerson(1978), "Power, Equity, and Commitment in Exchange Networks," American Sociological Review, 43: 721-739.

Cooper, R., M. Press(1994), The Design Agenda: A Guide to Successful Design

Management, John Wiley & Sons, Ltd..

Crosby, Lawrence A. and Nancy Stephens(1987), "Effects of Relationship Marketing on Satisfaction, Retention, and Prices in the Life Insurance Industry," Journal of Marketing Research, 24: 404-411.

Crosby, Lawrence A., Kenneth R. Evans, and Deborah Crowles(1990), "Relationship Quality in Services Selling: An Interpersonal Influence Perspective," Journal of Marketing, 54: 68-81.

De Mozota, B. B.(2003), Design management, Allorth Press.

Del, H., B. Roger., K. A. Coney(2004), Comsumer Behavior, 9th ed., McGraw-Hill.

Dwyer, F. Robert and Sejo Oh(1987), "Output Sector Munificence Effects on the Internal Political Economy of Marketing Channels," Journal of Marketing Research, 24: 347-358.

Dwyer, F. Robert, Paul H. Schurr, and Sejo Oh(1987), "Developing Buyer-Seller Relationships," Journal of Marketing, 51: 11-27.

Eisenberger, Robert, Peter Fasolo, and Valerie Davis-LaMastro(1990), "Perceived Organizational Support and Employee Diligence, Commitment, and Innovation," Journal of Applied Psychology, 75(1): 51-59.

Erdener, Carolyn B.(1990), A Transaction Costs Analysis of the Relationship between Strategy, Structure, and Innovation, Submitted to the Faculty of Graduate School for the Degree of Doctor of Philosophy in the School of Business, Indiana University, April.

Fill, C.(2005), Marketing Communications, 4th ed. Prentice-Hall.

Frascara, J.(2002), Design and the Social Science: Making Connections, Taylor & Francis.

Frazier, Gary L., Robert E. Spekman, and Charles R. O'Neal(1988), "Just-in-Time Exchange Relationships in Industrial Markets," Journal of Marketing, 52: 52-67.

Ganesan, Shankar(1994), "Determinants of Long-Term Orientation in Buyer-Seller Relationships," Journal of Marketing, 58: 1-19.

Gorb, P.(1990), Design Management, Architecture Design and Technology Press.

Grönroos, C.(1990), "Relationship Approach to Marketing in Service Contexts: The Marketing and Organizational Behavior Interface," Journal of Business Research,

20: 3-11.

Grönroos, C.(1994), "From Marketing Mix to Relationship Marketing: Towards a Paradigm Shift in Marketing," Management Decision, 32(2): 4-20.

Gundlach, Gregory T., Ravi S. Achrol, and John T. Mentzer(1995), "The Structure of Commitment in Exchange," Journal of Marketing, 59: 78-92.190

Heide, Jan B. and George John(1990), "Alliances in Industrial Purchasing: The Determinants of Joint Action in Buyer-Supplier Relationships," Journal of Marketing Research, 27: 24-36.

Heide, Jan B. and George John(1992), "Do Norms Matter in Marketing Relationships?" Journal of Marketing, 56: 32-44.

Hollins, G., B. Hollins(1991), Total Design: Managing the Design Process in the Service Sector, Pitman Publishing.

Hrebiniak, Lawrence G.(1974), "Effects of Job Level and Participation on Employee Attitudes and Perceptions of Influence," Academy of Management Journal, 17: 649-662.

http://magazine.hankyung.com/jobnjoy/apps/news?popup=0&nid=05&nkey=20130614000 38048705&mode=sub_view

Hunt, Shelby D.(1983), "General Theories and the Fundamental Explananda of Marketing," Journal of Marketing, 47: 9-17.

Hunt, Shelby D., Van R. Wood, and Lawrence B. Chonko(1989), "Corporate Ethical Value and Organizational Commitment in Marketing," Journal of Marketing, 53: 79-90.

Jerrard, R., D. Hands, and J. Ingram(2002), Design Management Case Studies, Routledge.

John, George(1984), "An Empirical Investigation of Some Antecedents of Opportunism in a Marketing Channe," Journal of Marketing Research, 21: 278-289.

Johnson-George, Cynthia and Walter C. Swap(1982), "Measurement of Specific Interpersonal Trust: Construction and Validation of a Scale to Assess Trust in a Specific Othe," Journal of Personality and Social Psychology, 43(6): 1306-1317.

Kotler, P., K. L. Keller(2006), Marketing Management, 12th ed., Pearson Education Limited.

Kotler, P., V. Wong, and J. S. G. Armstrong(2005), Principles of Marketing, 4th ed.

Pearson Education Limited.

Larzelere, Robert E. and Ted L. Huston(1980), "The Dyadic Trust Scale: Toward Understanding Interpersonal Trust in Close Relationships," Journal of Marriage and the Family, 42: 595-604.

Levinthal, Daniel A. and Mark Fichman(1988), "Dynamics of Interorganizational Attachments: Auditor-Client Relationships," Administrative Science Quarterly, 33: 345-369.

Liechty, Margaret G. and Gilbert A. Churchill, Jr.(1979), "Conceptual Insights into Consumer Satisfaction with Services," in Educators' Conference Proceedings, Series 44, N. Beckwith et al., eds. Chicargo: American Marketing Association: 509-515.

Lovelock, C., S. Vandermerwe, B. Lewis(1999), Services Marketing: A European Perspective, Prentice-Hall Europe.

Lovelock, Christopher H.(1983), "Classifying Services to Gain Strategic Marketing Insights," Journal of Marketing, 47: 9-20.

Macneil, Ian R.(1980), The New Social Contract, New Haven, CT: Yale University Press.

Malnar, J. M., F. Vodvarka(2004), Sensory Design, University of Minnesota Press.

McDonald, Gerald W.(1981), "Structual Exchange and Marital Interaction," Journal of Marriage and the Family, November: 825-839.

McKenna, Regis(1991), Relationship Marketing, Addison-Wesley Publishing Company, Inc.

Meyer, John P. and Natalie J. Allen(1984), "Testing the "Side-Bet Theory" of Organizational Commitment: Some Methodological Considerations," Journal of Applied Psychology, 69(3): 372-378.

Milligan, A., S. Smith(2006), See, Feel, Think, Do: The Power of Instinct in Business, Marshall Cavendish.

Mohr, Jakki and John R. Nevin(1990), "Communication Strategies in Marketing Channels: A Theoretical Perspective," Journal of Marketing, 54: 36-51.

Moorman, Christine, Gerald Zaltman, and Rohit Deshpande(1992), "Relationships Between Providers and Users of Market Research: The Dynamics of Trust Within and Between Organization," Journal of Marketing Research, 29: 314-328.

Morgan, Robert M. and Shelby D. Hunt(1994), "The Commitment-Trust Theory of

Relationship Marketing," Journal of Marketing, 58: 20-38.

Palmer, A.(2005), Principles of Services Marketing, 4th ed., McGraw-Hill.

Parasuraman, A., Valarie A. Zeithaml, and Leonard L. Berry(1985), "A Conceptual Model of Service Quality and Its Implications for Future Research," Journal of Marketing, 49: 41-50.

Perrien, J. and L. Ricard(1995), "The Meaning of a Marketing Relationship: A Pilot Study," Industrial Marketing Management, 24: 37-43.

Phillips, Peter L.(2004), Creating the Perfect Design Brief: How to Manage Design for Strategic Advantage, Allworth Press.

Pickton, D., A. Broderick(2005), Integrated Marketing Communications, 2nd ed., Prentice-Hall.

Porter, Lyman W., Richard M. Steers, Richard T. Mowday, and Paul V. Boulian(1974), "Organizational Commitment, Job Satisfaction, and Turnover among Psychiatric Technicians," Journal of Applied Psychology, 59(5): 603-609.

Porter, Michael E.(1980), Competitive Strategy, Free Press.

Preddy, S.(2004), How to Market: Design Consultancy Services, 2nd ed., Gower Publishing Limited.

Press, M., R. Cooper(2003), The Design Experience, Ashgate Publishing Limited.

Rempel, John K. and John G. Holmes(1986), "How Do I Trust Thee?" Psychology Today, 20: 28-34.

Rempel, John K., John G. Holmes, and Mark P. Zanna(1985), "Trust in Close Relationships," Journal of Personality and Social Psychology, 49(1): 95-112.

Rutter, P. A., A. S. Martin(1990), Management of Design Offices, Thomas Telford Ltd.,.

Schmitt, B. H.(1999), Experiential Marketing, John Wiley & Sons Inc..

Schmitt, B. H.(2003), The Customer Experience Management: A Revolutionary Approach to Connecting with your Customers, John Wiley & Sons Inc.,

Schmittt, B. H. A. Simonson(1997), Marketing Aesthetics, The Free Press.

Schurr, Paul H. and Julie L. Ozanne(1985), "Influences on Exchange Processes: Buyers' Preconceptions of a Seller's Trustworthiness and Bargaining Toughness," Journal of Consumer Research, 11: 939-953.

Shapiro, Susan P.(1987), "The Social Control of Impersonal Trust," American Journal of
    Sociology, 93(3): 623-658.

Sherman, Stralford(1992), "Are Strategic Alliances Working?" Fortune, September: 77-78.

Sherry, John F. Jr.(1998), Service Scapes, NTC Business Books.

Skinner, Steven J., O. C. Ferrell, and Alan J. Dubinsky(1988), "Organizational Dimensions
    of Marketing-Research Ethics," Journal of Business Research, 16(2): 209-223.

Solomon, M., Gary Bamossy, Soren Askegaard(2002), Consumer Behaviour: A European
    Perspective, 2nd ed., Prentice-Hall.

Thompson, Linda and Graham B. Spanier(1983), "The End of Marriage and Acceptance
    of Marital Termination," Journal of Marriage and the Family, February: 103-113.

Thorelli, Hans B.(1986), "Networks: Between Markets and Hierarchies," Strategic
    Managrment Journal, 7: 37-51.

Wackman, Daniel B., Charles T. Salmon and Caryn C. Salmon(1986), "Developing an
    Advertising-Client Relationship," Journal of Advertising Research, 26: 21-28.

Webster, Frederick E., Jr.(1992), "The Changing Role of Marketing in the Corporation,"
    Journal of Marketing, 56: 1-17.

Wheeler, A.(2006), "Designing Brand Identity: A complete Guide to Creating," Building,
    and Maintaining Strong Brands, 2nd ed., John Wiley & Sons, Ltd.,

Williams, A., D. Hands, M. O'Brien(2006), Proceedings: D2B The First International
    Design Management Symposium Shanghai 2006, The University of Salford.

Williamson, Oliver E.(1975), Markets and Hierarchies: Analysis and Antitrust Implications,
    New York, The Free Press.

Williamson, Oliver E.(1979), "Transaction-Cost Economics: The Governance of Contractual
    Relations," The Journal of Law and Economics, 22: 233-261.

Williamson, Oliver E.(1981), "The Economics of Organization: The Transaction Cost
    Approach," American Journal of Sociology, 87(3): 548-577.

Williamson, Oliver E.(1985), The Economic Institutions of Capitalism, New York: The
    Free Press.

Wilson, D. T.(1995), "An Integrated Model of Buyer-Seller Relationships," Journal of the
    Academy of Marketing Science, 23(4): 335-345.

Zand, Dale E.(1972), "Trust and Managerial Problem Solving," Administrative Science
        Quarterly, 17: 229-239.
Zeithaml, Valarie A., M. Jo. Bitner(2003), Services Marketing, 3rd ed., McGraw-Hill.

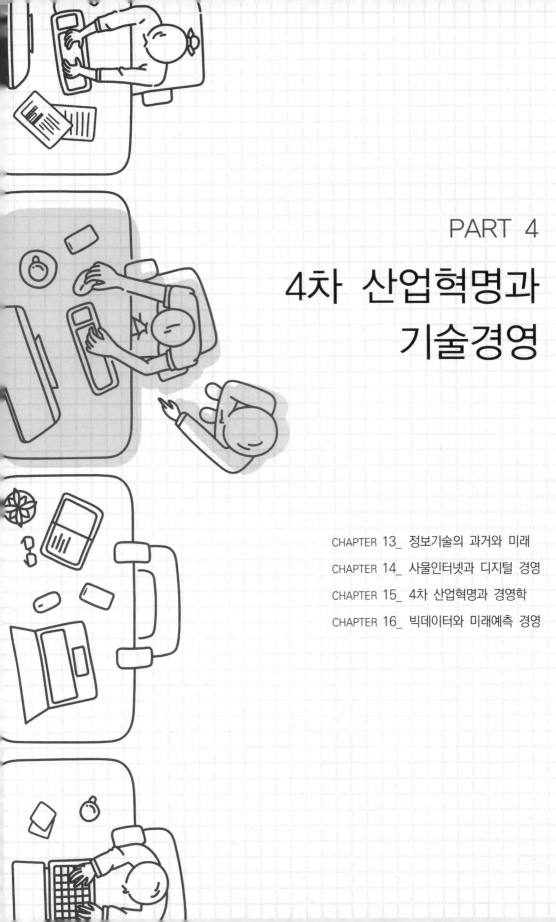

PART 4

4차 산업혁명과 기술경영

Chapter 13

정보기술의 과거와 미래

01 정보시스템의 기능과 역할

(1) 정보시스템의 정의

오늘날 기업의 관리자들의 일상적인 활동은 대부분 정보와 관련된 것이다. 즉 정보를 수신, 처리, 전달하면서 다양한 업무에서 활용하고 있다. 실제로 정보는 조직에서 수행되는 거의 모든 활동의 기초가 되기 때문에 정보를 생산하고 관리하는 시스템의 개발은 필수적이다.

정보시스템은 데이터를 입력하고 입력받은 데이터를 주어진 절차에 따라 처리하며, 처리결과를 출력하는 입력－처리－출력의 과정을 가진 시스템이다. 기업에서 정보시스템은 의사결정을 하고 각종 업무활동을 통제하며 문제를 분석하고 제품－서비스를 생산하기 위해 필요한 정보를 산출하는데, 이러한 활동은 입력, 처리, 출력의 과정을 거치게 된다. 정보시스템은 또한 피드백을 필요로 하는데 출력물에 따라 입력에 대한 평가나 수정을 위한 것이다.

정보시스템은 단순히 하나의 객체로 이루어진 것이 아니라 여러 요소들이 조직화되어 시스템을 이루고 있는 것이다. 여기에는 컴퓨터 하드웨어, 소프트웨어, 데이터베이스, 통신, 사용자, 사용절차 등이 포함된다. 특히 현대의 정보시스템은 컴퓨터 하드웨어와 소프트웨어 기술을 기반으로 하고 있기 때문에 정보시스템을 CBIS(Computer－Based Information System)라고 표현하기도 한다.

특히 정보시스템의 여러 활용영역 가운데에서도 특히 경영활동에 초점을 두고 있어 정보시스템을 말할 때는 경영정보시스템(Management Information System: MIS)으로 부르기로 한다.

정보시스템은 다양하게 정의되고 있으나 그중 가장 전통적이라 할 수 있는 것은 Davis와 Olson의 경영정보시스템에 관한 정의이다. 이들은 MIS를 "조직이 운영, 관리 및 의사결정 기능을 지원하기 위한 정보를 제공하는 통합적 인간-기계시스템(an Integrated man-machine system)으로 컴퓨터 하드웨어와 소프트웨어, 수작업 절차, 분석, 계획, 통제 및 의사결정을 위한 제반 모형, 그리고 데이터베이스를 활용하는 시스템"으로 정의하고 있다.

(2) 정보시스템의 중요성과 경영상의 과제

기업이 구축하고 있는 정보시스템은 일상적인 업무 처리뿐만 아니라 조직의 전략을 지원하는 등 광범위한 기능을 하고 있으며 경영환경이 글로벌화되어 가면서 더욱 중요한 경쟁전략적 무기가 되어 가고 있다.

고성능 컴퓨터, 소프트웨어, 네트워크는 조직을 보다 유연하게 만들고, 계층을 축소하여 단순한 조직의 운영을 가능하게 하며 시간과 장소에 제약을 받지 않고 업무 자체에만 집중하게 하여 업무흐름을 재구축할 수 있게 한다. 더 나아가, 인터넷 및 각종 네트워크의 발달은 조직의 경계를 허물고 전자상거래와 e-business라는 새로운 비즈니스 기회를 창출하고 있다. 이러한 상황에서 현대의 조직은 정보시스템 구축에 있어 다음과 같은 경영과제에 직면하게 된다.

① 효율적이고 경쟁력이 있는 정보시스템의 설계
② 글로벌 비즈니스 환경에서 시스템 요건 이해
③ 조직목표 실현을 지원하는 정보 아키텍처의 창조
④ 정보시스템의 비즈니스 가치의 평가
⑤ 종업원이 사회적, 윤리적 책임을 지면서, 통제하고 이해하며 사용할 수 있는 정보시스템의 설계

(3) 정보시스템의 분류

정보시스템의 종류는 열거할 수 없을 만큼 많고, 정보기술을 유사한 업무에 적용하여도 기업의 특성에 따라 그 활용 형태가 다를 수 있다. 이런 점에서 정보시스템을 이해하기 위한 가장 보편적인 분류체계는 경영계층과 연계시키는 것이다.

조직을 계층별로 보면 일반적으로 최고경영층, 중간관리층, 하위관리층으로 구성되어 있으며 각 계층이 담당하는 업무의 특성과 역할이 다르다. 따라서 정보시스템은 경영계층의 특성을 반영하여 구축되는 것이 바람직할 것이다.

기업에서 활용되는 정보시스템은 크게 운영업무를 위한 시스템과 관리자를 위한 시스템으로 구분할 수 있다. 전자는 기업활동에서 발생하는 자료를 처리해 주기 위함이고, 후자는 경영자의 관리활동 및 의사결정에 필요한 정보를 제공하는 목적을 가진다.

운영을 위한 정보시스템에는 거래자료처리시스템(Transaction Processing System: 센), 관리자를 위한 정보시스템에는 경영정보시스템(Management Support System: MSS), 의사결정지원시스템(Decision Support System: DSS), 경영자정보시스템(Executive Information System: EIS) 등이 포함된다. Davis & Olson은 이와 같은 다양한 정보시스템을 광의의 경영정보시스템(Management Information System: MIS)의 범주 안에서 이해할 수 있다고 주장하였다.

이러한 정보시스템의 유형은 시대에 따라 변천해 왔다. 특히, 정보기술이 발전하는 과정과 조직이 요구하는 정보의 변화가 맞물려 다양한 정보시스템 유형이 등장해 오고 있음을 파악하는 것이 중요하다.

(4) 정보시스템의 전략적 활용

정보시스템이 기업에 도입된 초기에는 거래 자료를 효율적으로 처리하는 것이 주된 역할이었다. 이후 정보화에 대한 경험이 누적되고 컴퓨터의 성능이 향상되고 가격도 하락하면서 컴퓨터에 보관된 다양한 자료를 분석하여 조직의 관리, 통제활동에 필요한 정보를 추출하여 경영자가 효과적으로 의사결정을 할 수 있도록 지원하는 역할이 강조되었다.

오늘날에는 정보기술이 기업의 경쟁적 우위를 확보하고 이를 통하여 이윤을 극대화하는 데 전략적으로 활용되고 있다. 이와 같은 전략정보시스템(Strategic Information System: SIS)은 조직의 목표, 업무, 제품, 서비스, 환경과의 관련성을 변화시켜 조직에 경쟁적 우위를 가져올 수 있게 하고 있다.

이러한 정보시스템의 역할의 변화를 보면 아래와 같다.

즉 정보시스템이 이용되는 기능적 측면에서 보면 기본적으로 거래 처리를 하는 기능과 데이터베이스의 자료를 검색하고 분석하여 정보를 산출하는 기능으로 나눌 수 있는데, TPS가 거래 처리를 대상으로 프로세스의 자동화를 목적으로 한다면, MSS는 정보요구의 충족을 위해 질의분석을 주로 한다고 볼 수 있다. 반면 SIS는 거래 처리와 질의 분석을 모두 포함하면서 기업의 경영전략을 지원하고 형성하는 역할을 하는 것이다.

전략정보시스템은 다음 세 가지 차원의 전략 지원에 유용하게 적용될 수 있다.

첫째, 사업 차원에서는 가치사슬 분석을 통해 전략적 영향을 가지는 활동에 주목해 정보시스템에 투자한다. 비용, 절감, 제품 차별화, 새로운 시장 개척, 그리고 고객이나 공급자와의 네트워킹 구축 등이 영향을 준다.

둘째, 기업 차원에서는 정보시스템을 보다 고차원의 효율화와 서비스 향상에 활용한다. 해당 개별 사업단위의 업무를 연결하여 통합된 형태를 만들어내며, 전 사업장에서 지식 공유를 추진한다.

셋째, 업계 차원에서는 네트워크 경제의 개념을 활용하여 업종 내와 업종 간의 협조를 촉진하여 업계 전체의 유효성을 높인다. 정보 공유를 위한 합작이나 업계 단체를 형성하고 업무를 조정하며 거래를 촉진하는 등의 역할을 한다.[1]

---

1 이명호 외 7인(2013), 경영학으로의 초대, 제3판, 박영사.

02 SNS의 등장과 종류

요즘 한국뿐만 아니라 전 세계에 SNS 열풍이 불고 있다. 사람들은 왜 SNS에 열광하고 집착을 하는 것일까? SNS는 Social Networking Service의 약자로 사람들이 온라인상에서 기존에 있던 사람들이나 새로운 사람들과의 인맥관계를 네트워크상의 접속의 관계망으로 형성시켜 주는 서비스이다. 즉, 사람과 사람 간의 접촉의 관계를 네트워크로 형성되는 접속의 관계망을 지원하는 서비스라고 할 수 있다.

카페나 동호회 같은 경우는 회원에 의해서 제한적이고 특정 분야에 한정된 서비스를 공유했다면, SNS는 자신이 주체가 되어 관심사와 일상을 제한적이고 폐쇄적인 벽을 넘어 자유롭게 공유한다는 것에 차이가 있다.

SNS가 처음 생겨난 배경은 컴퓨터가 개발되고 인터넷이라는 가상의 온라인이 생겨나면서 시작되었다고 할 수 있다. 1990년대에 월드와이드웹이라는 것이 나타나면서 본격적으로 이용자 신상정보 제공기능과 같은 SNS의 가장 보편적인 기능을 제공하였다.

그러면서 1990년대 말에는 친구 찾기와 같은 새로운 SNS 기술들이 개발되었다. 그 후에 2000년대에 미국에선 2002년 프렌드스터(Friendster), 2003년 마이스페이스(MySpace)와 링크드인(LinkedIn) 등이 등장했고, 우리나라에선 대표적으로 싸이월드가 등장하면서 본격적인 SNS가 시작되었다. 그리고 현재 SNS 이용률이 가장 높은 페이스북은 2004년에 마크 주커버그라는 사람이 개발하면서 본격적으로 전 세계 사람들에게 퍼져 나갔다. 그러나 SNS가 폭발적으로 증가하기 시작한 것은 스마트폰이 본격적으로 보급화되고 나서이다. 스마트폰을 통해서 사람들이 SNS에 접근하기 쉬워졌기 때문이다.

(1) 페이스북

페이스북은 13세 이상이면 누구나 손쉽게 가입할 수 있으며 '친구 맺기'를 통해서 친구들과 여러 정보를 교환하거나 서로의 소식이나 자료를 공유할

수 있다. 페이스북의 장점은 몇몇 SNS의 단방향적인 구조와 달리 쌍방향적 구
조를 가지고 있다는 것이다. 상대방과 자신이 서로 친구를 등록해서 페이스북
에서 서로 관계를 맺게 된다.

(2) 트위터

이것은 2006년 미국의 잭 도시(Jack Dorsey)·에번 윌리엄스(Evan Williams)·
비즈 스톤(Biz Stone) 등이 공동으로 개발한 '마이크로 블로그'로서 이름 그대
로 '지저귀다'라는 뜻을 가진 '트위터'라는 SNS이다. 트위터는 말 그대로 140
자 내로 짧은 글을 빠르게 쓸 수 있도록 제공하는 서비스이다. 트위터의 차별
점이라고 하면 일반적은 SNS는 상대방과 친구를 맺어야 하지만 트위터는 상
대방이 친구를 허락하지 않아도 일방적으로 '뒤따르는 사람', 곧 '팔로워'로 등
록할 수 있다는 것이다. 트위터는 신속한 '정보 유통망'으로 주목받고 있다.

(3) 카카오스토리

SNS의 일종으로 ㈜카카오 회사에서 카카오톡이라는 신개념 스마트폰 전용
메신저를 만들었고 카카오톡의 인기가 폭발적으로 증가하면서 새롭게 만들었다.
카카오스토리는 카카오톡과 연동되어 카카오톡에 있는 친구를 쉽게 맺을 수 있
으며 사진이나 메시지를 공유할 수 있는 SNS이다. 카카오톡은 우리나라에선 거
의 스마트폰의 기본 기능이나 다름없을 정도로 대부분의 사람들이 사용하는 메
신저이다 보니 카카오스토리는 국내에선 생기자마자 급속도로 보급화되었다.

(4) 밴드

밴드는 2012년 8월 8일 정식 런칭한 새로운 개념의 모바일 커뮤니티 서
비스이다. 밴드는 소중한 사람들과의 모임을 더 편리하고 돈독하게 만들어 주
는 멤버 간 초대 기반 커뮤니티 서비스이다.
오직 초대받은 멤버들만 참여할 수 있는 시스템으로 학교, 회사, 동호회,

동창회 모임에서부터 가족, 커플, 친구들 모임까지 끈끈한 관계를 유지해 나갈
수 있다. 누구나 쉽게 자기만의 페이지를 만들 수 있으며, 상호 간 친구 설정
이 되어야 정보 공유가 가능하다. 이야기, 사진, 동영상, 지도, 파일을 쉽게 공
유하며 밴드 그룹 멤버들의 생일이나 기념일, 일정을 확인할 수 있다. 비공개
기능과 초대받은 사람만 참여할 수 있다는 점에서 폐쇄형 SNS로 분류된다.

(5) 유튜브

유튜브(YouTube)는 무료 동영상 공유 사이트로, 사용자가 영상 클립을 업
로드하거나, 보거나, 공유할 수 있다. 유튜브는 해외 마케팅을 진행하는 기업
들이 유용하게 사용할 수 있는 통계 서비스를 무료로 제공한다. 채널 및 동영
상에 접속하는 사용자들의 접속지역, 접속시간, 연령대, 성별 등을 분석해 제
공하며, 이를 통해 기업들은 원하는 지역, 연령대, 성별 등의 핵심 타깃을 선
별해 집중 공략할 수 있다.

(6) 링크드인

프로필 작성하는 것을 시작으로 바이어 발굴과 네트워킹으로 비교적 사
적인 이야기나 관심사를 나누는 페이스북보다 전문적인 네트워크 플랫폼이다.
2014년으로 탄생 10주년을 맞은 링크드인은 현재 전 세계 3억 명이 넘는 가입
자를 보유하고 있다.

링크드인은 사용자들이 개인 프로필을 이력서처럼 작성할 수 있도록 되
어 있다. 기본적인 정보와 함께 경력 사항, 학력 사항 등을 기재할 수 있게 되
어 있다. 그리고 이렇게 업로드된 사항들을 링크드인이 관리하여 사용자가 가
진 업무능력에 관심 있을 법한 기업이나 개인에게 사용자를 소개해 준다.

실제로 북미지역 채용의 40% 이상이 링크드인을 통해서 이루어지고 있
다. 링크드인을 사용하는 일반 사용자들은 자신의 전문성을 주변에 알림으로
자신만의 브랜드(Personal Brand)를 구축할 수 있다. 또한 뉴스 기능을 통해 관
심업계의 국내외 동향은 물론, 지인들이 많이 본 뉴스를 통해 업계 내 이슈와

이에 대한 전문가들의 견해를 쉽게 파악할 수 있다. 기업은 자신들의 업무에 필요한 인재들을 뽑는 것은 물론, 기업의 비즈니스적 가치와 지향점을 대대적으로 홍보할 수 있다.

국내 기업 중에서는 대표적으로 포스코(POSCO)가 링크드인의 이러한 부분을 활발하게 사용하고 있다고 할 수 있다.

(7) 인스타그램

인스타그램(Instagram)은 온라인 사진 공유 및 소셜 네트워킹 서비스로, 사용자들은 인스타그램을 통해 사진을 찍음과 동시에 다양한 디지털 필터(효과)를 적용하며 페이스북이나 트위터와 같은 다양한 소셜네트워크서비스에 사진을 공유할 수 있다.

특수효과를 첨가한 사진으로 이야기를 전달할 수 있는 단순한 인터페이스의 직관적인 SNS이다. 인스타그램의 검색기능인 '해시태그'를 활용해 스타일링과 코디 제안 등의 콘텐츠를 노출시킬 수 있다는 점이 장점이다.

03 정보기술의 도구로서 SNS

(1) SNS, 정보기술의 도구로 활용

전 세계의 수많은 사람들이 SNS를 이용하면서 이제는 유명 인사나 정치인들도 SNS를 무시할 수 없게 되었다. 기업들이 예전에는 제품을 팔 때 판매자의 입장에서 구매자를 대했지만 현재는 구매자를 단순히 제품을 사는 사람으로 보지 않고 앞으로도 자사와 관계를 맺어 그 고객과의 관계를 계속 유지해 나가는 추세이다. 하지만 이러한 관계를 맺는 게 쉽지 않고 그만큼 비용도 많이 든다. 그래서 많은 기업들이 주목하고 있는 것이 SNS이다.

SNS를 통해서 적은 비용으로 큰 홍보 및 마케팅 효과를 낼 수 있고 고객과의 관계를 맺는 것도 쉽다. 기업들이 고객 간의 관계를 지속하기 위해서 SNS를 활용하는 이유로는 20~30대의 젊은 잠재고객을 확보할 수 있기 때문이다. 젊은 고객들이 트위터와 페이스북 등 SNS를 통해 개인의 목소리를 내기 시작하면서, 기업은 그 세계로 직접 뛰어들어 그들의 목소리에 대응할 필요성이 커졌다. 그리고 또 그 목소리에 대응을 해야만 20~30대 젊은 잠재고객을 확보하고 지속적으로 관계를 유지해 나갈 수 있게 된다. 또한 고객의 의견을 정책에 반영할 수 있고, 사내 커뮤니케이션으로 활용이 가능하다.

많은 기업들은 SNS를 고객과의 '소통의 수단'이 아닌 단순한 '홍보의 수단'으로 활용하고 운영을 하고 있다. 그리고 SNS를 통해 고객에게 제공되는 정보의 질적인 면을 고려하기보다는 양적인 면에 치중하여 팔로워를 늘리거나 방문자 수를 늘리기에 급급해 있는 게 사실이다. SNS가 기존 채널보다 고객의 참여도가 높고 접근성이 좋은 만큼 초기의 무차별적인 바이럴 마케팅 및 홍보 채널로서의 양적 정보제공으로 인해 고객에게 혼돈을 주는 활동을 넘어서 각 매체의 특성을 고려하여 고객이 필요로 하는 보다 유용하고 도움이 될 만한 정보를 제공하며 소통할 수 있는 수단이 되도록 노력해야 할 것이다.

기업이 SNS를 이용할 때 어떻게 하느냐에 따라서 고객들의 반응이 매우 달랐다는 조사결과도 있었다. 고객의 트위팅에 대해 기업 측에서 친밀하고 재미있게 응대하면서 트위터를 운영하는 경우 이벤트, 프로모션 참가 및 피드백 제공, 기업응원 등과 같은 세 유형의 고객참여가 활발히 일어나는 것으로 나타났다.

결국 기업이 SNS를 운영하는 주요 목적은 고객과의 관계 강화인데, 친밀하고 즐거운 기업의 SNS 커뮤니티 환경을 조성하는 것이 더욱 활발한 고객참여를 유도하는 데 효과적이란 얘기다. 반면 유용한 정보 제공에 중점을 둔 트위터 운영은 활발한 고객참여를 유도하는 것과는 직접적인 연관이 없다는 것으로 나타났다. 단순히 정보 제공에 초점을 맞추고 운영하는 기업의 SNS는 고객불만의 내용이 주로 포스팅되어 있는 것을 발견할 수 있었다고 한다.

이런 운영 방식은 관계 마케팅 입장에서 기대할 수 있는 다양한 이익 대신 기업의 SNS를 고객 불만채널로 전락시킴으로써 기업이미지 자체에까지 부정적인 영향을 미칠 수 있다고 한다.

(2) SNS의 문제점

요즘 많은 사람들이 SNS를 이용하고 있다. SNS를 통해 사람들은 주변사람, 새로운 사람과 인연을 맺고 다양한 소식을 얻게 되고 유용한 정보나 자료, 가볍게 웃어넘길 수 있는 재미있는 정보들을 접하게 된다. 또한 기업에선 마케팅의 도구로, 유명인사는 선거활동이나 이미지 개선을 위한 홍보 도구로 쓰는 등 여러 분야에서 다양하게 쓰이고 있다. 하지만 이러한 SNS에도 문제점은 있다. 대표적으로 몇 가지 정도로 구분할 수 있다.

첫째, 개인의 사생활이 다른 사람들에 의해 노출될 수 있다는 점이다. SNS는 개인의 공간이 있지만 다른 사람들이 개인의 공간에 쉽게 접근할 수 있고 정보도 손쉽게 빼낼 수 있다.

둘째, 허위사실을 유포할 수 있다는 점이다. SNS는 주로 젊은 세대가 이용을 한다. 그러다 보니 아직 구분을 잘 못하는 나이대의 유저들이 SNS 내 영향력을 행사할 수 있는 파워 유저가 퍼트리는 소식을 그대로 믿게 되고 쉽게 선동당하기도 한다. 실제로 몇몇 정치적인 성향이 강한 파워 유저가 페이지를 통해서 허위사실을 퍼트려서 수많은 SNS 유저들이 그대로 믿고 선동당한 사례도 많다.

셋째, SNS상의 마녀사냥이 이루어지고 있다. 마녀사냥은 옛날 중세시대에 사람들이 마녀라고 생각된 사람들을 잡아다가 화형을 시킨 것이다. 그런데 현재에 이러한 마녀사냥이 나타나고 있다. 요즘 SNS에는 사람들 간의 개인적인 갈등도 많은 사람들에게 공개를 하고 SNS를 통해 갈등을 접한 사람들이 사실 확인도 없이 그냥 무차별적으로 그 대상의 SNS에 침범해서 욕을 하거나 비판을 한다. 심지어 신상을 털어서 SNS에 마녀사냥의 대상이 된 사람의 번호나 사진을 올려서 큰 피해를 보는 경우가 늘어나고 있다. 이처럼 SNS는 긍정적으로 사용하면 나에게 큰 이익으로 돌아오지만 나쁘게 사용한다면 큰 불이익으로 되돌아올 수 있다.

04 SNS의 비즈니스 활용사례

(1) 패션업계

가. 버버리

유명 브랜드 버버리는 한때 오랜 침체를 겪었는데, 이 침체기를 벗어나게 해 준 것이 바로 SNS 마케팅이다. 버버리의 페이스북과 트위터는 자신의 팔로워의 글에 계속적으로 반응하고 버버리의 패션쇼를 트위터에 공유하고 고객이 특정 제품을 선택할 경우 그에 관련한 패션쇼 장면까지 친절하게 제공하고 있다. 이런 서비스로 버버리는 고객들과 한층 더 가깝게 되었고 SNS를 통해 버버리의 패션이 다시 주목받게 되었다.

나. 유니클로

유니클로는 자사 브랜드의 옷을 자신의 스타일대로 입은 뒤 페이스북이나 블로그에 사진을 올리면 바로바로 반응해 주는 서비스를 시행하고 있다. 또한 유니클로에서 일어나는 다양한 이야기를 SNS에 올려 고객들과의 마음에 거리를 좁히기도 한다. 또한 카카오톡 플러스 친구를 이용해 브랜드 정보나 할인 쿠폰을 나누어 주어 매출을 계속적으로 증가시키는 데 큰 역할을 하고 있다.

다. SPA 브랜드 에이치커넥트(H:CONNECT)

SPA 브랜드 에이치커넥트(H:CONNECT)는 '버추얼 스토어'와 SNS를 연계한 이벤트를 진행하고 있다. 고객이 직접 서울 강남역에 위치한 '버추얼 스토어'에 방문해 매장 내에서 가상으로 피팅을 해 본 사진을 촬영한 자신의 사진을 SNS계정에 올려 참가하는 이벤트로 의류상품권, 티셔츠, 양말세트 등을 다양한 선물을 받을 수 있다.

라. 리바이스

리바이스는 홈페이지 방문자에게 페이스북과 연동되어 있음을 알려 주고 동영상으로 Like, 친구 초대 등 페이스북과 연동된 서비스 사용법을 안내해 준다. 그 후 제품 페이지에서 제품을 'Like'하고, 친구들 중에서 최초로 추천할 것을 권유한다.

이에 따라 이용자의 친구들이 추천한 정보를 기반으로 개인화된 쇼핑 리스트를 만들어 제안하고, 이러한 과정으로 이루어진 리바이스의 페이스북 마케팅은 누구나 회원가입이나 로그인이 없어도 소셜커머스 기능을 사용할 수 있게 하여 이용자의 수를 증가시킨다. 또한 Like버튼을 통하여 리바이스 홈페이시 내에서 공유되는 것은 물론, 페이스북에 자동으로 게재됨으로시 바이럴 효과까지 불러일으킨다. 이렇게 바이럴에서 그치는 것이 아니라 친구가 추천한, 혹은 유명인사가 추천한 제품을 실제 구매하는 사람들로 인해 구매 결정 가능성 역시 높일 수 있었다.

리바이스는 페이스북을 활용하여 특히 지인들의 신뢰할 수 있는 추천과, 개인적 특성에 맞춘 제품 제안으로 좀 더 직접적이고 즉각적인 매출 증대를 할 수 있었다.

(2) 유통업계

가. 월마트

'get on the shelf' 콘테스트는 미국 전역에 3,500개 이상의 점포를 가진 월마트 스토어의 상품 진열대에 들어갈 만한 우수한 제품을 공모하여 일반인들의 투표로 이를 결정하는 콘테스트이다. 응모를 통해 모아진 상품을 대상으로 한 투표가 2012년 3월부터 진행되었다.

투표를 통해 응모 상품 중 우선적으로 상위 10개를 선정했고, 제2차 투표에서는 최종적인 3개를 선택했다. 응모자들은 자신의 상품이 인기를 얻게 하기 위해 스스로가 선전 및 PR을 적극적으로 해야 하는데, 이때 소셜미디어를 포함하여 어떠한 방법을 써도 상관없다. 중요한 것은 얼마나 소비자의 관심과

흥미를 끌 수 있는가가 콘테스트의 일부이기 때문이라고 콘테스트 운영 담당
자는 이야기한다.

나. 이케아

가구 전문점 이케아는 인스타그램에서 활성화되어 있는 해시태그 기능을
이용하여 색다른 SNS 마케팅을 펼쳤다. 이케아는 이전까지 많은 카탈로그를
회원들에게 발송했지만 큰 효과를 누리지 못했는데, 이를 개선하기 위해 인스
타그램을 활용한 SNS 마케팅을 활용한다. 고객들이 카탈로그에 나와 있는 이
케아 가구 중에 마음에 드는 가구를 촬영하여 상품명을 해시태그와 함께 인스
타그램에 업로드하면 추첨을 통해 이케아가 그 가구를 실제로 상품으로 지급
하는 방식이었다.

이케아 회원들의 친구들은 물론이고 카탈로그를 받지 않은 사람까지 인
스타그램을 통해서 이케아를 알게 되었고, 이케아의 다양한 가구들을 자연스
럽게 홍보할 수 있었다.

이러한 이케아의 인스타그램 활용은 브랜드 인지도를 상승시켰을 뿐 아니
라 가구들까지 홍보하는 효과를 가져왔다. SNS 유저들이 스스로 마케터로 활동
할 수 있게 만든 아주 효율적인 SNS 마케팅 아이디어였다고 평가할 수 있다.

(3) 서비스업

가. 항공

미국의 델타공항은 페이스북과 티켓 예매 서비스를 제휴하여 티켓을 예
매할 수 있도록 하는 서비스를 제공하고 있다. 이는 타 항공사가 페이스북과
트위터를 판매촉진의 창구로만 활용하고 있다는 점에서 매우 주목할 만한 점
이며, 여기에 한발 더 나아가 페이스북 이외의 다른 사이트에서도 고객들이
바로 예매할 수 있도록 하는 온라인 배너 서비스를 확장하고자 하였다.

나. 호텔

최근, 호텔기업도 SNS를 활용한 마케팅활동이 증가하고 있는데, 그랜드 하얏트 서울은 공식 페이스북 홈페이지를 오픈하여 젊은 층을 중심으로 호텔의 프로젝트 협업을 추진하고 있고, 롯데호텔은 페이스북에서 레스토랑 프로모션을 실시하고 있다. 노보텔 앰배서더 강남은 페이스북에서 이벤트를 통해 고객에게 다양한 혜택을 주고 있다.

노보텔 앰배서더 강남은 SNS 이벤트를 통해 이전보다 다양한 직업군과 폭넓은 연령대가 호텔의 단골고객이 되어 소통하는 효과를 기대하고 페이스북 외에도 네이버 블로그, 트위터, 유튜브 등 다양한 SNS 채널을 통해 고객과 커뮤니케이션 하고 있다.

그랜드 하얏트 서울은 대학생과 직접 협업을 통해 이벤트를 진행하여 SNS의 주요 이용 계층인 젊은 층의 의견을 적극 수렴했고 호텔에 대한 실시간 질의 답변뿐만이 아닌 팬들의 개인 일상을 나눌 수 있는 공간으로 발전하고 있다. 또한 QR코드를 플라이어로 제작해 전 객실에 비치하는 등 온-오프라인을 활용한 마케팅활동을 활발히 진행하고 있다.

다. 통신

2009년 7월, KT는 공식 트위터 계정 @ollehkt를 오픈하였는데, 사실 KT는 국내 3사 통신사 중 2번째로 트위터 서비스를 시작한 후발 주자이다. 가장 처음 트위터 계정을 만든 건 5월에 서비스를 시작한 SK였다. 하지만 새로운 미디어에 주목하고 또 꾸준히 관리한건 KT였다. KT는 소셜미디어 전담팀 5명을 따로 구성해 트위터라는 새로운 소통채널에 크게 주목하였다.

기존의 전화상담에 비해 부담스럽지 않으며 또한 홈페이지 상담에 비해 고객이 쉽게 확인할 수 있다는 장점이 있습니다. 스마트폰을 활용하여 실시간으로 문자를 보내듯 고객의 요청과 불만에 대해 받아들이고, 인정하고, 즉각 반영을 하여 트위터 개시 1년 만에 기업 트위터로서 가장 많은 팔로워를 보유하게 되었다.

(4) 식품업계

가. 오레오

구글이 검색화면 상단에 로고를 '두들(Doodle)'로 자주 변경하는 것과 마찬가지로 오레오도 자사의 텀블러 블로그에 오레오 데일리 트위스트(Oreo Daily Twist)를 통해 2012년 6월부터 10월까지 이미지를 변경하기 시작했다. 매일 행사가 있을 때마다 이에 맞게 새로운 이미지가 업데이트되었다. 텀블러 블로그 이외에도, 오레오는 소셜 미디어 분야에서 창의성과 활발함을 잘 드러내었다. 2013 슈퍼볼 정전사태 때, 오레오 팀은 적극적으로 나서 위와 같은 이미지를 트위터로 게재했다.

슈퍼볼 관련 트윗은 게시 전 제약사항이 없었기 때문에 성공할 수 있었다. 적절한 시점에 트위터를 타고 내용이 퍼져 나갔다. 재미가 있었지만 무엇보다도 이는 전적으로 브랜드에 대한 설명이었다. 1만 5,000번 리트윗되며 이는 바이럴 마케팅의 성공사례가 되었다.

나. 파파존스피자: 팬의 아이디어를 신상품 개발에 반영

켄터키에 본사를 둔 파파존스피자는 도미노피자, 피자헛 다음으로 미국의 아주 큰 피자 체인점이다. 최근 이 회사는 페이스북의 특성을 잘 살린 독특한 행사를 선보였다. 콘테스트로 선정한 팬의 아이디어를 신상품에 적용하는 "피자 챌린지! 당신만의 오리지널 피자를 만드세요!"라는 이벤트이다.

우승한 피자는 실제로 상품화되어 점포에서 판매한다. 해당 기간 중 오리지널 피자의 매출 중 1%를 받게 될 뿐 아니라 평생피자 무료쿠폰, TV광고 게스트 출연권까지 받을 수 있어서 무려 2만 명 이상이 응모했다고 한다.

심사위원들이 최종적으로 3명을 뽑았는데, 그 선정과정은 페이지의 이벤트 기능을 활용해 120만 명의 팬들에게 알려졌고, 라이브스트림으로 실시간 중계되었다. 그 다음, 팬들은 애플리케이션을 이용해 결선에 오른 3가지 피자 중 자신이 먹고 싶은 것을 골라 '좋아요'를 누르는 방식으로 인기투표를 실시했다.

다. 스타벅스: 쉽게 커피를 선물하자

스타벅스는 세계적으로 유명한 커피전문점이다. 스타벅스는 트위터와 결합하여 친구나 팔로워에게 커피를 선물할 수 있는 새로운 결제방법을 도입했다. 많은 사람들이 유용함과 접근성에 있어서 많은 박수를 받았다.

트위터 계정만 있다면 스타벅스 아이디와 연동해서 손쉽게 상대방에게 5달러 상당의 기프티콘을 선물할 수 있도록 구성되어 있으며 이렇게 트위터로 서로가 서로에게 간편하게 스타벅스 커피를 주고받을 수 있다. 이 마케팅에 대한 보고서도 제출이 되었다고 한다.

27,348명이 36,711건의 포스팅과 18만 달러라는 놀라운 수익도 기록하였다. SNS와 마케팅을 적절하게 결합한 스타벅스 트위터 마케팅의 좋은 사례이다.

05 강남스타일에서 행오버까지

(1) 유튜브와 마케팅

유튜브는 다양한 목적으로 활용할 수 있으며, 홍보나 마케팅 목적으로도 사용가능하다. 국내 문화 콘텐츠의 세계시장 진출에 유튜브의 역할이 컸던 것으로 나타났다.

거텀 아난드 유튜브 아태지역 콘텐츠 파트너십 총괄은 이 자리에서 "세계적인 동영상 플랫폼으로서 유튜브는 비욘세, 레이디가가 등 해외 콘텐츠가 국내에 들어오는 데 기여를 하기도 했지만 한국의 콘텐츠가 해외로 나가는 데에도 크게 도움을 줬다"고 밝혔다.

그는 대표적인 사례로 드라마 '장난스러운 키스'의 유튜브 특별판을 들며 "이집트, 터키, 사우디아라비아 등 전 세계에서 총 1,400만이 넘는 조회 수를 기록하고 수많은 댓글이 달리는 등 엄청난 인기를 얻었다"고 말했다.

이 밖에도 현재 SM엔터테인먼트, JYP엔터테인먼트, YG엔터테인먼트 등

국내 최고 콘텐츠 제공업체(CP)들은 유튜브의 대표적인 프리미엄 파트너사로
서 등록돼 있다.

'2NE1'은 최신 뮤직비디오 3편을 유튜브를 통해 독점 공개해 여러 카테
고리에서 최고에 올랐으며, 소녀시대는 일본시장 진출 전 유튜브를 통해 성공
가능성을 확인하는 등 신(新)한류 열풍에 유튜브의 역할이 컸다는 게 구글 코
리아의 설명이다.

이렇게 한국의 콘텐츠 제공업체들이 적극적으로 유튜브를 활용하는 이유
는 유튜브가 세계적인 네트워크와 수많은 이용자를 보유한 글로벌 플랫폼으로
서 기존 해외진출 방식보다 훨씬 효율적이기 때문이다.

(2) 한국가수들의 유튜브 홈페이지

SM이 2006년 8월 유튜브에 가입한 것을 시작으로 YG, JYP가 차례로 공
식 채널을 개설하고 해외 팬의 눈길을 사로잡기 위한 전략을 펼치고 있다. 이
들의 유튜브 활용은 비슷한 듯하면서도 각기 조금씩 다른 모습을 보인다.

SM엔터테인먼트는 단일채널 '가족의식' 국내 가요계에서 아이돌 시장을
연 개척자답게 유튜브에도 2006년 최초 가입으로 가장 먼저 눈길을 돌렸다.

2006년 8월 가입한 후 지난해 유튜브와 전략적 제휴를 맺어 수익도 나누
고 있다. 'SM타운 라이브'라는 소속가수들의 합동콘서트를 진행하는 SM은 브
랜드로 승부하는 것이 특징이다. 평소 인터뷰마다 '유튜브 전도사'로 불릴 만
큼 유튜브의 중요성을 역설해 온 SM 김영민 대표는 "브랜드를 먼저 알리는
것이 소속 가수의 활동에 시너지를 낼 수 있다"고 말했다. 이는 유튜브가 향
후 엔터테인먼트홍보의 '허브'가 될 것임을 예상했기 때문이다.

SM은 뉴미디어부를 특별 배치, 오래전부터 관련 플랫폼을 집중 연구해
왔다. 뉴미디어부 전수진 팀장은 "유튜브가 한국에 진출하기 전부터 제휴 논
의가 시작됐었다"면서 "SM은 근본적으로 한국시장만을 바라보고 비즈니스를
진행하지 않기에 글로벌 플랫폼을 늘 염두에 두고 있었다. 유튜브는 해외의
전략적 사무소나 현지에 아티스트가 직접 진출해 홍보를 하지 않아도 각종 영
상을 활용해 우리가 원하는 메시지를 효과적이면서 신속하게 전달할 수 있을

것으로 판단했다"고 설명했고, 그 결과 소녀시대의 'GEE' 뮤직비디오는 가장 많은 세계인구가 조회한 한국 뮤직비디오가 됐고, 유럽과 남미의 10대 여성들까지도 K-POP을 외칠 수 있게 됐다.

JYP엔터테인먼트도 온라인팀을 구축, 유튜브, 페이스북, 트위터 등을 활용하며 세계 팬들과 소통하고 있다. JYP는 SM이나 YG와 달리 2008년 12월 가입된 JYP 레이블의 브랜드 파워는 약하다. 하지만 대신 원더걸스와 2PM 등 개별 가수의 인기가 높아 이들의 수치를 합하면 이야기가 달라진다. 특히 박진영 씨는 국내 SNS 활용의 선두주자로 꼽히고 있는데, 2009년 국내 연예인 중 최초로 트위터를 통해 근황을 활발히 전하기도 했다.

YG엔터테인먼트도 SM에 비해 2년 늦은 2008년 1월 유튜브 공식 채널을 개설했고, 유튜브와의 전략적 제휴가 SM보다 늦었지만 추격은 매섭다. YG의 채널에서 눈에 띄는 것은 영어, 중어, 일어 등으로 소개해 놓은 초기 화면이다. 빅뱅의 일본 활동이 활발하고 투애니원의 해외 활동도 임박한 상황이라 해외 팬들을 배려한 구성이다. YG엔터테인먼트는 관련된 소식을 보도자료 배포보다 공식 홈페이지에 먼저 게재, 일찍이 언론의 힘을 '넘어설' 네티즌의 힘을 예측했다. 관련 웹팀에서는 활발한 자체 제작 콘텐츠를 서비스하며 후발 엔터테인먼트 기업의 '롤모델'로 자리 잡기도 했다.

(3) 강남스타일에서 행오버까지

월드스타 싸이의 '행오버(Hangover)'가 빌보드 싱글 차트인 '핫 100'에서 상승세를 이어가지 못했다. 지난주 26위로 '핫 100'에 처음 진입한 '행오버'는 빌보드가 26일(현지시간) 발표한 이번 주 차트(7월 5일 자)에서는 100위권에 들지 못했다.

'핫 100'에서 싸이의 '강남스타일'(2012)이 7주 연속 2위에 오른 바 있고, '젠틀맨'(2013)도 최고 성적 5위를 기록해 '행오버'도 순위 상승이 기대됐으나 100위권 밖으로 밀려났는데 이는 스트리밍 점수에서 주춤했기 때문으로 보인다. '행오버'는 26위로 진입 당시 차트 점수의 90%를 스트리밍에서 얻으며 '스트리밍송' 차트 4위에도 올랐으나 이번 주 '스트리밍송' 차트에선 25위권에 들지 못했다.

　대신 2년 전 노래인 '강남스타일'이 이 차트 11위(지난 주 12위)로 상승해 눈길을 끌고 있는데 그럼에도 싸이는 아시아 가수 최초로 '강남스타일'과 '젠틀맨', '행오버'까지 3곡 연속 '핫 100'의 '톱 30'에 진입시키는 대기록을 세웠다.

　'유튜브(YouTube)'는 무료 동영상 공유 사이트로, 사용자가 영상 클립을 업로드하거나, 보거나, 공유할 수 있다. 2005년 2월에 페이팔 직원이었던 채드 헐리(Chad Meredith Hurley, 현 유튜브 CEO), 스티브 첸(Steve Shih Chen), 자웨드 카림(Jawed Karim, 퇴사)이 공동으로 창립하였다.

　사이트 콘텐츠의 대부분은 영화와 텔레비전 클립, 뮤직 비디오 아마추어들이 만든 것도 있다. 2006년 10월에 구글은 유튜브를 주식 교환을 통해 16억 5천만 달러에 인수하기로 결정하였다. 이후, 구글은 '구글 프레스데이 2007' 행사에서 국가별 현지화 서비스를 시작한다고 발표하고, 먼저 네덜란드, 브라질, 프랑스, 폴란드, 아일랜드, 이탈리아, 일본, 스페인, 영국 사용자를 위한 페이지를 공개했다. 샌프란시스코에 있는 유튜브 본사 한국어 서비스는 2008년 1월 23일에 시작했다.

　유튜브가 불과 1년 만에 세계 최고의 사이트가 될 수 있었던 이유는 분산형 동영상을 선보였기 때문이다. 유튜브는 분산형 동영상 서비스를 위해 기존의 동영상이 사용하던 윈도의 미디어플레이어나 애플의 퀵타임, 리얼네트웍스의 리얼플레이어가 아닌 매크로미디어의 어도비 플래시 플레이어 7.0을 기반으로 한 재생기를 제작했다. 플래시를 이용한 재생 프로그램은 코덱을 일일이 내려받아 설치할 필요가 없어서 편리하며, 플래시의 다양한 기능을 이용하여 동영상 재생 기능 외에도 다양한 기능을 추가할 수 있었다.

　또한 퍼가기 기능이 대표적이다. 사용자가 퍼가기 기능으로 동영상의 주소만 복사해서 자신의 블로그나 미니홈피, 동아리 게시판에 올리면 주소 코드가 삽입된 블로그나 게시판 페이지에서 바로 동영상 재생이 가능했다.

　이 때문에 과거의 동영상 사이트는 한 명이 방문하면 한 명이 보는 것으로 그쳤지만 유튜브 동영상은 한 명이 퍼가면 퍼간 사이트에서 수천 명이 보는 효과를 가지면서 순식간에 트래픽이 수천 배 느는 결과를 냈다. 1만 명이 방문했다면 1만 명에게 노출되고 말 동영상이지만, 1만 명이 퍼갈 경우에는 카페게시판, 개인 블로그 등에서 다시 1만 명이 보게 될 것으로 결국 퍼가기가 가능한 동영상이라는 새로운 기법을 통해 유튜브는 폭발적인 성장을 했고 세계 최고의 동영상 사이트가 되었다.

Chapter 14

사물인터넷과 디지털 경영

01 사물인터넷이란?

사물인터넷의 기본 개념은 말 그대로 사물을 인터넷에 연결시켜 그 기능과 활용성을 확장하는 것이다. 즉, 사물인터넷이란 인터넷을 기반으로 모든 사물을 연결하여 사람과 사물, 사물과 사물 간의 정보를 상호 소통하는 지능형 기술 및 서비스를 말한다. 스마트폰 시장은 이미 시장이 성숙되어 있는 상황에서 기업과 정부는 ICT(Information & Communication Technology)에 대한 새로운 환경 변화를 모색해야 했다. 이에 스마트 Device를 통한 새로운 성장 동력이 필요한 이 시점에 등장한 것이 바로 사물인터넷(Internet of Thing: IoT)인 것이다.

1999년 MIT Auto-ID Center의 캐빈 어쉬턴(Kevin Ashton)이 처음으로 Internet of Things(IoT)라는 용어를 사용하였고, 초기에는 RFID 태그를 통한 시스템의 발전을 시작으로 개념이 조금씩 변화되면서, 현재 유비쿼터스 컴퓨팅 환경과 향후 2020년이 되면 Physical World Web을 통한 서비스를 포괄하는 의미로 진화할 것으로 예상하고 있다.

표 14-1 | IoT의 경제적 부가가치 전망   (단위: trillion $, %)

구 분	2014	2015	2016	2017	2018	2019	2020
경제적 부가가치	0.4	0.5	0.6	0.8	1.0	1.4	1.9
성장률	25	26	27	29	31	34	39

자료: Gartner(2013)

IEEE, ITU, 3GPP, IETF와 같은 여러 표준화 단체에서 다양한 정의를 하고 있지만, 큰 의미에서 사물인터넷은 '사물이나 디바이스가 인터넷에 연결되면서 추가적인 가치를 사용자에게 제공할 수 있는 기술'로 정의하고 있다.

Daniel Giusto는 『The Internet of Things』라는 책에서, 우리 주변에 존재하는 다양한 객체나 물건들(RFID 태그, 센서, 휴대폰, 기계적 구동 장치 등등)이 서로 유기적으로 소통하여 하나의 목적을 달성할 수 있게 해 주는 개념이라고 정의하기도 한다. 사물이 인터넷에 연결되면 사용자에게 다양한 가치를 제공할 뿐 아니라, 데이터 수집, 온라인을 통한 관찰 또는 원격제어, 나의 정보를 지속적으로 관리하여 데이터를 기반으로 한 사용자 맞춤과 학습을 통한 서비스 제공 등 다양한 서비스가 만들어질 수 있다.

기존에 단독으로 사용되던 전자제품들에 인터넷 기능들이 부여됨으로써 다양한 서비스가 많아지고 있다. 예시로써, 유럽의 농업국가 네덜란드는 사물인터넷을 적극 활용하기 시작하였으며, 젖소의 귀에 센서를 부착하여 건강을 체크하고, 이를 실시간으로 PC나 스마트폰을 통해 전달받는 시스템을 구축하여 5,000마리가 넘는 젖소를 효율적으로 관리하고 있다고 한다. 환경오염 측정, 산불 예방, 교통량 측정, 실내 위치 측정 등과 같이 농업에서부터 첨단 산업까지 다양한 분야에 적용하여 부가가치를 창출할 수 있다.

시장조사기관 가트너는 IOT 기기가 2020년 260억 대로 늘고 경제적 부가가치가 1조 9,000억 달러(약 2,000조 원)에 달할 것이라고 추산한다. 한국방송통신전파진흥원은 한국시장이 2011년 4,147억 원에서 2015년 1조 3,474억 원으로 급성장할 것으로 보고 있으며, 2020년 한국에서만 6조 원 시장이 형성될 것으로 전망했다. 사물인터넷은 생활 속 사물들을 유무선 네트워크로 연결해 정보를 공유하는 환경이라고 할 수 있다. M2M(Machine to Machine) 사물 지능통신으로 인터넷에 연결된 사물들이 인간의 개입 없이 능동적으로 정보를 주고받을 수 있는 기술이다. 이 기술은 우리 생활 곳곳에 활용되는 가전제품, 전자기기뿐만 아니라 헬스케어, 원격검침, 스마트홈, 스마트카 등 다양한 분야에서 활용된다.

02 사물인터넷 해외 사례

(1) 미국 벤처기업 코벤티스의 '심장박동 모니터링 기계 PiiX'

PiiX는 1회용 밴드처럼 환자의 심장에 붙이기만 하면 된다. 환자의 심장 인근에 밴드 모양의 PiiX를 부착하면 평소 부정맥이 걱정되는 환자가 기기를 작동시켜 심전도검사(ECG) 결과를 기록해 코벤티스의 중앙관제센터로 검사 결과를 자동으로 보낸다.

만약 이 밴드를 붙이고 있는 상태에서 부정맥이 감지되면 따로 기기를 조작하지 않더라도 자동으로 기기가 작동해 결과가 관제센터로 보내진다. 그러면 중앙관제센터에서는 ECG 결과를 분석할 수 있는 전문가가 ECG 데이터와 환자가 보고한 증상을 토대로 임상보고서를 작성하고 곧바로 이 임상보고서를 바탕으로 환자에게 가장 적합한 의료진을 선별해 연결해 준다. PiiX는 15cm의 길이로 작아서 눈에 잘 띄지 않으며 방수기능도 포함되어 있다.

(2) 온라인 서점 아마존의 '무인헬기 택배 서비스 Amazon Prime Air'

Amazon Prime Air는 무인 소형 헬기를 이용해서 근거리를 공중으로 통해서 배송을 하는 무인 택배 헬기이다. 소비자가 아마존 온라인 쇼핑몰에서 구매를 하게 되면, 쿼트콥터라고 하는 무인 헬기가 작은 소포를 들고 30분 안에 하늘을 날아서 소비자에게 도착하는 시스템이다.

비행 거리는 16km 정도로 작은 도시 하나 정도는 물류 센터 하나로 가능하지만, 서울 같이 큰 도시는 여러 물류 센터를 통해 배송할 수 있을 듯하다. 배송할 수 있는 최대 무게는 2.2kg으로 한정되어 있다고 한다.

Amazon Prime Air는 모든 것이 자동화시스템으로 이루어지기 때문에 사람이 일일이 조종할 필요가 없다고 한다. 우선적으로는 아마존 우수고객(Prime Members)들만을 대상으로 하는 서비스가 될 것이라고 한다.

(3) 신발

가장 활발하게 인터넷에 연결되고 있는 의류 제품 가운데 하나가 신발이다. 회사로는 나이키가 가장 잘 알려져 있다. 그러나 이 밖에도 구글과 패션 회사인 WeSC 등이 소셜 미디어에 연결되거나, 장시간 가만히 서 있었기 때문에 운동이 필요하다는 등의 대화를 할 수 있는 신발들을 개발했다.

(4) 전동칫솔

생활용품 회사 프록터앤갬블의 오랄비 전동 칫솔은 입 안에 넣으면 어느 부분에서 칫솔질을 더 세게, 혹은 약하게 해야 하는지, 또 몇 분이나 칫솔질을 더 해야 하는지를 스마트폰이 알려 준다. 치과 의사가 개인의 치아 상태에 따라 양치방법을 진단해 미리 스마트폰에 기본 설정을 해 놓았기 때문이다. 전동 칫솔은 블루투스로 스마트폰과 연동해, 사용자가 양치를 시작하면 스마트폰 앱에서도 자동으로 타이머가 돌아 간다. 솔이 마모되어 교체시기가 오면 스마트폰으로 메시지를 보내 알려 준다.

P&G는 칫솔이나 치약처럼 생활용품을 만드는 기업이지만, 블루투스 연동이 되는 칫솔을 만들면서 아이폰 앱, 그리고 안드로이드 앱도 개발했다. 이 앱을 통해 칫솔 사용자의 양치질 습관을 데이터화해 분석, 수집하고 치과 의사들과 이런 정보를 공유하기도 한다.

(5) 네스트 온도조절기

네스트 서모스탯사의 제품은 인공지능이 탑재되어 있어 사람이 거주하기에 가장 알맞은 온도를 찾아서 조절한다. 우선 네스트 서모스탯사의 제품은 무선인터넷이 지원돼서 스마트폰으로 온도조절이 가능하고, 제품시스템이 개발되면 자체적으로 업데이트가 가능하다. 또 최초 설치 후 1주일 동안 사용자가 설정한 온도조절 습관을 계산해서 그 이후부터는 건드리지 않아도 알아서 온도를 조정한다. 심지어 귀가시간이나 외출시간을 설정해 놓으면 사람이 들어오는 시간에 맞추어서 온도를 올리거나 내린다. 더 놀라운 점은 집 구조와 성능정보를 입력해 태양열, 습도 등에 맞추어 최적의 온도 상태를 제공한다는 점이다.

(6) 공동시설

미국의 한 대학교에서 진행 중인 공통적으로 사용하는 공용화장실, 샤워실, 화장실 등의 사용 가능 여부, 세탁물의 시간은 얼마나 남았는지 알려 주며 건조기의 사용가능 여부를 알려 준다.

(7) 하이얼 사물인터넷 냉장고, 샤오텐어 사물인터넷 세탁기

중국의 전자제품 전문기업인 하이얼은 2010년 1월, 세계 최초로 사물인터넷 냉장고를 출시하였다. 하이얼은 상하이 엑스포 기간에 화상통화, 정보검색, 동영상 등 다양한 기능을 탑재한 사물인터넷 냉장고를 선보였다. 냉장고 안의 음식물 상태 자동점검 및 자동온도조절, 식품의 유통기한, 특성 및 기

타 정보를 저장할 뿐 아니라 슈퍼마켓과 연결하여 집에서 상품 정보를 알 수 있다. 게다가 사용자가 주로 먹는 음식과 그 패턴을 바탕으로 사용자에게 필요한 건강, 영양, 식단 정보 등을 제공한다. 중국의 샤오텐어는 2009년에 세계 최초로 지능형 세탁기를 선보였다.

(8) 스마트 화분

이 제품은 식물의 종 등을 검색하여 사용자가 원하는 식물을 누구나 키울 수 있도록 서비스를 제공하고 있다. 심을 씨앗을 검색 후 식물에게 필요한

습도, 조도 등의 정보를 찾아 식
물에게 필요한 시간에 맞춰 수분
공급과 빛을 공급하여 식물의 성
장을 돕는다.

(9) 고령자용 슬리퍼

24에이트가 고령자를 염두에 둔 인터넷 연결 슬리퍼이
다. 스마트폰의 기울기를 인식하는 기술과 유사한 기술을
채택한 이 슬리퍼는 고령자를 위한 슬리퍼로서 고령자가 착
용한 후 발의 각도 혹은 걸음걸이에 따라 이상이 있을 시
위험을 감지하여 보호자, 담당의사에게 정보를 전송하는 서비스를 제공한다.

(10) 스마트 약병

미국 바이탈리티사가 개발한 인터넷이 결합한
서비스이다. 바이탈리티사가 개발한 지능형 약 뚜껑
은 불빛, 오디오, 전화, SMS 메시지 등을 통해 정기
적으로 약을 복용하고 있는 환자에게 정확한 시간
에 약을 복용할 수 있도록 도와주는 서비스로, 글로
우 캡을 사용한 경우 복약 이행률이 98% 이상으로
나타났다.

(11) 스마트 기저귀

이 제품은 하기스의 트윗피이다. 트윗피는
아기 기저귀에 부착된 센서를 통해 아기가 소
변을 보았는지 안내해 주는 서비스이다. 기저
귀에 부착된 작은 파랑새 모양의 센서 장치로

기저귀의 수분함량을 체크하여 일정 수준 이상이 되면 보호자의 트위터를 통해 알려 줌으로써, 기저귀의 효율적·효과적인 관리를 통해 육아부담을 줄여줄 수 있다.

03 사물인터넷 국내 사례

(1) SK텔레콤

SK텔레콤은 제주도 서귀포와 경북 성주지역에 비닐하우스 내부의 온도와 습도, 급수와 배수, 사료공급 등까지 원격 제어 지능형 비닐하우스 관리시스템인 스마트 팜 서비스를 제공하고 있다. SK텔레콤이 개발한 지능형 비닐하우스 관리시스템인 스마

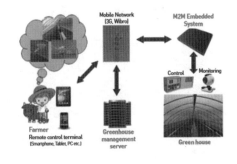

트 팜을 이용해 온도와 습도 등을 체크하고 있다. 스마트 팜에서는 스마트폰을 이용해 비닐하우스 내부의 온도와 습도, 급수와 배수, 사료공급 등까지 원격 제어할 수 있다.

(2) KT

두 번째 KT는 스마트폰을 활용한 댁내 방범, 전력제어, 검침 등의 다양한 사물인터넷 서비스를 제공하고 있다. 원격지에서 거주자가 스마트폰으로 KT의 사물인터넷 플랫폼을 통해

실시간으로 댁내 환경을 모니터링할 수 있으며, 간단한 스마트폰 작동을 통해 전등, 출입문 등을 제어할 수 있다. 또한 실시간 침입 및 화재경보를 수신할 수 있으므로 스마트 원격 관제 서비스가 가능하다.

(3) LG U+

LG U+는 DTG와 사물인 터넷 플랫폼과의 연동을 통하여 실시간 차량 관제 서비스를 화 물차량, 버스, 택시 등을 대상 으로 제공하고 있다. 또한 2012 여수 세계박람회 기간 동안 LTE

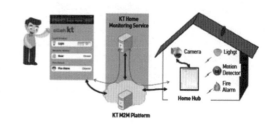

기반의 사물인터넷 솔루션을 적용한 차량 관제시스템을 운영하여 승무원, 승 객관리, 운행 상태와 속도, 이동거리 등의 차량 정보를 실시간으로 교통관제센 터에 전송하는 서비스를 제공하였다. 누리텔레콤은 근거리 무선통신망을 이용 하여 스웨덴 예테보리시에 26만 5천 가구를 대상으로 스마트 시티를 구축하였 으며, 원격검침 서비스를 제공하고 있다.

(4) 스마트 지갑

현재 대부분의 많은 사람들은 무분별한 소비로 돈을 쓸데없이 낭비하기 때문에 벌어들이는 비용보다는 나가는 비용이 대부분 더 많다. 그래서 미래에 는 지갑에 사물인터넷을 접목시켜서 지갑이 사용자의 소비습관, 시간 등을 관 리해서 사용자가 가계부를 따로 쓰는 대신 지갑이 가계부를 따로 관리해서 사 용자의 돈을 절약하게 돕는 기술이 나왔으면 한다. 또 이 지갑은 평소보다 사 용자의 과다한 지출이 있을 때 사용자에게 알림으로서 사용자의 구매를 다시 한 번 생각하게 만드는 기능도 포함되었으면 한다. 또 지갑이 은행과 연결이 되어 있어서 은행 업무를 보다 쉽게 이용할 수 있게 해 주는 기능도 추가되길 바란다.

(5) 침대

사물인터넷과 침대를 연계시켜서 병원에 보급시켜서 침대가 매시간 환자의 상태를 체크해서 담당의사에게 전송하는 사물인터넷 침대가 만들어졌으면 한다. 이 침대는 환자들의 호흡, 맥박, 체온, 위생상태 등을 체크하며 하루 종일 환자의 곁에서 머물지 못하는 환자들의 보호자들에게 환자의 상태를 전송시켜서 환자의 곁에 없어도 불안하지 않게 만드는 것이다. 또 침대가 환자의 상태에 따라 자동적으로 환자의 편안함을 위해 움직이는 것이다.

(6) 티켓

각 표의 성격에 따라 뮤지컬, 영화관 등 실내에서 관람하는 공연 표와 스포츠 경기 표 등으로 나눌 수 있다. 먼저 영화, 뮤지컬을 예로 들면 공연을 예매할 때 확인을 위해 발행해 주는 표 안에 공연의 이해도를 높이기 위한 정보 또는 출연진들의 짧은 인사말 등을 남겨 고객에게 한층 더 높은 차원의 서비스를 제공할 수 있게 될 것이다. 또한 스포츠 경기는 사람들이 너무 많아 자신의 자리를 찾는 것이 어렵다. 그러므로 표 안에 자신의 자리를 안내해 주는 정보를 입력해 놓으면 쉽고 편리하게 자리를 찾을 수 있게 된다.

(7) 헬스장갑

현대인들의 운동에 대한 관심의 증대로 헬스장을 찾는 사람들의 수가 증가하고 있다. 하지만 현실적인 문제로 개개인마다 트레이너를 고용할 수 없기 때문에 증가하는 수에 비해서 제공할 수 있는 서비스가 부족하다. 그래서 스마트 장갑을 개발해서 헬스장에 다니는 사람들에게 제공을 하는 것이다. 이 장갑은 사용자의 기본정보(근육량, 신장, 몸무게, 지방, 혈압, 심폐지구력 등)가 입력되어 있어 사용자에게 맞춤형 운동법을 제시해 준다. 그리고 헬스장을 찾는 대부분의 고객들은 헬스기구가 너무 많아서 어떤 것을 이용해야 하는지 제대로 못하고 있기 때문에 장갑이 어떤 기구를 이용하면 좋은지 알려 주는 것이다.

(8) 피팅(Fitting)거울

이 제품은 현재 백화점 매장 등에서 시범적으로 운용되고 있는 거울을 발전시키는 것이다. 현재의 기술로는 소비자가 구매하려는 상품을 선택하고 거울 앞에서면 거울 속에 옷이 등장하여 옷의 맵시 정도만 볼 수 있다. 하지만 미래에는 거울이 각 매장의 제품 정보와 현재 유행하는 스타일 등을 인터넷으로 스스로 검색하게 될 것이며 이 거울을 통해 구매하려고 하는 제품이 자신의 체형에 맞는지 확인할 수 있고, 최신 유행에 따른 스타일링으로 제품을 추천받을 수 있을 것이다.

(9) 옷장

현재의 소비자들은 자신들이 구매한 옷에 대해 세탁법, 건조법, 관리법에 대해 확실하게 알고 구매하지 않고 자신의 스타일 또는 실용성을 고려하여 구매한다. 그로 인해 세탁을 잘못하거나 건조를 잘못하여 옷의 맵시와 제품성을 해치는 경우가 많다. 이를 위해 옷장에 인터넷을 접목시켜 옷장을 만들 것이다. 이 옷장은 소비자가 구매한 옷의 정보를 매장에서 실시간으로 전송받는다. 정보를 전송받은 옷장은 옷의 상태, 청결도, 세탁 시기, 건조법 등을 소비자에게 알려 준다.

04 사물인터넷 미래 적용방안

(1) 농업 – 기후와 토양

농사짓는 토양에 IOT 센서를 심어 토양의 상태를 측정해, 필요한 비료, 해충을 예방할 수 있는 정보를 사용자의 PC나 스마트폰에 전송한다. 사용자가 설정해 놓은 기간 동안 일조량과 강수량을 측정한 정보를 사용자에게 보내 최

적의 환경에서 농작물이 자라날 수
있도록 돕는다.

　　여기에 스프링클러를 설치해 물
까지 자동으로 줄 수 있다. 조금이라
도 해충과 같은 피해를 농작물이 입
지 않도록 농부에게 최상의 농작물
환경정보를 제공하고, 해충이 생기더라도 이에 맞는 세계 여러 지역의 치료책
과 정보를 제공한다.

(2) 미용 – 피부측정

　　몇 년 동안 이어져 온 불경기로 인해 사람들
의 소비심리가 많이 위축됐다. 이로 인해 명품가
방, 외제차, 부동산 등의 큼직한 과시형 소비보다
는 소소한 만족을 추구하는 자기 위안적 소비로
변하면서 뷰티업계에 새로운 바람이 불고 있다.

　　각 채널마다 뷰티 프로그램이 생기고, 다양
한 메이크업 방법을 소개해 주는 어플들이 등장하고 있다. 이제 뷰티는 성별
과 세대의 관계없는 모두의 관심인 것이다.

　　피부측정기기로 피부를 측정하면, 피부 분석을 통한 상태정보(피부 수분도,
민감도, 피부타입 등)를 사용자에게 스마트폰을 통해 제공하고, 단순히 상태 정
보만을 제공하는 것이 아니라 그에 따른 피부 개선방안, 매일 달라지는 피부
상태에 맞는 화장법을 추천해 주며, 사용자의 모습을 사진 찍어 전송하면 개
인의 체형과 얼굴에 맞는 옷 코디 법까지 추천해 줘 사용자를 더욱 아름답게
만들어 줄 수 있다.

(3) 외식 – 서빙

종종 식당에서 음식을 기다리면 다른 테이블 음식을 주는 종업원들의 실수를 경험한다. 이런 상황을 막기 위해 착안한 것이 서빙 IoT다. 서빙쟁반과 서빙카트에 IoT 센서를 설치하여 쟁반과 카트에 기록해 놓은 음식접시를 놓으면 몇 번 테이블의 어떠한 음식인지 보여주어 종업원의 민망한 실수와 손님들의 불편한 상황을 막을 수 있다.

(4) 레저스포츠

가. 골프클럽 IoT

골프클럽에 사물인터넷을 적용한 골프클럽 IoT는 볼의 속도, 사용자의 자세를 분석해 더 나은 샷이 나올 수 있도록 각도의 조절이나 그립자세를 제시해 준다. 골프 초보자부터 프로 골퍼까지 자신에게 맞는 자세와 볼의 속도를 제공해 준다.

나. 낚싯대 IoT

낚싯대 끝에 IoT 센서를 설치하여 잡다한 것이 걸린 것인지 물고기가 걸린 것인지 낚싯대 IoT가 사용자의 스마트폰에 전송한다. 다른 낚싯대 IoT를 분석하여 실시간으로 물고기가 많이 잡히는 곳을 알려 주고 그중 현재 위치와 가장 가까운 곳을 안내해 준다.

Chapter 15

4차 산업혁명과 경영학

01 4차 산업혁명이란?

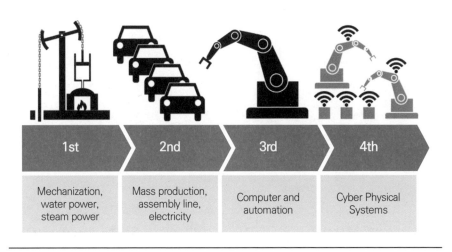

1st	2nd	3rd	4th
Mechanization, water power, steam power	Mass production, assembly line, electricity	Computer and automation	Cyber Physical Systems

출처: http://blog.naver.com/yckim002/220766371313

　　1차 산업혁명은 '증기기관'을 이용한 '기계적 혁명'이고 2차 산업혁명은 '전기의 힘'을 이용한 대량생산의 시작이었다. 3차 산업혁명은 컴퓨터를 통한 '자동화'를 말한다. 그렇다면 4차 산업혁명은 한마디로 뭐라고 정의할 수 있을까? 4차 산업혁명은 '소프트 파워'를 이용한 공장과 제품의 '지능화'라고 정의 내릴 수 있다. 3차 산업혁명은 컴퓨터로 단순히 생산과, 소비, 유통까지의 시스템을 자동화하는 정도에 지나지 않았다. 한마디로 생산하는 방식과 물건 자체의 지능화가 이루어진 것은 아니었다. 4차 산업혁명에서는 기계와 제품이 지능을 가지고 심지어 네트워크의 연결을 통해 학습능력도 가진다.

　　현재까지의 제조업자들은 고객에 대한 지식이 없었기 때문에 제품의 생산 이후에 고객들의 구매만을 부추겨 왔다. 이러한 환경이 4차 산업혁명에서는 소비자에게 맞춘 공급이 가능해지고 바야흐로 진정한 의미에서 소비자가 왕이 되는 시대가 도래하는 것이다. 다가오는 미래에서는 디지털 세계와 생물학적 영역, 물리적 영역 간의 경계가 허물어지는 '기술융합'이 일어난다. 빅데이터를 기반으로 한 제조업과 사물인터넷(IoT)을 이용한 더 편리해지는 생활 환경 속에서 경영도 과학 및 공학 기술과 경영 원리를 구분하던 이분법적 사고에서 벗어나 기업의 경쟁력을 제고하기 위해 기술경영을 필요로 하게 될 것이다. 그렇다면 이러한 4차 산업에서의 ICT(Information and Communications Technologies)와 IoT(Internet of Things) 기술은 어떤 것이 있으며 현주소는 어디쯤일까? 그 복합적인 사례들과 현황에 대해서 알아보도록 하겠다.

02 ICT

　　ICT(Information and Communications Technologies)란 정보통신기술을 말한다. 빅데이터, 사물인터넷, 웨어러블, 소셜네트워크, 플랫폼, 모바일 콘텐츠, 스마트폰, 태블릿PC용 앱, 클라우드, 전사적 모바일 프로그램을 통해 기존 상품과 서비스를 고도화하고 새로운 상품과 서비스를 개발하는 것을 말한다. 쉽게 말해 우리가 사용하는 스마트폰과 일상에서 늘 접하는 페이스북, 인스타그램 등의 SNS, 인터넷 서핑과 관심 분야에 대한 클릭 이 모두가 ICT의 기반이라고 볼 수 있다. 기존 상품과 서비스를 고도화한다는 말은 고객이 검색한 내용과 클릭한 정보들을 빅데이터로 분석하여 고객이 원할 것 같은 상품을 나열해서 편의성과 만족도를 높이는 것을 말한다. 생산자 입장에서는 타겟에 맞는 제품 생산으로 로스를 최소화할 수 있는 것이다. 이렇게 기존의 상품과 서비스를 제공하지만 고객 개개인 맞춤형 서비스 제공으로 고도화 된다는 것이다.

에어 비앤비라는 회사는 회사가 소유한 숙박시설은 없지만 힐튼 호텔보다도 자산가치가 더 높은 회사로 성장했다. 이것은 공유경제의 산물이라고 볼 수 있는데, 우리나라의 쏘카 역시 공유경제를 이용한 서비스로 볼 수 있다. 이러한 예로 봤을 때 ICT는 새로운 상품과 서비스를 창출하는 기반이 되고 있음을 알 수 있다.

03 메이커

(1) 메이커 무브먼트(Maker Movement)

메이커 무브먼트는 미국 IT 전문 출판사 오라일리 미디어 부사장 데일 도허티가 21세기 오픈 소스 제조업 운동을 이르기 위해 처음 사용한 말이다. 요컨대 해석하자면 '제작자 운동', '제작 문화' 정도로 정의할 수 있다. 이러한 메이커 무브먼트는 우리 정부가 추진하고 있는 창조경제 확산과 맥락을 같이한다. 오픈소스 제조업 운동으로 불리기도 하는 메이커 운동은 하드웨어와 소프트웨어 기술의 융합을 통해 누구나 상상의 제품을 실제로 만들고, 또 이를 사업화할 수 있는 매력을 가지고 있다.

이는 DIY(Do It Yourself) 문화의 발전된 형태로 볼 수 있다. DIY는 전문가가 아니더라도 자신의 필요에 의해 또는 취미로 창작을 하는 것을 이르는 용어인데, 메이커 운동은 DIY가 추구하는 개인 취미영역뿐만 아니라 산업의 영역으로 확대되고 있다는 점에서 확연히 구분된다. DIY의 영역을 포함하여 좀 더 전문적이고 산업적인 영역으로의 접근을 추구하고 있는 것이다. 특히 최근에는 ICT 기술과의 접목을 통해 기술적 완성도와 대량생산이 가능하며, 기존 제조산업의 영역에 영향을 미칠 수 있는 아이디어와 영리목적의 전문가 메이커들이 초기 기업인 스타트업(Startup)의 형태로 출현하고 있다.

메이커 무브먼트 초기에는 ICT 기술의 접목보다 실생활에서 사용하는 상품의 개선이나 아이디어를 기반으로 한 발명품 중심의 제작이 주를 이루었다.

메이커 페어 출품작의 경우에도 차량을 개조하거나, 철제 로봇, 아이디어 기반의 생활용품 등이 전부였다. 대부분 개인이나 팀의 취미 기반 출품작이었다. 하지만 보급형 3D 프린터의 등장과 스마트폰 보급확산이 메이커 운동의 흐름을 이전과 다르게 바꾸어 놓았다. 특히 오픈소스 하드웨어 플랫폼이라 불리는 아두이노, 라즈베리 파이, 갈릴레오 같은 임베디드 키트와 프로그래밍 교육열풍은 메이커 문화를 ICT 분야로 확대시키는 역할을 하며 스마트폰 연동을 기본으로 하는 IoT(Internet of Things) 제품 개발로 이어지고 있다.

(2) 메이커(Maker)

그렇다면 메이커란 누구일까? 메이커란 상상력과 창의력을 바탕으로 제품과 서비스를 개발하는 사람을 일컫는다. 그러니까 메이커가 되기 위한 자격조건 같은 것은 없다. 누구나 메이커가 될 수 있지만 그 수준에는 차이가 있다. 무엇인가 만들 수 있는 사람은 누구나 메이커라고 부를 수 있지만, 완성된 창작물의 만듦새는 다를 수 있다. 혼자 만들어 보는 수준에서 만족하는 경우도 있고, 스스로 사용하는 경우도 있지만, 상품화를 시킬 정도로 활용도도 높고 품질도 좋은 창작물도 나온다. 이처럼 메이커도 취미와 사업 관점에서 그룹을 나눌 수 있다.

메이커 운동은 추구하는 관점에 따라 간단하게 3개의 계층으로 나눌 수 있다. 주로 호기심과 취미영역의 활동계층이라 할 수 있는 초보단계의 메이커를 'Zero to Maker(초보자)'라고 부르며, 기술적인 이해도가 높고 실제 개발에 이를 수 있는 준전문가 계층을 'Maker to Maker(숙련자)'라고 정의한다. 이들은 다양한 온·오프라인 커뮤니티와 도구, 시설을 활용하여 전문가급의 창작물을 생산하는 메이커들이다. 여기에 단순 숙련된 창작물을 만드는 것에 그치지 않고, 상용 제품으로 비즈니스적인 접근을 하는 계층을 'Maker to Market(사업가)'이라고 정의한다. 호기심과 취미를 위한 창작에서, 좀 더 개선되고 전문적인 영역으로의 접근에 이어, 이윤추구를 위한 사업화 단계까지 메이커의 계층은 어느정도 구분이 가능하다.

그렇다면 이러한 메이커들은 어떠한 도구를 통해 메이커 무브먼트를 실

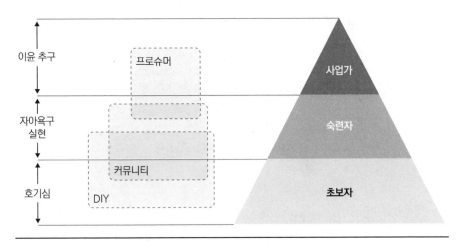

그림 15-1 ┃ Maker의 계층 구분

출처: 유비유넷, '국내 메이커스페이스 활성화 및 정책 조사연구'

천하고 있을까? 위에서 말했듯 오픈소스 하드웨어를 이용한 활동이 주를 이루
는데, 그중에서도 최근에는 아두이노라는 오픈소스 하드웨어가 널리 보급되어
사용되고 있다.

(3) 아두이노(Arduino)

아두이노란 물리적인 세계를 감지하고 제어할 수 있는 인터랙티브 객체
들과 디지털 장치를 만들기 위한 도구로, 간단한 마이크로컨트롤러 보드를 기
반으로 한 오픈소스 컴퓨팅 플랫폼과 소프트웨어 개발 환경을 말한다. 그 시
작은 이탈리아 북부 작은 도시의 예술과 IT를 융합해 가르치던 IDII라는 전문
대학원에서 마시모 반지라는 교수가 이 학교의 교육목적에 맞게 공학도가 아
닌 예술학도라도 접근하기 쉽고 저렴한 전자교육용 제품을 고민하며 탄생시
켰다.

표 15-1 ┃ 아두이노 제품 유형별 분류

입문단계	ARDUINO UNO, ARDUINO 101, ARDUINO PRO, ARDUINO PRO MINI, ARDUINO MICRO
향상된 기능	ARDUINO MEGA, ARDUINO ZERO, ARDUINO PROTO Shield
사물인터넷	ARDUINO MKR1000, ARDUINO WIFI Shield 101, ARDUINO Yún Shield
웨어러블	ARDUINO GEMMA, LILYPAD ARDUINO USB, LILYPAD ARDUINO MAIN BOARD, LILYPAD ARDUINO SIMPLE, LILYPAD ARDUINO SIMPLE SNAP

출처: http://netcast2050.blog.me/220801349035

(4) 아두이노의 특징

- 저렴한 하드웨어: 자신의 목적에 맞춰 보드를 선택할 수 있다.
- USB 포트 사용: 별도의 변환 젠더가 필요하지 않다.
- 공개된 하드웨어 플랫폼: 누구나 하드웨어 설계의 수정 혹은 변경이 가능하다.
- 검증된 하드웨어 플랫폼: 오랜 시간 하드웨어 및 소프트웨어에 대한 검증 작업이 이루어졌다.
- 통합 환경: 윈도우 / 리눅스 / 맥 환경에 이르기까지 다양한 OS를 지원한다.

04 테크숍(Tech Shop)

(1) 이곳에서 당신의 꿈을 만드세요(Build your Dreams Here)

테크숍은 꿈을 제작할 수 있는 '꿈의 공장'이라고도 불린다. 하드웨어 관련 예비 창업자들에게 절삭기, 금형 등 중장비부터 3D프린터, 레이저, 반도체 기기 등 첨단 장비까지 한곳에서 제공해 '공작소' 같은 역할을 한다. 하드웨어 부문 창업가들이 창업을 준비하며 가장 큰 장애물로 꼽는 '시제품 제작'과정을 쉽게 할 수 있도록 돕는다. 일정 비용을 내면 24시간 자유롭게 시제품을 만들 수 있는 장비를 제공한다. 또 검증된 전문 인력을 직접 보유해 100개 이상의 체계적 교육 프로그램도 운영한다. 이미 미국 실리콘밸리뿐 아니라 프랑스 파리, 일본 도쿄 등 주요 창업 선진국에 진출해 창업 노하우를 전파하고 있다. 한국에서도 창업 지원 프로그램을 함께 운영할 계획이다.

(2) 테크숍 사례

3D 프린터는 1990년대 최초로 발명된 이래로 발전을 거듭하고 있다. 최근 499달러짜리 보급형 3D 프린터가 출시되고 3D 프린팅 대행업체가 등장하는 등 그 사용이 점차 보편화되고 있다. 3D 프린팅의 확산은 제조업 전반에 혁신을 불러일으켰다. 제품의 소량생산이 가능해졌으며 언제든 손쉽게 제품의 프로토 타입을 사용하면 복잡하고 어려운 금형을 제작하지 않아도 되기 때문이다. 3D 프로토 타입(Prototype)을 제작할 수 있게 됐다. 결국 아이디어와 디자인만 있으면 언제든지 프로토 타입을 제작해서 시장의 반응을 살필 수 있게 된 것이다. 이러한 혁신은 생산관리 측면에서 제조 사이클(Manufacturing cycle)을 단축시키고 신제품의 마케팅 콘셉트를 짜고 제품을 시장에 출시하기까지의 시간(Time to market)을 획기적으로 줄임으로써 제조업의 혁신을 가능하게 한다. 사실 3D 프린터 사용의 장벽이 낮아졌다고는 하지만 소규모 창업자에게 있어서는 소재(Material)에 대한 비용 부담, 사용법 습득 등 3D 프린팅을 활용하는 데에 많은 어려움이 남아 있다. 이러한 이유로 1인 창업은 3D 프린터가 현대의 2D 프린터만큼 대중화된 이후에나 가능하지 않겠느냐는 회의적인 목소리도 들린다.

미국에서 차고는 최소한의 비용으로 누구에게도 방해받지 않고 자신의 창작물에 몰입할 수 있게 해 주는 공간이다. 이러한 차고 개념에 더해 하드웨어 창업에 특화된 공간이 바로 테크숍(Techshop)이다. 미국 전역 열 곳에 설치된 테크숍은 3D 프린터부터 각종 제조설비와 기기, 하드웨어 생산을 위한 소프트웨어를 갖추고 있어 누구나 월 175달러만 내면 이를 활용할 수 있다. 특히 테크숍에서는 연중 다양한 강좌와 교육 프로그램이 개최돼 하드웨어 창업에 실질적인 도움을 받을 수 있으며 어려운 3D 프린팅 방법도 배울 수 있다. 따라서 테크숍에 가입하면 3D 프린터 사용이 보다 자유로워질 것이다. 구체적인 아이디어와 도면만 가지고 있다면 누구든 시제품을 만들어 볼 수 있다는 것도 매력적이다.

(3) 테크숍 국내 현황

세계적인 제조 창업 공간인 미국 실리콘밸리 'Techshop'이 한국에 공식 진출한다. 하드웨어 스타트업 육성기획사(액셀러레이터) 엔피프틴(N15)은 미국 Techshop과 협의를 통해 용산전자상가에 '테크숍코리아'를 오픈하기로 결정했다고 한다. Techshop은 24시간 자유롭게 제품을 직접 만들 수 있는 운영 시스템을 갖추고 있다. 100개 이상의 체계적인 교육 프로그램 그리고 검증된 전문 인력을 보유해 미국뿐만 아니라 프랑스 파리, 일본 도쿄, UAE 아부다비 등 주요 선진국과 글로벌 기업들의 집중적인 러브콜을 받고 있는 상황이다.

짐 뉴턴 테크숍 회장은 최근 방한해 매일경제와 인터뷰하면서 "아이디어가 있어도 도구가 없어 많은 사람들이 아이디어를 포기한다. 사람들이 도구가 없어서 아이디어를 포기하게 하고 싶지 않다. 그래서 테크숍은 이런 도구들을 제공하는 꿈의 공간이다"라고 설명했다. 또 "테크숍은 아이디어를 시제품으로 만드는 데 복잡한 시스템을 간소화하고 쉽게 만드는 것이 주된 역할이다. 한국에서도 테크숍을 확대하고 싶다"고 말했다. 모바일 결제 혁명을 통해 약 50억 달러(약 5조 4,000억 원)의 기업가치를 창출한 '스퀘어'가 테크숍에서 탄생한 주요 창업 성공사례로 꼽힌다. 테크숍은 GE 포드 후지쓰 등 글로벌 대기업과의 파트너십을 통해 기업 혁신을 이끌고 있는 개방형 혁신의 선두주자로도 인식되는데 실제 버락 오바마 미국 대통령이 미국의 제조 르네상스를 이끌어 낼 최적의 제조 창업 플랫폼이라고 극찬해 화제가 되기도 했다. 엔피프틴 관계자는 "미국 테크숍의 국내 진출을 계기로 한국 제조업이 다시 활력을 찾을 뿐 아니라 아이디어만 있으면 쉽게 제조할 수 있는 시대를 열고 싶다"며 "용산에 먼저 오픈하고 향후 부산과 제주까지 테크숍코리아를 확대할 계획"이라고 밝혔다.

05 4차 산업혁명의 현재와 미래

　　세계 경제는 지금 미국, 독일, 일본 등을 중심으로 4차 산업혁명의 주도 권을 잡으려는 경쟁이 치열해지고 있다. 이 국가들에서는 현재 인공지능, 로봇 기술 연구가 상업화 단계에 와 있다. 미국의 경우 빅데이터, 클라우딩 컴퓨터 등의 분야를 선점하고 있으며, 일본도 로봇을 통해 인간에게 도움을 주는 서비스가 등장했다. 독일도 제조시스템을 통한 인더스트리 4.0을 중심으로 내세우고 있으며, 중국은 거대 자본과 시장을 기반으로 부상하고 있다.

　　이미 한국은 두세 발자국 뒤쳐져 있다. 다보스 포럼에서 발표한 '4차 산업혁명이 미치는 영향' 보고서에서 한국은 4차 산업혁명에 잘 적응할 수 있는 나라 순위 139개국 중 25위에 자리했다. 이에 우리나라 정부는 미래창조과학부를 중심으로 관련 부처와 연구기관들이 전략과 인재 육성 방안을 고민 중에 있으며, 투자도 진행 중이다.

　　현재는 4차 산업혁명의 과도기라고 볼 수 있다. ICT나 IoT와 같은 기술들은 현재 피부로 느낄 수 있는 수준에 이르지는 못했지만, 앞으로 우리 삶 속에 녹아들 것임에 틀림없어 보인다. 에어 비앤비와 쏘카, 우버 같은 공유경제를 이용한 시스템의 제공과 빅데이터를 활용한 고객 맞춤형 마케팅, 웨어러블 아이템들의 확산 등을 통해 우리는 4차 산업혁명을 눈으로 확인하게 될 수 있을 것이다. 메이커 무브먼트의 확산을 위한 정부 지원과 사회적 분위기로 하여금 국내뿐 아니라 전 세계적으로 수많은 메이커가 나타나면서, 굳이 생산자에게서 필요한 물품을 구입하지 않더라도 본인에게 맞는 물품들을 직접 생산하여 사용하는 메이커 무브먼트가 확대될 전망이다. 이런 정부의 메이커 양성 사업에 발맞춰 실리콘밸리의 테크숍 역시 국내에 도입되면서 그 흐름은 더 빠르게 진행될 것으로 보인다.

　　4차 산업혁명은 고객의 기대에 적극 부응하고, 양질의 상품을 제공하며, 상호 협력적 혁신으로 통하는 조직적 형태가 중요한 영향을 끼친다. 생산자와 소비자는 이러한 고객 서비스의 질적 향상을 통해 사업의 성패가 판가름 날 것이다. 이를 연계하는 새로운 디지털 융합기술은 데이터와 분석들이 뒷받침

되어 내구성과 탄력이 있는 자산이 될 수 있다. 또한 고객의 경험을 통해 집적된 분석, 축적된 데이터 기반 서비스는 새로운 형태의 비즈니스 모델을 출현할 것이며 이와 병행하여 생산자들은 사업방식을 재검토하고 생산과 서비스에 반영한다. 비즈니스 리더 및 고위 경영진은 변화하는 환경을 이해하고 운영팀의 도전정신과 끊임없는 노력이 지속적으로 이루어진다.

4차 산업혁명은 글로벌 소득 수준을 높이고 인류의 삶의 질을 향상시킬 수 있는 잠재력을 가지고 있다. 날로 발전하는 기술은 새로운 제품을 생산하고 공급하며 우리의 개인적인 삶의 효율성을 배가시키고 즐거움을 준다. 현대인의 생활은 비행기 예약, 택시주문, 제품구입과 결제, 음악을 듣고 영화를 보거나 이런 것들을 원격으로 수행할 수 있게 되었고 또 다른 ICT기술의 융합에 의해 새롭게 더욱 변화해 나갈 것이다. 향후 기술 혁신은 효율성과 생산성의 장기적인 관점에서 소비자의 이익으로 이어진다. 교통비와 통신비는 내려가고, 물류라인과 글로벌 공급 체인이 더 효과적으로 진화하여 교역의 비용이 감소되며 이를 통한 새로운 시장이 형성되고 이런 기틀 아래 4차 산업혁명은 경제성장을 주도 한다. 중심에 서 있는 우리는 인류공동의 가치와 목표를 반영하고 미래의 기회를 공유할 수 있는 포괄적이고 전략적인 사고가 필요하다. 4차 산업혁명은 인공지능화되는 산업사회에서 인간의 본성인 도덕적 의식이 기본 바탕이 되고 창의성의 가치가 존중되는 사회가 우선되어야 한다.

Chapter 16

빅데이터와 미래예측 경영

01 빅데이터란 무엇인가?

　　4차 산업혁명 시대가 도래하면서 세계시장의 전 산업 분야에 걸쳐 빅데이터에 대한 관심이 증폭되어 가고 있다. 특히 국내 기업 중에서는 LG CNS가 개인별 구매 패턴과 구매주기 분석, 연관 상품 분석 등을 통한 빅데이터 수집으로 타겟 마케팅의 효율성을 높이려는 시도가 있었다. 이 시도는 판매량을 적게는 두 배, 많게는 다섯 배까지 증가시켜 기업의 이익과 고객의 만족도를 동시에 높이는 성공적인 성과를 거두기도 했다. 이처럼 빅데이터 기술 연구에 힘을 쏟을 경우, 타 기업보다 앞서 욕구와 필요성을 충족시켜 줄 수 있는 경쟁력을 가지는 전략을 수립하여 시장을 점유해 나갈 수 있음이 점진적으로 증명되면서 연구에 노력을 쏟는 기업의 수가 증가하고 있다. 그렇다면 기업들의 관심이 집중되고 있는 빅데이터란 무엇으로 정의할 수 있을까?

　　현대사회에 접어들어 스마트폰, 태블릿 PC 등 인터넷 기반 정보기기의 등장으로 우리는 언제 어디서나 인터넷에 실시간으로 접속할 수 있게 되었고, 무선 인터넷, 소셜 미디어와 같은 네트워크 망의 급속한 발달로 수많은 정보를 교류할 수 있게 되었다. 하루 평균 약 2.5퀸틸리언(quintillion) 바이트에 이르는 데이터가 '디지털 생성원' 한 명에게서 발생되고 있다. 이에 따라 실시간으로 저장할 수 있는 하드웨어 기술은 물론, 인터넷 사용 기록, 모바일 거래 기록, 그리고 기존 문서 등의 디지털화가 가능해지는 소프트웨어 기술의 발달로 수많은 데이터는 짧은 시간에 축적될 수 있었다. 데이터가 기하급수적으로 생성, 유통 그리고 소멸되고 있는 정보의 홍수 속에서 이러한 데이터를 관리하고 활용하는 것에 관심을 두며 등장한 개념이 '빅데이터(Big Data)'라고 볼 수 있다.

빅데이터를 단순하게 정의하면 용량이 많은 데이터라고 할 수 있지만, 세부적으로는 3V, 4V, 5V 모델들로 정의된다. 3V란 크기(Volume), 속도(Velocity), 다양성(Variety)으로 여기서의 속도란 대용량의 데이터를 빠르게 처리할 수 있는 속성, 다양성은 다양한 종류의 데이터를 가지는 속성을 의미한다. 여기서 단순한 분석의 의미를 넘어 가치 창출의 중요성이 강조되어 가치(Value) 속성이 추가된 모델이 4V이며, 수집한 데이터가 정확한지, 분석할 만한 내용을 담고 있는지를 확실히 해야 한다는 필요성에서 정확성(Veracity)이 추가된 모델이 5V이다.

가장 기본적인 3V 모델에서 '다양성'을 포함하듯 빅데이터는 여러 종류의 형태를 보이는데, 정형화 종류에 따라 정형(structured), 반정형(semi-structured), 비정형(unstructured) 데이터로 분류할 수 있다. 정형데이터는 숫자, 단어 등 사전에 정형화된 형태로 명확하게 형식이 있는 데이터를, 비정형데이터는 이와 반대로 정확한 형태를 갖추고 있지 않은 데이터를 의미한다. 텍스트 메시지, 지역 정보, 소셜 미디어 등이 대표적인 비정형데이터라고 볼 수 있다. 반정형데이터는 두 가지 속성을 동시에 갖고 있는 데이터로, 주로 비정형데이터를 가공하여 정형데이터 형태로 나타낸 데이터를 의미한다.

최근에는 4V 모델에서 언급되는 '가치' 속성을 주요하게 여기고 있다. 실제로 일상에서 쏟아져 나오는 데이터들은 형태가 갖추어져 있지 않은 비정형데이터로 대부분이 경제적 가치를 갖고 있지 않은 데이터이다. 하지만 분석되어 있는 집단적인 데이터는 기업에서 여러 방안으로 활용할 수 있다. 그렇기 때문에 이전에는 자동화에만 집중되었던 IT 기술을 현재는 발생되는 데이터를 보다 효과적으로 관리하고 통제하는 데에 활용하여, 최소 비용으로 최대 효과를 내는 새로운 가치 창출에 초점을 맞추고 있는 것이다. 빅데이터를 분석한다는 것은 데이터 속에 숨겨진 '가치'를 찾는 것과도 같으며, 때문에 막대한 양의 데이터를 지원하는 기술 역시 빅데이터라고 칭한다.

기업은 빅데이터 분석을 통하여 고객 간 정보 교류의 창구가 되는 소셜

네트워크 구조를 파악하여 잠재적 소비자군을 도출해 낼 수 있고, 경영자들이 직관에 의존하여 의사결정하던 사안에 대해서도 객관적 분석과 검증 결과를 제공하여 효과적인 의사결정을 촉진할 수 있다. 또한 정보 수집 및 분석을 체계화하여 현황 파악에 걸리는 시간을 단축하고 전략 실행 효과의 예측 모델과 시나리오를 도출할 수 있다. 또한 소비자의 욕구와 필요를 잘 충족시켜 줌으로써 경쟁전략의 우위를 선점하여 위험을 최소화하고 평판을 개선할 수 있으며, 특히나 서비스의 생산용량을 결정할 때 수요와 시기를 고려할 수 있다. 이처럼 빅데이터는 기업의 제품과 서비스의 질을 향상시키는 것과 같은 직접적인 이익이나 자사 현황을 파악하여 개선해 나갈 수 있다는 이익을 얻을 수도 있으며, 가장 큰 장점은 앞으로 다가올 미래를 예측하여 잠재된 위협을 막을 수 있다는 것이다. 이 때문에 빅데이터의 주요한 키워드는 '예측'이라고 볼 수 있다.

02 빅데이터와 경영학

현재 빅데이터는 바이오, 소셜, 생산, 금융, 통신 등 분야를 막론하고 많은 분야에서 활용되고 있다. 기업들의 생산운영관리에 있어서도 빅데이터와 그 활용은 매우 중요하다. 생산운영관리란 기업이 제품과 서비스를 창출하는 생산시스템의 설계 및 운영을 이끌어 가는 다양한 의사결정문제를 담당하는 관리활동을 말하는데, 이러한 생산운영관리 분야 역시도 인터넷과 스마트폰을 통해 생산되는 무수히 많은 소비자 데이터를 설계하는 데에 충분히 활용을 할 수 있는 것이다. 생산운영관리의 목표는 크게 원가, 품질, 시간, 유연성 네 가지로 요약할 수 있다. 원가는 제품, 서비스의 생산시설에 투입되는 설비투자비용과 이 시설을 운영하는 비용을 말하며, 품질은 소비자의 기대를 제품, 서비스에 반영한 정도, 시간은 제품이나 서비스의 공급에 소요되는 시간의 단축을 의미하고, 유연성은 생산량 조절에 있어서의 유연성을 말한다.

이 네 가지 목표에 빅데이터를 활용하는 방안을 제시할 수 있다. 먼저, '원가'의 경우 빅데이터를 활용하여 생산시설 및 운영비용에 있어서 다양하고 빠르게 수집되는 분지 및 생산재 데이터들을 바탕으로 최적의 생산 알고리즘을 도출하여 생산원가 절감을 꾀할 수 있다. '품질'은 빅데이터를 활용해 소비자들의 욕구에 대한 데이터들을 수집하여 반영하고 생산시설 서버에 저장된 데이터들을 기반으로 작업 조건과 품질의 최적의 조건을 도출하여 품질의 향상을 이루어 낼 수 있다. '시간'은 빅데이터를 기반으로 소비자의 수요, 제품의 생산재 정보 등을 수집·분석하여 제품, 서비스의 생산속도 단축을 할 수 있으며, 또한 빅데이터를 활용한 기상정보 예측 등으로 소비자에게 최종 유통되기까지의 시간 단축이 가능해진다. 마지막으로 '유연성'의 경우 기업들은 빅데이터의 크기, 속도, 다양성의 특징을 활용해 고객들의 제품 및 서비스의 수요 예측과 재고의 소비 예측 등을 통하여 생산량을 유연하게 조절할 수 있게 활용하는 등 현대 기업들은 기업활동의 모든 부문에 영향을 주는 생산운영관리에 빅데이터를 활용하여 그 목표를 달성할 수 있는 것이다.

또한 기업들은 빅데이터 분석을 통해 비즈니스 예측기법, 재고관리, 품질경영, ERP 등등에서 활용할 수 있다. 우선 예측은 미래의 수요에 대한 정보를 제공하기 때문에 생산운영관리의 의사결정과정에서 기본적인 입력이 되며 예산수립, 생산용량, 판매, 생산 및 재고, 인사, 구매 등의 계획의 기초가 되기 때문에 생산운영관리에서 예측은 매우 중요하다. 예측에는 두 가지 중요한 측면이 있는데 수요의 예상 수준과 정확도이다.

수요의 예상 수준이란 수요의 수준은 추세, 계절변동과 같은 구조적 변동의 함수이기 때문에 그러한 수요의 수준을 예상하는 것이며 정확도란 변수에 의한 예측오차를 최소화하는 것을 말한다. 기업 조직의 일상적인 활동을 성공적으로 하기 위해서 정확한 예측은 반드시 필요하다. 여기서 예측오차는 주어진 기간에 대해 실제로 발생한 값과 예측된 값의 차이이다. 즉, 오차＝실제치－예측치인 것이다. 예측의 정확도는 예측기법을 선정할 때 고려하는 중대한 요소이며 정확도는 예측의 과거 오차에 기초하고 있다. 과거의 오차를 요약하는 방법으로 가장 일반적으로 활용되는 것은 평균절대오차(mean absolute deviation: MAD), 평균제곱오차(mean squared deviation: MSE), 평균절대백분율오차(mean absolute percent error: MAPE)의 세 가지 방법이 있다. 즉, MAD는 절대오차의 평균치, MSE는 제곱된 오차의 평균치, MAPE는 절대오차의 백분율 평균치이다.

예측에는 여러 예측기법들이 있으며 이러한 기법들은 정석적인 방법과 계량적인 방법의 두 가지 일반적인 접근방법이 있다. 정성적인 방법은 정확하게 숫자로 표시할 수 없는 주로 주관적인 자료에 입각하여 예측이 이루어진다. 계량적 방법은 역사적 자료를 바탕으로 예측하거나 예측의 원인변수(설명변수)를 활용하는 인과관계 모형을 구축하여 예측을 하는 것이다.

정성적 기법들은 예측 절차에 비교적 덜 엄격한 정보(인적 요인, 개인의 의견, 예감 등)을 허용한다. 계량적 기법들은 주로 객관적인, 즉 엄격한 자료를 분석하는 기법들로서 이들은 대체로 정성적인 방법에 나쁜 결과를 가져오게 하는 개인적인 편견들을 배제한다. 실무에서는 예측을 하기 위해 어느 한쪽 또는 양쪽 모두의 접근방법들을 활용하고 있다.

정성적 예측기법으로는 중역 판단법, 판매원 추정법, 소비자 조사법 등이 있다. 계량적 예측기법에는 대표적으로 시계열 예측법이 있으며 추가로 시계열 자료에 기초한 예측기법으로는 단순예측법, 평균화기법 등이 있다. 평균화기법에는 이동평균법, 가중이동평균, 지수평활법등이 있으며 또한, 시계열 자료에 기초해서 데이터를 분석할 때 추세변동, 계절변동, 순환변동, 불규칙변동, 우연변동 등의 패턴이 있다.

생산운영관리에서는 이러한 예측기법들을 토대로 빅데이터를 활용할 수 있는데 과거에는 데이터가 너무 많아 정확하고 가치 있는 데이터를 우선적으로 저장하고 분석하는 데에 시간을 할애했지만, 이제는 기술적인 발전으로 빠르고 다양한 데이터를 저렴하게 분석하고 그 안에서 활용할 수 있게 되었다. 이러한 빅데이터의 특징을 살려 예측기법들에 사용함으로써 현대 기업들은 저비용 고 이익을 창출해 낼 수 있는 것이다. 재고관리는 공급사슬의 핵심 구성요소로써 공급사슬 내의 재고 위치, 공급사슬을 통해 재고가 이동하는 속도, 수요변동이 재고에 미치는 영향 등과 관련이 있다. 재고의 위치는 공급사슬을 통한 효과적인 자재 흐름과 주문충족에 중요한 요소이며 크게 중앙집중식 방법과 분산형 재고 방식 두 가지로 나뉜다. 자재가 공급사슬을 통해 이동하는 속도를 재고흐름속도라고 말하는데 그 속도가 클수록 재고유지비용이 낮아지고 더 빨리 주문이 충족되어 상품이 현금으로 전환된다. 재고를 신중하게 관리하지 않으면 수요변동은 재고변동을 야기하여 통제가 불가능해진다. 공급사슬의 소비자 끝단에서의 수요 변동은 공급사슬을 거슬러 올라가면서 더 큰 파급효과를 일으킨다. 뿐만 아니라, 주기적인 발주와 재고 부족에 대한 대응이 이 변동을 증폭시키고 재고수준을 점점 더 큰 폭으로 진동하게 한다. 이를 채찍효과라고 한다.

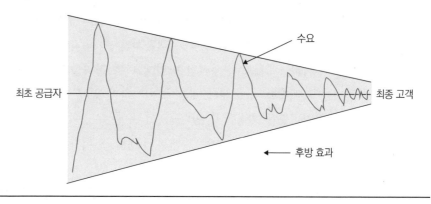

그림 16-1 ┃ 채찍효과

　　이러한 재고관리도 기업의 생산운영관리에서 매우 중요한 요소인데 빅데이터를 활용하여 기상정보예측, 스마트 물류시스템, 월별 상품 판매도를 나타낸 상품 지수, 매출 추이 등을 분석하여 효과적으로 분석, 관리를 할 수 있으며 비용적인 측면에서도 많은 절감효과를 낼 수 있다. 품질관리는 재화나 서비스가 고객의 욕구나 기대를 지속적으로 충족시키거나 초과하는 능력을 관리하는 것을 의미한다. 고객에 따라 요구가 달라지기 때문에, 실무에서 품질의 정의는 고객에 따라 달라진다. 십여 년 동안 품질은 비즈니스에서 중요한 초점이었다. 그러나 그 이후, 품질의 중요성이 잊혀지기 시작했고, 품질은 다른 관심사의 뒷전으로 밀렸다. 그러나 최근에는 품질에 대한 관심이 다시 절실해지고 있다. 성공적인 품질경영을 위해서 경영자들은 품질의 여러 측면에 대한 통찰력을 지녀야 한다. 품질에 대한 정의, 품질비용과 이익에 대한 이해, 불량 품질의 결과 인식, 윤리적 행동의 필요성 인식 등이 그것이다. 품질에는 제품품질과 서비스품질 두 가지가 있는데 제품품질은 9가지의 품질 차원에 따라 판단한다. 그 품질 차원은 다음과 같다. 성능, 심미성, 부가적 특성, 적합성,

신뢰성, 내구성, 인지품질, 서비스 능력, 일관성이 그것들이다. 서비스품질 또
한 9가지의 차원들로 판단하는데 그것들은 편의성, 신뢰성, 반응성, 시간, 확
신성, 예의, 유형성, 일관성, 기대이다.

　　품질의 결정요인은 제품이나 서비스가 의도하는 목적을 성공적으로 만족
시키는 정도를 말하는데 이는 ① 설계, ② 설계적합성, ③ 사용편리성, ④ 애
프터 서비스라는 네 가지 주요 결정요인에 의거한다.

　　좋거나 우수한 품질을 지닌 조직의 이점은 다양하다. 품질 명성 제고, 고
가격 부여 가능, 시장점유율 제고, 고객충성도 증대, 제품책임 감소, 제품 및
서비스 문제 감소에 따른 생산성 증가, 고객 불만 감소, 생산비용절감, 이윤
증가 등이 있다. 이처럼 기업이 좋은 품질을 지닌다면 얻을 수 있는 이점을,
4차 산업혁명 시대에서는 빅데이터를 활용하여 쉽게 선점할 수 있는 것이다.
이는 빅데이터를 토대로 제품이나 서비스의 생산과정에서 불필요한 비용들을
절감하고 더 많은 고객들의 요구사항을 빠르게 파악하고 분석하여 제품, 서비
스의 단점을 최소화하고 장점을 최대화하여 기업의 제품, 서비스의 품질을 높
일 수 있는 시사점을 가진다.

　　ERP는 구매, 생산, 유통, 판매, 인적자원관리, 재무 및 회계와 같은 다양
한 기능이 기업조직의 목표를 달성하기 위해 힘을 합쳐야 하는 복잡한 시스템
의 기업조직이 기능 부문 간의 정보공유를 보다 쉽게 할 수 있게 해 주는 정
보공유를 목적으로 공급사슬의 핵심 부분은 물론 기업조직의 모든 부분을 단
일의 데이터베이스로 연결하도록 설계된 컴퓨터시스템을 말한다. ERP 소프트
웨어는 조직 전체에 걸쳐 의사결정자와 기타 사용자가 실시간으로 데이터를
획득하고 가용하게 하는 시스템을 제공한다. 이것은 또한 기업조직의 목표를
달성하기 위한 다양한 기업프로세스를 계획하고 모니터하기 위한 도구들도 제
공한다. ERP시스템은 통합된 모듈의 집합으로 이루어진다. 이렇듯 ERP는 기
업 내 정보 및 자재의 흐름을 추적하기 때문에 낭비와 환경비용에 대한 정보
를 수집할 수 있는 기회를 제공하고 그 결과 프로세스 개선의 기회를 가질 수
있게 하기 때문에 생산운영관리뿐만 아니라 기업조직에게 매우 중요한 의미를
가진다.

　　이렇듯 생산운영관리에서 많은 의미를 가지는 ERP 또한 빅데이터를 활용

하여 기업들은 더욱 많은 이점들을 누리고 있다. 예전의 ERP는 제조 부문 기업 위주로 사용되었지만 이제는 서비스 분야뿐만 아니라 금융, 의료 등 다양한 기업들에서 필수적인 시스템이 되었다. 이러한 다양한 기업들은 재무, 인적자원관리, 마케팅, 재고 등 많은 부분에서 ERP에 빅데이터를 활용하여 더욱 정확하게 분석하고 관리할 수 있게 되었다.

이렇듯 4차 산업혁명 시대에서 현대 기업들의 빅데이터 분석 활용과 예측기법, 재고관리, 품질경영, ERP에 대해 알아보고 이러한 네 가지 생산운영관리 요소들에 대한 기업들의 빅데이터 활용에 대하여 알아보았다. 앞서 서술한 4가지 생산운영관리의 요소들 중에서 우리는 비즈니스 예측기법에 대한 사례와 미래 활용방안을 선정하였고, '빅데이터'를 통해 비즈니스 예측기법 사례에 어떻게 적용할 수 있는지 그리고 미래에는 어떤 식으로 활용할 수 있는지 제안하고자 한다.

03 빅데이터와 예측기법

(1) 소비자 조사법

가. 소비자 조사법의 정의

수요를 궁극적으로 결정하는 것은 소비자들이기 때문에 소비자들로부터 수요 정보를 구하는 것은 자연스럽게 느껴진다. 경우에 따라 모든 현재의 고객 또는 잠재적 고객을 접촉할 수 있다. 그러나 세상에는 너무 많은 고객이 존재하고 그들로부터 잠재적인 고객을 식별해 낼 어떤 방법도 없다. 따라서 소비자의 정보를 구하려는 조직은 소비자 조사에 의존하게 되는데 이것은 표본조사를 통해 소비자의 의견을 알아보는 것이다. 이러한 표본조사를 통해 소비자의 의견을 알아보는 예측기법을 소비자 조사법이라 한다.

소비자 조사법은 일반적으로 소비자 의견의 표본조사를 나타낸다. 소비자 조사법의 가장 명백한 이점은 다른 곳에서 얻을 수 없는 정보를 얻어 낼 수 있다는 것이다. 그러나 타당한 정보를 얻기 위해 조사를 설계하고 관리하며 결과를 올바로 해석하기 위해서는 상당한 지식과 전문성이 필요하다. 소비자 조사는 비용이 많이 들며 시간도 많이 소요되며 가장 좋은 조건하에서도 일반 대중에 대한 조사는 소비자의 비이성적 행동 패턴과 마주쳐야 한다. 이러한 맥락에서 우편 설문조사의 응답률이 낮다면 그 결과를 의심해야 하지만 실제로는 그렇게 하지 않는다. 이러한 함정을 배제할 수 있다면 소비자 조사법은 유용한 정보를 산출할 수 있는 좋은 예측기법이다.

나. 소비자 조사법과 빅데이터 활용 사례

소비자 조사법의 빅데이터 분석을 활용 방안을 알아보자. 기본적으로 소비자 조사법은 특정 제품이나 서비스에 대한 소비자의 선호도, 구매의사, 요구사항 등의 정보를 조사하여 수요나 기타 다른 정보들을 알아내는 것이 목적이다. 방대하고 가치 있는 소비자 데이터를 빠른 시간 내에 가치 있게 분석할 수 있는 빅데이터를 활용한다면 기존 소비자 조사법의 단점이던 비용과 시간에 대한 문제를 해결할 수 있다. 또한 SNS, 텍스트 메시지, 모바일 이용 알고리즘을 통해 더욱 심층적인 표본조사를 이루어 다양하고 유용한 정보를 산출하는 소비자 조사법의 이점을 살릴 수 있다.

소비자 조사법에 대한 기업사례에는 대표적으로 일본의 게임기기 제조업체 닌텐도와 자전거 부품 제조업체인 Shimano가 있다. 닌텐도는 기존 자사 게임 비이용자보다도 더 나아가, 애초에 게임을 즐기지 않는 사람들에 대한 조사를 기반으로 새로운 게임 서비스 개발에 성공하였고, 기존에 출시되어 있는 게임기를 뛰어넘는 전혀 새로운 스타일의 게임기인 wii를 출시하였다.

또한 자전거 부품 제조업체로 세계적인 명성을 누리고 있는 일본기업 Shimano는 기존의 전문가용 자전거 개발에서 탈피하여 일반인을 위한 자전거를 개발하기 위하여 자전거를 타지 않는 사람들을 포함한 광범위한 소비자 조사를 실시하였다. 이에 Shimano는 브레이크와 기어가 자동으로 제어되는 일반인을 위한 자전거 개발에 성공하였다. 이렇듯 소비자들의 숨겨진 니즈를 파악하기 위한 기업들의 노력이 지속되면서 소비자 조사기법도 발전을 거듭하고 있으며 여기에 앞서 서술한 빅데이터 활용 방식으로 기업들은 소비자의 수요를 더욱 효율적으로 파악할 수 있게 되는 것이다.

(2) 평균화기법

가. 평균화기법의 정의

예측기법 중 시계열 자료에 기초한 예측기법의 하나로 평균화기법이 있다. 역사적인 데이터는 전형적으로 일정 분량의 우연변동, 즉 백색 잡음을 포함하고 있는데 이것은 데이터에 내재하는 체계적인 동향을 모호하게 하는 경향이 있다. 이러한 우연성은 대단히 많은 상대적으로 중요하지 않은 요인들이 결합되어 나타나는 영향으로서 확실하게 예측할 수 없는 특성을 가지고 있다. 이때, 평균화기법들은 데이터에 존재하는 변동을 평활화하는 작용을 한다.

이상적으로는 이러한 우연성을 자료에서 완전하게 제거하고 수요의 변화와 같은 실제 변동만을 남겨 두는 것이 바람직하지만 실제로는 이들 두 가지 종류의 변동을 구별하기란 불가능하며 따라서 우리가 할 수 있는 최선은 소규모 변동은 우연적인 것이고 큰 변동은 실제 변동일 것이라고 희망하는 것이다. 평균으로 처리될 때에는 데이터상의 개별적인 고저가 상호 상쇄되는 효과가 있기 때문에 평균화기법은 시계열에서의 파동을 평활화하는 작용을 한다. 따라서 평균에 기초한 예측은 원자료보다 변동성을 덜 보인다.

이러한 변동들은 시계열상의 진정한 변화보다는 단순히 우연변동을 반영하고 있기 때문에 평균화가 보다 유리하다. 특히, 예상되는 수요의 변화에 대응하는 것은 상당한 비용을 수반하기 때문에 소규모의 변동에는 반응하지 않도록 하는 것이 바람직하다. 따라서 둘 다 어느 정도는 평활화되기는 하나 보다 큰 변동들을 실제 변화를 반영하는 것으로 간주하는 데 반해 소규모 변동들은 우연변동으로 취급하는 것이다. 평균화기법은 시계열의 최근 값(즉, 지난 몇 기간 동안의 평균)을 반영한 예측치를 산출한다. 평균화기법들은 계단식 변화나 점진적인 변화 모두를 처리할 수 있지만 시계열이 평균 부근에서 변동할

때 가장 잘 적용된다. 평균화기법에 속한 기법들에는 ① 이동평균법, ② 가중
이동평균법, ③ 지수평활법 세 가지가 있다.

나. 평균화기법과 빅데이터 활용 사례

평균화기법 또한 빅데이터 분석을 활용할 수 있다. 기본적으로 평균화기
법은 데이터에 존재하는 변동을 평활화하며 시계열에서의 계단식 변화, 점진
적인 변화 모두를 처리할 수 있기 때문에, 예측에 있어 방해가 되는 우연변동
들을 최소화하여 예측을 보다 정확하며 확실하게 하는 것이 목적이다. 이때
빅데이터 분석의 특징인 가치, 다양성 그리고 속도의 이점을 충분히 활용한다
면 더욱 다양한 시계열, 예측치를 기반으로 고객들의 수요 대응, 생산이나 개
발등의 시간예측 등을 더욱 정확하고 신속하게 알아낼 수 있다.

평균화기법에 대한 사례에는 대표적으로 증권 회사들이 있다. 증권시장
과 투자자 사이에서 증권을 매매시키는 업무를 담당하는 증권회사들은 단기매
매증권의 거래내역(매입과 매각)을 이동평균법을 사용하여 계산하여 거래한 증
권들의 단가를 비교적 간편하고 정확하게 기록한다. 이렇듯 고객들의 수요에
따른 대응, 생산이나 개발, 연구 등의 시간을 예측하기 위한 기업들의 노력이
지속되면서 시계열을 통한 예측기법들도 빅데이터 분석과 함께 발전되고 있으
며 기업들은 이러한 예측기법들을 통하여 많은 예측을 하고 있다.

(3) 계절변동 분석기법

가. 계절변동 분석기법의 정의

계절변동 분석기법은 시계열 자료에 기초한 계량적 예측기법 중의 하나
로, 시계열 데이터를 근간으로 도표를 작성하고 분석하면서 발생되는 패턴 중
'계절변동(seasonality variations)'을 활용하여 예측하는 기법이다. 계절변동이란
일반적으로 특정 날짜나 하루 특정 시점과 같은 요인들과 관련된 단기적이고
비교적 규칙적인 변동을 말한다. 계절변동의 개념 중 계절성은 '계절'에서 파
생되어, '계절에 따라 영향 받는 특성', '계절 변화에 따라 바뀌는 성질' 등을

의미한다. 계절성이 생기는 구체적인 요인으로는 자연적, 사회적 요인을 들 수 있다. 기후나 기온과 같은 자연조건의 변화가 경제활동에 직접적 영향을 미치거나, 연말 연초, 휴가, 주말에 일수가 적어 생산량이 줄어든다거나, 인센티브가 주요하게 생기는 시기에 개인소비가 급증하여 소비재 생산과 매출에 변동이 일어나는 것 등이 있다.

구체적인 예를 들어 계절에 따라 여름 스포츠와 겨울 스포츠의 장비 매출은 달라지고, 휴가철이 되면 항공 여객기나 휴양지의 관광객 수 등이 좌우되는 것처럼 규칙적인 연간 변동에 포함된다. 또한 일간, 주간, 월간으로 '반복되는' 패턴 역시 계절 변동이라고 칭한다. 시계열 도표 데이터에서 일간 단위로 반복되는 패턴은 '출퇴근 시간 교통 체증'이며, 이는 아침, 저녁 일간 2회 반복된다. 영화관이나 각종 문화센터의 수요 증가는 매주 주말 주간 1회 반복된다. 은행 같은 경우는 일간 수요변동과 월간 수요변동을 모두 겪는다. 점심시간이나 마감시간 직전에 고객이 집중되는 일간 변동, 정산이 필요한 월초와 월말에 수요가 집중되는 월간 변동이 그 예이다.

앞서 말한 계절성은 시계열의 평균값으로부터 실제값이 얼마나 벗어나는가를 보여주는 편차로 표현이 된다. 계절성을 분석하는 모형에는 가법 모형과 승법 모형이 있다. 가법모형 내에서의 계절성은 수량으로 표현되며 계절성을 통합시키기 위해 시계열 평균에 그 수량(계절성)을 더하거나 빼어 수요를 도출해 낸다. 반면 승법모형 내에서의 계절성은 평균 혹은 추세치에 대한 비율로 표현되며, 계절성을 통합시키기 위해 시계열 평균에 이 값(계절성)을 곱하게 된다.

이때 승법모형에서 사용되는 계절성과 관련된 비율은 계절지수(seasonal index)라고 한다. 계절지수는 특정 계절의 수요가 평균 계절의 수요에 비해 얼마나 큰지 또는 작은지를 나타내는 지수이다. 계절지수＝특정 계절의 수요치/평균 계절의 수요치로 나타낼 수 있다. 예를 들어 옷 소매점 4월 판매량의 계절지수가 1.30이라면, 이것은 4월 판매량이 월평균에 비해 30% 더 많다는 것을 의미한다. 만약 7월 판매량 계절지수가 0.80이라면, 이것은 7월 판매량이 월평균의 80%라는 것을 나타낸다.

계절지수를 계산할 때에는 중심이동평균법(cen-tered moving average)과 단순평균법(SA)을 활용한다. 중심이동평균법은 이동평균을 계산하기 위해 사용된 데이터들의 중심에 위치시킨 이동평균을 말하며, 데이터에 이미 내재하는 선형추세 또는 비선형추세를 효과적으로 설명한다. 중심이동평균은 실제 데이터를 근사하여 따라간다.

단순평균법은 중심이동평균법에 비교하여 계산이 간편하다는 이점을 가진다. 각 계절의 평균값을 모든 계절의 평균값으로 나누면 각각의 계절지수를 산출할 수 있으며, 이때에는 표준화할 필요가 없다. 데이터가 안정적인 평균 부근의 변동을 보이는 경우 단순평균법은 잘 들어맞는다. 기울기에 대한 절편이 크거나 기울기와 비교한 변동이 크면 SA를 사용하여 좋은 계절지수를 구할 수 있으며, 비율이 크면 클수록 오차는 작아진다.

예측에서의 계절지수 활용방안은 두 가지이다. 첫 번째는 데이터에서 계절성을 제거하기 위해 활용하는 것이다. 계절성을 제거하는 이유는 '비계절성 요소'를 명확하게 보여주기 위함이며, 제거하기 위해서는 데이터를 상응하는 계절 지수로 나누어야 한다. 두 번째는 예측에서 계절성을 통합하기 위해 활용하는 것이다. 추세선을 활용하여 특정 기의 추세추정치를 구한 후, 이 추세추정치에 해당하는 계절지수를 곱하여 추세추정치에 계절성을 부가한다.

나. 계절변동 분석기법과 빅데이터 활용 사례

이처럼 계절 변동에 대해 알고 있다는 것은 소매 계획과 스케줄링에 있어 중요한 요소이다. 특히 계절성이 첨두부하(peak load)를 해결하도록 설계되어야 하는 시스템(대중교통, 발전소, 고속도로, 교량 등)의 생산용량 계획에서 중요한 요소이다. 또한 시계열 데이터에 계절성이 어느 정도 존재하는지 알고 있다면 시계열에서 다른 변동의 패턴을 식별해 내기 위해 데이터로부터 계절성을 제거하여 '계절성 조정 실업', '계절성 조정 개인 소득'에 활용할 수 있다.

기후나 기온과 같은 자연적 변화가 만들어 내는 계절변동 패턴으로 여름 스포츠와 겨울 스포츠의 장비 매출이 달라지듯 연간 기후라는 계절변동으로 인해 많은 영향을 받는 분야로는 의류 분야를 꼽을 수 있다. 온라인 쇼핑몰 '언니가 간다'(이하 A업체)의 사례를 통해 계절변동을 통한 예측을 알아보자. 먼저 기상청에서 공개한 약 4년 동안의 평균기온, 최저기온, 최고기온의 기후 그래프 데이터를 활용한다. 위의 기후 데이터에서 보이는 4년 동안의 추세를 살펴보면 매우 규칙적인 연간 계절변동 패턴을 나타낸다. 이후 판매량 수요 예측을 위해 A업체의 과거 판매 실적 데이터와 평균 책정되었던 가격 데이터를 활용하여, 기후 변동에 따른 의류 판매량 변동을 파악한다. 이때 BAPP(Big Data Analysis for sales Prediction Platform)와 같은 데이터 수집과 저장을 통해 분석하는 프로그램을 사용하여 추이 현황을 살펴본다.

(4) 인과관계 예측기법

가. 인과관계 예측기법의 정의

인과관계 예측기법은 관심의 대상이 되는 변수를 예측하기 위해 사용할 수 있는 관련 변수를 식별하고자 할 때 사용된다. 예를 들어 쇠고기의 매출은 쇠고기의 파운드당 가격, 그리고 닭고기와 돼지고기 등 대체재의 가격과 관련성이 있고, 농산물 수확량은 토양의 조건이나 강우량, 강우 시기 및 시비량과 관련이 있다.

먼저 인과관계기법에서는 예측변수라는 개념을 알아야 한다. 예측변수는 관심 있는 변수의 값을 예측하기 위해 사용하는 변수이다. 이때 이 효과를 요약해 줄 수 있는 수식의 가장 기본적으로 회귀분석(regression)을 들 수 있다. 회귀분석이란 점들의 조합에 적합한 직선을 찾아내는 기법을 이야기한다. 그중 가장 많이 사용되는 회귀분석은 두 변수 간의 선형관계를 나타내는 단순선형회귀이다.

선형회귀분석의 목적은 추정되는 직선으로부터 데이터값들까지의 수직 편차제곱의 합이 최소화되도록 하는, 즉 최소제곱선을 구하는 것이다. 데이터의 산점도를 작성하고 선형 모형이 직선주위에 선포하고 있는지 판단한다. 그후 피예측변수 yc를 a+bx를 통하여 도출한다. 이때 회귀선은 회귀선이 추정된 값의 범위 내에서만 사용되어야 하며, 그 외부에서는 관계가 비선형일 수도 있다. 이때 a값의 목적은 직선이 y축을 통과한 경우에 단순히 직선의 높이를 나타내기 위한 것이다.

이 과정에서 선형회귀선에 대해 예측이 얼마나 정확한가 하는 것은 회귀선 주위에 데이터 포인트가 분산된 정도로 확인을 할 수 있다. 즉 추정의 표준오차로 파악할 수 있는데 이 오차값은 다음과 같이 산출될 수 있다. 각 데이터 포인트와 그 점의 x값에 대해 회귀식으로 계산된 값 사이의 수직적인 차이를 확인하여 이를 제곱하고 모든 데이터 포인트에 대하여 합한 뒤 이를 $n-2$로 나누어 마지막으로 그 값의 제곱근을 찾는 것이다. 이러한 회귀선을 예측할 때에는 지표를 활용한다. 지표는 관심의 대상이 되는 변수의 변화에 선행하는 통제 불가능 변수들이다. 예를 들어 에너지 가격의 인상은 다양한 범위의 제품과 서비스 가격의 인상을 가져올 것이며, 이러한 지표를 주의 깊게 확인하고 분석함으로써 미래의 가능한 수요에 대해 추정해 볼 수 있다. 교재에 제시된 지표는 다음과 같다. 보유재고와 주문 중인 재고의 순변화, 상업대출에 대한 이자율, 산업생산지수, 소비자 물가지수, 도매물가지수, 주가지수, 인구 변동, 지역의 정치 정세, 타 기업의 활동. 물론 이러한 지표를 활용할 때에는 관계가 논리적으로 설명이 가능해야 하며, 예측이 행해졌을 때 그 예측이 이미 진부하게 되지 않도록 지표 변동의 종속변수의 변동보다 충분한 시간간격을 두고 선행해야 한다. 이때 상관관계가 존재하여야 하는데, 상관관계란 두 변수 간의 관계의 방향과 정도에 대한 측정치를 일컫는다.

나. 인과관계 예측기법과 빅데이터 활용 사례

부동산의 가격 역시 부동산의 위치와 면적과 상관관계에 놓여, 부동산도 예측변수의 영향을 받는다. 시설의 입지는 시스템 장기계획 중 하나로 기업의 전략적 측면에서도 주요하게 사용될 수 있다. 그렇다면 부동산 뉴스와 소비자 심리, 그리고 각종 정책에 대한 지지도와 같은 빅데이터로 인해 부동산의 가격이 영향을 받는 것을 인과관계에 따라 예측이 가능한지 사례를 살펴보기로 한다.

언론보도와 부동산 여론을 나타내는 소비자 심리, 실제 부동산시장을 반영하는 아파트 실거래 가격과 국정운영 지도의 월별 데이터 등 예측변수의 빅데이터를 수집한다. 먼저 부동산 가격은 국토교통부가 발표하는 실거래가 공개 시스템을 활용하여 확보한다. 언론보도 변수는 포털 사이트의 네이버에서 보도

된 기사 제목을 통해 아파트 가격의 언론 보도 내용을 확보한다. 이후 부동산 가격 상승과 관련이 있을 거라고 생각되는 단어를 선정, 뉴스의 논조 데이터를 정립한 후, 뉴스의 전반적인 보도량을 합계 낸다. 소비자 심리 변수는 국토연구원이 홈페이지를 통해 매달 발표하는 '주택매매시장 소비심리지수'를 활용하여 확보한다. 국정운영 지지도 변수는 중앙선거여론조사심의위원회에 등록된 지지도 항목 중 '서울 거주 응답자' 표본의 조사 결과를 활용한다. 빅데이터로 수집된 국정운영 데이터는 박근혜 대통령 정책의 지지도가 활용되었다.

먼저 수집한 데이터의 변수들이 상관관계에 놓이는지 각각 측정한다. 그리고 충분한 시간간격을 두고 선행하는지 측정한다. 상관관계와 시차를 파악한 이후 소비자 심리와 언론보도, 국정 지지도 그리고 부동산 가격의 시계열 그래프를 구축하면 다음과 같았다. 먼저 변수 발생의 1차적 선후관계는 소비자 심리 → '주택 실거래 가격' → 언론보도 → 대통령 지지도의 순으로 발생하지만 이후 대통령 지지도와 언론보도, 그리고 주택 실거래 가격은 양방향 인과관계로 파악된다. 즉 소비자 심리, 언론보도, 대통령 지지도의 예측변수가 모두 주택 실거래 가격에 간접적으로 영향을 준다고 정리된다. 이를 통해 부동산의 주택 실거래 가격을 소비자심리, 언론보도, 대통령 지지도와 같은 빅데이터의 분석을 활용하여 예측할 수 있음을 알 수 있다. 해당 사례는 이러한 부동산 예측기법을 생산운영관리 전략의 작업장 시설 배치의 비용 측면에서 활용할 수 있는 것은 물론, 영향변수로 파악되는 빅데이터를 분석하고 상관관계를 도출하여 다양한 분야에서 인과관계를 예측할 수 있음을 시사한다.

04 빅데이터와 미래 경영

기업들은 빅데이터를 활용하여 다양한 표본조사 및 고도화된 정보기술의 조사를 실시할 수 있다. 미래에는 기존 소비자 조사법이 사용하던 단순 조사 말고도 고객들의 내면심리, 무의식, 행동 등 더욱 고도의 고객심리를 조사하여 더욱 가치 있고 다양한 정보들을 산출할 수 있다. 뿐만 아니라 이러한 예측들을 통해 기업활동의 모든 부문에 영향을 주는 생산운영관리에 활용한다면 기업 조직에게 있어 큰 전략적 이점이 될 것이다.

시계열 자료에 기초한 예측기법 중 하나인 평균화기법은 데이터에 내재하는 체계적인 동향을 모호하게 하는 우연변동, 즉 백색 잡음들을 평활화하는 작용을 하여 데이터상의 개별적인 고저가 상호 상쇄하며 미래예측을 할 때 변수들을 최대한 없애 주는 기법이다. 이러한 평균화기법 또한 빅데이터를 활용한다면 기존에 존재하지 않았고 자료로서 더욱 가치를 가지는 시계열, 예측치를 기반으로 고객들의 수요에 대한 대응, 생산이나 개발 등의 시간예측 등을 더욱 정확하고 신속하게 알아낼 수 있다. 또한 미래에 기업들은 더욱 발전된 빅데이터를 활용한다면 현재 평균화기법이 쓰이는 분야인 증권, 연구 등의 분야 말고도 더 넓은 분야에서 미래예측이 가능할 것이다. 나날이 발전해 가며 생산되는 빅데이터를 통하여 현재보다 더 많은 변동, 백색 잡음들을 제거하여 오차가 0에 수렴하는 완벽에 가까운 예측이 가능할 것이라고 기대한다.

적정한 용량을 보유하기 위해서는 정확한 수요예측 프로세스가 필요하다. 이 프로세스에서 변동성에 유연하게 대응해야 한다고 요구되는데, 이때 발생되는 수요의 구조적 변동의 원인이 되는 것 중에 하나가 계절변동이다. 시계열 자료에서 보이는 계절변동의 경우 다른 변동들에 비해 특히나 비교적 규칙적인 변동을 보이므로 기업은 계절변동에 대한 대응만큼은 필수적으로 마련해 놓아야 할 것이다. 이처럼 기존에 유지되고 있던 계절변동을 고려하여 수요를 예측할 때, 다양한 경로로 수집되는 빅데이터를 분석하고 활용하면 수요에 맞는 공급의 정확성을 높일 수 있을 것이다. 또한 빅데이터를 통해 인지하지 못한 채 계절성을 띠고 반복되고 있던 패턴을 감지하여 타 기업과의 차별화된 경쟁성을 기대할 수도 있다.

인과관계 예측기법을 활용할 때에는 사용할 수 있는 관련변수를 선정하는 것이 중요하다. 어떤 변수로 인해 기업의 수요와 공급에 영향을 줄지 파악하는 것이 운영전략을 계획할 때 주요하게 작용된다. 전략은 조직의 목적지에 이르게 하는 로드맵의 역할로 주요한 성공 요인에 해당하는 만큼, 이 변수에 대한 파악과 인과관계를 정확히 인지하고 있어야 한다. 이때 변수로 사용될 수 있는 지표 중 지역의 정치 정세와 같이 쉽게 식별할 수 있는 데이터로 표현되어 있지 않은 것들은 반정형 빅데이터를 활용하여 파악할 수 있게 된다. 또한 지표가 상관관계의 의미를 갖기 위해서 변동의 관계가 논리적으로 설명 가능해야 하는데, 예상치 못한 변수가 발생했을 때 역시 수집된 빅데이터를 분석하여 관계를 파악하고 상관관계를 측정할 수 있게 된다.

　　기존에도 기업은 예측기법을 통해 계획의 불확실성의 일부를 제거하여 계획을 수립한 후 의사결정을 이루었다. 수요를 예측하여 공급량을 정하고, 예산을 마련하는 등 전반적인 기업 방향에 이정표가 되어 주었다. 이러한 예측에 최소 비용의 최대 효과를 내는 새로운 가치 창출에 효과를 맞춘 빅데이터를 활용한다면 예측의 이점을 더욱 끌어낼 수 있다는 기대를 할 수 있다. 예측의 가장 기본적인 요소인 시의적절, 정확성, 비용효과가 높은 것을 완벽하게 만족할 수 있으며, 그리고 예측의 데이터 정제, 분석의 절차에서 시간을 단축할 수 있어 기업은 기존의 예측보다 더욱 높은 정확도를 얻을 수 있게 된다. 크기, 속도, 다양성, 가치, 정확성을 갖춘 빅데이터를 예측기법에서 전략적으로 활용하면 기업에서는 생산운영관리 가치체계 사슬의 탄력성을 부여받을 것이다. 빅데이터를 접목한 예측기법의 사용 범위가 넓어질수록 결과론적으로 모든 부문에 영향을 주는 생산운영관리에도 합리적인 기준을 제공하고, 기업의 가장 핵심적이고도 서로 양방향 관계에 있는 경쟁력, 전략, 생산성에서도 우위를 점할 수 있을 것이라 기대한다.

경영사례 PART 04: 안랩 ──────────────────────────────── 📖

1. 안랩의 주요 사업

1) 엔드 포인트 보안

금전적인 이득을 목적으로 하는 보안 위협에 대비하기 위한 통합보안솔루션으로 대표적인 제품으로는 우리가 잘 알고 있는 V3가 있다. 해외에서 CC인증, 체크마크 인증, VB 100% 어워드 등에서 글로벌인증과 V3는 국내에서 장영실상, 신소프트웨어상품대상을 받은 것으로도 모자라글로벌상까지 석권하였다.

2) 네트워크 보안

안랩이 가진 고도의 정보보호 기술력을 통해 네트워크 어플라이언스 제품을 선보이고 있는 통합 보안시스템이다. 대표적으로 트러스가드와 방화벽, VPN이 있다.

특히 몇 년 전 화제였었던 DDoS공격에 대한 방어 기술을 구축하고 있고, VPN을 통해서 외부에서 효율적이고 안전하게 내부시스템에 접속할 수 있도록 구성되어 있다.

3) 온라인 보안

안랩에서는 온라인을 통해 처리되는 모든 정보의 교류가 안전하게 이루어질 수 있도록 보호하는 안랩 온라인 시큐리티 서비스를 지원하고 있다. 안랩 온라인 시큐리티는 방화벽, 스파이웨어, 시큐어 브라우저, 안티-키로거로 구성된 4가지 시큐리티 서비스로 구성되어 개인정보의 유출과 금전적 해킹을 방어할 수 있는 혁신적인 기술 요소를 가지고 있다.

4) 온라인 게임 보안

우리나라는 세계에서 가장 게임을 잘하는 나라라고 불린다.

우리나라가 온라인 게임의 종주국인 만큼 온라인 게임 보안영역 또한 잠재 성장성이 크고, 안랩은 온라인 게임 보안사업의 글로벌 시장 개척의 주도권을 쥐고 있다.

게임을 할 때에 항상 보게 되는 안랩 핵쉴드는 안티바이러스 및 메모리 진단기술이 내장된 시그니처 엔진과 메모리 휴리스틱 엔진을 탑재하여 보다 강력한 해킹지

연력과 억제력을 보여준다. 2006년에는 산업자원부가 '차세대세계일류상품'으로 선정할 만큼 믿음직하고 안랩의 글로벌화에 크게 기여할 제품이다.

5) Mobile Security

최근 스마트폰, 태블릿PC등 모바일 기기의 사용이 늘면서 모바일해킹의 위협마저 무시할 수 없을 정도가 되었다. 모바일해킹은 배경화면의 변경, 게임, 동영상 플레이어같이 평상시에 우리가 사용하는 어플이나 기능 등에 파고들어 우리가 모르는 사이에 바이러스는 개인 모바일 기기에 잠식하게 된다. 안랩은 이렇게 모바일보안의 중요성이 더욱 강조되는 지금, 모바일 기기와 관련해 발생 가능한 위협은 물론이고 사용자의 중요 정보와 불법적인 과금이 나가지 않도록 피해를 줄이기 위해 모바일V3를 무료로 배포하고 있다.

2. 안랩의 글로벌화: 모바일 S-Cube

안랩은 설립 이후부터 글로벌화에 힘쓰고 있다. 최근에는 일본에 AhnLab Mobile S-Cube를 발표하며 안랩의 세계화에 한 발짝 다가섰다. 모바일 S큐브는 피싱 방지 애플리케이션이다. 문자나 전화가 오면 피싱문자인지 아닌지 분별해 주는 기능도 있고, 악성 앱이 다운로드되면 경고메시지를 보내기도 하는 등 다차원적인 보안기능으로 스미싱을 원천 차단한다.

Part 4. 참고문헌 ━━━━━━━━━━━━━━━━━━━━━━━━━━━━━━ 📖

고정길 외(2013), "스마트 디바이스와 사물인터넷 융합기술," 전자통신동향분석, 제28권 4호,
     한국전자통신연구원.

김승욱(2012), 경영학 콘서트, 필통출판사.

김재욱·최지호·한재숙(2002), "온라인 커뮤니티 마케팅 활동과 친 커뮤니티 행동간의 관계
     에 있어서 몰입의 매개역할," 마케팅연구.

김중태(2012), "소셜 네트워크가 만든 비즈니스 미래지도- 세계는 폭발하는 소셜미디어에 투
     자중," 한스미디어.

삼성경제연구소(2009), 기업의 경쟁력 향상을 위한 외부 네트워크 활용방안.

윤미영·권정은(2013), "창조적 가치연결 초연결사회의 도래," IT Future & Strategy, 제10호,
     정보화진흥원.

장원규·이성협(2013), "국내외 사물인터넷 정책 및 시장동향과 주요 서비스 사례," 동향과 전
     망: 방송·통신·전파, 제64호.

정보통신산업진흥원(2013), "사물인터넷 발전을 위한 EU의 정책 제안,"「해외 ICT R&D 정책
     동향」. 제6호.

정보통신산업진흥원(2013), "사물인터넷 산업의 주요 동향,"「해외 ICT R&D 및 정책동향」.
     제6호.

조철희 외(2013), "사물인터넷 기술·서비스·정책,"「주간기술동향」. 제1625호.

한국방송통신전파진흥원(2012), "미래인터넷의 진화방향,"「PM 이슈리포트」. 제2권.

Bendapudi, N. & L. L. Berry(1997), "Customers' Motivations for Maintaining Relationships
     with Service Providers," Journal of Retailing, Vol. 73(Spring).

Chao, G. T., P. M. Walz, & P. D. Gardner(1992), "Formal and informal mentorships: A
     comparison on mentoring functions and contrast with nonmentored counterparts,"
     Personnel Psychology, 45.

Eggert, A. & W. Ulaga(2002), "Customer perceived value: a substitute for satisfaction in
     business makets?," The Journal of Business & Industrial Marketing, Vol. 17 Nos
     2/3

Eggert, A., W. Ulaga, & F. Schultz(2006), "Value creation in the relationship life cycle: a quasi-longitudinal analysis," Industrial Marketing Management, Vol. 35.

MBN 뉴스(2014), "싸이 '행오버' 빌보드 100위권에서 밀려…'강남스타일' 여전히 11위," 매일 경제신문사.

김원겸(2010), "섬싱Q | 젊은 한류, 유튜브에 길을 묻다. 'YOU(YouTube)'를 잡아라 세계를 잡으리니," 동아일보

이혜린(2011), "요즘 가수들, SNS 없이 어떻게 살죠?," SEN.

전자신문(2011. 01. 19). '새로운 10년을 준비하자-디지털시대 리더에서 스마트시대 개척자로'.

최용식(2011), "세계로 뻗어가는 소녀시대·원더걸스 뒤에 '유튜브' 있다?" 뉴스토마토.

한국경제신문(2013. 12. 20.), SK텔레콤 사물인터넷으로 가능한 서비스 보여줘.

한국일보(2013. 12. 18.), 사물인터넷 시대 성큼.

헤럴드경제(2013. 9. 28.), 사람과 사물을 이어주는 모두의 인터넷 IoE 시대 온다.

PART 5

창업과 전통시장 경영

Chapter 17

창업경영

01 창업의 이해

(1) 창업의 개요

창업이란 새로이 사업을 시작하는 것으로 개인적 입장에서는 기존에 있는 사업체를 인수하는 것이든 완전히 처음부터 사업체를 새롭게 시작하는 것이든 모두 창업이라 할 수 있지만, 법률적 의미에서의 창업에 대한 정의는 "중소기업창업지원법"에 따르면 창업이란 "새로이 중소기업을 설립하는 것"으로서 다음 각 호에 해당되지 아니하여야 한다고 규정하고 있다.

    가. 타인으로부터 사업을 승계하여 승계 전의 사업과 동종의 사업을 계속하는 경우

    나. 개인 사업자인 중소기업자가 법인으로 전환하거나 법인의 조직변경 등 기업형태를 변경하여 변경 전의 사업과 동종의 사업을 계속하는 경우

    다. 폐업 후 사업을 개시하여 폐업 전의 사업과 동종의 사업을 계속하는 경우

(2) 창업환경의 변화

최근에 청년 실업을 비롯한 고용환경의 악화뿐만 아니라 보다 적극적인 창직(創職)의 방안으로서 각계각층의 사람들이 창업전선에 뛰어들고 있는 등, 창업환경의 폭이 넓어지고 있을 뿐만 아니라 창업의 여건이 좋아지고 있다고 볼 수도 있다. 이러한 창업환경 변화를 정리해 보면 다음과 같다.

표 17-1 ┃ 사례별 창업 인정 여부

주 체	사업장소	사 례		창업여부
A 개인이	갑 장소에서	갑 장소의 기존사업을 폐업하고	B 법인을 설립, 동종생산	조직변경
			B 법인을 설립, 이종생산	★ 창업
		갑 장소의 기존사업을 폐업하지 않고	B 법인을 설립, 동종생산	형태변경
			B 법인을 설립, 이종생산	★ 창업
B 법인이	갑 장소에서	갑 장소의 기존사업을 폐업하고	B 법인을 설립, 동종생산	위장창업
			B 법인을 설립, 이종생산	★ 창업
		갑 장소의 기존사업을 폐업하지 않고	B 법인을 설립, 동종생산	형태변경
			B 법인을 설립, 이종생산	★ 창업
A 개인이	을 장소에서	갑 장소의 기존사업을 폐업하고	B 법인을 설립, 동종생산	법인전환
			B 법인을 설립, 이종생산	★ 창업
		갑 장소의 기존사업을 폐업하지 않고	B 법인을 설립, 동종생산	★ 창업
			B 법인을 설립, 이종생산	★ 창업
A 법인이	을 장소에서	갑 장소의 기존사업을 폐업하고	B 법인을 설립, 동종생산	사업승계
			B 법인을 설립, 이종생산	★ 창업
		갑 장소의 기존사업을 폐업하지 않고	B 법인을 설립, 동종생산	★ 창업
			B 법인을 설립, 이종생산	★ 창업
A 개인이	을 장소에서	갑 장소의 기존사업을 폐업하고	다시 A 명의로 동종생산	사업이전
			다시 A 명의로 이종생산	★ 창업
		갑 장소의 기존사업을 폐업하지 않고	다시 A 명의로 동종생산	사업확장
			다시 A 명의로 이종생산	업종추가

첫째, 평생직장에 대한 사고가 변화

둘째, 창업연령이 점차 낮아짐

셋째, 소자본창업이 크게 증가

넷째, 창업으로 인한 사회적 영향이 커짐

다섯째, 창업 유형이나 아이템의 다양화

(3) 창업시기별 특징

창업을 실행함에 있어 여러 가지 제약이 따르겠지만 나이에 따른 한계가 매우 큰 제약 요인이 아닐 수 없다. 따라서 나이에 맞는 유형의 창업을 고려하지 않고 의욕적인 창업이나 매우 안정적 창업만 고집한다면 결코 바람직한 창업이 될 수 없을 것이다. 따라서 나이에 따른 창업의 유형을 살펴보면 다음과 같다.

- 20대: 자기 전공, 직업과 관계없이 자신 있는 분야에 적극적으로 참여하여 선택한 분야를 개척하고 이에 따른 어려움을 헤쳐 나아가는 모험창업을 고려할 수 있다.
- 30대: 자신의 적성에 맞는 분야를 선택하여 창업을 하는 선택창업을 들 수 있는데, 이는 자기 적성과 업무와의 상관관계를 고려하여 사업 아이템을 발굴해야 하고, 회사생활 중 이루어 놓은 인간적 유대와 사업 아이템 등을 잘 설정하고 이용할 수 있도록 하거나 자신이 즐겨 할 수 있는 아이템이나 일을 찾아 창업하는 것이 좋다.
- 40대: 사회생활 및 일정 분야에서 자기가 지금까지 닦아 놓은 기반을 최대한 활용할 수 있어야 하고, 이를 적극 활용하여야 한다. 인맥이나 개인적 경력을 충분히 활용하여 창업의 불확실성을 줄여 나가는 경험창업이 유리하다고 할 수 있다.
- 50대: 자기의 전공이나 학력을 불문하고 자기 업무 분야에서는 최고의 실무 전문가인 점을 십분 활용할 수 있으면 좋다. 따라서 가급적 자신이 해 오던 일의 연장선에서 새로운 일을 찾아 창업하는 전문창업을

하여야 하고, 이렇게 하는 것이 비교적 용이할 것이다.

■ 50대 이후: 50대 이후 연령층은 풍부한 경륜과 삶에 대한 지혜 그리고 연장자로서의 여유와 관대함을 창업과 잘 접목시킬 경우 의외로 이들의 창업성공 가능성은 높을 수 있다. 가급적 보수적인 입장에서 유지가능하고 모험이 적은 안정창업을 선택하는 것이 바람직하다 할 수 있다.

(4) 성공창업을 위한 사전 준비 요소

성공적인 창업을 위해서는 사전에 여러 가지 준비 사항들이 필요한데, 그 가운데 창업자에게 가장 필요하고, 창업하기 전에 반드시 알아야 할 가장 중요한 것들을 살펴보면 다음과 같다.

가. 사업 목적

사업 목적은 사업의 활동과 나아가야 할 방향을 설정해 주는 기본적인 요소라 할 수 있으며, 다른 창업 요소를 하나로 묶어 주는 역할을 한다. 다른 요소들은 사업 목적의 하위체계로 서로 유기적인 상호작용을 하되 궁극적으로는 사업 목적 달성을 지향한다고 할 수 있다. 따라서 창업을 하려는 사람은 내가 왜 창업을 하려는가에 대한 명확한 목표 설정이 우선되어야 한다.

나. 창업자

창업자는 인적·물적 요소를 효율적으로 활용함으로써 실제 사업을 위한 조직을 설립하는 주체이다. 창업자는 사업을 이끌어 가는 실질적인 주체이며, 창업자의 재능, 지식, 경험 등은 창업 사업체의 효율성과 사업 환경에 대한 적응력, 성장 및 유지 발전 등에 크나큰 영향을 미치는 가장 중요한 요소라 할 수 있다.

다. 아이디어

사업 아이디어는 창업자가 설립하려는 사업체가 영위하고자 하는 사업의 핵심 요소로서 무엇을 생산하고, 판매할 것인가와 관련된 사항이다. 사업체의 생산물은 구체적인 형태를 가진 재화일 수도 있고, 무형의 서비스일 수도 있다. 또한 새로운 발명품일 수도 있고 시장에 이미 나와 있는 기존 상품일 수도 있을 뿐만 아니라 국내시장에 처음으로 소개되는 외국의 상품일 수도 있다.

오늘날 기업들은 무한 경쟁 환경 속에서 시장장악을 위해 부단히 노력하고 있으므로 단순히 유행을 따르거나, 기존의 것을 모방 또는 변경하는 정도의 아이디어를 가지고는 성공하기가 쉽지 않다. 따라서 성공창업의 길은 새롭고 차별화된 사업 아이디어에 기초하여야만 이룩될 수 있다 할 것이다.

라. 인적자원

창업에 있어 인적자원은 사업 아이디어를 구체적으로 실현하는 수단이 된다. 새로이 설립된 사업체가 제대로 운영되기 위해서는 경영관리와 작업 기능을 담당할 우수한 인력이 확보되어야 한다. 따라서 과업수행에 적합한 인재를 적재적소에 배치하여 역할을 수행하게 하는 것은 경영성과의 실현을 위하여 매우 중요한 요소이다.

마. 물적자원

물적자원은 사업장, 기계, 설비, 비품, 차량운반구, 원료 등의 확보를 말한다. 이러한 물적 요소들을 조달하기 위해서는 자본이 필요하다. 민간기업의 경우에 자본의 조달은 개인이나 투자자 집단을 통해 조달된다.

(5) 사업 분야의 결정

가. 사업 규모의 결정

성공창업을 달성하기 위하여 창업자는 적정한 사업 규모로 사업을 시작하여야 한다. 일반적으로 사업 규모가 크면 이에 따르는 규모의 이익이 나타날 수도 있지만 능력을 크게 벗어나 무리를 하면 실패할 확률이 상대적으로 높을 수도 있다.

창업에 실패한 많은 사람들의 경험을 심층 분석해 보면 매출부진과 경영능력 부족 및 자금부족 등의 외관상 요인보다 더 큰 원인은 과다한 사업 규모에 기인하는 바가 크다. 따라서 적정 사업 규모의 결정과 실행은 창업성공의 매우 중요한 요소가 되며, 사업 규모의 결정을 위하여 반드시 고려되어야 할 사항은 다음과 같다.

① 창업하고자 하는 업종에 따라 사업 규모를 고려해야 한다.

한국표준산업분류상 창업과 관련된 사업 분야는 다음과 같다.

- 제조업
- 전기, 가스 및 수도 사업
- 건설업
- 도매 및 소매업
- 숙박 및 음식점업
- 운수업
- 통신업
- 부동산 및 임대업
- 사업 서비스업 등으로 분류해 볼 수 있다.

이들 업종은 일반적으로 제조업이 가장 큰 규모를 요구하고 있으며, 소매업과 서비스업은 비교적 적은 규모로도 시작할 수 있는 업종이다.

② 업종을 고려한 뒤 다음으로는 취급하고자 하는 제품과 상품을 고려해야 한다.

제조업 중에서도 식품, 섬유, 화공, 기계·금속, 전기·전자, 잡화 등으로 나눠지고, 같은 음식점의 경우에도 한식, 일식, 중식, 경양식 등으로 구분되어 질 뿐만 아니라 한식업종 속에서도 한정식, 해장국, 콩나물국밥, 분식, 설렁탕 집 등 취급하고자 하는 제품의 종류나 상품의 내용이 각기 다르므로 어떤 업종의 어떤 제품을 취급할 것인가에 대하여 사전에 충분한 검토가 필요하다. 특히 제조업의 경우에는 많은 시설투자가 필요한 설비 산업인 경우와 좁은 공간에 기계 몇 대만 설치하고서도 사업을 영위할 수 있는 사업도 있기 때문이다.

③ 동종업계 경쟁자의 사업 규모를 고려해야 한다.

동종의 업종, 동일 제품을 생산·판매하는 경우에도 경쟁회사들의 규모를 조사·분석하여 동종업계의 평균 사업 규모를 정확히 파악하는 일도 중요하다. 특히 도·소매업과 서비스업의 경우에 동일 상권 내에서의 경쟁 회사에 대한 정확한 분석 없이 사업에 뛰어든다면 십중팔구는 실패할 수밖에 없기 때문이며, 이러한 경쟁환경을 고려한 사업 규모의 결정도 마찬가지로 중요한 요소이다.

④ 창업자의 자금조달능력 정도도 고려되어야 한다.

경영자적 요소와 결부된 창업자의 경영능력, 특히 창업 소요자금에 대한 자금조달능력을 기준으로 자금 규모가 결정되고, 이 자금조달 규모가 결국은 사업 규모를 결정하는 핵심요소로 작용한다. 따라서 현명한 창업자라면 여기서 한발 더 나아가 사업 규모를 자기자금 조달능력의 70% 내지는 50% 이내의 규모로 축소하여 결정할 필요도 있는 것이다.

⑤ 각종 정부 지원제도의 수혜가능성도 고려되어야 한다.

우리나라 금융지원 제도는 제조업에 집중되어 있다. 또한 기업 정책의 상당한 부분도 제조업에 편중되어 있는 것이 사실이다. 다소 역설적인 표현일지 모르나 자기자본이 많지 않은 창업 예비자가 도·소매업이나 서비스업을 창업하는 것은 매우 어려울지라도 제조업을 창업할 경우에는 어느 정도 가능한 것이 현실이다.

　도·소매업이나 서비스업은 금융지원이 한정되어 있기 때문에 상당한 액수의 자기자본이 없으면 창업이 불가능할 수도 있지만, 제조업은 다양한 금융지원제도가 존재하기 때문에 여러 금융기관을 활용하다 보면 상대적으로 적은 자기자본으로도 타인자본, 즉 금융기관 차입에 의해서도 창업이 가능한 경우가 있다. 따라서 금융기관을 얼마나 활용할 수 있는지의 여부에 따라 업종을 선택할 수도 있다.

나. 창업 기업의 형태 결정

　창업할 기업의 형태를 어떻게 할 것인가도 매우 중요하다. 자신이 자금조달, 종업원 관리, 구매, 생산관리 및 영업 등 기업활동 전반에 걸쳐 직접 총괄하는 개인기업의 형태로 창업을 할 수도 있으며, 조직을 갖추어서 업무의 대부분을 능력 있는 종업원에게 분담시키고 창업자 자신은 전체를 총괄하는 법인형태로 창업을 할 수도 있다. 따라서 창업자는 여러 가지 기업 환경과 경영능력, 그리고 개인기업과 법인기업의 장·단점을 비교·평가하여 자기 실정에 맞는 기업 형태를 선택해야 한다.

표 17-2 ┃ 개인기업과 법인기업의 장·단점

구분 \ 장단점	장 점	단 점
개인기업	• 이윤을 기업주가 독점 • 설립 용이 • 적은 자금 소요 • 신속한 의사결정 • 영업상 비밀유지 가능 • 인적 관계 긴밀	• 기업주의 무한책임 • 기업 영속성 부족 • 자본조달능력의 한계 • 경영능력의 한계 • 납세상 불리
법인기업	• 대자본 조달 용이 • 주주의 유한 책임 • 주식의 양도·매입 자유 • 소유와 경영의 분리 • 높은 공신력	• 설립 절차 복잡 • 대표자의 이윤축소 • 의사결정의 지연 • 주주 간의 대립 우려

(6) 경영기법의 습득

사업은 다양한 지식과 기능을 필요로 하며, 영위 업종에 따라서 각각 독자적인 관리 요령을 필요로 한다. 소자본창업의 경우 이러한 지식과 기능을 미리 익혀 두는 것이 필요하다. 또한 일정한 자격을 갖추지 않으면 개업할 수 없는 업종도 있다. 물론 경우에 따라서는 유자격자나 경험자를 고용하여 도움을 받을 수도 있지만 적절한 시기에 필요로 하는 인재를 발견하기도 쉽지 않고, 자금부담 또한 만만치 않으며 비록 개업 시 채용했다고 하더라도 도중에 그만둔다면 당장 경영에 곤란을 겪게 된다. 따라서 사업을 원활하게 운영하기 위한 경영지식과 기능은 다음의 수단을 통해 얻을 수 있다.

첫째, 관련 업계의 전문 서적 등을 되도록 많이 읽는다. 창업을 고려하는 동업계의 전문지는 사업에 관한 중요한 내용들을 많이 포함하고 있는데, 이러한 자료를 통하여 업계의 동향과 문제점, 해결방법, 경영감각을 익힐 필요가 있다. 또한 창업이나 점포경영에 관한 내용을 다루는 경영관련 전문서적을 통해 경영관리에 대한 전반적인 노하우를 알아 두는 것도 필요하다 할 수 있다.

둘째, 기존업체의 관리운영 방식을 벤치마킹한다. 창업희망자는 자신이 구상하는 조건과 서로 닮은 사업장을 몇 개 선택해서 그 운영방식을 파악하는 것도 성공창업을 위하여 필요한 것이다.

셋째, 기존사업장 운영자의 실제 경험을 청취한다. 즉, 창업희망자가 고려하고 있는 경영자나 사원, 점원 등 동업계의 경험자로부터 직접 이야기를 듣거나 자문을 얻는 것이 가능하다면 사업운영에 유익한 지식이나 정보를 얻을 수 있으며, 계획하고 있는 입지와 전혀 관계없는 지역의 점포를 방문하여 직접 부딪쳐 보는 것도 좋은 방법이다.

넷째, 사전에 실제 경험을 쌓는 연수의 기회를 갖는 것도 좋은 방법이다. 어떤 업종이라도 실제로 해 봐야 알 수 있는 사업요령 또한 있게 마련이다. 구매 요령과 가격 결정, 고객 수와 고객당 매출액, 접객요령, 재고처리, 유통방안 등이 그것이다. 경영관리나 영업요령을 익히기 위해서는 미리 견습생으로 취직하여 경험을 쌓는 것도 좋다.

(7) 창업 멤버의 조직 및 구성

창업을 위한 인적자원의 확보는 창설 팀을 만드는 데서부터 시작된다. 창설 팀이 구성되는 과정은 우선 한 사람이 사업 아이디어를 발의 및 주도하에 동료를 규합하거나 여럿이 공통된 아이디어와 경험 및 친분 등을 바탕으로 팀을 형성하는 것이다.

이러한 과정에서 팀 요원의 선발 조직 및 팀-웍 조성 문제를 고려하여 주요 활동목표와 범위를 결정하고, 제품 설계, 기업 규모와 입지 선정, 공정·설비·건물의 선정, 소요자금 및 자금 조달 계획 등과 같이 기업 창설에 중요한 의사결정을 수립해야 한다.

소자본으로 창업할 경우에는 사람을 고용하려면 그만큼 자금 부담이 커지며, 어느 정도 시간이 경과하기까지는 기대만큼의 성과를 내지 못하는 경우가 대부분이다. 따라서 사업이 제 궤도에 오르기까지는 혼자서 일하는 편이 나을 수도 있다. 혼자서 운영하는 것이 무리일 때는 가족의 협력 또는 아르바이트 등을 활용하는 것이 좋다.

외부로 영업을 나가는 것이 주된 일일 때에는 착신전환 서비스로 고객의 접촉에 적절히 대응하며, 개점, 할인행사 등 일시적으로 일손이 필요할 때는 영업과 관련된 사전 교육 등을 통하여 친척 등의 도움을 받을 수도 있지만 다음 사항을 유의하여야 한다.

첫째, 사업장과 사무실 및 자택과의 거리가 멀지 않아야 한다. 개업을 하면 낮 동안은 열심히 일하고 밤에는 그날 일의 마감과 장부작성, 다음 날 준비를 해야 하기 때문에 대개 장시간 노동을 하게 된다. 사업장은 자택에서 가급적 1시간 이내에 도착할 수 있는 곳이 좋다.

둘째, 사업장 및 사무실과 가까운 장소에 친한 사람을 두는 것이 좋다. 빠듯한 인원으로 일을 하다 보면 돌발사고가 일어나서 곤란해지는 경우가 종종 있는데 그때 가까운 곳에 친한 사람이 있으면 큰 도움이 된다. 이것은 사업장이나 사무실의 경우는 물론 자택의 경우도 마찬가지이다.

셋째, 배우자에게 협력을 받고자 할 경우 사전에 필요한 지식을 배우자에게도 익히게 하고, 개업에 관해서 배우자가 충분히 납득하고 있어야 하며, 일

과 가사를 함께 하지 않으면 안 되는 주부의 경우는 배우자의 충분한 이해가
절실히 필요하다.

02 창업의 절차

창업은 여러 가지 기본요소를 사업운영에 필요한 형태로 결합함으로써
이루어진다. 즉, 창업자는 먼저 자기가 창업을 하기에 적합한가를 판단하고,
다음으로는 사업 목적과 사업 아이디어를 검토한 뒤, 자본을 투자하여 인적·
물적 자원을 조직화하여 실제 경영관리에 착수하기 위한 다양한 의사결정을
수립·실행하는 과정을 거치게 된다. 제조업을 창업할 경우 일반적으로 거치게
되는 과정은 다음과 같다.

(1) 예비분석

창업희망자는 우선 자신의 자질 및 적성 등을 파악하여 창업이 바람직한
것인가를 알아보아야 한다. 또한 자신이 가진 자원이 창업하기에 충분한지 그
리고 창업시기는 적당한지에 대해서도 미리 고려해 봐야 한다.

(2) 사업 목표의 설정

먼저 자기사업을 시작하기로 결정했으면 창업의 기본적 이유와 운영방향
에 대해 명확히 해 둘 필요가 있다. 지금처럼 다원화된 사회 속에서 사업의 목
적은 단순히 이윤 극대화에만 있지 않으며, 여러 목적이 동시에 추구되거나
이윤이 수단화되는 경우도 많기 때문에 사업 목적은 창업자에게 있어서는 창
업이념이 될 뿐만 아니라 그에 따른 업종의 선택이나 기업활동 내용이 달라질
수 있기 때문이다.

(3) 사업 분야의 결정과 사업 아이디어의 모색

창업된 사업이 성공적으로 운영되는가의 여부는 자신에게 적합하고, 얼마나 유망한 업종을 선택하였는가에 따라 결정될 수 있으며, 나아가 사업 아이디어가 얼마나 시장의 조건에 잘 들어맞는가 하는 점도 매우 중요하다. 사업 아이디어를 이끌어 낼 때 어떤 제품과 서비스를 생산 및 판매할 것이며, 그 시기를 언제로 할 것인가에 관한 고려도 중요하다. 이를 위해 먼저 시장조사, 특히 소비자 조사를 통하여 소비자수요의 동향을 파악하고 이를 충족할 수 있는 제품으로는 어떠한 것이 있는가를 발견하게 된다.

사업 아이디어를 탐색하는 과정에서 창업자는 다음의 기준 중 하나를 만족시키는 제품을 찾도록 해야 한다.

가. 현재 만족되지 않은 욕구를 만족시키는 제품
나. 공급의 부족을 만족시키는 제품

(4) 사업성 분석

모든 사업은 시행하기 전에 어떤 형태로든지 사업을 통하여 발생될 손해와 이익에 관한 분석이 실시되어야 한다. 사업성 분석은 흔히 수익성과 시장성 및 기술성 분석을 주요 내용으로 분석하게 되며, 고려하고 있는 사업이 공익과 관계되는 경우에는 사업성 분석에서 공익성 분석을 추가하여 실시해야 한다.

뿐만 아니라 보다 신뢰할 수 있는 사업성 분석을 위해서는 기존 사업사례를 참조하고 나아가 희망 사업 분야의 총투자와 비용, 예상입지 및 상권분석에 대한 정보 등을 얻는 것이 좋다.

(5) 인적·물적 자원의 조달 등

사업성 분석에서 자신의 사업 아이디어가 유망한 것으로 판단되면 이를 실행하기 위한 인적·물적 자원을 조달하여야 한다. 우선, 인적자원의 조달은

창설 팀을 만드는 데서 시작된다. 창설 팀은 주로 활동목표와 범위 등을 결정
하고 제품을 설계하며, 사업 규모와 입지 선정, 공정, 설비, 건물의 선정, 소요
자금 및 자금 조달계획 등과 같이 새로운 사업 시작에 필요한 주요 의사결정
을 필요로 한다.

다음으로 물적자원의 조달이 필요한데 여기서 가장 중요한 것은 소요자
금의 조달문제이다. 기업의 창업에 필요한 자금은 자기자본에 의하거나 자기
자본 및 타인자본에 의하여 조달된다.

(6) 사업계획서의 작성과 조직구조의 설정

인적·물적 자원의 조달이 이루어지면 구체적으로 수행하게 될 실행계획
을 수립해야 한다. 실행계획에는 제품계획, 시장성, 판매계획, 생산 및 설비계
획, 일정계획 등이 구체적인 활동의 내역별로 포함되어야 하며, 나아가 기업의
주요 기능에 따라 업무와 책임 및 권한 등을 체계적으로 구분하고 이를 담당
할 인력을 선발 및 배치해야 한다.

(7) 사업 개시

사업의 개시단계에 이르게 되면 토지를 구입하고, 공장건축을 시작하게
됨은 물론 설비를 구입하고, 이를 배치하여 생산에 착수하게 된다. 또한 생산
품의 광고와 판매촉진활동 등을 전개하며, 제품이 생산되면 재고를 관리하고,
판매경로를 통해 판매를 실행하게 된다.

이와 같은 여러 단계는 처음으로 자기사업을 시작하고자 하여 실제로 제
품을 생산, 판매하게 되기까지의 과정을 제조업을 중심으로 간단히 알아본 것
이다.

(8) 업종별 창업절차

가. 제조업 창업

제조업은 도·소매업에 비해서 풍부한 지식과 경험을 필요로 하는 분야이다. 따라서 제조업을 경영하고자 하는 예비 창업자는 최소한 제조업체에 직접 근무한 경험이 있거나 간접적으로 깊은 관계가 있는 경우에 선택하게 된다. 뿐만 아니라 보다 사업의 성공률을 높이기 위해서는 제조업체에 근무하는 동안 생산, 관리, 판매의 3대 분야 중 적어도 2개 이상의 분야에서 직접 근무한 경험을 쌓아서 창업한다면 그만큼 성공 가능성은 높다고 볼 수 있을 것이다.

최근 경영 환경상 종업원 구득난 등으로 제조업 경영이 어려운 현실을 고려하여 제조업 자체를 기피하는 예비 창업자가 있는가 하면, 사업을 할 바에야 생산적인 제조업을 경영해야 하겠다는 확고한 경영철학을 갖고 있는 예비 창업자도 있다.

나. 도·소매업 창업

도·소매업은 흔히 제조업이나 서비스업에 비해 비전문가가 도전하기 쉬운 분야로 알려져 있다. 도·소매업은 대개 중간 내지 최종소비자와 직접 만나는 분야이므로 어느 업종 못지않게 고도의 친밀성과 시장 감각이 필요한 분야라고도 할 수 있다. 도·소매업이라고 하더라도 사업하기 어려운 분야와 쉬운 분야의 구별이 있다는 점을 알아 둘 필요가 있다. 도·소매에서 주로 다루는 소비재는 취급하는 품목에 따라 편의품, 선매품, 전문품으로 구분되며, 편의품은 손님이 근처 가게에서 사는 식료품이나 일용 잡화 등이고, 선매품은 손님이 여러 가게에서 상품을 둘러본 후에 사는 가구나 의료품 등이며, 전문품은 취미에 따라 기호도가 높은 고급 의류와 귀금속 등이 있다.

편의품점은 대개 착수하기가 쉽고, 선매품점은 경험이나 경영기법을 필요로 하기 때문에 초보자에게는 어려운 분야이다. 더욱이 전문품은 상품에 대한 전문 지식이 필요할 뿐만 아니라 많은 자본금을 필요로 하므로 신규로 창업하기는 매우 어렵다. 하지만 편의품이라도 정육점이나 생선류 등은 특수한 기능을 필요로 하기 때문에 어려우며, 선매품이라도 문구와 스포츠용품 등은 취급하기 쉬운 편에 속한다.

다. 서비스업 창업

서비스업은 사업의 핵심 요소가 창업자의 능력에 좌우되는 경우가 대부분이다. 따라서 제조업과 도·소매업 등과는 다른 적성과 자질을 필요로 한다. 따라서 서비스업을 운영하기 위해서는 창업자 자신이 모든 업무수행에 필요한 자격요건이나 능력을 갖출 필요는 없지만 최소한 사업 분야의 전체 흐름에 대한 이해는 할 수 있는 그 이상의 수준이어야 한다.

서비스업 분야에서 새로이 창업을 할 때에는 흔히 사업의 운영에 필요한 자격요건을 갖춘 이를 고용하여 창업자는 관리자 내지 경리의 역할에만 한정하고 있는 경우를 종종 보게 되는데 이는 그다지 바람직하지 못한 것으로 보인다. 왜냐하면 창업자는 자신이 업무에 정통하여 전체 흐름을 주도하면서 새로운 아이디어와 방향의 제시로 사업을 이끌어 가야만 성공가능성이 높아지기 때문이다.

따라서 지금 현재 상태에서는 준비가 부족하나 어느 정도 준비기간을 가지면 사업 분야에 대한 이해와 실제 창업이 가능한 분야를 선정하는 것이 바람직할 수 있다. 일반적으로 서비스업은 사무직 종사자 또는 지식산업 분야 종사자들에게 적합하다고 보인다.

하지만 음식점이나 그 외의 서비스업도 도·소매업과 같은 분류가 가능하다. 또한 업종 중에는 주류 판매업이나 음식점과 같이 인·허가가 필요하거나, 약국처럼 면허를 필요로 하는 경우, 세탁업과 같이 신고를 필요로 하는 것 등이 있다.

인가나 허가를 필요로 하는 업종은 인·허가에 필요한 일정 기준을 충족시키지 않으면 개업을 할 수 없다. 하지만 인가나 허가의 조건이 엄격한 대신 일단 개업한 후의 경영은 어느 정도 안정을 유지할 수 있으므로, 조건의 양면을 충분히 검토해야 한다. 서비스업의 경우에는 전화, 방문 등을 주로 하게 되는 경우에는 반드시 점포를 필요로 하지 않을 수도 있지만 대개는 사무실의 입지 선택이 중요한 문제가 된다. 사무실을 선택할 때의 중요한 체크포인트는 다음과 같다.

표 17-3 ┃ 점포를 선택할 때의 체크포인트

지역의 체크	• 창업 예비 업종의 일반적 조건에 맞는가? • 사람이 어느 정도 모이는 곳인가? • 유동인구는 어느 정도인가? • 가까운 곳에 있는 상점이나 대형가게의 경우, 영업 상태는 어떤가? • 상권 내의 주택 상황과 소득계층은 어떤가? • 지역 주민의 매물 동향은 어떤가? • 주변지역의 토지 이용 상황과 이후의 전망은 어떤가?
채산관계 체크	• 경쟁점포는 어디에 있고, 그 사업장은 어느 정도 번성하고 있는가? • 경쟁점포에 대하여 경쟁의 우위를 점할 수 있는가? 혹은 경쟁에서 우위에 설 수 없더라도 공존할 수는 있는가? • 매출은 어느 정도 예상되는가, 채산성은 충분한가? • 앞으로 고객 수의 증가를 기대할 만한가?

점포조건 체크	• 폭은 적당한가(서점이나 미용실과 같이 폭이 좁고 길이가 긴 것이 좋은
	  업종도 있다)?
	• 가게의 넓이와 형태는 적당한가?
	• 주변의 가게(특히 업종)에 문제는 없는가(생선가게 옆에 양품점을 내는
	  것은 좋지 않다)?
	• 도로에 접하여 있는가?
	• 주차장은 있는가?
	  짐을 내리는 것은 가능한가?
	• 설비에 문제는 없는가?

가격의 체크	• 가게의 수준과 비교해 비용이 비싸지 않은가? • 준비할 수 있는 자금 규모에 적절한가? • 공과료 등은 높지 않은가?

표 17-4 ┃ 사무실을 선택할 때의 체크 포인트

지역체크	• 환경은 어떤가(소음이나 악취는 없는가)? • 교통편은 좋은가?
건물체크	• 외관 디자인은 어떤가? • 주차장 여부와 화물을 올리고 내리는 데 지장은 없는가? • 출입구는 넓이와 분위기는 좋은가? • 복도는 깨끗하고 조용한가?
설비체크	• 엘리베이터의 기능은 충분한가? • 냉·온방의 설비상태는 어떤가? • 화장실은 청결히 하고 있는가?

사무실체크	• 면적은 충분한가, 너무 넓지 않는가? • 밝기는 어떤가, 햇볕은 잘 드는가? • 환기 상태는 어떤가? • 화장실이 너무 가깝거나 너무 멀지는 않는가? • 기계실의 소리 등이 시끄럽지 않은가? • 엘리베이터가 너무 멀지 않은가? • 전등, 콘센트의 개수와 위치는 어떤가? • 전화 회선은 충분한가?
가격체크	• 상기 조건에 비추어 가격이 높지 않은가? • 준비할 수 있는 자금과 맞는가? • 공과료 등은 높지 않은가?

03 올바른 창업자의 자세

(1) 강인한 정신력과 체력을 유지

창업 예비자는 평소에 강인한 정신력을 길러야 한다. 뿐만 아니라 강인한 정신력이 강인한 체력을 가져온다. 창업 예비자는 철저히 낮은 밑바닥 사고와 어떠한 어려움이 밀어닥치더라도 포기하거나 쉽게 좌절하지 않는 인내력을 필요로 하며 이를 뒷받침해 줄 체력 또한 필수요건이라 할 수 있다.

(2) 적성과 경험 등을 최대한 활용

창업 예비자는 사업운영의 초보자일수록 유행을 따르지 말고 자신의 적성과 취미, 경험, 기술, 노하우, 전문지식 및 자신의 아이디어를 최대한 살리는 것이 중요하다.

(3) 쉬운 것은 하나도 없음을 인식

창업을 준비하다 보면 미처 생각지도 못한 많은 장애물이 나타날 수 있다. 특히 이 가운데 가장 큰 장애물은 창업자금의 부족이다. 그렇지만 이미 창업한 사람들의 경우를 자세히 들여다보면 충분한 자금을 가지고 창업을 한 사람은 매우 드물다는 사실을 알게 된다. 따라서 끝까지 인내하면서 노력하는 것이 필요하다.

(4) 변화의 긍정과 변화를 주도

21세기는 빛의 속도로 대량의 정보가 이동하면서 변화를 만들어 내고 있다. 따라서 이러한 변화의 양상을 이해하고 인정하며, 긍정적으로 받아들이는 것이 무엇보다 중요하다고 할 수 있다. 다시 말해서 변화에 수동적으로 휩쓸려 가는 것이 아니라 주도적으로 변화를 이끌어 가며, 변화를 적절하게 컨트롤 할 수 있어야 할 뿐만 아니라 이러한 변화 속에서 새로운 사업의 기회를 포착할 수 있어야 한다.

(5) 성공을 견인하기 위한 긍정의 힘이 필요

부정은 기왕에 벌어진 상황과 여건, 그리고 문제에 대해 거부하고, 저항하며, 외면하고, 도피하는 것을 말한다. 문제에 직면했을 때 부정을 하게 되면 문제의 실체에 접근할 수가 없어 문제해결의 기회를 놓치게 된다. 이렇게 되면 문제가 그대로 방치되어 문제가 더욱 악화되고 커지게 된다. 그러나 기왕에 벌어진 상황과 여건, 그리고 문제를 있는 그대로 인정하고 받아들이는 것을 긍정이라고 말한다. 모든 일들을 긍정하게 되면 문제의 실체에 접근하여 문제의 핵심을 제대로 파악할 수 있을 뿐만 아니라 해결방안을 모색할 수 있는 기회 또한 가질 수 있게 된다. 또한 문제의 해결은 새로운 과제에 도전할 수 있는 강력한 발판이 된다.

(6) 열정이 필요

창업자는 사업에 임하여 열정을 가지고 주위 사람들을 자신에게 끌어당겨 사업의 성공을 위한 기반을 다져야 한다. 열정이야말로 사업 성공의 원동력이라 할 수 있다.

(7) 자신감을 가지고 도전

누구를 막론하고, 자기 자신을 신뢰하는 것이 바로 자신감이다. "달걀은 스스로 깨고 나올 때 병아리가 되지만 남이 깨서 나오면 프라이가 된다." 사람은 누구나 타고난 잠재능력이 있다. 누군가 할 수 있다면 내가 하지 못할 이유는 없다.

(8) 혼돈 속에서 기회를 찾음

혼돈은 질서의 끝이 아닌 새로운 질서의 시작이라 할 수 있다. 노벨상 수상자 가운데 한 사람은 "혼돈의 가장 자리에 새로운 생명의 질서가 자리 잡고 있다"고 말했다. 모든 것의 끝은 거꾸로된 시작일 뿐만 아니라 물이 맑으면 고기가 흩어지고, 흐린 물에 고기가 모여든다.

(9) 창업자는 선천적으로 타고 나는 것이 아님

창업자는 선천적으로 태어나는 것이 아니라 후천적으로 만들어지는 것이다. 기술과 경험, 노하우, 전문지식 등의 축적을 통해 창업자로 만들어지는 것이다. 따라서 열린 마음으로 피드백을 통해 창업자로 새롭게 태어나야 한다.

(10) 현장에서 배우고 체험

창업자 자신이 일선 판매현장에서 고객과 직접 만나게 되며, 현장의 흐름은 고객이 주도한다. 깊은 물속에 뛰어들 수 있어야 수영 선수가 될 수 있듯이 현장 속으로 뛰어들어야 고객의 욕구를 파악할 수 있다. 결국 현장을 모르면 고객에 관하여 살아 있는 생생한 정보를 결코 확보할 수 없을 것이다.

(11) 먼저 업종을 선택

창업을 함에 있어 제1차 산업을 제외한 업종은 제조업. 유통업(도·소매업), 서비스업으로 압축된다. 따라서 제조업, 도소매업, 서비스업, 음식업 등 업종군을 먼저 선택한 후 구체적인 사업 아이템을 결정하는 것이 바람직하다.

(12) 품목별 Life Cycle을 파악

품목별로 Life Cycle(수명주기)이 점점 더 짧아지고 있는 추세이므로 성숙기의 품목(유행아이템)보다는 도입기나 성장기 품목(유망사업)을 선택할 수 있는 안목을 키우는 것이 중요하다.

(13) 자기 자금 규모에 적합한 적정입지의 선택

사업 아이템의 품목별 또는 자금의 규모에 따라 사업장의 입지가 다르다. 아이템과 입지가 궁합이 맞는 곳을 선택하되 가급적 목이 좋은 곳을 선택해야 한다.

(14) 최소한의 자본금으로 시작

창업을 함에 있어 초기 투자 규모가 커지게 되면 회수시간이 길어지게 될 뿐만 아니라 시행착오를 거치는 과정에서 신축성 있는 대응을 어렵게 한다. 따라서 자금 조달 가능 금액의 2/3 수준 이내에 사업의 규모를 결정하는 것이 좋다.

(15) 가족의 동의는 필수

소규모 자영업의 경우에는 가족의 동의와 전폭적인 지원이 사업의 성공률을 높여 준다. 부부가 함께 창업했을 경우에는 가족의 이해와 협력이 유기적으로 이루어지면 그만큼 원가를 절감할 수 있고 사업의 폭을 넓게 할 수 있다.

(16) 벤치마킹

창업에 성공한 동종업계의 1위 업체를 벤치마킹하는 것은 시간적·경제적으로도 가장 효과적인 방법이 될 수 있다. 따라서 1위 업체의 성공 노하우를 습득하여 응용할 경우 경쟁력을 갖출 수 있는 전략을 찾아낼 수 있다.

(17) 경쟁우위 확보

소자본 창업시장은 진입장벽이 거의 없는 완전경쟁시장이기 때문에 보다 강력하고 압도적인 경쟁력을 갖추고 있지 않으면 시장에서 살아남을 수 없다. 따라서 자신의 분야에서 최고가 될 수 있어야 한다.

(18) 업종의 블루오션(Blue Ocean)

치열한 경쟁시장이 아닌 새로운 분야에서 틈새 아이템을 찾는 것이 필요하다. 현재 소자본 창업시장은 엄청난 공급과잉 상태일 뿐만 아니라 과당경쟁 상태이다. 더구나 다수 소비자들의 구매력이 대폭 감소하면서 상대적인 공급과잉현상이 겹치고 있으므로 Best One이 아니라 Only One이 되는 것이 좋다.

(19) 멀티 플레이어

창업과 창업 후의 운영하는 과정은 매우 복잡하고 혼란스럽기도 하다. 특히 소자본 창업자의 경우에는 1인 경영인 경우가 많으므로 모든 일을 거의 혼자서 처리해야 한다. 따라서 창업자는 관련분야의 전문지식은 물론이고, 다양한 지식정보로 무장하여 변화하는 상황에 유연하게 대처할 수 있어야 한다.

(20) 이익은 필수

이익을 얻기 위하여 창업을 하는 것이다. 결국 돈을 번다는 것은 이익을 낸다는 말이다. 창업자가 이익을 내지 못하면 사업을 제대로 운영하지 못하는 것이다. 매출을 최대한 늘리는 반면 가능한 한 비용은 줄여야 한다.

(21) 비전을 공유

창업은 혼자서 최선을 다한다고 되는 것이 아니다. 창업자 자신은 물론 그 활동에 관련되는 모든 사람들이 창업자의 비전을 공유할 때 비로소 공동목표가 되고 함께 사업을 키워 나갈 수 있는 것이다.

(22) 유연성의 유지

현재와 같은 지식정보사회는 인터넷 등에 의하여 빛의 속도로 변화가 일어나고 있다. 따라서 이러한 변화에 신속하게 대처하기 위해서는 창업자 자신이 고도의 유연성을 발휘해야 한다.

(23) 추정 손익계산서를 미리 짜야 함

창업자는 자신의 사업에 대한 손익분기점의 파악과 이익을 창출하기 위해 사업계획서와 추정 재무제표를 작성해 보아야 한다. 잘 세워진 사업계획서와 추정 재무제표 등은 경영을 함에 있어 사업의 목표와 방향을 제시해 주고 있다.

일반적으로 사업계획서에는 경영전략과 사업전망, 기술성, 시장성, 판매전략, 수익성, 인력운영, 마케팅전략 등이 들어 있다. 사업계획서의 구체적 내용과 자세한 정도는 사업의 규모나 용도에 따라 얼마든지 달라질 수 있지만 대체적으로 사업개요 및 현황, 창업의 목적과 기대효과, 소요자금과 조달, 마케팅전략 등이 포함되어야 한다.

특히 판매계획의 작성에 있어서는 매출원가의 추정, 재료비, 인건비, 광고비, 판매관리비, 영업외 비용 등을 추정함으로써 손익계산을 미리 산정해 볼 수 있다. 이렇게 할 경우 사업에 대한 전망을 사전에 충분히 예측할 수 있다.

04 사업계획 수립과 사업성 분석

(1) 사업계획의 필요성

사업계획이란 사업의 내용, 소요자금, 경영방침, 수익성, 업무추진일정 등을 일목요연하게 표현한 것으로서 그것을 기록한 서류를 사업계획서 또는 사업계획이라고 한다. 사업계획은 사업의 실패를 방지할 수 있는 좋은 보조장치이다. 조그마한 상점을 하나 시작하는데 무슨 사업계획이 별도로 필요하겠느냐고 생각할 수도 있겠지만 사업계획은 꼭 작성해 볼 필요가 있다. 사업계획은 창업자 자신을 위한 것일 뿐만 아니라, 다음과 같이 여러 관계자들과 접촉하는 데도 필요하다.

① 사업계획은 사업가가 나아갈 길을 제시해 준다. 사업가는 사업계획을 작성함으로써, 사업추진의 각 단계에서 달성해야 할 목표와 수행해야 할 업무를 미리 파악하여 사업 내용을 보다 확실하게 이해하게 되며, 불확실하고 위험한 요소에 대한 준비를 할 수 있다.

② 건실한 사업계획은 금융기관이나 개인 자본가로부터 자금을 융자받을 때 사업의 타당성과 사업가의 준비성을 효과적으로 보임으로써 보다 우호적인 결과를 얻을 수 있다.

③ 사업 관계자들, 예를 들면 대리점의 본부, 상품의 공급자들에게 창업자의 사업목표, 경영방침 등을 효과적으로 전달할 수 있다.

④ 사업의 지원자들 예를 들면, 가족, 친척, 친구들과 업무를 상의하고 협력을 구하는 데도 이용된다.

⑤ 동업자를 설득하는 데도 필요하다.

(2) 작성 시 유의점

사업계획서 작성 시 유의할 점은 다음과 같다.

① 계획사업의 핵심내용을 강조하여 부각시켜야 한다.

② 주요 생산제품에 대하여 집중적으로 기술한다.

③ 향후 기술개발 가능성과 사업의 잠재력을 강조한다.

④ 인력의 수급과 경영진에 대한 내용을 포함한다.

⑤ 전문적인 용어의 사용을 피하고 단순하고 보편적인 어휘를 사용한다.

⑥ 근거를 불충분한 자료 혹은 비논리적인 추정은 피한다.

⑦ 계획 사업의 잠재된 문제점과 향후 발생가능한 위험요소를 기술하고 그에 대한 대책을 제시한다.

⑧ 자금조달의 원천과 자금운용의 용도를 금액 및 일시별로 자세히 기술한다.

⑨ 계획사업의 내용을 충분히 반영하고 자신감을 바탕으로 작성한다.

(3) 제조업을 제외한 사업계획의 내용

사업계획의 내용과 자세한 정도는 사업의 규모나 복잡한 정도, 사업계획의 용도 등에 따라 다르겠지만 대체로 다음과 같은 내용이 포함되도록 한다.

* 표지
* 요약문
  1. 사업내용 및 사업자 소개
     창업자: 주소, 생년월일, 간단한 경력소개(자세한 내용은 별도의 자기소개서를 통해서 소개)

취급상품

2. 상점입지와 상권분석

   (1) 사업장: 위치, 규모(간단한 지도)

   (2) 상권의 규모, 추이

   (3) 경쟁

   (4) 예상매출액

   (5) 앞으로의 전망

3. 판매계획

   (1) 전반적인 판매전략

   (2) 가격

   (3) 보증 및 반품

   (4) 광고와 판촉활동

4. 구매계획

   (1) 구매처, 가격, 대금지불방식

   (2) 재고수준

   (3) 반품

5. 점포계획

   (1) 외부장식

   (2) 내부장식

   (3) 집기와 장비

6. 운영계획과 인적 조직

   (1) 소요인원과 업무

   (2) 운영계획

7. 자본조달과 상환계획

   (1) 소요자본

   (2) 자본조달계획

   (3) 자본상환계획

8. 재무상태 예측

   (1) 손익의 예측

  　(2) 추정현금흐름분석

  　(3) 추정대차대조표

  　(4) 수익성분석

  　(5) 민감도 및 위험분석(손익분기점분석 등)

9. 일정계획

  　사업계획 추진 일정

Chapter 18

전통시장 경영

01 스마트 시대의 전통시장 경영

과거 전통시장은 역사적 사실 및 전통성에 근거하고 있는 시장인 만큼 시장이 형성된 역사 및 시장에서 이루어진 과거 역사적 행위에 대한 부분을 정리하고, 문화 프로그램화 하여 지역 방문 시 반드시 거쳐 가야 하는 관광 코스로 만들고 있으며, 지역 내 주민들에게도 역사적으로 의미 있는 곳으로 자리매김하고 있는 형태이다.

현 전통시장은 일반인의 시장 방문도 이루어지지만 청소년을 대상으로 한 역사탐방의 한 장소로 많이 활용되고 있는 추세이다.

(1) 시장관리 선진화

중소기업청에서 제시하는 시장관리 선진화 방안으로는 시장관리자 지정, 농산물 취급 점포 시설 개량, 디지털 상인육성, 특산물 판매 시범점포, 점포 재배치 공동사업, 전문상가 조성, 3대 온라인망 구축, 시범시장 육성, 스타점포 지정 등으로 구분되어 있다. 시장관

자료: 인천 송현시장

리 선진화에 대한 기존의 연구들과 용역보고서에 제시하는 것 중 가장 큰 핵심은 신용카드 사용으로 귀결된다. 신용카드 사용의 급격한 증가는 소비수준이 높은 고객을 신규 유치할 수 있으며, 소비자의 편의를 도모할 수 있다는 측면에서 강점이 크다.

그러나 점포주들의 불편함에 대한 반발과 소비자들의 시장에서의 카드사용에 대한 불편함이 연결된다면 본 사업의 성공은 기대하기 힘들 것이다. 따라서 타 가맹점에 비해 카드 수수료율을 낮추거나 정책자금 지원과 같은 정책들이 본 사업의 지원정책으로 부각되었다.

또한 특정 카드사와 전국의 시장 연합회와의 공조를 통해 수수료율을 낮추고 혜택을 부여하는 방식이 언급되기도 했다. 그러나 신용카드의 경우 일일이 사는 품목마다 점포마다 돌아다니면서 결제를 해야 하는 불편함이 있으며, 점포주들이 노령화되어 신용카드로 결제하는 것에 대해 매우 불편해하며, 청결하지 못한 상황에서 신용카드 결제 시에 불결함을 느낄 수도 있다는 문제점이 발생한다.

따라서 신용카드 결제시스템에 대한 시급한 도입보다는 점포주들의 설득 작업이 먼저 선행되어야 하며, 점포마다 신용카드 결제를 하는 것보다는 통합 작업하여 점포에서는 금액만 승인하고 결제는 관리팀에서 일괄적으로 하는 방법도 고려해 볼 만하다. 점포주들의 연령층이 높아 신용카드 활용에 대한 신속한 결제나 처리가 불가능하므로 적절한 사전교육과 함께 자칫 소비자의 불만족을 이끌 가능성이 높기 때문에 신용카드 결제 도입에 대한 신중함이 요구된다.

(2) 시설 현대화

중소기업청에서 제시하는 시설 현대화 내용으로는 시장 종합개선, 주차장 확보, 공설 주차장 주차요금감면, 시장 정비화 사업규제 완화 등으로 구분된다.

시설 현대화 측면은 전통시장 활성화에 가장 기본이 되는 사업이며, 전통시장의 미활성화 부분을 시설 측면에서 보는 시각에서 시작된 사업이다.

최고의 이벤트성 사업으로 소비자들의 관심을 끌었다고 하더라도 시설이 낙후되어 있으면, 소비자의 관심을 지속적으로 유지시키기는 힘들기 때문에

시설 현대화는 가장 급선무되는 사
업으로 꼽힌다.

　　현재 대부분의 전통시장 활성
화 사업 중 시설 현대화 사업이 손
꼽히고 있긴 하나 시장의 특성이나
잔존가치를 고려하지 않은 선심성
예산 투자의 반복이 행해지고 있
다. 이런 문제점을 해결하기 위해

자료: 인천 부평 지하상가

서는 시장의 유형을 고려하여 시설 현대화가 문제의 핵심이 되는 경우에 투여
할 수 있는 조사가 선행되어야 한다. 또한 단편적인 부분 시설개설이 아닌 시
장 이미지에 대한 전체적 형상화에 맞는 시설 개선이 이루어져야 한다.

(3) 이벤트와 문화가 흐르는 전통시장

　　중소기업청에서 제시하는 상
권 활성화 내용으로는 시장 활성화
구역지정제도 도입, 상점가 상권
활성화 지원, 전국 시장 실태 및 경
쟁력평가 실시, 지방 공설시장 공
영 개발제 도입, 빈 점포 활용 공공
편의시설 설치 등이 있다.

자료: 서울상인연합회 - "으라차차" 전통시장 나들이

　　이러한 내용들은 대부분 하드
웨어적 접근의 활성화 부분이다. 이러한 부분은 시설현대화 측면에서 접목하
는 것이 바람직할 것으로 보이며, 상권 활성화는 좀 더 소프트웨어적 접근이
필요하다.

　　판로촉진과 홍보지원 등의 사업들은 이벤트성 성격과 소비자들의 이목을
끌 만한 사업들로 진행되어야 하기 때문에 시장 특성과 환경에 맞는 일회성
이벤트와 지속성 사업으로 구분하여 접근할 필요가 있다. 대부분 제시되는 이
벤트들은 시장 알리기, 특산물 전시회, 시장방문 행사 등이 대부분이다. 이런

이벤트들의 특성은 소비자의 자발적 방문을 발생시키기보다는 일회성 행사에 지나치는 경우가 많다. 따라서 앞으로의 이벤트들은 단발성 행사가 아닌 지속적 행사와 시장과 관련이 되지 않더라도 소비자들의 관심과 이목을 끌 수 있는 이벤트라면 과감하게 시도되어야 할 것이다.

02 문화와 음악이 흐르는 전통시장

(1) 지역별 특색에 근거한 전통시장

지역별 특색 및 역사적 사실에 근거한 전통시장은 장생포의 고래문화특구, 청주의 육거리시장, 부산의 자갈치시장이 대표적인 시장이라 할 수 있다.

장생포 (고래문화특구)	• 포경을 중심으로 했던 울산 지역을 중심으로 고래문화특구 조성 • 고래에 대한 생태체험관 및 유람선 운영 • 역사체험 및 고래에 대한 모든 것을 볼 수 있는 시장으로 조성
청주 (육거리시장)	• 과거 우시장으로 명성을 가졌던 시장의 특성을 반영 • 국밥과 농기구를 주로 생산하였던 시장의 특성을 반영하여 시장 요소마다 이를 테마로 한 전시물을 게시하였음
부산 (자갈치시장)	• 부산의 대표적인 근대 전통시장으로 해산물 중심의 시장 • 부산의 관광코스로 자리매김하고 있음 • 해산물 외에 자갈치시장의 다양한 역사를 관람할 수 있도록 조성

가. 장생포: 고래문화특구

국내 포경의 중심이었던 울산지역을 중심으로 고래문화특구를 조성하였으며, 과거 포경에 한 자료와 고래 생태를 체험할 수 있도록 생태체험관을 건립하여 하나의 관광 자원으로 활용하고 있다. 또한 포경에 대한 역사와 고래에 대한 생태, 고래고기 구입 등 고래와 관련된 모든 것을 할 수 있는 시장으로 형성되어 하나의 관광지로 각광받고 있다.

나. 청주: 육거리시장

청주 육거리시장은 과거 우시장으로 명성을 가지고 있던 청주의 육거리 시장을 전통 테마거리화 하여, 과거 우시장에서 유명했던 국밥과, 농기구를 생산하였던 시장의 전통성을 살려 시장 곳곳에 과거 전통성을 반영한 하나의 관람장 같은 형태로 시장을 형성하였다. 이를 통해 시장의 단순 제품 구입 장소가 아니라 과거 농경역사를 체험할 수 있는 하나의 공간으로 변하였다.

다. 부산: 자갈치시장

부산 자갈치시장은 근대 전통시장으로의 역사성을 가지고 있는 시장으로 부산에 방문할 경우 반드시 들려야 하는 하나의 관광코스로 자리매김하고 있다. 해산물이 유명한 시장이지만, 자갈치시장의 역사성을 반영하여 한국 근현대사를 통해 자갈치시장의 역사성을 살펴볼 수 있는 시장으로 조성하였다.

(2) 지역 특산물시장

지역 특산물을 특화한 시장은 전국적으로 다양하며 가장 많은 수를 가지고 있는 형태이다. 그중 목포시의 종합수산물시장, 경상북도 풍기의 인삼시장, 충북 괴산군의 홍고추시장이 지역특산물을 중심으로 성공한 시장이라 할 수 있다.

목포시 **(종합수산물시장)**	• 목포 갈치 축제와 연계를 통한 홍보 • 홍어와 세발낙지를 주요 특산물로 한 시장 • 젓갈과 종합 활어를 판매하는 수산물 특성화 시장
경상북도 풍기 **(인삼시장)**	• 풍기=인삼이라는 지역 특산물을 활성화함 • 풍기인삼축제와 연계하여 홍보 진행 • 영남지역 인삼 전문화시장으로 발돋움
충북 괴산군 **(홍고추시장)**	• 괴산 특산물인 고추를 특화하여 고추 축제와 연계 • 고추박물관 상설고추 전문화 시장을 운영하여 전국으로 홍보 • 김장 등과 연계한 이벤트 운영

가. 목포시: 종합수산물시장

종합수산물시장은 국내 갈치 생산의 양대 지역인 제주와 더불어 갈치가 많이 생산되는 곳으로 갈치축제와 연계하여 시장을 홍보하고 있다. 또한 목포의 홍어와 세발낙지를 특산물로 하고 있으며, 젓갈과 종합 활어를 판매하는 수산물에 특화된 시장으로, 인근 지역 및 외부지역에서 수산물을 구매하기 위하여 찾아가는 시장으로 활성화되었다.

나. 경상북도 풍기: 인삼시장

풍기는 전통적으로 인삼이라는 고유의 특산품을 생산하는 지역으로 인삼을 특산품화하여 시장을 활성화하고 있다. 풍기 인삼축제와 연계하여 시장을 활성화하고 있으며, 금산, 강화와 차별화하여 영남지역 인삼 전문시장으로 발돋움하고 있다.

다. 충북 괴산군: 홍고추시장

괴산은 홍고추가 특산물인 곳으로 고추 축제와 연계하여 시장을 활성화하고 있다. 단순 특산물을 판매하는 시장에서 탈바꿈하여, 고추박물관 설립 및 상설 고추시장을 운영함으로써 고추 전문시장으로서의 입지를 다지고 있다. 또한 김장과 연계한 이벤트를 운영하여 시장의 활성화를 가속화하고 있다.

(3) 이벤트시장

이벤트시장은 최근 이슈가 되고 있는 시장으로 다양한 이벤트를 중심으로 시장을 활성화하는 형태이다. 전남 장흥군의 토요시장. 속초시의 관광 수산시장, 포항의 죽도시장이 좋은 예라 할 수 있다.

전남 장흥군 (토요시장)	• 전국 최초 주말관광 전통시장 육성 • 전통 풍물놀이와 전시행사를 통한 이벤트 진행 • 다양한 놀거리와 체험이벤트를 통한 운영
속초시 (관광수산시장)	• 빛의 거리 조성을 통한 야간관광지역으로 활성화 • 길거리 공연을 통한 다양한 이벤트 진행 • 시장 자체가 하나의 전시공간으로 운영
포항 (죽도시장)	• 호미곶(육지 최동단)이라는 지리적 특성을 이용한 일출장소로 활용하여 시장을 이벤트의 중심에 위치하게 하였음 • 일출 이외 해병대 체험 등 다양한 이벤트 운영

가. 전남 장흥군: 토요시장

전국 최초의 주말관광 시장으로 전통 풍물놀이와 전시행사가 주를 이루는 시장이다. 다양한 놀거리와 체험이벤트를 바탕으로 시장 주변고객 및 외부고객이 참여하는 형태로 활성화하였다.

나. 속초시: 관광수산시장

전통시장 최초로 빛의 거리 조성을 통하여 시장이 야간관광지역으로 각광을 받고 있다. 또한 이벤트시장으로서의 입지를 다지기 위하여 길거리 공연 등 다양한 공연을 실시하고 있으며, 시장 자체가 하나의 전시공간이라 할 수 있을 정도로 다양한 전시 작품을 시장 내에 배치하여, 고객이 다양한 작품을 감상할 수 있다.

다. 포항: 죽도시장

호미곶(육지 최동단)이라는 지리적 특성을 이용한 일출장소를 십분 활용하여, 일출을 기반으로 한 다양한 이벤트를 실시하고 있다. 일출 이외에 해병대 체험 등 다양한 이벤트를 실시하여 시장을 찾는 고객들에게 재미를 더해 주고 있다.

03 스토리를 팔아라!: 정조대왕의 숨결과 문전성시

　　수원은 정조의 도시이다. 비극적으로 죽은 아버지 사도세자에게는 효심 지극한 아들이었으며 백성들에게는 갖가지 정책을 펴 나라를 개혁시켰던 왕이었다.

　　정조는 비극적으로 죽은 아버지 사도세자의 개혁의 꿈을 대신 이루기 위한 무대로 수원을 선택하였으며 부국강병의 근원이 상공업에 있다고 생각해 수원에 사회기반시설을 조성하고 수원 화성을 지었으며, 그 남문인 팔달문에 시장을 열었다. 그것이 바로 오늘날 수원의 팔달문시장의 시초이며 팔달문시장은 곧 '왕이 만든 시장'인 것이다.

　　팔달문시장은 왕이 만든 시장이라는 명성에 맞게 1980~90년대 현대 상가와 재래시장, 금융기관, 소비업종 등이 복합적으로 어우러져 인근 경기남부 지역 소비자들이 장을 보러 올 정도로 발달했었다.

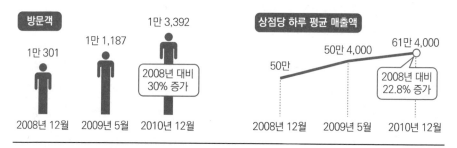

그림 18-1 ┃ 못골시장 성과 추이(단위: 원)
자료: 못골시장 상인회

　　그러나 도심개발로 인해 인근 지역에 새로운 상권이 형성되고 지하철이 통과하지 못하는 교통적 문제와 함께 대형 할인점과 백화점이 속속 들어서면서 1990년대 이후로 상권은 급격히 쇠락하는 위기를 겪기도 했지만 현재 팔달문시장은 일일 방문객이 만 명이 넘는 인기 시장으로 다시금 태동하고 있다.[1]

1　오창균(2010), 팔달구 '상권부활' 이러한 팔달문 시장의 제기에는 어떤 비결이 존재했을까?, 수원일보.

　　이러한 팔달문시장의 재기에는 어떤 비결이 존재했을까?

　　이에는 정부의 지원을 업은 문전성시 프로젝트 사업의 도움이 컸다.

　　문화체육관광부로부터 선정된 문전성시 프로젝트 사업은 수원 전통문화학교를 운영함으로 인해 전통시장에 문화의 숨결을 불어넣어 문화체험의 공간이자 일상의 관광지로 활성화시키기 위한 국가지원사업으로 지금까지 전국 16개 시장이 선정되었다.

　　수원 팔달문시장 또한 문전성시 프로젝트 사업으로 인해 뭇골온에어, 불평합창단, 스토리텔링, 요리교실, 뭇골 문화축제, 홈페이지 구축, 뭇골 야외무대 설치 등의 27개 사업을 성공적으로 추진하였다.

　　사업의 추진 중에 팔달문시장 상인회는 정조대왕의 스토리에만 의존하지 않았다. '어린 아들과 딸을 노점 기둥에 묶고 장사를 하여 결국 딸을 한의사로 키워 낸 불굴의 모정, 폐암과 백혈병에 걸린 어머니를 도와 장사를 시작한 20대 형제의 효성, 10년 리어카 행상 끝에 점포를 마련한 오뚝이상인'

　　팔달문 상인들은 저마다 자신의 삶 이야기를 풀어놓음으로써 저마다 이야기가 있는 점포를 만들어 내었으며 상인들의 삶 이야기는 듣는 사람으로 하여금 정과 연민을 느끼게 하여 다른 시장이 감히 모방할 수 없는 차별화로 경쟁우위를 확보할 수 있었다.[2]

　　기존의 시장은 소비자에게 있어서 편리함과 저가격에 있어 대형 할인점이나 마트에 비할 수 없다. 아무리 정부의 지원을 업어 시설을 현대화한다 해도 마찬가지일 것이다. 결국 전통시장은 정부의 지원에도 점점 더 위기에 몰리고 있는 실정이다. 이러한 상황에서 팔달문시장의 저력은 스토리텔링의 파워, 중요성을 보여준다.

　　스토리텔링이란 이야기가 갖는 힘을 활용해 메시지를 전달하는 것으로, 스토리텔링의 목적은 사람의 마음에 파문을 일으킴에 있다.

　　위기에 빠진 전통시장이 다시 일어나기 위해서는 사람의 마음을 움직이는 스토리텔링의 힘을 무시해서는 안 될 것이다.

2　김우영(2011), 「평일에도 북적북적 수원 '뭇골시장'엔 무슨 일이…」, e-수원뉴스.

경영사례 PART 05: 코닥 ──────────────────────── 📖

코닥(Kodak) 또는 정확한 이름으로 이스트먼 코닥(Eastman Kodak)은 2011년까지 카메라 및 필름의 제조사였으나, 2012년부터는 이미지 솔루션 및 관련 서비스를 제공하는 기업이다. 본사는 미국 뉴욕주 로체스터에 있으며 2000년 기준으로 150여 개 국가에 8만 명 이상의 직원이 근무하고 있었다.

코닥은 2000년 이후 필름 사업부와 디지털 카메라 사업부를 제때 매각하지 않아 심각한 재정난을 겪게 되었고, 결국 2012년 1월 19일 파산보호신청을 하였다. 이후 2013년 9월 4일 필름 및 카메라 사업부를 매각함과 동시에 '인쇄의 기술적 지원, 전문가들을 위한 그래픽 커뮤니케이션 서비스' 기업으로 회생했다.

영원한 기업은 없다

코닥은 과거 아날로그 카메라 필름시장의 성공에 빠져 디지털 시대에 맞는 사업을 준비하지 못했다는 평가를 받는다. 코닥은 1975년 세계 최초로 디지털 카메라를 개발했다. 하지만 내부에서 격론 끝에 디지털 카메라를 선택해 집중하는 대신 기존의 필름 산업에 집착했다. 당시만 해도 잘나가는 필름시장을 스스로 디지털 사업으로 위축시킬 수 없다는 '근시안적 논리'가 이긴 것이다. 파산 위기에 몰려서야 1,100개가 넘는 디지털 이미지 특허를 팔아서 회생을 도모하는 작업에 나섰다.

1) 꿈의 직장 '코닥' 파산보호신청까지 간 이유는?

20세기 미국의 브랜드 아이콘이자 젊은이들의 꿈의 직장이었던 코닥이 파산 위기에 내몰렸다. 131년 전통의 코닥이 수주 안에 파산보호(챕터11)를 신청할 것이라고 6일 월스트리트저널(WSJ)은 관계자를 인용해 전했다. 1만 9,000명 남짓인 코닥 직원들은 이제 길에 내몰릴 것을 걱정할 처지가 된 것이다.

관계자에 따르면, 코닥은 파산보호까지 가는 것을 막기 위해 특허 포트폴리오 가운데 일부를 매각하고 있다. 코닥은 1,100건에 달하는 특허권을 갖고 있다.

이에 실패할 경우를 대비해 회사 정리절차를 진행하면서 은행권으로부터 10억 달러를 조달한다는 계획도 준비 중인 것으로 전해졌다. 도산까지 가는 것을 막기 위해서다. 코닥은 JP모간체이스·씨티그룹·웰스파고 같은 대형 은행들과 논의를 하고 있는 것으로 알려졌다.

이 같은 소식이 알려지면서 코닥 주가는 5일(현지시각)까지 이틀간 뉴욕 증시에서 40% 가까이 떨어진 주당 0.42달러(약 500원)까지 주저앉았다.

코닥이 내리막길을 시작한 건 1980년대부터다. 후지·아그파 같은 해외 경쟁자들이 필름시장에 뛰어들기 시작하면서 독보적이었던 점유율이 나뉘었고 이에 따라 실적도 악화됐다. 여기에 2003년부터 주력사업이던 필름에 대한 투자를 더 이상 하지 않기로 한 것도 영향을 미쳤다.

디지털 사진을 개발해놓고도 이후 니콘·소니·캐논 같은 경쟁업체들에 밀린 점, 은퇴 직원들에게 엄청난 수준의 연금 지급을 지속하도록 하는 회사 강령이 있다는 점 등도 회사 경영 상태를 악화시켰다고 WSJ는 지적했다.

코닥이 회생하느냐는 채권자들이 회사의 주요 수익원으로 명목을 유지하고 있는 프린트 사업을 계속 이어갈 만한 가치가 있는 것으로 판단하는지에 달렸을 것으로 전망된다. 시장조사기관 IDC에 따르면, 코닥은 전 세계 프린터 시장점유율이 2.6%로 전체 5위를 차지하고 있다.

일부 전문가들은 코닥이 다시 살아날 가능성도 있다고 조심스럽게 예측하고 있다. 래퍼티캐피탈의 마크 카우프만 애널리스트는 "코닥은 디지털 이미지와 관련된 기술을 수백건 보유하고 있는 데다 디지털 카메라 사업도 갖고 있어 재기가능성이 있다"며 "프린트 사업도 전 세계 매장 90%에 비치돼 있을 만큼 어마어마한 수준"이라고 말했다고 마켓워치는 전했다.

2) 코닥 파산보호에서 가장 눈여겨볼 점

이 회사가 실은 오히려 가장 앞서서 디지털 이미징 기술을 개발했다는 점이다. 필름에서 쌓은 기술력과 자금력으로 이른바 디카(디지털 카메라)도 장악할 수 있었다는 의미다. 그러나 코닥은 그렇게 하지 않았다.

지금도 비슷한 경우가 있긴 하다. 석유로 움직이는 자동차를 만드는 업체가 미래의 동력으로 불리는 전기자동차 부문에서도 앞서 있다. 그렇지만 휘발유와 경유 자동차의 시장을 지키기 위해 그 실용화에 매우 조심스럽다. 여기에는 막대한 이득을 취하는 정유회사의 로비설도 있다. 하지만 이 경우에는 배터리 기술이란 장벽이 아직 존재한다는 측면이 있다. 엄청난 속도로 기술 장벽을 허물며 발전하는 디지털 기술과는 약간 다르다.

Part 5. 참고문헌 ─────────────────────────────────── 📖

강동구(2005), 차세대 디지털방송기술, 동일출판사.

강명희·김부희·김민정·임현진(2011), "조직충성에 대한 감성지능, 직무만족, 조직몰입의 직·간접 영향력 검증," 한국HRD연구, 6(3).

강명희·김지현·유영란·유지원(2013), "조직유효성에 영향을 미치는 비공식 멘토 수와 멘토링 기능," 교육방법연구, 25(4).

강성현(2002), 디지털방송론, 한울(한울아카데미).

개런 토너스, 우리는 할 수 있다(2009), 김혜원 옮김, 랜덤하우스코리아.

고정길 외(2013), "스마트 디바이스와 사물인터넷 융합기술," 전자통신동향분석, 제28권 4호, 한국전자통신연구원.

김경수·손재영(2009), "조직내 대인간 상사신뢰가 조직몰입에 미치는 영향에 관한 연구, 경영정보연구, 28(2).

김권중, K-IFRS New 회계원리, 창민사.

김귀련·방정혜(2012), "서비스 디자인 평가모델(SDES) 개발에 관한 연구," 한국디자인문화학회지.

김기섭(2012), 깨어나라! 협동조합, 들녘.

김민정·김민수·오홍석(2006), "멘토링 네트워크 특성에서 멘토의 네트워크 특성이 조직기반 자긍심에 미치는 영향에 관한 연구," 한국심리학회지 산업 및 조직, 19(3).

김민정·박지혜(2009), "멘토들에 대해 프로테제가 느끼는 만족이 조직시민행동에 미치는 영향 및 개인 특성과의 상호작용효과 연구," 인사관리연구.

김봉화·김재호(2001), 세계사회적기업의 현황과 전략, 한국학술정보.

김선화·방진희·이근희(2010), "사회서비스 전달체계 변화에 따른 사회적 일자리 창출 효과 비교," 보건사회연구, 30(2): 312-357.

김성기(2011), 사회적기업의 이슈와 쟁점: '여럿이 함께'의 동학, 아르케.

김성이·大橋謙策(2000), 한일 지역복지 비교연구, 나남출판.

김성혁·최승만·권상미(2009), "호텔레스토랑의 물리적 환경지각이 감정반응, 고객만족, 재구매 의도 및 추천의도에 미치는 영향," 관광연구.

김성환·최은수(2012), "공공기관의 변혁적 리더십, 전략적 인적자원개발, 학습조직 구축, 조직
　　시민행동 간의 구조적 관계," 평생교육·HRD연구.

김순양(2008), "사회적 기업에 대한 성과지표의 개발 및 적용," 지방정부연구, 12(1): 31-60.

김승욱·강기두(2010), 고객관계관리(CRM)원론, 법문사.

김승욱·강기두(2010), 고객관계관리(CRM)원론, 법문사.

김승욱(2007), 사례로 배우는 e비즈니스V, 전경련 산업조사팀 편, 산업자원부 전국 경제인연
　　합회.

김승욱(2009), 다문화 콘서트, 법문사.

김승욱(2009), 다문화 콘서트, 법문사.

김승욱(2012), 경영학 콘서트, 도서출판 필통.

김승욱(2012), 경영학 콘서트, 필통.

김승욱, 문화 콘서트(2009), 법문사.

김승욱, 섬기는 멘토, 감성 서비스(2007), 필통.

김신양(2001), 지동향, 28: 72-54.

김영규 외(2013), 에센스 재무관리, 5판, 유원북스.

김영진(2011), "사회적기업에 관한 비교법적 연구," 공법학연구, 12(2): 295-318.

김윤태(2009), "사회적 기업의 트라일레마: 한국형 모델의 전망," 사회와 이론, 14: 243-273.

김윤호(2010), "사회적기업은 재분배 정책인가 분배 정책인가?: 인증 사회적 기업의 유형화,
　　실증적 비교분석, 그리고 육성방안," 한국정책학회보, 19(4): 211-248.

김재욱·최지호·한재숙(2002), "온라인 커뮤니티 마케팅 활동과 친 커뮤니티 행동간의 관계
　　에 있어서 몰입의 매개역할," 마케팅연구.

김준수(2012), 국내 디지털음악시장의 새로운 변화, KT경제경영연구소.

김중태(2012), "소셜 네트워크가 만든 비즈니스 미래지도- 세계는 폭발하는 소셜미디어에 투
　　자중," 한스미디어.

김진혁(2013), "기업체 중간관리자의 서번트 리더십, 학습조직 수준, 조직시민행동, 조직유효
　　성 간의 구조적 관계," 박사학위논문, 숭실대학교.

김진형 외(2007), 디지털방송 기술, 한국 인터넷 정보학회(제8권 제4호).

김창수·권혁인·김승욱 외(2007), 디지털 콘텐츠 비즈니스, 청람출판사.

김태광(2009), 미셸처럼 공부하고 오바마처럼 도전하라, 흐름출판.

김태광(2009), 미셸처럼 공부하고 오바마처럼 도전하라, 흐름출판.

김현대(2012), 협동조합 참 좋다, 푸른지식.

김현성(2012), "차세대 이동통신단말기의 감성디자인에 관한 연구," 한국디자인문화학회지.

나병선(2002), "대기업집단의 학습조직과 조직문화, 조직학습, 조직유효성의 관계분석," 박사
        학위논문, 고려대학교.

노대명(2009), "한국 사회적 기업 발전방향에 대한 고찰," 시민과 세계, 15: 128-149.

뉴스와이어(2012), 저작권 해결된 간편 음원 라이센싱 서비스 오픈.

뉴트 깅리치(2009), 진정한 변화, 김수진·김혜원 옮김, 지상사.

뉴트 깅리치(2009), 진정한 변화, 김수진·김혜원 옮김, 지상사.

데이비드 멘델(2008), 오바마 약속에서 권력으로, 윤태일 옮김, 한국과미국.

문재훈·이혜선(2012), "사용자 행동 변화를 위한 서비스 디자인," 상품학연구.

문화일보(2006), "사회석 일자리, 사업 86%가 月 100만원 이하 質낮은 고용"

박영배(2008), 현대기업과 조직행동, 서울: 법문사.

박인성·김승욱(2014), "SNS(소셜네트워크서비스) 서비스 디자인의 평가방안 및 활성화에 관
        한 연구," 한국디자인포럼.

박재환·김용태(2009), "사회적 기업의 가치와 지속적 발전에 관한 연구," 대한경영학회 학술
        연구발표대회, 11: 817-832.

박정호·강병욱(2014), EBS 매경 TEST 핵심이론서, WOWPASS.

밥 월(2007), 감성코칭 리더쉽, 지평.

배영숙(2011), 카페베네 한국을 넘어 세계로 나간다, 데일리경제.

백창수(2000), "제품디자인과 인터페이스디자인 상호관계이해," 기초조형학연구.

삼성경제연구소(2009), 기업의 경쟁력 향상을 위한 외부 네트워크 활용방안.

삼일회계법인(2014), 재무제표가 한 눈에 보이는 회계원리, 삼일회계법인.

서도원(2012), 인적자원관리, 도서출판 대경.

서비스사이언스연구회(2007), 서비스 사이언스, 매일경제신문사.

신명호·김홍일(2002). "생산공동체 운동의 역사와 자활지원사업," 동향과 전망, 53: 6-37.

안광호·하영원·박흥수 공저(2012), 마케팅원론, 학현사.

안석준(2005), 음악산업 패러다임 변화에 따른 디지털음악산업의 성장, 한국문화콘텐츠진흥원
        음악산업팀.

오미(2007), "사회적 기업의 이해: 미국과 유럽의 사례를 중심으로," 사회과학연구, 23(2): 173-
        192.

오용선·손형만·신승혜(2007), "독일의 사회경제 발전모델과 사회적 기업의 특성," ECO. 11(2):
      81-120.

유병선(2008), 보노보 혁명: 제4섹터, 사회적기업의 아름다운 반란, 부키.

윤미영·권정은(2013), "창조적 가치연결 초연결사회의 도래," IT Future & Strategy, 제10호,
      정보화진흥원.

이광우(2009), "지속가능한 사회적기업의 성공요인에 관한 연구," 한국비영리학회 학술대회,
      1: 1-45.

이도희(2012), "사회적기업 관련 제도 고찰," 경영경제연구, 35(1): 109-138.

이명호 외 7인(2013), 경영학으로의 초대, 제3판, 박영사.

이미숙·최외출(2011), "단체참여와 사회자본이 사회적 가치에 미치는 영향," 한국지방자치 연
      구, 13(2): 25-46.

이승규·라준영(2009), 사회적기업 가치 측정 및 평가, 함께일하는재단.

이은선(2009). "사회적 기업의 특성에 관한 비교 연구: 영국, 미국, 한국을 중심으로," 행정논총,
      47(4): 363-397.

임재화·이재식·김종원·김승욱(2012), 서비스 운영관리, 도서출판 청람.

임창희(2009), 조직행동, 4판, 비앤엠북스.

장원규·이성협(2013), "국내외 사물인터넷 정책 및 시장동향과 주요 서비스 사례," 동향과 전
      망: 방송·통신·전파, 제64호.

장인봉·장원봉(2008), "공동생산자로서 지방정부와 사회적 기업의 파트너십 형성과 전망," 한
      국거버넌스학회보, 15(3): 299-320.

장정진·반영환(2010), "서비스 디자인의 구조적 개념 분석을 통한 평가 고려요소 도출," 기초
      조형학연구.

전병유 외(2003), 사회적 일자리창출방안 연구, 한국노동연구원.

전유초(2004), 디지털음악산업의 현황과 발전 방향에 관한 연구, 연세대학교 언론홍보대학원
      방송영상 전공.

정대용·김민석(2010), "조직구성원의 사회적 가치추구와 경제적 가치추구가 사회적 기업의
      발전에 미치는 영향에 관한 연구," 산업경제연구, 23(5): 2299-2321.

정동훈(2010), "웹 2.0 특성에 따른 정부부처 웹페이지 평가," 사이버커뮤니케이션학보, 통권
      제27권 4호.

정보라(2011), SNS 인기 음악, 궁금하니?…'뮤즈랑', Bloter.net.

정보테크놀로지와 음악산업, 장재혁, 2001

정보통신산업진흥원(2013), "사물인터넷 발전을 위한 EU의 정책 제안," 해외 ICT R&D 정책
    동향, 제6호.

정보통신산업진흥원(2013), "사물인터넷 산업의 주요 동향," 해외 ICT R&D 및 정책동향, 제6호.

정선희(2004), 사회적기업, 다우.

정성현(2006), 대기업의 음악산업 진입에 따른 시장변화 및 발전방안에 관한 연구, 중앙대학교
    신문방송대학원 방송영상 전공.

조철희 외(2013), "사물인터넷 기술·서비스·정책," 주간기술동향」. 제1625호.

주희엽·김승욱(2006), "전자정부 e-서비스와 고객관계관리," 대한경영학회지 제19권 제3호(통
    권 56호).

중앙일보(2010), 톳네리아, 잉크천국 해외진출 선도 기업, 중앙경제.

최조순(2012), 사회적 기업의 지속가능성과 기업가정신, 한국학술정보.

최진희(2005), MP3 영역에 도전장 낸 오그보비스(OGG), 중소기업진흥공단 테크타임즈.

KISTI(2007), 온라인 음악의 성장과 향후 트렌드 (2007), 글로벌동향브리핑(GTB)」.

KT경제경영연구소(2011), 구글의 구글뮤직 출시와 디지털음악시장.

한국방송통신전파진흥원(2012), "미래인터넷의 진화방향," PM 이슈리포트」. 제2권.

한국방송학회 편저(2005), 디지털방송 미디어론, 커뮤니케이션북스.

한국소트트웨어진흥원(2008), 디지털콘텐츠 산업백서, 진한M&B.

Achrol, Ravi S.(1991), "Evolution of the Marketing Organization: New Forms for
    Turbulent Environments," Journal of Marketing, 55: 77-93.

Aiken(2006), "Towards Market or State? Tensions and Opportunities in the Evolutionary
    Path of Three Types of UK Social Enterprise" in M. Nyssens(ed.), Social Enterprise
    in Europe?: Between Market, Public Policies and Communities, London: Routledge.

Anderson, Erin and Barton Weitz(1989), "Determinants of Continuity in Conventional
    Industrial Channel Dyads," Marketing Science, 8: 310-323.

Anderson, Erin and Barton Weitz.(1992), "The Use of Pledges to Build and Sustain
    Commitment in Distribution," Journal of Marketing Research, 24: 18-34.

Anderson, Erin, Leonard M. Lodish, and Barton A. Weitz(1987), "Resource Allocation
    Behavior in Conventional Channels," Journal of Marketing Research, 24: 85-97.

Anderson, James C. and James A. Narus(1984), "A Model of the Distributor's Perspective of Distributor-Manufacturer Working Relationships," Journal of Marketing, 48: 62-74.

Anderson, James C. and James A. Narus(1990), "A Model of Distributor Firm and Manufacturer Firm Working Partnerships," Journal of Marketing, 54: 42-58.

Andreson, C. Fornell, and D. R. Lehmann(1994), "Customer Satisfaction, Market Share, and Profitability: Finding From Sweden," Journal of Marketing, 58(July), 53-66.

Andrew, H.(2006), "Design for Service : Harmonising Product Design With a Services Strategy," Aircraft Engine; Ceramics; Coal, Biomass and Alternative Fuels; Controls, Diagnostics and Instrumentation; Environmental and Regulatory Affairs, Vol.2, 135-143.

Arndt, Johan(1979), "Toward a Concept of Domesticated Markets," Journal of Marketing, 43: 69-75.

Arthru, V. H., A. C. David, M. F. Cragi, C. G. John, D. M. Richard, and V. Rohit(2002), "Research Opportunities in service process design," Journal of Operation Management, Vol. 20, No.2, 189-202.

Baker, Julie(1987) "The Role of Environment in Marketing Service: The Consumer Perspective," in J. A. Czepiel, C. Congram and J. Shanaham eds., "The Service Challenge: Integrating for Competitive Advantage, Chicago, IL: American Marketing Association, 79-84.

Baker, Julie(1990), The Effects of Retail Store Environment on Consumer Perceptions of Quality, Price and Value, Ph. D. Dissertation, Texas: A&M University.

Beaton, M. and C. Beaton(1995), "Marrying Service Providers and their Clients: a relationship approach to services management," Journal of Marketing Management, 11: 55-70.

Becker, Howard S.(1960), "Notes on the Concept of Commitment," American Journal of Sociology, 66: 32-42.

Belk, R. W.(1975), "Situational Variables in Consumer Behavior," Journal of Consumer Research, 2 (December), 157-164.

Bendapudi, N. & L. L. Berry(1997), "Customers' Motivations for Maintaining Re-lationships with Service Providers," Journal of Retailing, Vol. 73(Spring).

Berry, Leonard L. and A. Parasuraman(1991), Marketing Services, New York: The Free
    Press.

Berry, Leonard L.(1995), "Relationship Marketing of Services-Growing Interest, Emerging
    Perspectives," Journal of the Academy of Marketing Science, 23(4): 236-245.

Bitner, Mary J.(1990), "Evaluating Service Encounters: The Effects of Physical
    Surroundings and Employee Responses," Journal of Marketing, 54 (April), 69-82.
    (1992), "Servicescapes: The Impact of Physical Surroundings on Customers and
    Employees," Journal of Marketing, 56 (April), 57-71.

Bleek, Joel and David Ernst(1993), Collaborating to Compete, New York: John Willy &
    Sons, Inc.

Bonnici, P.(1999), Visual Language, Watson-guptill publication.

Boyle, G.(2003), Design Project Management, Ashgate Publishing Limited.

Bruce, M., B. H. Jevaker(1998), Management of Design Alliances, John Wiley & Sons,
    Ltd..

Bruce, M., J. Bessant(2002), Design in Business: Strategic Innovation through design,
    Pearson Education Limited.

Bruce, M., R. Cooper(1997), Marketing and Design Management, International Thomson
    Business Press.

Chao, G. T., P. M. Walz, & P. D. Gardner(1992), "Formal and informal mentorships: A
    comparison on mentoring functions and contrast with nonmentored counterparts,"
    Personnel Psychology, 45.

Chuang, P.-T.(2007), "Combining Service Blueprint and FMEA for service design," The
    Service Industries Journal, Vol.2, No.2, 91-104.

Cook, Karen S. and Richard M. Emerson(1978), "Power, Equity, and Commitment in
    Exchange Networks," American Sociological Review, 43: 721-739.

Cooper, R., M. Press(1994), The Design Agenda: A Guide to Successful Design Management,
    John Wiley & Sons, Ltd..

Crosby, Lawrence A. and Nancy Stephens(1987), "Effects of Relationship Marketing on
    Satisfaction, Retention, and Prices in the Life Insurance Industry," Journal of

Marketing Research, 24: 404-411.

Crosby, Lawrence A., Kenneth R. Evans, and Deborah Crowles(1990), "Relationship Quality in Services Selling: An Interpersonal Influence Perspective," Journal of Marketing, 54: 68-81.

De Mozota, B. B.(2003), Design management, Allorth Press.

Del, H., B. Roger., K. A. Coney(2004), Comsumer Behavior, 9th ed., McGraw-Hill.

Dwyer, F. Robert and Sejo Oh(1987), "Output Sector Munificence Effects on the Internal Political Economy of Marketing Channels," Journal of Marketing Research, 24: 347-358.

Dwyer, F. Robert, Paul H. Schurr, and Sejo Oh(1987), "Developing Buyer-Seller Relationships," Journal of Marketing, 51: 11-27.

Eggert, A. & W. Ulaga(2002), "Customer perceived value: a substitute for satisfaction in business makets?," The Journal of Business & Industrial Marketing, Vol. 17 Nos 2/3

Eggert, A., W. Ulaga, & F. Schultz(2006), "Value creation in the relationship life cycle: a quasi-longitudinal analysis," Industrial Marketing Management, Vol. 35.

Eisenberger, Robert, Peter Fasolo, and Valerie Davis-LaMastro(1990), "Perceived Organizational Support and Employee Diligence, Commitment, and Innovation," Journal of Applied Psychology, 75(1): 51-59.

Erdener, Carolyn B.(1990), A Transaction Costs Analysis of the Relationship between Strategy, Structure, and Innovation, Submitted to the Faculty of Graduate School for the Degree of Doctor of Philosophy in the School of Business, Indiana University, April.

Fill, C.(2005), Marketing Communications, 4th ed. Prentice-Hall.

Frascara, J.(2002), Design and the Social Science: Making Connections, Taylor & Francis.

Frazier, Gary L., Robert E. Spekman, and Charles R. O'Neal(1988), "Just-in-Time Exchange Relationships in Industrial Markets," Journal of Marketing, 52: 52-67.

Ganesan, Shankar(1994), "Determinants of Long-Term Orientation in Buyer-Seller Relationships," Journal of Marketing, 58: 1-19.

Gidron, B., R. M. Kramer, & L. M. Salamon(1982), Government and the third sector: Emerging relationships in welfare states, Jossey-Bass.

Goodin, Robert E.(1998), Reasons for Welfare: The Political Theory of the Welfare State, Princeton: Princeton University Press.

Gorb, P.(1990), Design Management, Architecture Design and Technology Press.

Grönroos, C.(1990), "Relationship Approach to Marketing in Service Contexts: The Marketing and Organizational Behavior Interface," Journal of Business Research, 20: 3-11.

Grönroos, C.(1994), "From Marketing Mix to Relationship Marketing: Towards a Paradigm Shift in Marketing," Management Decision, 32(2): 4-20.

Gundlach, Gregory T., Ravi S. Achrol, and John T. Mentzer(1995), "The Structure of Commitment in Exchange," Journal of Marketing, 59: 78-92.

Heide, Jan B. and George John(1990), "Alliances in Industrial Purchasing: The Determinants of Joint Action in Buyer-Supplier Relationships," Journal of Marketing Research, 27: 24-36.

Heide, Jan B. and George John(1992), "Do Norms Matter in Marketing Relationships?" Journal of Marketing, 56: 32-44.

Holdford, D. A. and D. T. Kennedy(1999), "The service blueprint as a tool for designing innovative pharmaceutical services,", J. AM Pharm Assoc(Wash), Vol.39, No.4, 545-552.

Hollins, G., B. Hollins(1991), Total Design: Managing the Design Process in the Service Sector, Pitman Publishing.

Homans(1958), "Social Behavior as Exchange," American Journal of Sociology, 63(6): 598-606.

Hrebiniak, Lawrence G.(1974), "Effects of Job Level and Participation on Employee Attitudes and Perceptions of Influence," Academy of Management Journal, 17: 649-662.

Hunt, Shelby D.(1983), "General Theories and the Fundamental Explananda of Marketing," Journal of Marketing, 47: 9-17.

Hunt, Shelby D., Van R. Wood, and Lawrence B. Chonko(1989), "Corporate Ethical Value and Organizational Commitment in Marketing," Journal of Marketing, 53: 79-90.

Jerrard, R., D. Hands, and J. Ingram(2002), Design Management Case Studies, Routledge.

John, George(1984), "An Empirical Investigation of Some Antecedents of Opportunism in a Marketing Channe," Journal of Marketing Research, 21: 278-289.

Johnson-George, Cynthia and Walter C. Swap(1982), "Measurement of Specific Interpersonal Trust: Construction and Validation of a Scale to Assess Trust in a Specific Othe," Journal of Personality and Social Psychology, 43(6): 1306-1317.

Kotler, P., K. L. Keller(2006), Marketing Management, 12th ed., Pearson Education Limited.

Kotler, P., V. Wong, and J. S. G. Armstrong(2005), Principles of Marketing, 4th ed. Pearson Education Limited.

Larzelere, Robert E. and Ted L. Huston(1980), "The Dyadic Trust Scale: Toward Understanding Interpersonal Trust in Close Relationships," Journal of Marriage and the Family, 42: 595-604.

Levinthal, Daniel A. and Mark Fichman(1988), "Dynamics of Interorganizational Attachments: Auditor-Client Relationships," Administrative Science Quarterly, 33: 345-369.

Liechty, Margaret G. and Gilbert A. Churchill, Jr.(1979), "Conceptual Insights into Consumer Satisfaction with Services," in Educators' Conference Proceedings, Series 44, N. Beckwith et al., eds. Chicargo: American Marketing Association: 509-515.

Lisa Whitehouse(2006), "영국 기업의 사회적 책임: 정책과 관행," 국제노동브리프, 4(4): 5-11.

Lovelock, C. H.(1983), "Classifying Services to Gain Strategic Marketing Insights," Journal of Marketing, 47: 9-20.

Lovelock, C., S. Vandermerwe, and B. Lewis(1999), Services Marketing: A European Perspective, Prentice-Hall Europe.

Lynn, S. G.(1982), "How to Design a Service," European Journal of Marketing, Vol.16, No.1, 49.

Macneil, Ian R.(1980), The New Social Contract, New Haven, CT: Yale University Press.

Malnar, J. M., F. Vodvarka(2004), Sensory Design, University of Minnesota Press.

McDonald, Gerald W.(1981), "Structual Exchange and Marital Interaction," Journal of Marriage and the Family, November: 825-839.

McKenna, Regis(1991), Relationship Marketing, Addison-Wesley Publising Company, Inc.

Meier, H., W. Massberg(2004), "Life Cycle-Based Service Design for Innovative Business Models," CIRP Annals-Manufacturing Technology, Vol.53, No.1, 393-396.

Meyer, John P. and N. J. Allen(1984), "Testing the "Side-Bet Theory" of Organizational Commitment: Some Methodological Considerations," Journal of Applied Psychology, 69(3): 372-378.

Milligan, A., S. Smith(2006), See, Feel, Think, Do: The Power of Instinct in Business, Marshall Cavendish.

Mohr, Jakki and John R. Nevin(1990), "Communication Strategies in Marketing Channels: A Theoretical Perspective," Journal of Marketing, 54: 36-51.

Monica Loss(2006), "이탈리아의 사회적 기업," 국제노동브리프, 4(6): 31-38.

Moorman, Christine, Gerald Zaltman, and Rohit Deshpande(1992), "Relationships Between Providers and Users of Market Research: The Dynamics of Trust Within and Between Organization," Journal of Marketing Research, 29: 314-328.

Morgan, Robert M. and Shelby D. Hunt(1994), "The Commitment-Trust Theory of Relationship Marketing," Journal of Marketing, 58: 20-38.

Mort, Weerawardena & Carnegia(2003), "Social Entrepreneurship: Towards Conceptualisation," International Journal of Nonprofit and Voluntary Sector Marketing, 8(1): 76-88.

Nickels, William G., James M. McHugh, and Susan M. McHugh(2012), Understanding Business, ninth edition, McGraw-Hill, 권구혁 외 6인 공역, 생능출판사.

Palmer, A.(2005), Principles of Services Marketing, 4th ed., McGraw-Hill.

Parasuraman, A., Valarie A. Zeithaml, and Leonard L. Berry(1985), "A Conceptual Model of Service Quality and Its Implications for Future Research," Journal of Marketing, 49: 41-50.

Perrien, J. and L. Ricard(1995), "The Meaning of a Marketing Relationship: A Pilot Study," Industrial Marketing Management, 24: 37-43.

Phillips, Peter L.(2004), Creating the Perfect Design Brief: How to Manage Design for Strategic Advantage, Allworth Press.

Pickton, D., A. Broderick(2005), Integrated Marketing Communications, 2nd ed., Prentice-Hall.

Porter, Lyman W., R. M. Steers, R. T. Mowday, and P. V. Boulian(1974), "Organizational Commitment, Job Satisfaction, and Turnover among Psychiatric Technicians," Journal of Applied Psychology, 59(5): 603-609.

Porter, M. E.(1980), Competitive Strategy, Free Press.

Preddy, S.(2004), How to Market: Design Consultancy Services, 2nd ed., Gower Publishing Limited.

Press, M., R. Cooper(2003), The Design Experience, Ashgate Publishing Limited.

Rempel, John K. and John G. Holmes(1986), "How Do I Trust Thee?" Psychology Today, 20: 28-34.

Rempel, John K., John G. Holmes, and Mark P. Zanna(1985), "Trust in Close Relationships," Journal of Personality and Social Psychology, 49(1): 95-112.

Robbins, S. P., D. A. DeCenzo, and M. Coulter(2011), Fundamentals of Management, 7th Edition, 양동훈·임효창·조영복 역, 시스마프레스.

Rutter, P. A., A. S. Martin(1990), Management of Design Offices, Thomas Telford Ltd.,.

Salomon, G.(2003), The essential nature of peace education and some of the dilemmas that accompany it. In T. Fried (Ed.). Social and psychological factors in conflict and its resolution: The Mid-Eastern and European experience, European Commission: Directorate-General for Research.

Schmitt, B. H.(1999), Experiential Marketing, John Wiley & Sons Inc.

Schmitt, B. H.(2003), The Customer Experience Management: A Revolutionary Approach to Connecting with your Customers, John Wiley & Sons Inc.

Schmittt, B. H., A. Simonson(1997), Marketing Aesthetics, The Free Press.

Schurr, Paul H. and Julie L. Ozanne(1985), "Influences on Exchange Processes: Buyers' Preconceptions of a Seller's Trustworthiness and Bargaining Toughness," Journal of Consumer Research, 11: 939-953.

Shapiro, Susan P.(1987), "The Social Control of Impersonal Trust," American Journal of

Sociology, 93(3): 623-658.

Sherman, Stralford(1992), "Are Strategic Alliances Working?" Fortune, September: 77-78.

Sherry, John F. Jr.(1998), Service Scapes, NTC Business Books.

Simon, H. A.(1995), "Rationality in Political Behavior," Political Psychology, Vol.16, No.1, 45-61.

Skinner, Steven J., O. C. Ferrell, and Alan J. Dubinsky(1988), "Organizational Dimensions of Marketing-Research Ethics," Journal of Business Research, 16(2): 209-223.

Solomon, M., Gary Bamossy, Soren Askegaard(2002), Consumer Behaviour: A European Perspective, 2nd ed., Prentice-Hall.

Thompson, Linda and Graham B. Spanier(1983), "The End of Marriage and Acceptance of Marital Termination," Journal of Marriage and the Family, February: 103-113.

Thorelli, Hans B.(1986), "Networks: Between Markets and Hierarchies," Strategic Managrment Journal, 7: 37-51.

Tracey & Phillips(2007), "The Distinctive Challenge of Educating Social Entrepreneurs: A Postscript and Rejoinder to the Special Issue on Entrepreneurship Education," Academy of Management Learning & Education, 6(2): 264-271.

Wackman, Daniel B., Charles T. Salmon and Caryn C. Salmon(1986), "Developing an Advertising-Client Relationship," Journal of Advertising Research, 26: 21-28.

Webster, Frederick E., Jr.(1992), "The Changing Role of Marketing in the Corporation," Journal of Marketing, 56: 1-17.

Wheeler, A.(2006), "Designing Brand Identity: A complete Guide to Creating," Building, and Maintaining Strong Brands, 2nd ed., John Wiley & Sons, Ltd.

William, O. B., K. M. Manoj, and H. U. Kelly(1999), "Customer contact and the evaluation of service experiences : Propositions and implications for the design of services," Psychology and Marketing, Vol.15, No.8, 793-809.

Williams, A., D. Hands, M. O'Brien(2006), Proceedings: D2B The First International Design Management Symposium Shanghai 2006, The University of Salford.

Williamson, Oliver E.(1975), Markets and Hierarchies: Analysis and Antitrust Implications, New York, The Free Press.

Williamson, Oliver E.(1979), "Transaction-Cost Economics: The Governance of

Contractual Relations," The Journal of Law and Economics, 22: 233-261.

Williamson, Oliver E.(1981), "The Economics of Organization: The Transaction Cost Approach," American Journal of Sociology, 87(3): 548-577.

Williamson, Oliver E.(1985), The Economic Institutions of Capitalism, New York: The Free Press.

Wilson, D. T.(1995), "An Integrated Model of Buyer-Seller Relationships," Journal of the Academy of Marketing Science, 23(4): 335-345.

Zand, Dale E.(1972), "Trust and Managerial Problem Solving," Administrative Science Quarterly, 17: 229-239.

Zeithaml, Valarie A., M. Jo. Bitner(2003), Services Marketing, 3rd ed., McGraw-Hill.

MBN 뉴스(2014), "싸이 '행오버' 빌보드 100위권에서 밀려…'강남스타일' 여전히 11위," 매일경제신문사

김원겸(2010), "섬싱Q | 젊은 한류, 유튜브에 길을 묻다. 'YOU(YouTube)'를 잡아라 세계를 잡으리니," 동아일보.

매일경제신문(2007), 기존 디자인 버리자 판매 급증.

손지은(2011), "좋은 일 하며 돈도 벌자" 도시락 업체부터 IT벤처까지, 중앙일보.

신동흔(2011), 감자탕집 사장님, '카페 한류'를 꿈꾸다, 조선경제.

아시아투데이(2010), 엔씨소프트 게임하면서 음악 즐기는 24hz 베타 서비스.

안희권(2011), 스포티파이, 음악 플랫폼으로 거듭난다. 아이뉴스24.

양철민(2012), 디지털음악 볼륨 업, 서울경제.

유현정, 나도 K-POP… 가전업계도 한류 열풍, 머니투데이.

이데일리 뉴스(2010), 엠넷미디어, 글로벌 공연사업 첫 발 내디뎌.

이데일리 뉴스(2012), 음악플랫폼 해외진출 시동.

이진하(2011), 유럽에 불어 닥친 한류 열풍, 그 이유와 매력은, 투데이 코리아.

이혜린(2011), "요즘 가수들, SNS 없이 어떻게 살죠?," SEN.

이호(2011), 커피전문점, 이제는 토종 브랜드 시대, 프라임 경제.

임광복(2012), K팝 한류를 기회로. 파이낸셜뉴스.

장현정(2012), 모바일 기기 티빙 시청 절반 넘었다, 셀룰러뉴스.

전자신문(2011. 01. 19). '새로운 10년을 준비하자-디지털시대 리더에서 스마트시대 개척자로'.

전재호(2011), 블랙야크_유럽·북미로 진출… 해외서도 통하는 토종브랜드, 조선경제.

정종범(2011), 교촌치킨, 미스터 피자, 해외서도 먹힐까, BBS.

정태인(2010), "사회경제론-공동체발전과 풀뿌리 민주주의의 산실," 리얼진보, 레디앙.

제이슨마케팅그룹(2012), 2NE1의 디지털 한류 마케팅.

지영호(2011), 프라다·루이뷔통·구찌 등 완성차시장과 손잡아, 머니투데이.

최용식(2011), "세계로 뻗어가는 소녀시대·원더걸스 뒤에 '유튜브' 있다?" 뉴스토마토.

한국경제매거진(2013), [마케팅 완벽 해부] 최신 동향 한눈에, 최신 마케팅 트렌드.

한국경제신문(2013. 12. 20.), SK텔레콤 사물인터넷으로 가능한 서비스 보여줘. 한국디지털미
        디어산업협회.

한국일보(2013. 12. 18.), 사물인터넷 시대 성큼.

한민욱(2012), 글로벌 SNS '케이팝'으로 소통한디, 디지털타임스.

헤럴드경제(2013. 9. 28.), 사람과 사물을 이어주는 모두의 인터넷 IoE 시대 온다.

현대카드, 보이지 않는 디자인, 서비스 디자인을 하라.

EBS 공식 블로그 - ebsstory.blog.me/50130614282

고용노동부, http://www.moel.go.kr

국가지식포털 사이트 - www.knowledge.go.kr

신용회복위원회 공식블로그 - blog.naver.com/ccrs2009

티빙 공식 사이트 - www.tving.com

한국디지털케이블 연구원 - www.klabs.re.kr

한국사회적기업진흥원. http://www.socialenterprise.or.kr

한국전자통신연구원 www.etri.re.kr

http://magazine.hankyung.com/jobnjoy/apps/news?popup=0&nid=05&nkey=20130614000
        38048705&mode=sub_view

http://members.tripod.com/Hyunjoon_Shin/essays/E010607BK5.htm

http://terms.naver.com/entry.nhn?docId=2083618&cid=508&categoryId=508

http://www.strl.nhk.or.jp/open98/1-4/ter-11e.html

http://www.strl.nhk.or.jp/open99/de-2/shosai-e.html

KBS, http://www.kbs.co.kr/techcenter/digi_broad/outline.html

[네이버 지식백과] 안드로이드 [Android] (두산백과)

http://blog.naver.com/dwbossam?Redirect=Log&logNo=60130052430

http://dependy.blog.me/220177063262

http://finance.naver.com/item/main.nhn?code=090430

http://ko.wikipedia.org/wiki/%EA%B5%AC%EA%B8%80#.EA.B2.80.EC.83.89.EC.97.94.EC.A
    7.84

http://ko.wikipedia.org/wiki/%EB%84%A4%EC%9D%B4%EB%B2%84#.EC.84.9C.EB.B9.84.E
    C.8A.A4

http://terms.naver.com/entry.nhn?docId=1348050&cid=40942&categoryId=32848

http://www.ahnlab.com

http://www.ajou.ac.kr/biz/dev/dev03_02.jsp?mode=view&article_no=29142&board_wrapp
    er=%2Fbiz%2Fdev%2Fd

http://www.asiatoday.co.kr/view.php?key=20150402010001300

http://www.campmobile.com/

http://www.edaily.co.kr/news/NewsRead.edy?SCD=JB11&newsid=02286166609332184&D
    CD=A10101&OutLnkChk=Y

http://www.etnews.com/20150521000122

http://www.itworld.co.kr/news/53248

http://www.navercorp.com/ko/index.nhn

http://www.nbp-corp.com/nbp/index.nhn

http://www.newstown.co.kr/news/articleView.html?idxno=201361

http://www.zdnet.co.kr/news/news_view.asp?artice_id=20130124085450

http://www.zdnet.co.kr/news/news_view.asp?artice_id=20150316154735 &type=xml

httpwww.google.com/about/company/products/

www.amorepacific.com

PART 6

언택트 시대의
서비스 경영

Chapter 19

문화 · 엔터테인먼트

01 문화 및 엔터테인먼트의 정의

21세기는 과거 인류가 경험해 보지 못했던 다양한 장르의 문화가 정보통신기술의 발달과 함께 개발되는 시기이다. 문화는 세계화의 변화 속에서 정보통신기술과의 발전으로 인하여 우리가 상상할 수 없었던 다양한 장르의 출현이 계속되고 있다. 문화의 새로운 변화는 엔터테인먼트(entertainment)라는 새로운 용어의 출현을 통하여 장르를 개척하고 있다. 사회에서 엔터테인먼트는 문화의 역사에서 종합인 개념으로서 자리 잡고 있다. 엔터테인먼트산업은 엔터테인먼트와 산업이란 용어가 결합된 표현으로서 엔터테인먼트와 관련된 산업을 말한다.

그렇다면 엔터테인먼트란 무엇일까? 엔터테인먼트란 일반적으로 영화, 무용 공연예술, 만화, 애니메이션, 여행, 취미생활 등 포괄적인 개념이다. 그렇다면 산업이란 무엇일까? 산업이란 인간이 생계를 유지하기 위하여 일상으로 종사하는 생산활동을 말한다. 산업은 일반적으로 재화의 생산과 더불어 서비스의 생산을 포함한다. 따라서 엔터테인먼트산업을 정의하자면 복합적인 기술 특성을 갖고 유형의 기술을 통하여 창조물을 만들어 인간에게 즐거움을 가져다주는 오락을 생산하는 활동을 말한다. 21세기 정보통신기술의 발달로 인한 콘텐츠의 활성화와 다양화는 엔터테인먼트의 확산과 발전에 결정적인 역할을 하고 있다. 경제의 발전과 함께 인간이 가지고 있는 문화 욕구를 충족시키기 위한 문화기술 분야의 새로운 시도들은 엔터테인먼트의 지속적인 발전에 원동력이 되고 있다.

　이미 이런 현상은 20세기 말부터 무서운 속도로 나타나기 시작했다. 그 대표적인 예가 '한류'이다. 한류란 1990년대 말부터 아시아에서 일기 시작한 한국 대중문화의 열풍을 뜻한다. 1996년 한국의 텔레비전 드라마가 중국에 수출되고, 2년 뒤에는 '가요'가 알려지면서 아시아를 중심으로 대한민국의 대중문화가 대중적 인기를 얻게 된 현상이다. 특히 2000년 이후에는 드라마, 가요, 영화 등 대중문화만이 아니라 김치, 고추장, 라면, 가전제품 등 한국 관련 제품의 이상적인 선호현상까지 나타났는데, 포괄적인 의미에서는 이러한 모든 현상을 가리켜 한류라고 한다. 엔터테인먼트산업은 이처럼 하나의 산업으로 연결되면서 엄청난 부가가치를 창출하고 있다. 엔터테인먼트산업은 예측을 불허할 정도로 눈부시게 빨리 성장하고 있지만, 장르별로는 사회 상황에 따라 성장속도의 차이가 심하기 때문에 단순하게 판단하여 무조건 성장하고 있다고만 볼 수 없다. 특히 엔터테인먼트 관련 산업들은 기술의 발달에 깊은 연관을 갖고 있기 때문에 기술과 콘텐츠의 관련성에 지속적인 관심을 갖고 있어야 한다. 엔터테인먼트산업은 아시아에서 불고 있는 한류 열풍과 관련하여 문화의 수출이라는 시장상황과 결합하면서 국가 차원에서 관심을 갖고 지원해야 할 산업이라고 생각한다.

02 문화·엔터테인먼트 산업의 현황 및 특징

(1) 포스트 디지털 세대

　포스트 디지털 세대(Post Digital Generation)는 기계적 디지털 환경에서 성장했으나 인간적, 아날로그적 감성과 함께 주체적이고 낙천주의 성격을 가진 새로운 세대를 지칭하는 용어로서 제일기획은 2005년 서울 거주 13~49세 남녀 800여 명을 대상으로 개별 면접 조사를 실시하였는데, 13~24세 소비자를 디지털 문화가 탄생시킨 신세대인 'PDG'로 규정했다. 이들은 다시 인터넷 대중화 시기에 초등학교를 입학한 '16~18'세대, PC통신을 경험한 '19~24'세대, 초등학교 고학년부터 중학생까지로 구매력이 상대적으로 없는 '13~15'세대 3개 층으로 분류할 수 있다. 이들은 후천적으로 디지털 환경을 익힌 '초기 디지털세대(20~30대 초반)'나 디지털을 아예 멀리하는 '아날로그 세대(30대 후반 이후)'와는 달리 디지털 기기를 통해 인간관계를 중시하며 스스로를 적극적으로 표현하고 문자보다는 이미지와 비주얼을 중요시 여기는 것이 특징이다. 제일기획은 PDG를 이해하기 위한 핵심코드를 'H·E·A·R·T·S'로 표현했다. 또한 PDG는 '편리'와 '개인주의'로 대변되는 초기 디지털 시대와 달리 공동체 문화를 조성하는 등 아날로그적 가치가 다시 되살아나고 있다고 밝혔다. 보고서에 따르면 PDG는 초기 디지털세대의 '고립된 개인'으로부터 '집단 속의 개인'으로 진화하며 라이프 스타일에서 차이를 보이고 있다.

(2) 문화적 욕구의 변화

문화적 욕구는 팬시용품이나 디자인을 강조하는 심미주의적 경향과 개성을 중시하는 방향으로 나타난다. 그리고 가족여행과 각종 파티나 기념일 행사에 비중을 두는 이벤트를 지향하게 되며 서구풍 카페나 심야극장을 이용하는 일상파괴현상이 나타나고 폭주족, 플래시몹(flash mob), 팬픽(fanfic) 등의 규범이탈과 온라인채팅, 붉은악마 등의 유목주의와 이멜애호나 상품주기 단축선호를 하는 순간주의, 시트콤, 패스트푸드 선호 등 캐주얼화, 미니컴포넌트, 소프트음료(주류)를 선호하는 경박 단소화, 영화광, 스피드광, 게임광 등의 매니아 문화를 좋아하는 몰입주의 등 문화적 욕구는 다양하게 변화하고 있는 것이다.

(3) 문화 콘텐츠의 전망

문화 콘텐츠의 미래진화 방향을 보면 콘텐츠 산업은 아날로그에서 디지털 융·복합 형태로 진화하여 다양한 비즈니스 모델이 등장하게 되고 선진화된 유통구조로 전환되었으며 디지털화, 융·복합화된 콘텐츠는 네트워크 서비스, IT기기, SW와 하나의 가치사슬을 이루는 새로운 산업 생태계를 형성하게 되었다. 디지털 컨버전스 진전에 따라 단품으로서의 콘텐츠가 아닌 서비스, 네트워크, 기기와 결합하여 시너지를 창출하는 디지털생태계가 형성되고 온라인 게임, E-book, 모바일 콘텐츠, 포털 등 IT 기반의 새로운 서비스 산업으로서 디지털 콘텐츠 산업이 급성장하게 되었다. "07년 현재 국내 디지털콘텐츠시장은 총 10조 원 규모이며, 12년까지 연평균 14%로 성장하여, 약 20조 원 규모로 확대될 전망"이다. 콘텐츠 산업은 현재 엔터테인먼트 위주로 성장하고 있으나 향후 제조, 서비스를 포함한 전 산업 영역에 체화, 융합되어 폭발적으로 성장할 전망이다. 또한 오락 위주의 대중 미디어 기반의 콘텐츠 중심에서 지식, 교육, 인적교류 중심의 개인 미디어 기반 지식기반형 콘텐츠가 증가할 것으로 보이며, 산업 간 경계 약화, 신기술의 확산, needs의 다양화 등으로 인하여 콘텐츠산업의 융복합화 확산 및 공급자 중심의 미디어엔터테인먼트에서 이용자 중심의 미디어 생활문화로 발전할 것이라고 본다.

03 문화·엔터테인먼트 산업의 언택트 환경에서의 미래 전략

(1) 감성적 스토리텔링을 통한 문화 콘텐츠

현대인들은 이성적인 면을 추구하고 있지만, 다른 한편으로는 자신의 삶을 위하여 감성적이고 직관적이며 이성보다는 감성에 치중하고자 하는 행태를 보이고 있다. 이러한 행태가 보이고 있는 이유는 디지털 정보화라는 환경 속에서 대중은 자신만의 삶과 가치추구를 원하기 때문이다. 이러한 대중의 삶 속에는 다양한 이야기로 구성되어 있으며, 이야기들을 통해 자신들의 꿈과 희망을 추구하고 즐기려 한다. 그리고 더욱 다양한 이야깃거리를 원하고 있다. 이는 인간이 가지고 있는 감성적인 특징으로서 현대에 있어서 감성적 스토리텔링의 중요성을 대변하는 현상이기도 하다. 이러한 사회적 배경을 바탕으로 국내에서도 다양한 문화 콘텐츠의 스토리텔링의 필요성이 지속적으로 제기되고 있다.

지방자치단체의 경우 각 지역의 신화·전설·민담 속의 이야기를 차용한 캐릭터를 개발해 스토리텔링을 통한 문화 콘텐츠상품 개발에 주력하고자 하고 있다. 스토리텔링을 통해 성공한 문화 콘텐츠 사례로는 한국 민속촌이 있다. 한국 민속촌이라고 하면 과거에는 정적인 분위기인 지루하다고 생각이 드는 곳이었지만, 스토리텔링 마케팅과 한국 민속촌을 접목시킨 이후로 사람들의 발길이 끊이지 않는 곳이 되었다. 다양한 캐릭터를 통해 다양한 상황을 보여주며 소비자들이 직접 참여를 할 수 있는 이벤트 또한 다양하게 제공하고 있다. 9월 24일부터 진행되는 사극드라마축제는 올해로 5회째를 맞는 국내 유일의 사극테마 축제로서, 한류의 중심으로 자리매김한 사극의 감동과 재미를 직접 체험할 수 있는 한국 민속촌만의 이색 축제이다. '사극 명장면 패러디'에서는 한국 민속촌 캐릭터가 인기 사극의 주인공으로 변신해 관람객과 함께 사극 속 명장면을 재미있게 재현하는 프로그램이다. 앞으로의 문화 산업의 미래전략은 정적인 전시문화가 아니라 역동적이고 참여가 가능한 문화로 발전되어야 한다고 생각한다.

(2) 가상현실(VR)을 이용한 전시문화

가상현실이란 어떤 특정한 환경이나 상황을 컴퓨터로 만들어서, 그것을 사용하는 사람이 마치 실제 주변 상황·환경과 상호작용을 하고 있는 것처럼 만들어 주는 인간－컴퓨터 사이의 인터페이스를 말한다. 2016년에 들어 가상현실과 관련된 VR(virtual reality)기계들이 사람들의 눈에 띄기 시작했다. 이미 해외에서는 VR게임이 출시되고 있을 정도로 각광받고 있는 산업 중 하나이다. 가상현실의 사용 목적은 사람들이 일상적으로 경험하기 어려운 환경을 직접 체험하지 않고서도 그 환경에 들어와 있는 것처럼 보여주고 조작할 수 있게 해 주는 것이다.

이러한 가상현실이 사용될 수 있는 곳은 교육, 산업현장, 연구뿐만 아니라 드라마, 영화, 게임, 방송, 애니메이션 등 다양한 문화, 엔터테인먼트 산업에서 사용될 수 있다. 가상현실의 가장 큰 장점은 생생함을 넘어서 생동감 있게 만들어 준다는 것이다. 이번에 디스트릭트라는 기업이 싱가포르에서 VR과 연관된 홀로그램을 이용해서 K-pop 콘서트를 주최하였다. 이는 단순히 동영상 재생수준이 아닌 실제로 박진감 넘치고 전율이 느껴지는 무대를 느낄 수 있어 자신이 좋아하는 가수가 직접 앞에서 공연하는 것과 같은 생동감을 얻을 수 있다. 그렇기 때문에 다소 비싼 콘서트 비용을 이러한 가상 콘서트를 통해 좀 더 저렴하게 즐길 수 있고 또한 사람이 하기에 한정적인 공연의 기회를 늘려 많은 소비자들이 좀 더 쉽게 가상으로 콘서트를 즐길 수 있는 기회가 주어지며 VR기술은 K-pop이 세계 소비자들과 가까워질 수 있는 기회를 만들어주고 있다. 또한 앞으로는 문화 관람의 형태 또한 VR기술로 인해 많은 것이 변화될 것이다. 앞으로는 3D, 4D보다 더 생생한 가상의 공간에서 영화를 단순히 보는 것이 아니라 직접 그 공간 속에 들어가 체험할 수 있는 형태의 관람으로 바뀔 것이다. 영화뿐만 아니라 다른 문화 관람에도 적용시킬 수 있을 것 이다. 영화 '박물관이 살아있다'를 보면 밤이 되면 박물관에 전시되어 있던 모든 것이 살아 움직인다. 이처럼 그림 전시회와 가상현실을 접목시켜 지루한 전시회가 아닌 체험할 수 있고 생동감이 넘치는 공간으로서 소비자들에게 다가갈 수 있을 것 같다.

경영사례 1. PART 06:
영화: 〈부산국제영화제 숙박 서비스 '비플하우스' 운영〉 ──────── 📖

    부산국제영화제(BIFF) 기간에 저렴한 가격에 숙박할 수 있는 '비플하우스(Biffle House)' 가 운영된다. BIFF 사무국은 다음 달 6일 개막하는 제 21회 부산국제영화제 기간에 관객들의 편의를 위해 숙박 서비스인 비플하우스를 운영한다고 20일 밝혔다. 비플 하우스로 제공되는 곳은 부산 해운대구 유스호스텔 아르피나이다. 이곳은 개·폐막 식이 열리는 영화의전당과 야외행사가 열리는 해운대해수욕장 일대와 택시로 10분 안팎 거리에 있다. 숙박요금은 4인실 1인 기준 2만 원, 6인실 1만 7천 원, 8인실 1만 5천 원이다. 규정된 요금 외에 별도 요금을 내면 사우나, 골프연습장, 헬스장 등 각종 부대시설도 이용할 수 있다.

경영사례 2. PART 06: ───────────────────── 📖
음악: 퇴근 후 커피 마시며 '문화 휴식' … 음악공연 즐기고 영화도 보세요

'문화가 있는 날'이었던 최근 탐앤탐스 서울청계광장점에서 가수 호란이 노래를 부르고 있다. "퇴근길에 커피 한 잔 사려고 들렀는데 깜짝 놀랐어요. 도심에서 열리는 인디페스티벌에 와 있는 기분입니다." '문화가 있는 날'(매달 마지막 수요일)이던 최근 카페 탐앤탐스 서울 청계광장점을 찾은 회사원 이신형 씨(32)는 이렇게 말했다. 카페는 100명이 넘는 사람들로 북적였다. 여느 카페처럼 음료를 마시는 손님들이 아니었다. 이들은 청계천을 배경으로 꾸민 무대 맞은편에 빼곡히 앉아 있었다. 가수 호란, 인디밴드 406호 프로젝트가 등장하자 환호와 박수를 보냈다. 청량한 노랫소리에 고개를 흔들며 박자를 맞추는 사람도 많았다. 대부분은 직장인이었다. 이 씨는 "일하느라 바빠서 공연장에 갈 여유가 없었는데 뜻밖에도 좋은 공연을 보니 스트레스가 다 풀리는 것 같다"며 좋아했다.

커피 전문업체 탐앤탐스가 직장인의 '문화 쉼터'로 자리 잡고 있다. 문화가 있는 날이면 홀수 달에는 탐앤탐스 청계광장점에서 음악 공연을, 짝수 달엔 서울 삼성동 아셈타워점에서 영화를 상영한다. 둘 다 기업, 관공서 등이 밀집한 곳이다. 김승희 탐앤탐스 마케팅기획팀 과장은 "직장인들이 퇴근 후 멀리까지 가지 않고도 가볍게 음료를 마시며 공연과 영화를 즐기며 쉴 수 있도록 했다"고 설명했다. 탐앤탐스는 2014년 11월 영화 상영으로 문화 서비스를 시작해 지난 1월엔 공연으로 확대했다. 공연과 영화 모두 무료. 한두 시간 열리는 공연은 매회 100~130여 명이 관람한다. 퇴근길 직장인들이 커피를 마시러 왔다가 '깜짝 공연'을 즐기는 효과가 크다. 카페 밖으로 문을 살짝 열어놓고 노래가 퍼지도록 하기 때문에 길을 가다 노랫소리에 매장을 방문하는 사람도 많다.

호란, 울랄라세션, 왁스, 알리 등 잘 알려진 가수를 가까이서 만날 수 있고 인디밴드의 음악도 들을 수 있어 소셜네트워크서비스(SNS)를 통해 입소문이 나고 있다. 고정 관객도 생겨나고 있다. 이날 사회자는 한 여성 관객을 알아보고 "지난번 공연 때도 온 분 아니냐"며 "여기저기 낯익은 분들이 많아져서 뿌듯하다"고 말하기도 했다. 페이스북, 유튜브로 실시간 생중계도 한다. 댓글을 추첨해 음료 쿠폰 등을 선물한다. 현장에서도 다양한 이벤트가 펼쳐진다. 열심히 노래를 따라 부르거나 박수를 많이 친 관객에게 푸짐한 선물을 준다. 406호 프로젝트는 '나랑 놀자'라는 노래를 잘 따라 해 준 관객에게 다음 앨범 피처링을 제안했다. 아셈타워점에서는 서울국제여성영화제와 서울국제청소년영화제 주최 측과 함께 작품성이 뛰어난 '다양성 영화'를 상영하고 있다. 지난 6월까지 '100개의 다른 코', '콩나물' 등 36편을 선보였다. 관람객은 매회 50명 정도다. 탐앤탐스는 "영화관에서 쉽게 찾아볼 수 없는 작품을 상영해 직장인 영화 애호가들이 꾸준히 찾아오고 있다"고 설명했다. 참석자 전원에게 '음료 1+1 쿠폰'도 증정하고 있다. 탐앤탐스는 "카페를 음료를 마시고 대화를 나누는 데서 나아가 문화생활까지 즐기는 공간으로 가꾸겠다"고 밝혔다.

김희경, 「퇴근 후 커피 마시며 '문화 휴식' … 음악공연 즐기고 영화도 보세요-한국경제」, 2016.

Chapter 20

외식 및 커피 산업

01 외식산업 정의

가정을 떠나 자기가 조리하는 일 없이 식사를 하는 것(음식물을 먹는 것)을 외식이라 하고 그 식사를 제공하는 것을 직업 사업으로서 하는 업계를 외식 산업이라고 한다. 개인의 식생활에 있어서 외식이 차지하는 비율을 외식이라고 한다. 외식 산업은 표와 같이 급식주체 부문과 음료주체 부문으로 대별되고, 일반 식당은 독립식당이고 호텔, 여관, 학교, 병원, 공장 등의 식당은 시설 부속식당이다. 외식 산업은 소매업의 하나라고도 생각되지만 식료품점과 같이 단순한 판매가 아니라, 식생활의 일부의 장소를 제공하는 서비스를 동반하는 것이다. 여러 연쇄점을 거느린 산업화한 요식업, 조리 재료의 일괄 구입, 공통된 식단 등이 특색이다. 소비자에게 외식을 제공하는 산업을 전부 외식산업이라고 하는 경우도 있지만, 보통은 패스트 푸드(fastfood)를 중심으로 중앙 부엌(centralkitchen) 등에 의해 합리화를 이루어 물적, 정보 면에서도 시스템화가 이루어져 체인전개를 하고 있는 음식업을 말한다.

02 외식산업의 현황 및 특징

외식산업은 경제적, 사회적, 문화적 요인 등 환경 변화에 매우 민감한 산업으로 타 산업 성장에도 많은 영향을 미치고 있는 분야로 소비자 욕구의 다양화, 고객 맞춤화, 건강 중시, 웰빙 지향 추세 등에 따라 외식산업의 환경이 크게 변화하고 있다. 또한 식재료 대량 소비처인 외식산업은 다양한 여건 변화에 따라 식자재 시장과 함께 지속적 성장이 예측되고 있다. 2000년도 이후 국내의 외식산업은 꾸준히 증가하는 추세를 보이고 있는데 이는 국민소득 수준이 지속적으로 향상되고, 주 5일 근무제의 확산으로 인한 여가생활의 증대, 여성의 사회활동 참여 증가로 맞벌이 부부 증가, 해외브랜드의 국내 시장 진출, 식생활 패턴 변화 및 건강에 관심 증대 등으로 인한 외식문화가 발달하면서 시장규모가 확대되고 있는 것으로 볼 수 있다. 식품산업통계정보에 따르면 2009년의 국내 식품산업 시장규모는 249조 원으로 이 중 외식산업이 차지하는 비중은 약 36%인 70조 원으로, 국내 외식산업의 매출액은 2002년도와 2006년, 2007년에 전년 대비 10% 이상의 높은 성장률을 보였고, 2009년도에는 2008년 대비 7.9% 성장한 70조 원이었다. 사업체 수는 2008년 대비 0.6% 성장한 58만 505개이며 외식산업의 종사자 수는 2002년도에 18.2%의 높은 성장률을 보였지만 이후 큰 증감률은 보이지 않으며 2009년 전년 대비 1.4% 증가한 160만 718명이었다.

국내 외식산업은 해외 외식브랜드의 진출, 시장경쟁의 심화, 업종의 다양화 및 현대화, 대기업 및 호텔의 외식시장 참여 확대 등으로 인해 구조적 변화가 나타나고 있으며, 시장의 경쟁이 치열해지면서 외식업 형태의 다양화, 메뉴의 다양화 및 전문화, 위생 및 서비스 수준의 향상, 효율적 경영시스템의 도입 등으로 외식산업의 질적 수준이 향상되고 있다. 1990년 이후 소득의 증가, 여성의 사회활동의 증가, 생활양식의 변화 등과 같은 사회문화적 여건 변화로 식생활에서 외식 비중이 증가함에 따라 연평균 11.7%의 성장률을 보이고 있으며 2009년 시장규모는 약 70조 원에 이르렀다. 최근에는 미국에 유행하고 있는 푸드 트럭을 접목한 매장이 국내에도 많이 등장하고 있다. 메뉴도 떡볶

이, 어묵, 순대 일색에서 크레페, 파스타, 와인 등과 같이 다양해지고 있다. 이는 경기 침체와 맞물려 인기를 끌고 있는 것으로 볼 수 있으며 버스와 레스토랑을 합친 버스토랑이라고도 불리고 있다. 저렴한 가격으로 맛있는 메뉴를 즐길 수 있다는 장점으로 고객의 인기를 끌고 있는 것으로 SNS마케팅에 착안해 트위터, 페이스북을 통해 푸드 트럭의 위치를 실시간으로 알려 주고, 친구등록을 하면 가격할인 또는 서비스 메뉴 제공 등의 마케팅을 펼치고 있다.

2010년에 들어서면서 스마트폰 시장이 크게 확장하면서 외식기업들도 스마트폰 애플리케이션을 활용한 모바일 마케팅에 전력을 기울이고 있다. 스마트폰을 활용한 애플리케이션 마케팅은 시간과 장소에 구애받지 않고 개인의 성향에 맞는 서비스를 제공할 수 있다는 점에서 타깃 고객의 참여를 보다 쉽게 유도할 수 있다. 또한 트위터, 페이스북, 아고라 등 SNS의 발전으로 소통, 공감이 중요한 키워드로 부각하고 되고 있는 가운데 일방적인 메시지를 전달받는 것이 아닌 쌍방향 커뮤니케이션 기능을 수행하는 데 가장 적절한 마케팅 툴로 모바일이 자리를 잡아가고 있다.

외식점포 수의 증가와 경쟁의 심화는 외식기업의 경영자들에게 고객의 욕구를 충족시켜 주면서 기업의 이익을 극대화할 수 있는 새로운 전략과 효율적이고 차별화된 마케팅 방안 요구하고 있다. 외식시장의 새로운 마케팅 트렌드로 하루에 한 음식점만 할인을 한다는 원어데이 마케팅은 음식 공연과 같은 서비스 상품을 할인 가격으로 구매할 수 있는 소셜 커머스 형태이다. 미국의 그루폰을 시작으로 국내에서는 티켓몬스터, 쿠팡, 위메프 등이 대표적인 업체로 손꼽히고 있다. 소셜커머스는 공동구매를 통해 메뉴나 상품을 20~50% 할인 받을 수 있는 것이 가장 큰 장점이다. 외식업체의 경우 원어데이 마케팅을 통해 잠재 고객에게 자신의 업소를 홍보하는 기회를 가지며 특히 개인이 운영하는 레스토랑이나 신규 오픈 레스토랑 업소를 알리는 마케팅 수단으로 활용하고 있다.

03 외식 서비스산업의 언택트 시대를 위한 미래전략

고객들은 다양한 콘셉트와 메뉴를 원하기 때문에 식당의 상품도 신상품의 개발을 주기적으로 착안하여 시장 확보에 나서야 한다. 과거의 고객들은 단순히 배를 채우기 위한 음식을 원했다면 현재에 와서는 개인의 기호적인 성향, 건강 또는 미각만을 채우는 것만이 아닌 오감을 자극하는 상품을 찾기 위하여 외식을 하게 되었다. 계절에 따른 메뉴 개발과 고객들의 계층별 음식개발 등으로 고객에게 항상 같은 메뉴가 아닌 신선함을 주어야 한다. 고객의 니즈(needs)를 충족시킬 수 있는 상품개발을 위해서는 마케팅 리서치와 메뉴개발 등이 이루어져야 하며 메뉴의 전략적 위치의 구축, 전략상품 육성 등을 실시하는 것이 중요하다.

(1) 언택트 시대에 배달 서비스 강화

현재의 배달 서비스(요기요, 배달의 민족)을 이용할 때 주문을 접수하면 "00분 소요예정"이라는 문자만 오고 정확히 언제 도착하는지 알 수 없다.

미국의 음식배달 서비스 우버이츠에는 우버라는 앱에 있는 탑승 추적 기능과 비슷한 배달추적 기능을 지원하는 것처럼 실시간 위치추적 서비스를 도입한다면 고객이 무작정 기다릴 필요가 없고 배달 시간에 맞춰 미리 준비할 수 있다.

(2) 자회사 협력

프랜차이즈율이 높은 현재 한국의 외식산업 트렌드에 맞추어 같은 브랜드의 프랜차이즈점(예: 역전우동, 빽다방)에서 연계해서 소비를 하면 할인해 주는 제도가 만들어지면 소비자들로부터 "식사를 하고 디저트를 먹으면 할인이 되니까 먹으러 가야겠다."라는 인식이 자리 잡아 양측 모두에게 이득이 되는 Win-Win전략이 될 것이다. 또한 음식점 안에 작게 자회사 카페를 만든다면 소비자들로 하여금 더 높은 구매욕구를 끌어낼 수 있을 것이다.

(3) 선진 외식 시스템 기술 개발

외식 서비스 프로세스의 혁신과 선진 외식 기기(식기) 및 시스템 기술 개발은 외식업체의 운영 효율화를 도모할 뿐만 아니라 범국가적 정책 과제인 세계화에도 기여할 것으로 보인다. 즉, 해외 표준 인증이 가능한 한식 조리 기기(식기) 및 시스템 개발을 통해 한식 조리 메뉴얼을 개발하고 기기와 음식 그리고 서비스 프로세스를 함께 수출한다면 산업적, 문화적 측면뿐 아니라 경제적 측면의 성과도 창출할 수 있을 것으로 사료된다. 효과를 극대화하기 위해서는 프로세스 및 시스템 등의 기술 개발에 있어 정보 차원에서의 개발 영역과 민간차원에서의 개발 영역을 구분, 즉 정부차원에서는 기기 및 시스템 등 원천 기술 개발을 주로 담당하고, 민간차원에서는 기업체의 연구소 등과 연계해 서비스 프로세스 등의 운영 노하우를 개발할 수 있도록 하는 것이 바람직할 것으로 판단된다.

중소 외식업체에서 이루어지는 고객 서비스 전달 프로세스에 대한 연구 및 개선의지가 미흡하고, 주관적인 판단이나 감에 의존하고 있다 보니 변화하는 고객 욕구 충족에 한계를 갖고 있는 것이 현실이다. 이로 인해 불필요한 비용 및 인력이 투입되며, 투입 대비 생산성이 떨어지는 결과를 초래하고 있다. 외식 서비스 프로세스 혁신은 외식업체의 인건비 및 운영비용 절감 등 비용적인 측면뿐 아니라 운영 효율화 및 고객 만족도 등 다각도의 효과를 창출할 수 있으므로 과학적, 공학적 분석 기법에 의해 음식점을 찾는 고객에 대한 서비스 프로세스를 개선함으로써 고객만족 및 생산성 향상을 도모해야 한다. 이에 있어 IT기술을 통해 외식 서비스 프로세스의 혁신을 도모, 스마트폰, SNS, 태블릿 PC 등 IT기술과 연계해 업소 정보 제공, 예약 대기고객 관리, 테이블 배정, 메뉴 소개 및 주문, 고객 의견 수렴 시스템 구축을 통해 서비스 시간을 단축하고 인건비를 절감할 수 있다.

(4) 한식문화 콘텐츠 개발

한식은 그 자체가 하나의 문화이기 때문에 이를 활용한 콘텐츠를 다양하게 개발하여 부가가치를 창출할 수 있도록 추진해야 한다. 한식 세계화를 목표로 진행된 그동안의 활동을 보면 대부분 한류스타에 의존하는 비중이 높았다. 이처럼 한류 스타에 의존한 마케팅은 지속성 및 효과성에 있어 한계가 있으므로 한식의 홍보에 있어 조금 더 채널을 확대시켜야 한다. 트렌드를 반영하는 첨단 기기를 소통의 수단으로 사용하는 소비자들을 위한 스마트폰 애플리케이션 등의 개발과 주요 수출국 언어로 한식문화 소개 및 한식 조리 매뉴얼 애플리케이션을 개발하는 등 한식문화에 대한 정확한 정보를 제공하다 홍보해야 한다. 소비자에게 재미와 감동을 제공할 수 있는 애플리케이션의 지속적인 개발과 트위터 등 SNS와의 연계는 외식산업의 발전뿐만 아니라 한국음식 세계화에 이바지할 수 있을 것으로 기대된다. 한편 조선시대 음식 조리서를 활용한 전통 음식조리법, 상차림법에 대한 조리 콘텐츠 개발, 발효식품과 IT의 융합, 한식과 문화공연, 영화, 드라마 등의 제작, 관광 상품화 추진 등 세계인의 기호에 맞는 표준 품질체계의 DB구축과 웹을 통해 다양한 콘텐츠를 제공하는 시스템을 제공해야 한다. 이를 통해 장기적으로는 한식을 세계문화유산으로 등재하는 방안에 대한 세부적인 추진전략으로 진행해야 하며, 이러한 성과를 내기 위해서는 한식 콘텐츠의 DB화와 지속적인 관리 및 지원이 필요하다.

(5) 외식산업 통계 시스템 구축

외식산업의 양적인 성장에도 불구하고 외식산업 관련 기초통계 및 연구 정보가 절대적으로 부족하고 정보의 신뢰도가 매우 낮아 외식업 관계자들의 부정확하고 비효율적인 경영의사결정이 계속되어 결과적으로 사회적 손실이 발생되었다. 또한 통계가 조사기관 및 단체별로 산발적으로 발표되고, 그 발표 시기와 자료의 제공방법이 각각 달라 정보이용자들에게 활용도가 낮은 상황이다. 따라서 지식정보화 산업 시대에 맞는 외식창업자와 운영자에게 신뢰할 만한 정보를 제공해 줄 수 있는 체계적인 정보인프라가 필요하다. 정부에서 모든 통계를 생산하는 데는 비용 및 시간, 인력, 산업 이해도 등에 있어 현실적으로 어려운 부분이 있기 때문에 정보 생성을 담당하는 민간기관 및 관련 협회 등 통계 생산에 대한 주체를 결정하여 통계 생산을 지원해야 한다. 일본의 경우 외식산업총합조사센터가, 미국의 경우 NRA가 외식통계 생산을 담당하고 있다. 따라서 우리나라도 외식관련 협회를 중심으로 정보 이용자가 필요로 하는 다양한 통계생산이 이루어질 수 있도록 해야 한다.

04 커피산업의 현황 및 특징

현재, 국내 커피시장의 확대로 카페 창업은 확산되는 추세이다. 번화한 거리를 걷다 보면 100m 이내에 커피 전문점을 찾아도 최소한 두세 곳은 존재할 만큼 업계가 포화상태에 이르렀다. 그렇다면 과연 국내 커피시장은 포화기인 것일까? 아니면 성숙기인 것일까? 이것에 대한 분명한 점은 해외 브랜드가 아닌 우리나라의 토종 브랜드들이 국내시장에서의 경쟁심화와 출점규제 등으로 사업여건이 악화되어 매출이 점차 줄고 있다는 사실이다.

과거 출점규제를 받지 않았던 해외브랜드의 경우 몇 개의 브랜드를 제외하고 모두 매출액과 영업이익이 매년 상승하였으나 국내 토종브랜드의 경우 이디야(EDIYA)를 제외한 나머지는 모두 소폭 상승하거나 마이너스 성장을 보여줬었다. 최근의 커피업계의 현황을 살펴보자면 스타벅스, 이디야 그리고 할리스는 매출액과 영업이익 부분에서 큰 성장을 보여주었으나 카페베네, 커피빈, 탐앤탐스의 경우 증가 폭이 작거나 대폭 감소한 것으로 나타났다. 이 중 토종브랜드의 하나인 할리스(HOLLYS)의 경우 2015년에 처음으로 매출액 1,000억 원을 달성하기도 하였다.

그렇다면 국내 커피시장의 전망은 어두운 것일까? 사실 2007년도부터 현재까지 커피산업은 매년 평균 49%의 높은 성장을 보여주고 있으며 국내 소비자들의 경우, 2014년을 기준으로 커피를 1년에 평균 341잔[1]을 마시는 것으로 나타났다. 또한 커피시장에 대한 관심이 커져감에 따라 중·소규모의 커피집들이 우후죽순으로 생겨났으나 경쟁의 심화와 규제, 매출부진 등으로 5년 내의

---

1 한국관세무역개발원 성인 1인당 연간 커피 소비량 참고

생존률은 타 업종에 비해 낮은 편인 17%에 불과한 것으로 나타났다. 이에 비해 프랜차이즈 커피 전문점의 경우 매년 그 규모를 늘려나가고 있다. 조사대상 프랜차이즈 총 9개 브랜드의 점포 수는 2016년 5월 기준으로 6,472개로 나타났다. 마지막으로 최근 커피업계를 살펴보자면 현재는 초저가와 스페셜티로 양분된 상황이다. 과거 대다수의 소비자들이 브랜드와 맛을 중요시했다면 요즘은 브랜드나 맛보다 가격을 더 중요시하는 실속형 소비자들이 늘어나는 추세이다. 사실 국내의 커피가격은 평균 4,000~5,000원 선으로 해외에 비해 가격이 높은 축에 속했으나 최근 저가커피의 인기를 틈타 최근 유행하는 요리방송인이자 외식 사업업체 더본코리아의 대표인 '백종원'은 저가형 커피브랜드인 빽다방을 출시하였고 앞서 언급한 국내브랜드인 이디야도 저가형 전략으로 매출액과 영업이익 그리고 점포수도 크게 증가하였다. 그리고 세계적 패스트푸트 프랜차이즈 기업인 한국맥도날드에서도 커피 브랜드인 맥카페(McCafe)를 국내에 출시하였으며 1,000원대의 저가전략으로 커피부문의 매출이 3배 증가하였다고 한다. 이렇듯 대형 프랜차이즈 커피 전문점의 경우 몸집을 크게 불리고 있으나 이전에 언급했듯이 소규모 수준의 카페 창업은 매년 그 비율이 낮아지고 있으며 장기간 생존하기가 힘든 것이 사실이다. 결론적으로 국내 커피시장이 현재는 포화기라는 여론이 많긴 하나 아직도 매년 시장은 크게 성장하는 중이라 볼 수 있고 위와 같은 문제점을 안고 있긴 하지만 아직은 기업에게 있어서 매력적인 시장이라 생각한다.

05 커피산업의 발전방안 및 미래전략

스마트시대에서 살고 있는 우리는 스마트폰을 항상 가지고 다닌다. 이를 통해 많은 정보를 얻고 이를 공유하고 살아가고 있다. 이 같은 스마트폰을 이용해 소비자들에게 부담감 없이 정보를 주어 고객을 유치하는 방법이 있다. 시럽(syrup) 앱을 한 예로 들 수 있는데 시럽 앱은 SK플래닛에서 출시한 모바일 커머스로서 휴대하기 귀찮아하는 전단지의 단점을 해결한 서비스이다. 매장을 지나갈 때 할인 쿠폰이 자동으로 사용자의 스마트폰에 담기는 방식이다. 사용자가 해야 할 일은 간단하다. 스마트폰에 OK 캐시백과 시럽 앱을 설치한 후에 블루투스 기능을 활성화시키면 된다. 앱을 설치하고 쇼핑몰에 접근하면 스마트폰에 쿠폰 목록이 뜬다. 위성항법장치(GPS) 기술로 상권에 가상의 울타리인 '지오펜싱(Geo-fencing)'을 만들어 그 안으로 들어오면 정보를 제공하는 원리다. 이로 인해 고객은 매장 하나하나를 검색할 필요가 없다. 매장을 근처를 지나갈 때마다 알아서 푸시알림이 뜬다. syrup을 통해 소비자만 만족을 하는 것이 아니라 기업입장에서도 만족을 한다. syrup을 통해 소비자의 정보를 얻을 수 있기 때문이다. 방문고객의 성별, 연령대, 구매성향, 쿠폰 성향 등을 파악할 수 있다.

또 SNS를 통한 광고도 효과가 크다. 이는 앞서 말했던 시럽의 부담이 가지 않는 효과와 비슷하다. 많은 현대인들이 핸드폰을 들고 다니면서 SNS를 하는 것은 일상이 되었다. 예를 들어 SNS 페이스북, 인스타그램을 통해 이벤트들을 소개하거나 새 제품을 광고해서 소비자들의 관심을 쉽게 끌고 소비자와의 소통을 한다는 의미를 가질 수 있다. 또한 페이스북의 좋아요는 한 명이 누르면 이를 통해 여러 명이 같이 페이지를 볼 수 있어 광고효과가 더 커지게 된다. 이와 같은 SNS 마케팅은 스마트시대가 지속되는 앞으로도 커피산업의 마케팅에 있어서 중요한 부분을 차지하게 될 것이다.

경영사례 1. PART 06: 커피전문점 영역파괴 바람 📖

저가커피숍 '빽다방' 공습에 차별화로

커피프랜차이즈 업계에 최근 영역파괴 바람이 불고 있다. 이른바 '빽다방'으로 대표되는 저가커피숍들의 공세가 강화되면서 기존 중대형 커피전문점들이 차별화된 서비스를 무기로 내세워 '수성'에 나서면서 나타나는 새로운 트렌드다.

23일 관련업계에 따르면 올해 커피전문점 내 식사대용 메뉴를 포함한 사이드 메뉴 시장은 1조 원대에 이를 전망이다. 최근 커피전문점에서는 단순히 음료와 함께 먹는 디저트류는 물론 한끼 식사를 대체할 수 있는 메뉴까지 제공하는 등 진화를 거듭하고 있다.

"커피전문점이야, 식당이야"

스타벅스는 식사 메뉴 수요가 증가하자 오후 3시까지 판매하던 브런치세트에 이어 오후 6시부터는 샌드위치와 음료로 구성된 이브닝 메뉴를 내놨다. 우리나라 옥수수, 고구마, 감자로 구성된 '우리나라 옥·고·감'과 계란, 치즈, 두부 등으로 이루어진 '단·백·질' 메뉴는 상시 제공한다. 할리스커피는 지난 9월 '에그 데니쉬 모닝세트'를 내놓으며 본격적으로 모닝세트 메뉴 확대에 나섰다. 이는 평일 아침과 느긋한 주말 아침 겸 점심을 즐기려는 고객들의 취향을 반영한 것으로 '치즈 에그 데니쉬'와 '베이컨 에그 데니쉬', '포테이토 에그 데니쉬' 총 3종으로 구성되어 있다. 드롭탑은 영국식 에그베네딕트와 프랑스식 프렌치 토스트, 이스라엘식 샥슈카 등 전 세계를 대표하는 메뉴로 구성된 '드롭탑 디쉬' 3종을 판매 중이다. 고객들이 오래 머무를 수 있도록 매장 안에 고객들의 편의를 위한 별도의 공간을 제공하는 프랜차이즈도 속속 등장한다. 엔제리너스커피는 대학가 매장 주변의 경우 스터디족을 위한 1인 고객용 테이블을 일반 매장에 비해 약 20% 늘리고 개별 전원 콘센트와 높은 파티션으로 공간을 분리한 '독서실 자리'를 다수 배치했다. 또한 오피스 지역의 경우 회의로 활용될 수 있는 별도 공간을 늘린 반면 다인석의 수를 줄였다.

비즈니스·공연공간으로 진화

별도 비즈니스룸을 갖춘 커피점도 등장했다. 탐앤탐스는 260여 개 매장에서 비즈니스룸을 운영 중이다. 비즈니스룸은 커피를 즐기며 스터디나 업무미팅을 가질 수 있는 독립된 공간으로 노트북 사용자를 고려해 무선인터넷 서비스를 제공하고 콘센트도 설치했다. 할리스커피는 직장인이나 학생들이 즐겨 찾는 매장에는 4인 이상 그룹을 위한 세미나 존, 테이블 상단에 콘센트가 있는 6~8인용 대형 단체 테이블을, 4인 이하 소그룹을 위한 독립형 4인 부스, 스탠드가 구비된 테이블 등을 마련하고 있다. 커피점에 미술작품을 전시해 커피와 작품감상을 함께 즐길 수 있는 갤러리형 매장이 등장한 것도 이색적이다. 탐앤탐스는 문화 예술 프로젝트의 일환으로 '갤러리탐' 전시를 진행하고 있다. 서울 소재 블랙 매장 6곳과 탐스커버리 건대점을 갤러리형 카페로 재탄생시켜 신진작가를 위한 전시공간 제공은 물론 전시준비부터 오픈식, 전시 기획 등 운영 전반을 맡아 책임진다.

　'아트오브투썸(Art Of Twosome)'이라는 콘셉트로 매장을 운영 중인 투썸플레이스 가로수점은 최근 화가로도 인정받고 있는 배우 하정우의 작품을 전시했다. 이 매장은 내년에도 다양한 문화 콘텐츠를 전시할 계획이다. 서울대학교 내에 위치해 있는 할리스커피 서울대예술문화점(크리에이터스라운지)은 400㎡ 규모의 복합 예술 공간으로 서울대 음대와 미대 학생들이 직접 제작한 전시나 공연을 정기적으로 만나 볼 수 있다.

박신영 기자, '커피숍이야 공연장이야.. 커피전문점 영역 파괴 바람' 파이낸셜뉴스 2015.12.23.

경영사례 2. PART 06:
고객의 기호에 따른 메뉴 변화: 외식업계, 신메뉴 출시 경쟁 후끈

이랜드 외식사업부가 운영하는 뷔페 레스토랑 애슐리는 지난 3월 봄 메뉴 개편 통해 '치즈 온더 시리즈' 등 신메뉴 20종을 선보인 데 이어 최근 가정의 달을 맞이하여 신메뉴 3종을 새롭게 출시했다고 2일 밝혔다. 이랜드 외식사업부 관계자는 "갈수록 더 빠르게 변화하는 소비자 입맛을 따라가지 못하면 자칫 시장에서 도태될 수 있다"며 "매 시즌에 앞서 100~180일 전부터 고객 선호도 조사 등을 통해 신메뉴를 개발하고 있으며, 최근에는 외식 트렌드를 신속하게 반영하기 계절별로 신메뉴를 두 차례에 걸쳐 출시하기도 한다"고 말했다.

한식뷔페 레스토랑 '자연별곡'도 지난 2월 봄맞이 신메뉴 '봄요리 한마당 춘풍별곡' 19종 출시 후 두 달 만인 지난달 21일 가정의 달 신메뉴 '효(孝)의 만찬' 13종을 출시했다. 어버이날을 앞두고 출시한 효의 만찬 13종은 혜경궁 홍씨 진찬연에 올랐던 보양식인 '궁중 초계탕'을 비롯해 장수를 기원하는 팥에 흑미와 찹쌀을 더해 효심으로 지었다는 팥물밥 '수라 홍반', 중금속 배출에 효과적인 미나리로 만든 '봄 미나리 죽순냉채'와 '봄 미나리 해물죽', 돼지고기에 발효된장을 발라 구워낸 '궁중 직화 맥적구이' 등이다.

박신영, "외식업계, 신메뉴 놓고 '속도경쟁'", 파이낸셜뉴스, 2016.05.02.

경영사례 3. PART 06: 소셜커머스: 생활형 O2O(Online to Offline) — 📖

현재 소셜커머스가 활성화되어 있어 소비자들에게는 저렴하게 상품이나 서비스를 구매할 기회를 주면서, 동시에 해당 제품이나 매장을 홍보하는 수단이 되기도 하여 다양한 연령층들이 사용하고 있다. 그래서 SK플래닛 11번가의 생활형 O2O(Online to Offline) 서비스 포털인 '생활 플러스'[2]에서 커피, 음료는 물론 피자, 치킨, 분식, 햄버거 등의 포장주문이 가능해졌다. SK플래닛은 11번가 생활 플러스에서 주변의 매장을 골라 자신이 원하는 메뉴를 미리 주문 결제 후 이용할 수 있는 '테이크 아웃(Take-out)' 서비스를 실시하였다. SK플래닛의 국내 최대 규모의 외식 O2O 서비스 '시럽 테이블'과 연계를 통한 것으로, 미스터피자, 도미노피자, BBQ치킨, 치킨매니아, 공차 등 전국 6,000여 곳의 오프라인 매장에서 이용할 수 있다. 각 브랜드별 다양한 메뉴들을 10~40%까지 상시 할인된 가격에 제공하고 있으며, 매장별로 바로 픽업할 수 있는 기능과 원하는 시간에 찾아갈 수 있는 예약 주문 기능이 제공된다. 그리하여 11번가는 유형의 상품뿐만 아니라 고객이 일상생활 속에서 필요한 다양한 서비스들을 이용할 수 있는 편리한 모바일 쇼핑환경을 제공하고 있으며 가정식 반찬과 산지직송 신선먹거리 배송부터 음식배달 서비스와 테이크아웃 선주문 서비스까지 먹을거리에 대한 다양한 고객의 니즈를 만족시키는 생활형 O2O 서비스로 혜택을 강화해 나가면 고객들도 편리하게 이용이 가능해진다.

박은진. 11번가에서 피자·치킨도 주문한다. MBN뉴스 2016.08.18.

---

2 생활 플러스: 바쁜 현대인의 일상 속에서 생활 속 불편함을 획기적으로 개선한 생활형 O2O(Online to Offline) 서비스들을 한곳에 모으고 11번가의 다양한 혜택과 편리한 결제환경을 그대로 적용한 신개념 서비스

경영사례 4. PART 06: 📖
커피전문점: 스타벅스와 경기도, 한국전통음식연구소, 농협의 협력

스타벅스커피가 2015년 13일부터 전국 780여 개 매장에서 국내산 식재로 만든 반숙 달걀, 연두부, 스트링 치즈로 구성된 건강한 푸드 상품인 '단·백·질'을 소개한다. 스타벅스가 새롭게 선보이는 '단·백·질'은 지난 1월에 출시한 우리 땅에서 자란 옥수수, 고구마, 감자로 만든 '우리나라 옥·고·감'에 이은 로컬푸드 시리즈의 2탄이다. 탄수화물 위주로 구성된 '우리나라 옥·고·감'에 이어 양질의 단백질을 중점적으로 섭취할 수 있게 구성했다. 충청남도 지역의 양계장에서 공급되는 달걀, 충청북도 청주 소재의 목장에서 생산되는 치즈 그리고 국내산 콩으로 만든 두부로 알차게 구성되어 있다. '단·백·질' 한 팩에는 총 17g의 단백질이 들어 있어 성인기준 1일 단백질 영양소 기준치(55g)의 31%를 간편하고 든든하게 섭취할 수 있는 것이 특징이다. 이와 함께 웰빙간식 '한입에 쏙 고구마'도 새롭게 출시한다. '한입에 쏙 고구마'는 국내산 호박고구마와 자색고구마를 반 건조시켜 먹기 좋은 형태와 크기로 잘라 커피와 간편하게 즐길 수 있다. 또한 스타벅스는 '단·백·질' 출시를 기념하며 13일부터 27일까지 해당상품 구매 시, 오늘의 커피(톨 사이즈) 1잔을 함께 증정하는 이벤트도 실시한다. 스타벅스커피 코리아 카테고리 푸드팀 이은정 팀장은 "건강 관리와 외모에 더욱 신경 쓰게 되는 여름철을 맞이해 고객들의 요청에 따라 열량은 줄이되 단백질 섭취량을 늘릴 수 있도록 푸드 상품을 개발하게 됐다"며 "앞으로도 바쁜 현대인들을 위해 국내산 식자재를 활용하여 건강하면서도 간편하게 즐길 수 있는 푸드 상품을 꾸준히 선보일 예정"이라고 전했다.

권지예 기자. '스타벅스 '옥·고·감' 이어 '단·백·질' 출시' 뉴데일리 경제 2015.07.13.

경영사례 5. PART 06: 플래그십 스토어: SPC 스퀘어

제빵업으로 유명한 SPC그룹은 지난 2014년 7월 역삼동에 SPC스퀘어를 냈다. 이곳은 외식 분야에 초점을 맞춘 플래그십 스토어의 성격을 띤다. 총 4개 층, 연면적 2000㎡ 규모의 공간에서 베라피자, 커피앳웍스, 라뜰리에, 라그릴리아 등의 여러 브랜드가 영업을 하고 있다. 1층에는 정통 나폴리 피자를 맛볼 수 있는 '베라피자'와 스페셜티 커피브랜드 '커피앳웍스'가 운영되고 있다. 특히 베라피자는 강남 번화가라는 상권 특성을 살려 빠른 시간 내에 부담없는 가격으로 피자를 즐길 수 있는 '익스프레스' 콘셉트를 내세우고 있다. 또 모든 메뉴를 혼자 먹기에 부담스럽지 않은 1인 사이즈 제품으로 구성해 인기를 얻고 있다. 커피앳웍스는 직접 로스팅한 원두를 사용한 스페셜티 커피를 제공하는 곳으로, 시즌별 최상의 싱글오리진 원두와 SPC그룹이 개발한 특별한 블렌딩 커피를 에스프레소와 드립커피로 제공한다. 드립 방법도 케멕스, 드리퍼, 프렌치프레스 중 고객이 직접 선택할 수 있다. SPC스퀘어 1층 일부와 2층에 걸쳐 운영되고 있는 브런치앤디저트 카페 '라뜰리에'는 다양한 베이커리, 샌드위치와 케이크, 마카롱 등 각종 디저트 메뉴를 맛볼 수 있다. 또 3층에는 스테이크와 파스타를 중심으로 다양한 샐러드, 리조또 등을 맛볼 수 있는 이탈리안 그릴 비스트로 '라그릴리아'가 운영되고 있다. 이곳은 메인 메뉴 주문 시 수제 디저트를 무료로 제공하며, 음식과 함께 예술문화를 즐길 수 있도록 가나아트 갤러리와 협업을 통해 현대 미술 작품도 전시하고 있다.

SPC스퀘어는 단순히 매장들을 한데 모은 것이 아니라 첨단 IT기술과의 접목을 통한 '미래형 스마트 외식문화공간'을 표방한다. 처음 SPC스퀘어 건물에 들어서게 되면 '인터랙티브 미디어 월(Interactive Media Wall)'이 가장 먼저 눈길을 끈다. 인터랙티브 미디어 월은 실시간 영상과 CG를 매칭한 실사합성 콘텐츠를 대형 월 스크린(wall screen)을 통해 보여주는 미디어 콘텐츠다. 이곳을 지나면 '미디어 토템'을 발견할 수 있다. '미디어 토템'은 SPC스퀘어 각 매장에 대한 정보, 각종 이벤트 소식과 공지사항 등을 터치스크린을 통해 손쉽게 받을 수 있는 서비스 시스템이다. 셀프카메라 기능 등 엔터테인먼트 요소도 함께 즐길 수 있어, 고객들의 만족도를 높이고 있다. 또한, SPC스퀘어는 삼성전자와 함께 스마트폰을 활용한 '위치기반 커머스 서비스(LBCS: Location Based Commerce Service)'를 시범 도입해 '스마트 오더 시스템', '전자스

탬프' 등의 신개념 서비스를 실시하고 있다. 위치기반 커머스 서비스는 고객이 매장을 방문했을 때 이벤트 정보와 각종 혜택을 스마트폰을 활용해 즉시 제공하는 서비스다. 이는 갤럭시S3 이후 출시된 삼성의 주요 스마트폰으로 서비스가 가능하며, 스퀘어 내의 각 브랜드 매장에 비치되어 있는 NFC시스템(10cm 이내의 가까운 거리에서 다양한 무선 데이터를 주고받는 통신 기술)에 스마트폰을 접촉하면 위치기반 커머스 서비스를 제공받을 수 있는 프로그램이 자동으로 설치된다. '전자 스탬프 기능'은 방문결제 시 자동으로 적립쿠폰 등이 제공되는 기능으로 '삼성 월렛' 애플리케이션을 설치하면 이용이 가능하다. '스마트 오더 시스템'은 주문고객이 줄을 서서 기다릴 필요 없이 원격으로 주문이 가능한 시스템이다. 이러한 시스템들은 모두 업계 최초로 적용된 사례이다. 고객의 다양한 체험을 유도하는 첨단 미디어 서비스를 통해 스마트한 쇼핑라이프를 즐길 수 있다. 외식을 넘어 IT기술과 만난 융복합 문화의 선도와 새로운 콘텐츠는 강남에서 좀 더 앞선 디지털 문화의 세례와 향유를 원하는 이들의 욕구를 충족시켜 주는 듯 하다. 더 나아가 SPC스퀘어는 음식과 문화의 만남, IT기술과 접목한 첨단 서비스 등 다양한 체험을 제공하는 복합 문화공간으로 외식산업의 미래를 엿볼 수 있는 곳이라고 할 수 있다.

오문영, "SPC그룹, 강남에 플래그십 스토어 오픈", SP투데이, 2014.08.25.

Chapter 21

의료산업

01 의료 서비스의 정의

의료 서비스란 질병의 치료, 간호, 예방, 관리 및 재활을 주체로 하는 의료 서비스에 건강유지·증진을 포함한 포괄적 의료 서비스를 말한다. 보건의료 종사자가 서비스의 공급자이며 그 기능을 효과적으로 하기 위해 공적·사적 조직, 지방·국가의 행정기관이 옹호한다. 의료 서비스는 무엇보다도 먼저 질이 높아야 하고 각 보건의료 종사자의 고도의 지식과 전문적 능력·기술이 요구된다. 그리고 인재, 자재, 경제력 자원의 점에서 양적으로 충분해야 하고 일관성, 포괄성이 필요하다. 또한 서비스의 공급자와 서비스를 받는 사람과의 사이에는 신뢰관계가 절대적으로 필요하다.

02 의료 서비스의 현황 및 특성

11개 도서벽지 지역, 40개 군 부대, 6척 원양선박, 30개 교정시설 등 의료취약지를 대상으로 원격의료 서비스를 제공하였다. 원격의료 시범사업이 성공적으로 수행되었고 만족도 또한 높아 시범사업을 확대하고 제도화하기 위한 환경을 조성 중이다. 또한 페루, 칠레, 브라질, 중국, 필리핀, 체코, 베트남 7개국과 원격의료 등 디지털 헬스케어 분야 협력 MOU 체결하였고, 3개국과 후

속사업 발굴 또한 추진 중에 있다. 원격의료 포함 의료 서비스 분야에서 MOU 37건, 계약 5건, 협력협약 등 16건(2,700억 원 규모)이 체결되었다. 또한 「의료 해외진출 및 외국인환자 유치 지원에 관한 법률」 제정으로 국제의료사업의 종합적 육성 및 안정적 제도화 기틀을 마련하여 메르스 등 변수에도 불구하고 2015년도에 약 28만 명의 환자를 유치하고 누적 외국인환자 100만 명을 달성하였다.

바이오헬스산업의 높은 경제적 부가가치를 입증하였다. 한미약품 대규모 기술수출 등 R&D 신약개발 지원 성과를 비롯하여 글로벌 기술수출 9.3조 원 (한미약품 8조 원, 보령제약 2,250억 원 등)을 달성하였다. 보건의료제품의 지속적 수출(의약품 3.2조 원, 의료기기 3.5조 원)도 증가하였고 그와 함께 제약펀드 투자를 받은 제약기업의 글로벌 진출도 이루어졌다. 중국기업을 대상으로 자궁경부전암 치료백신, 백혈병 치료제 등 기술이전 계약을 체결하였다. 한국의료 세계화 노력의 성과가 가시화되기 시작하였고 이러한 성공사례를 바탕으로 바이오헬스산업 분야를 새로운 성장동력으로 육성하여 일자리와 부가가치를 확대할 계획하에 한국의료의 세계적 브랜드 정착과 전략적 투자 강화, 원활한 신기술 개발과 상품 출시를 저해하는 규제에 대한 개선을 목표로 하고 정책을 세우고 있다. 의료 서비스는 일반적인 서비스업과는 다른 사회경제적 특성을 가지고 있다. 첫 번째로 질병의 예측불가능성이다. 질병발생 확률을 개인적 차원에서 예측하는 것이 매우 어렵기 때문에 의료 서비스에 대한 미래의 수요 또한 예측하기 어렵다. 두 번째로 외부효과가 존재한다. 외부효과란 어떤 경제활동과 관련해 당사자가 아닌 다른 사람에게 의도하지 않은 혜택이나 손해를 발생시키는 것을 말한다. 예를 들어 개인의 예방적, 치료적 의료 서비스가 전염병감염의 경로를 차단하는 경우 질병의 면역성을 획득함으로써 추가적인 비용부담 없이 사회는 개인의 질병예방과 치료 이상의 효과를 몇 배로 얻게 된다. 세 번째로 생활필수품으로써의 역할이다. 보건의료는 의식주 다음의 제 4의 생활필수품으로 지불능력을 가지고 있지 않다고 해도 서비스를 받을 권리 (건강권)를 갖는다. 네 번째로 공공재적 성격을 띠고 있다. 모든 소비자에게 골고루 편익이 돌아가야 하는 서비스이기 때문에 비배제성과 비경합성을 갖고 있어야 한다. 다섯 번째로 정보의 비대칭성으로 질병관리에 대한 대중의 지식

수준이 무지상태에 있어 공급자주의 시장으로 공급자 유인수요현상이 일어난다. 여섯 번째로 비영리적인 동기로 영리추구에 우선순위를 두고 있지 않기 때문에 의료인에게는 영업세가 부과되지 않는다. 일곱 번째로 생산권이 한정된 면허권자에게만 제한되기 때문에 생산부문에 독점권이 형성되어 경쟁이 존재하기 어렵다. 이 때문에 보건의료공급은 비탄력적이 되고 가격인상으로 연결된다. 여덟 번째로 병원을 유지하는 데에 의사, 간호사를 비롯한 의료인의 인건비 비중이 현저히 높기 때문에 노동집약적인 인적 서비스이다. 아홉 번째로 치료의 불확실성으로 명확한 결과를 측정하기 어렵다. 마지막으로 서비스와 교육을 공동생산한다는 것이다. 의료행위는 의료 서비스와 지식을 동시에 제공하는 경우가 많다. 예를 들어 대학 부속병원에서는 수련의들에 대한 교육이 함께 생산되고 이러한 특성으로 교육, 연구가 함께 실시되어 의료 수준이 더 높아질 수 있다.

03 의료산업의 발전방향 및 미래전략

의료관광에 대한 발전방안으로는 먼저 외국인 환자에 대한 법적 지원체계를 완비해야 하고 안정적인 제도화가 필요하다. 외국인 환자를 대상으로 미용이나 성형 서비스에 대한 부가세 환급제도 도입하거나 공항·면세점 등에서의 외국어 의료광고를 허용하여 의료관광을 제도화시켜야 한다. 또한 외국인 환자 유치 의료기관에 대한 평가를 통해 우수한 기관을 선정하여 지원을 해줌으로써 외국인 환자에 대한 서비스의 질을 향상시켜야 한다.

두 번째로, 한국의료의 해외진출을 확대시켜야 한다. 외국인 환자를 유치하는 것을 넘어서 지역별 맞춤형 전략을 통해 해외진출을 적극적으로 추진해야 한다. 예를 들어, 중남미 지역에 진출을 하기 위해서는 FTA 체결 효과를 최대한 활용해야 한다. 공공병원을 건설하고, 병원정보시스템을 구축하는 사업에 참여하여 희귀의약품에 대한 수출을 지원하여 의약품 공급 및 제약단지 건설에 참여해야 한다.

마지막으로 디지털헬스케어를 해외에 진출시켜야 한다. 디지털헬스케어의 신규 진출을 위해서 시장 조사와 모델 설계를 통해 진출 지역 확대에 대한 기반을 마련해야 한다. 또한, 현지조사 연구에서 도출된 원격의료 모델을 해외에 시범적용하여, 진출한 모델의 타당성과 확장가능성을 검증시켜야 한다. 원격의료에 대한 발전방향으로는 첫 번째로 국민이 체감할 수 있도록 원격의료의 참여기관과 참여인원을 확산시켜야 한다. 특히, 농어촌이나 특수지 같은 취약지를 중심으로 원격의료 서비스를 확대시키는 것이 중요하다. 또한, 국민생활을 중심으로 중소기업 근로자에게는 맞춤형 건강관리 서비스를 제공하고, 만성질환자에게는 원격의료를 통해 만성질환을 관리할 수 있는 서비스를 제공해야 한다.

두 번째로, 진료정보의 교류를 활성화시켜야 한다. 진료정보교류의 참여기관을 확대해야 하고, 지역 거점 병원을 중심으로 추진되던 시범사업을 연계·통합하여 지역 간에도 정보교류를 확대할 수 있도록 해야 한다. 진료정보교류는 의료비 절감, 의료의 질 확산, 기관운영 효율성 측면에서 효과적이다. 정밀의료에 대한 발전방안으로는 첫 번째로 R&D(Research & Development, 연구개발) 지원제도를 마련해야 한다. 한국인에게 흔한 암, 만성 및 희귀난치성 질환 대상 맞춤치료 실현을 위한 유전체 의학에 대한 연구개발을 중점 지원해야 한다. 또한 재생의료 관련법 제정을 통해 첨단재생의료병원 내 책임시술 제도를 도입해야 하며 이를 통해 식약처 허가를 받아 안전성을 확보해야 한다.

두 번째로 유전자검사 제도를 개선해야 한다. 유전자검사는 의료기관의 의뢰를 통해서만 가능했는데 질병예방 유전자 검사를 비의료기관에서도 직접 실시할 수 있도록 허용해야 하고 활성화되기 위해서는 유전자검사 건강보험 적용을 확대해야 한다.

마지막으로 개인정보 보호 및 신뢰 구축에 힘써야 한다. 유전자정보 보호를 위한 대책과 법안을 수립하고 해킹을 예방하기 위한 강력한 보안시스템도 구축해야 한다. 개인이 유전자검사를 받은 후에 그 정보를 연구에 활용할 수 있도록 믿고 맡길 수 있어야 하기 때문이다.

경영사례 1. PART 06: ──────────────────────── 📖
의료관광코디네이터: 고용창출, 외화수익, 의료관광객 유치의 1석 3조 효과

㈜미래써어치 컨설팅그룹(대표이사 이현창)은 지난 6월 중국 내 3개 민영그룹의 초청을 받아 중국진출의 기반을 다진 후 그 첫 번째 단계인 국내 코디네이터의 중국 민영병원으로의 취업을 성사했다고 밝혔다. 우선 1차로 지난 9월 24일 중국어가 가능하고 코디네이터과정을 수료한 3명의 의료관광코디네이터가 출국해 병원 측의 열렬한 환대를 받았으며, 항공, 비자, 숙식등은 병원에서 제공하는 조건으로 홍팡즈 의료미용그룹에서 운영하는 산동성 린이시 이웨이메이미용병원에 고객 서비스팀 코디네이터로 취업을 해 근무를 하게 됐다. 이에 대해 ㈜미래써어치 컨설팅그룹 글로벌헬스케어팀 유홍영 과장은 현재 중국의 20여 개 병원에서 약 100여 명의 한국인 코디네이터에 대한 채용 계획을 가지고 있으며, 앞으로 500여 명 이상으로 늘어날 계획인데 해외취업에 대한 정보와 필요한 교육이 부족해 공급을 맞출 수 없는 실정이며, 국내 젊은이들의 고용창출과 함께 이들을 통한 중국인 의료관광객 유치도 가능하다는 점을 고려할 때 관련 공공기관과 지방자치단체의 맞춤식 교육프로그램에 대한 지원이 절실하다고 설명했다.

1997년 설립된 병원컨설팅기관 미래써어치 컨설팅그룹은 1,000여 병원의 컨설팅 및 국내 최초 병원코디네이터 프로그램을 개발과 국제의료관광코디네이터 국가기술자격 연구기관 및 NCS개발 등 교육연구사업과 함께 많은 대학 및 정부기관, 지방자치단체 등에 의료관광 교육프로그램들을 제공하고 있다. 이런 업적으로 보건복지부와 한국관광공사가 후원하는 2013 Medical Asia Awards 의료관광인재 양성부분에서 특별상을 수상하며, 2014년부터는 해외환자유치기관으로 해외마케팅 및 의료관광객 유치에도 활발한 활동을 하고 있으며, 2016년은 중국진출 원년의 해로 삼아 의료인력 송출과 중국내 아카데미, 병원컨설팅 사업을 전개할 계획이다.

이근하 기자, '미래써어치, 의료관광코디네이터 중국민영병원 취업 발판마련' 이뉴스투데이 2016.09.27.

경영사례 2. PART 06: ——————————————————————————— 📖
정밀의료산업: 국가전략산업으로 선정, 집중 육성

정부가 최근 9대 국가전략 프로젝트를 발표했다. 이 프로젝트 가운데 하나로 선정된 정밀의료는 글로벌 ICT 기업들과 미국 정부에서 집중적으로 투자 및 개발하고 있는 의료 분야이다. 정부는 정밀의료와 관련된 미래의료산업의 중요성을 인식하고, 정밀의료 개발을 위해 2015년부터 보건의료 빅데이터 플랫폼을 구축해 왔으며, 이번 국가전략사업으로 선정하면서 정밀의료를 집중 육성키로 결정했다. 그렇다면 바이오 정보를 기반으로 한 정밀의료의 국내외 동향은 어떤 상황일까.

정부는 앞으로 5년간 정밀의료의 기반을 구축하고 3대 암 정밀의료 서비스를 구현하겠다는 목표를 세우고 있다. 이를 위해 2018년에는 정밀의료 통합정보 시스템을 개발하고, 2021년에는 정밀의료 코호트 구축 및 3대암 정밀의료 시범 서비스를 시작한다는 계획이다. 또 맞춤형 처방. 질환·예측 예방을 통해 국민의 건강을 증진하고 2022년까지 세계 정밀의료 시장의 5%를 점유해 5조 원의 부가가치 창출과 3만 7,000명 규모 고용창출이 가능할 것으로 기대했다.

김지혜 기자. '정밀의료 산업, 미래 먹거리 될까?' ScienceTimes 2016.08.17.

Chapter 22

전시 및 컨벤션 산업

01 전시회의 정의

전시회란 제품, 기술, 서비스를 특정 장소인 전문 전시장에서 일정기간 동안 판매, 홍보, 마케팅 활동을 하는 것을 말한다. 유통업자, 무역업자, 소비자 관련 종사자 및 전문가, 일반인 등을 대상으로 해당 기업들이 정보를 교환하고 거래가 이루어지는 형태의 행사로서 경제적 목적을 달성하고자 하는 경제활동이다. 북미의 경우 전시회라는 용어는 Fair, Exhibition, Exposition 등 각 용어별로 서로 조금씩 다른 의미를 지니면서 사용되어 왔다. 국제전시경영협회(IAEM)에 따르면 전시회를 지칭하는 용어로 Exposition이라는 단어를 사용하면서, "전시회(Exposition)란 구매자와 판매자가 진열된 상품 및 서비스를 서로 간의 상호작용을 통해 현재 또는 미래의 시점에 구매할 수 있도록 개인이나 기업이 조성해 주는 일시적이고 시간에 민감한 시장이다"라고 정의하고 있다.

02 전시컨벤션 산업의 특징 및 현황

(1) 전시컨벤션 산업의 특징

전시사업은 전시기획 등의 설계용역과 관련된 서비스업, 전시모형 및 장치 등을 제조하는 제조업, 그리고 전시공간을 건축하는 건설업의 성격을 모두 갖는 종합적인 사업이다. 제조업과 건설업은 물건을 대량생산하여 보급하는 산업이지만, 전시산업은 전시하는 것을 목적으로 물건을 한 개만 만드는 것이 다르고 전시기획의 중요성에 비추어 볼 때 서비스산업이 많은 비중을 차지하고 있다고 볼 수 있다. 현재 전시산업은 우리나라에서 크게 떠오르고 있는 산업 중 하나이며 세계 여러 나라에서도 각광받고 있는 산업이다. 전시산업은 어떠한 정해져 있는 학문에나 종류에 구애받지 않는다. 어떠한 것이라도 전시하고자 하는 마음과 사람들이 있다면 다양한 분야에서 언제든지 어디에서나 전시회를 열 수 있다. 예를 들어 미술박물관에서는 미술작품 전시회를, 역사박물관에서는 역사에 대한 전시회를, 도자기박물관에서는 도자기 전시회를 열 수 있고 자동차를 전시하는 모터쇼도 대표적인 전시회의 예 중 하나이다. 전시산업은 단순히 전시회를 열고 사람들이 전시회를 구경하는 산업이 아니다. 전시산업은 일회성으로 전시만 하는 것이 아니라 경제적인 측면과 정치적인 측면, 사회·문화적 측면, 관광산업 측면에서 긍정적인 파급효과를 불러온다. 먼저, 경제적인 측면에서는 전시회를 개최하면서 발생하는 수출증대와 전시회와 관련된 여타 산업에 미치는 영향, 전시하는 상품과 서비스를 구매자가 관찰하고 경험하고 여러 가지 자세한 정보들을 얻게 되면서 많은 거래가 이루어질 수 있다. 이로써, 무역수지가 증대되고 지역경제와 국가경제가 활성화되면서 국제경쟁력이 제고되는 효과를 가져올 수 있다.

다음으로 정치적 측면에서는 세계 각국에서 수많은 사람들이 전시회에 참여함으로써, 지식과 정보를 교환하는 과정을 통하여 각 국가들과 상호이해할 수 있는 기회를 가질 수 있고 대부분의 전시참가자들이 해당 분야에서 영향력 있는 사람들이므로 전시회하는 제 3의 장소를 통하여 다양한 인적 교류할 수 있고 민간 외교차원에서도 긍정적인 역할을 할 수 있으며 많은 국가들과의 관계를 개선함과 동시에 국가이미지를 제고시킬 수 있다. 사회·문화적 측면에서는 해당 국가의 국민들이 전시회 개최국민과 개최지역 주민으로써 갖게 되는 자부심과 세계 각국으로부터 온 외국인들과의 다양한 교류로 인해 국제 감각을 함양하게 하여 국제화에 영향을 좋은 영향을 미친다. 또한 전시회 개최지역의 경제와 문화 발전에 기여하고 지역주민들이 공동체의식과 주인의식, 국제인식을 고취시킬 수 있고 해당 분야에 대한 관심과 지식이 생김으로 교육적인 효과도 볼 수 있다. 마지막으로 관광산업 측면에서는 전시회를 찾아오는 전시참가자들이 개최국과 개최지에서 관광을 할 수 있고 개최지에 대한 광고와 방송매체를 통해 그 국가나 지역에 대한 홍보효과를 가져올 수 있다.

전시산업이 효과적으로 이루어지기 위해서는 대상물을 목적의도에 맞게 정해진 일정기간 동안 대상에게 전달하는 공간조형기술이 필요한데 이것을 '전시 디자인'이라고 한다. 전시 디자인은 보여주려는 것이 유형의 상품인지 또는 무형의 서비스, 기술, 정보인지 대상물을 명확히 해야 하고 대상인의 유형과 성격을 파악하고 주최 측이 목적하는 의도에 맞게 대상인의 범위를 설정해야 하고 공간을 잘 선정하여 전시장의 상황을 명확하게 파악하고 디자인 방향을 정해야 하며, 장소와 대상인을 잘 분석하여 기간을 정해서 전시장의 규모나 예산을 설정해야 한다. 전시디자인의 기본요인으로는 기업이 목적하는 방향, 경영전략, 경영목표를 파악하는 참가 회사에 대한 이해와 제품이 무엇인지 판단하고 이해하는 전시품에 대한 이해와 관람객에 대한 이해, 경쟁기업에 대한 이해, 트렌드에 대한 이해, 유통시장에 대한 이해, 라이프 스타일에 대한 이해 등이 있다. 또한 전시디자인은 '누구에게', '무엇을', '왜', '언제', '어디에서', '얼마나', '어떻게' 해야 하는지도 중요하다.

(2) 전시산업의 현황 및 트렌드

현재 우리나라의 전시산업은 꾸준히 증가하고 있는 추세이다. 많은 기업들이 전시회를 마케팅의 중요한 수단으로 인식하여 적극적으로 전시회를 개최하고 있고 무역규모와 경제규모가 성장하면서 전시회 규모도 함께 성장하고 있다.

우리나라의 전시컨벤션 센터는 서울에 집중적으로 위치하고 있다. 따라서 전시회나 기타 컨벤션 관련 업무들은 주로 서울에서 개최되고 있다. 전시컨벤션 센터가 서울에 집중하고 있는 이유는 서울이 국제도시이며 상업도시라는 요인도 있고 전시회를 개최함에 있어 필요한 여러 가지의 요소들이 서울에 잘 구비되어 있기 때문이다. 예를 들어 전시에 참가하는 사람들에게 필요한 숙박업소와 관람객 동원의 용이성, 편리한 교통, 전문 인력 등이 있다. 이러한 이유로 우리나라의 전시컨벤션 산업은 너무 대도시에 편향되어 있다. 전시컨벤션 산업을 더 성장시키기 위해서는 대도시에서만 전시컨벤션 산업을 집중적으로 발전시키는 것보다 좀 더 여러 지역에서 전시컨벤션 산업을 활성화시킬 필요가 있다. 전시산업은 다른 여러 산업들보다 시장성을 더 연구하고 발전시켜야 하고 단순히 어떠한 것을 전시하는 것이 아니라 전시를 보는 사람들의 흥미를 유발하고 좀 더 능동적으로 사람들의 이해를 돕고 전문적인 지식을 잘 전달해야 한다.

03 전시컨벤션 산업의 미래전략

(1) 전시회의 문제점

한국의 지역 전시 사례 중 대다수가 지역의 전시컨벤션센터를 중심으로 개최되고 있는 각 지역의 대표적인 전시회이다. 대부분의 경우 지역 전시회의 규모가 작아, 적자 운영되고 있으며, 정부 및 지자체의 지원 미비, 중복 전시회 개최, 경쟁력 약화 등으로 인하여 활성화되지 못하고 있다. 전시회 개최는 일부 대도시에 한정되어 있으며, 지역별 격차가 크다. 현재 국내 전시회의 62%가 수도권에서 개최되고 있으며, 지방 전시회의 경우에도 벡스코, 엑스코 등이 있는 영남권에 집중되고 있다. 반면에 강원과 제주는 규모가 작을 뿐만 아니라, 지역적인 특수성으로 예산도 다른 권역의 절반도 채 되지 않는 지원을 받고 있다. 지역전시회의 경우 전시시설의 부대 인프라가 미흡한 상황이다. 대중교통 및 공항, 항만 시설과 연계가 부족하고 전시장 접근 및 전시 물품 운송에 어려움이 존재하며, 전시회 유치에 필수요소인 숙박시설 부재로 행사 유치에 어려움을 겪고 있다. 전시장에 대한 지방세제는 일부 지원 대상에 포함되고 있으나, 여전히 높은 세율로 전시장 운영의 부담감을 준다. 전시장은 업종의 분류상 부동산임대업으로 분류되어 세제 혜택이 부족한 상황이며, 세제감면, 비과세 등의 정부 지원책 개선이 필요하다. 각 지역을 대표하는 산업과 전시회를 창의적으로 표현할 수 있는 전문 인력이 필요하다. 전문 인력은 산업의 기본적으로 필요한 존재이며, 국내에는 전시전문 인력이 현저하게 부족하다.

(2) 전시컨벤션 산업의 발전방안

- 지역특화산업 중심의 대표 MICE상품 개발에 주력한다.

지역발전 전략과 연결하여 중점산업의 기술개발과 마케팅활동을 촉진시킬 수 있어야 한다. 각 지자체별로 특정 분야에 주력하는 차별화 전략이 필요하며. 지역의 지리적, 산업적 특성을 이용한 다양한 프로그램의 개발도 힘써야 한다.

- MICE산업의 '다양성'이라는 특성을 반영하여 새로운 영역을 발전시킨다.

전체 국제회의 개최의 74.7%(2009년 기준)가 참가자 500명 이하의 중소형 국제회의인 점을 감안하여 대형 국제회의 외에 이들 규모의 회의 유치에 힘써야 할 것이다. 특히 MICE의 국제회의는 기존 학회, 협회회의에 비해 참가자 수가 대규모이며, 일인당 지출액이 보다 크다는 점에서 MICE산업의 새로운 고부가가치 영역으로 부상하고 있다.

- MICE산업의 융복합화 추세에 부합하는 노력을 추진한다.

해당 산업을 대상으로 하는 컨벤션 외에 전시회, 이벤트행사 등 다양한 엔터테인먼트 요소를 결합하여 개최함으로써 MICE산업의 현대적 특징인 지식, 교류, 흥미유발 등이 이루어져야 한다.

- 국제적 연결활동으로 관련지역 간의 협력 체제를 구축할 것을 강화하고, 시장범
위를 국제적으로 확대하는 효과를 동시에 이행한다.

지역별로 차별화된 이미지를 바탕으로 MICE 마케팅을 적극적으로 전개
함으로써 해당 도시이미지 제고를 위한 마케팅 프로젝트도 실행할 수 있다.
MICE산업은 그 자체가 높은 경제적 효용이 있을 뿐만 아니라 바이어 발굴 및
기술, 정보교류의 촉매제로 작용하는 전략을 필요로 한다.

정부 및 지자체가 연계한 지역전시회 확대 및 육성 전략이 필요하다. 지
역전시회에 대한 세제지원 및 각종 부담금 감면, 지역의 전시장 및 관련 인프
라 건립 지원을 통해 정책적으로 부담감을 줄일 수 있어야 한다. 특히, 지자체
가 지역특화산업 육성과 관련하여 선정하는 전시회를 우선 지원하는 방안을
마련하여 재정 지원을 통해 취약한 지방전시산업의 육성 및 지방의 중소기업
의 수출 확대를 위한 기회를 마련해야 할 것이다. 주요 전시 선진국들은 대부
분의 전시장을 주 또는 시에서 소유하고 있다. 이들은 단기적인 손익에 연연
하지 않고 장기적인 안목을 가지고 저렴한 비용으로 전시장을 대여하고 있으
며, 각종 세제의 감면 및 면제로 지자체마다 전시회를 유치하기 위해 경쟁적
으로 전시회를 지원하고 있다. 현재 시행하고 있는 광역경제권 정책과 연계하
여 지역특화 전시회 세부육성 계획을 수립하여 특화전시회로 선정되는 전시회
를 대상으로 발전기금을 조성하여 홍보비 및 기반구축비를 지원하고 세제 및
각종 부담금에 대한 지원이 강화되어야 할 것이다. 전시회와 지역특화 산업
및 관광과 연계된 발전전략을 수립및 추진하여야 한다. 전시회 개최에 따른
외국인 관광객 유치 증대를 위해서는 지역특화 산업과 연계한 관광 프로그램
의 개발이 중요하다. 지역 축제, 비엔날레 등 체험 프로그램을 비롯하여 지역
을 대표하는 문화관광 자원을 활용한 연계 관광 프로그램을 통하여 지역 마케
팅 및 홍보를 통하여 지역 경제를 활성화시켜야 한다. 전시장 주변의 인프라
확충을 추진하여 복합문화 단지를 조성하는 것이 필요하다. 지방 전시장의 접
근성을 고려하여 KTX, 항공, 항만시설과 전시장의 교통체계를 연결하여 전시
장 및 컨벤션으로의 접근 가능성을 높여야 한다. 지방컨벤션센터의 경우 국제
노선 부족, 전시장까지 통하는 지하철이나 버스노선이 부족해 참가업체나 관

람객들이 불편을 겪고 있다. 이에 교통 접근성의 제고를 위해 전시컨벤션센터와 공항, 역 등을 연결하는 서틀버스 운행 및 전시장을 경유하는 버스 노선 증설, 경전철 등의 교통수단 설치 등의 수단이 필요하다. 국제기관과의 공동교육 프로그램 개발 및 전문 인력을 양성하여야 한다. 또한 전시회의 성공적인 개최와 유치는 전문 인력의 역할에 달려 있다. 전시회를 유치, 기획, 준비, 개최, 운영 등의 관련 업무는 많은 경험과 지식, 정보, 능력을 가지고 있는 전문 인력이 필요하다. 따라서 유능한 인력을 확보하기 위해서는 전시회의 운영능력 제고를 위한 양성교육, 재교육 등 프로그램을 개발해야 하며, 특히 지역전시회의 특성상 유치부문의 전문 인력 확보를 위해서는 해외교육에도 지원을 강화해야 한다.

경영사례 1. PART 06:
K SHOP: 국내 유일 리테일 전문 전시회 킨텍스서 개최

　K SHOP은 대형유통사, 매장 점주, 예비창업자 등을 대상으로 리테일 업계의 마케팅 기법과 디지털 기기 활용, 성공적인 매장 운영전략 등에 대해 살펴볼 수 있는 국내 유일의 리테일 전문 전시회이다. 다양한 리테일 환경에서 필요한 제품, 솔루션, 서비스를 가진 셀러와 이를 필요로 하는 바이어가 한자리에서 만날 수 있는 교육의 장이라고 할 수 있다. 리테일 매장에서 사용되는 광고, 결제, 보안, 디지털 솔루션을 다루는 100여 개 회사가 참여한다. 참여업체들은 홀로그램 영상을 통해 매장 인테리어와 광고 플랫폼으로 활용 가능한 스크린, 사인보드 등을 미리 만나볼 수 있다. 리테일 매장에 특화된 영상 출입보안 솔루션과 지문인식 근태관리 시스템, 이동형 결제컴퓨터, 바코드 스캐닝 컴퓨터, 산업용 태블릿 등도 볼 수 있다. 이 밖에 HP와 소프트뱅크 등 세계적 업체와 창업진흥원, 서울산업진흥원이 함께한 공동관을 통해 설명을 들을 수 있다. 디지털 마케팅 세션으로, 스마트한 매장운영, 광고기법을 배울 수 있고, 매장 디자인 전략 세션에서는 매장 연출과 진열·조명 구성·친환경 자재 활용과 저비용으로 고객을 만족시킬 수 있는 방법에 대해 들을 수 있다. 고객 경험 세션에서는 온라인 비디오 활용 사례와 고객 소비패턴, 고객 동선 분석 및 실무에서 활동하는 책임자들의 생생한 매장운영 경험을 들을 수 있다. K SHOP 2016은 최근 업계 이슈와 핵심 차별화전략에 대한 전시회이다. 유통업계 실무자들이 급변하는 환경을 파악하고, 위기를 기회로 만들기 위한 전략 수립과 새로운 비즈니스 모델 도입을 위한 해법을 찾는 데 유용한 자리가 될 것이다.

　K SHOP 2016 홈페이지를 통해 직접 독립부스, 조립 부스를 선택하여 신청할 수 있고, 그에 따른 비용도 알아볼 수 있다. 또한 스폰서십이라는 매뉴얼에서는 로비 데스크, 에스컬레이터, 입구 전면 유리 등에 자신의 부스를 홍보할 수 있다. 또한 일정과 전시회를 참가하는 업체, 참가 물품 등을 세세하게 알 수 있다. 원하는 날짜에 관람하여 어떠한 정보를 얻을 수 있는지를 미리 알 수 있기 때문에 헛걸음을 줄여준다. 30여 개 전문 세션으로 구성되어 업계의 현장 책임자들을 통해 창업을 준비하는 사람들에게 유익한 정보를 얻을 수 있는 기회가 된다.

노승혁 기자, '국내 유일 리테일 전문 전시회 내달 28일 킨텍스서 개최' 2016.08.16.

경영사례 2. PART 06: PLAY MORE: 반려견 위한 미술 전시회 ─── 📖

이 전시회의 그림들은 사람이 엎드려야만 볼 수 있을 정도로 낮은 곳에 걸려 있다. 또한 차 모양 설치물에 앉아 선풍기 바람을 쐬고 있는 개를 볼 수 있었다. 영국 런던에서 오로지 개를 위한 전시회를 개최한 것이다. 전시회의 주최자인 도미닉 윌콕스는 "반려견과 보호자가 더욱 건강하고 행복한 삶을 누리길 바라는 마음에 이 전시회를 기획했고, 실제로 개들을 보면 전시회에 아주 만족하는 듯 보인다"며 다음 기회에는 개 이외의 동물을 위한 전시회를 생각 중이었다. 다른 전시회들과 차별적인 모습으로, 전시의 대상을 변화시켜 그들의 유형을 잘 파악한 사례이다. 수의사들의 도움을 받아 반려견들이 어떤 것에 신나해 하고 신체적 정신적으로 안정을 느끼는지를 파악할 수 있었다고 한다. 강아지가 정말로 전시회를 즐길 수 있을까? 전시된 모든 작품들에는 개가 잘 볼 수 있는 색을 사용했다. 대형 밥그릇 모형 안엔 사료와 비슷하게 보이는 갈색 공으로 채웠고, 선풍기 바람을 통해 고기의 향을 맡을 수 있게 하였다. 전시회 중 개들은 미친 듯이 꼬리를 흔들었고, 대형 개밥그릇에 뛰어들어 놀고 있는 것을 볼 수 있었다. 보호자들 또한 즐거워하는 반려견을 보며 행복한 표정을 감추지 못했다.

박지윤 리포터, '세계최초, 반려견 위한 미술 전시회 'Play More',' MBC뉴스, 2016.08.23.

Chapter 23

항공산업

01 항공 서비스의 정의

　　항은 단순한 운송터미널의 차원을 넘어 국가 간 교통의 중심이 된다. 그 중에서도 허브 공항이 국제 운송 및 교통의 핵심역할을 수행하게 되므로, 선진국들은 세계항공시장을 선점하기 위해 허브 공항을 건설하고 이를 활용하여 국가의 경제력과 위상을 높이고자 한다. 항공과 관련된 키워드를 나열해 보면, 서비스를 제일 먼저 내세우게 된다. 그만큼 공항은 서비스의 한 축을 이루고 있다고 해도 과언이 아니다. 공항 서비스에 대한 개념은 이러하다. 공항 서비스란 공항과 관련된 모든 서비스를 의미한다. 공항에서는 다양한 독립 조직들이 서로 연결되어 공항의 모든 업무를 수행하고 있는데, 각각의 조직들은 항공기 운항 스케줄 및 안전한 이착륙을 위한 활동뿐만 아니라 각종 수하물 처리, 입출국 수속, 세관수속 등의 업무처리를 하고 있다. 이 외에도 공항은 안전한 운항과 이용객들의 편의를 위해 초현대식 건축물과 활주로, 각종 첨단 시설과 장비를 보유하고 있다. 이처럼 공항은 정보와 지식기반을 활용해 업무를 수행하는 인적자원의 서비스를 비롯하여 각종 시설물 및 장비 자체의 유형적 서비스가 통합되어 있다. 이러한 공항의 여러 서비스에 대한 품질 수준이 공항의 전반적인 서비스 품질 인식에 직접적인 영향을 준다는 삼성경제연구소의 연구결과가 있다. 특히, 국제공항 터미널은 지역적으로 독점적 성격이 강하며, 건축물과 설비와 같은 장치산업이 주를 이루고 있으며, 공항 내부에 서로 다른 기능의 다양한 조직들이 이용객들에 대한 서비스를 제공하고 있다. 이러한 특성들 때문에 서비스 품질과 관련된 여러 조직들의 프로세스에 대한 관리가 금융기관과 같은 단일조직의 서비스 산업보다 쉽지 않은 상황이다. 따라서 공항 내의 여러 조직들이 서로 협력하지 않으면 공항 서비스의 품질관리는 어려움이 따를 수밖에 없다.

02 항공 서비스의 현황

(1) 저가 항공

LCC(Low Cost Carrier)라고도 불리는 저가 항공사는 국내에서뿐만 아니라 세계적인 추세로 볼 정도로 최근 인기가 높아지고 있다. 저가 항공사는 기존 항공료에서 쓸데없는 서비스 비용을 줄여서 운영 비용을 낮춤으로써 낮은 가격으로 항공권을 제공하는 것이다. 국내의 대표적인 저가 항공사로는 애경그룹과 제주도가 공동으로 설립한 저가 항공사로 국내 저가 항공사 중 가장 먼저 출범한 제주항공, 대한항공에서 만든 저가 항공사인 진에어, 무역 등 해외 출장이 많은 부산의 회사원들이 자주 이용할 수 있도록 기업 우대 서비스를 제공하고 있는 에어부산, 국내 저가 항공사 중 가장 최근에 설립되었으며 소셜커머스나 자체 할인을 통해 항공 할인율이 높은 항공사인 티웨이 항공, 티웨이와 더불어 항공권 할인율이 가장 높은 이스타 항공사가 국내에 있는 대표적인 저가 항공사로 알려져 있다.

(2) 마일리지

항공사 마일리지 제도가 생기게 된 이유는 각 항공사들이 사람들이 항공여행을 할 때 자사의 항공편을 주로 타는 충성고객(loyal customer)을 많이 확보하기 위해서라고 생각한다. 단골 고객에 대해 마일리지를 누적해 주는 제도는 항공사 외에 다른 서비스업종에서도 많이들 시행하는 마케팅 정책임을 잘 알고 있을 것이다. 그런데 이런 단골손님을 우대하는 마케팅 정책이 가장 성공한 사례가 바로 항공사 마일리지 제도가 아닌가 생각하는데 현재 항공사 마일리지는 항공편을 탈 때만 적립할 수 있는 것이 아니라, 한국을 기준으로 볼 때 신용카드 사용, 휴대폰 이용요금, 주유비 등등도 항공 마일리지로 교환할 수 있고, 특히 신용카드 사용액에 대한 마일리지 적립은 스마트한 소비자들에게 아주 인기 있는 아이템이다.

"Star Alliance(스타 얼라이언스), Sky team(스카이 팀)"이라는 항공사 간에 동맹이 있는데 우리나라는 스타 얼라이언스에는 아시아나, 스카이 팀에는 대한항공이 속해 있는 동맹 그룹이다. 같은 동맹 내 제휴항공사끼리는 마일리지를 교차적립과 사용이 가능하다는 장점이 있는데 예를 들어, 아시아나를 탑승한 뒤 에어캐나다의 마일리지를 모을 수 있으며 모은 마일리지로 스타 얼라이언스 소속 타 항공사의 비행 편을 이용할 수 있다.

(3) 이벤트

기업들의 판매촉진을 위한 전략 중 하나인 이벤트는 점차 그 비중이 높아지고 있으며 단순하고 일방적인 커뮤니케이션 방식이 아닌 새로운 감동을 제공하는 직접적이고 쌍방향적인 프로모션 방법으로 인정받고 있다. 따라서 이벤트 참가자들은 이벤트를 실행하는 기업에게 긍정적인 이미지를 가지게 된다.

항공사의 경우 대표적인 예로 자사의 항공기를 이용하는 고객에게 이용 좌석등급보다 높은 등급으로 업그레이드하는 것이다. 이는 고객에게 보답하는 의미와 함께 고급 객실의 이용기회를 제공함으로써 수요를 자극시킬 수 있기도 하다. 여행업체나 기업체의 예약담당자는 물론 잠재소비자에게 각종 발표회와 전시회에 참가하도록 유도할 수 있다. 그리고 할인 항공권의 제공, 상용고객을 중심으로 한 항공권 가격할인 프로모션 등과 주로 홈페이지를 통한 항공상품 홍보 시 콘테스트를 통해 뽑힌 자에게 상품 또는 마일리지 적립 등과 같이 부가적인 혜택을 제공하는 경우도 있다.

(4) 항공 & 숙박

항공 서비스의 또 다른 서비스는 바로 숙박 서비스이다. 여행을 한다면 이동수단과 머무를 곳이 제일 중요시되는 부분이기 때문에 항공과 숙박은 연관되어 있을 수밖에 없다. 그렇기 때문에 고객의 편리를 위해 항공사는 여행사에게 티켓을 대량으로 낮은 가격에 판매를 하고 여행사를 이용해 항공티켓과 숙박권, 여행일정을 패키지로 만들어서 또다시 판매한다. 여행 일정에는 여러 가지 일정이 있는데 예를 들어 온천 여행, 식도락 여행, 문화역사 여행, 벚꽃 여행, 허니문 여행, 자유 여행, 가족 여행, 힐링 여행 등 고객이 원하는 다양한 형태의 패키지로 만들어서 판매한다. 또한 틀에 짜여지지 않고 고객의 욕구와 성향에 따라 원하는 조건을 만들어서 판매하고 대량으로 판매하게 때문에 가격도 저렴하고 고객만족도가 상당히 높다. 여행사가 생기기 시작한 계기는 교통수단으로서 항공기가 이용되기 시작하면서 일반 수요자를 대상으로 항공권 판매에 들어갔다. 그러나 항공운송이라는 것이 기본적으로 먼 거리를 이동하는 것이니만큼 수요자도 한 지역에 집중되어 있지 않고 넓은 지역에 불규칙하게 분포한다. 이렇게 넓게 분포되어 있는 항공 수요자에게 항공권을 항공사가 직접 판매하기는 불가능했다. 직접 판매한다는 것은 지점을 수십, 아니 수백 군데를 직접 개설, 운영해야 한다. 아니 그나마 국내만이라고 한다면 가능할 수도 있겠지만, 전 세계를 대상으로 모든 지역에 판매지점을 설치할 수는 없는 노릇이다. 그래서 자연 발생한 것이 판매 대리점이다. 요즘 우리가 흔히 접할 수 있는 여행사가 그 대표적인 판매 대리점이라고 할 수 있다. 판매 대리점은 항공사를 대신해 항공권을 판매해 주고 항공사로부터 일정 금액의 수수료를 받는다.

03 항공 서비스의 특징

(1) 높은 진입장벽

항공산업은 각종 인증을 받아야 하며, 인증절차가 복잡하고 비용이 많이 들어 중소, 중견 기업에게 진입장벽이 높은 산업이다. 예를 들어, 항공기 탑재 기자재는 모두 미국연방항공청(FAA), 유럽항공안전청(EASA) 등으로부터 인증을 받아야 한다. 또한 보잉, 에어버스 등 글로벌 항공기업에 납품하기 위해서는 국가항공과 방위산업 협력업체 자격인증제도인 국제항공분야 특수공정인증(NADCAP)이 필수적이고 항공정비를 위해서는 국가로부터 항공정비시설 인증 획득이 필요하다.

(2) 무형성

항공 서비스의 특징에는 '무형성'이 있다. 무형성이란 항공 서비스에 승무원의 서비스 등 눈에 보이지 않고 만질 수도 없으며 고객들이 서비스를 제공받기 전에는 그 실제를 알 수가 없으므로 서비스의 가치를 판단하기가 매우 어렵다. 그러므로 매년 서비스 평가 조사를 하여 항공 서비스를 고객들에게 알려 준다.

(3) 비저장성

항공 서비스의 또 다른 특징은 '비저장성'이다. 항공사의 좌석이라고 하는 상품은 생산과 동시에 소비된다. 상품이 소비되지 않을 경우 회수하여 보관하였다가 다시 판매할 수 없는 특징을 가지고 있다. 즉, 일반 제조회사의 저장할 수 있는 상품과는 달리 '비저장성'을 가지고 있기 때문에 항공사가 사전에 좌석을 판매할 때 승객의 구매의사를 확실하게 파악하기 위해 예약의 필요성이 대두되기 시작했다. 많은 비용을 들여 생산되는 항공사의 상품이 생산되는 순간 전량 판매할 수 없다면 항공사의 입장에서는 막대한 손실이 발생하게 되기 때문이다.

이와 같은 손실을 감소하기 위해서는 상품이 생산되는 순간에 최대한 판매될 수 있도록 상품의 판매가 사전에 예약형태로 약속되어야 한다. 또한 항공사는 항상 소요량을 예측하여 생산규모와 수익성을 계획하고 예약이 확인된 승객의 발권을 통하여 수입을 확정할 수 있어야 한다.

이런 예약의 기능이 회사의 수익을 증대시키게 한다면 수익의 증대는 공급되는 상품의 원가를 낮추게 하고, 결국은 저렴한 상품을 제공하게 되는 결과를 가져오면서 승객의 편의를 돕게 하므로 승객은 물론, 회사의 이익향상에도 기여할 것이다.

결과적으로 모든 항공사들은 '비저장성'을 경계해야 하고 고객들이 좌석을 취소하는 이유를 파악하여 좌석의 빈자리를 두지 않기 위해 노력해야 한다.

경영사례 1. PART 06: 인천공항 항공기 운항정보표출시스템 설치·운영 📖

    지방버스 터미널에서도 인천국제공항의 항공기 운항정보를 실시간으로 편리하게 확인할 수 있다. 인천국제공항공사(사장 정일영)은 광주종합버스터미널(광주광역시)에 설치된 운항정보표출시스템(FIDS)을 통하여 항공기의 운항정보를 제공하는 서비스를 2개월의 시험 운영기간을 거쳐 7일부터 시작했다고 밝혔다. 광주에서 인천공항행 버스를 탑승하는 승객들은 버스터미널 내에 설치된 운항정보표출시스템을 통하여 항공기의 결항·지연여부, 탑승구, 도착지 날씨 등의 정보를 쉽게 확인할 수 있다. 이번 운항정보 제공 서비스는 인천공항에서 제공하는 공공데이터를 활용한 사례로, 인천공항공사는 정부 3.0의 핵심사업 중 하나인 공공데이터 개방과 민간기업의 활용 촉진을 위해 다양한 서비스 발굴에 힘쓰고 있다. 인천공항은 홈페이지와 모바일 애플리케이션을 통해서도 실시간 운항정보를 제공하고 있다. 한편, 인천공항공사는 지방여객의 편의제고를 위하여 KTX 광명역에 도심공항터미널을 조성하고 있으며, 대전 및 대구버스터미널 등에서도 인천공항의 운항정보를 제공할 수 있도록 민간기업의 운항정보표출시스템 설치를 적극 지원하고 있다.

권오경 기자, '인천공항, 지방여객 위해 항공기 운항정보 제공 서비스 확대', 2016.09.07.

[저자 약력]

김승욱 교수

연세대학교 경영연구소 전문연구요원, 삼일회계법인(PWC Korea)과 안진회계법인(딜로이트: Deloitte Korea), 그리고 SAP Korea에서 경영컨설팅과 정보기술 컨설팅 업무를 수행하였다. 현재 평택대학교 경영학과 교수로 재직 중이며, 평생교육원장, 학술정보원장 그리고 교수학습지원센터장 등을 역임하였다. 최근 한국뉴욕주립대학교 방문교수를 역임하였으며 한국디지털경영학회 부회장을 맡고 있다.

주요 저서로는 인공지능시대의 경영정보시스템(2019), 디자인씽킹과 서비스경영(2018) 고객관계관리(2019), 디지털 콘텐츠 비즈니스(2018) 등이 있다.

언택트 트랜스포메이션을 위한 경영학 길잡이

초판발행	2021년 3월 2일
지은이	김승욱
펴낸이	안종만·안상준
편 집	황정원
기획/마케팅	김한유
표지디자인	이미연
제 작	고철민·조영환
펴낸곳	(주) **박영사**
	서울특별시 금천구 가산디지털2로 53, 210호(가산동, 한라시그마밸리)
	등록 1959. 3. 11. 제300-1959-1호(倫)
전 화	02)733-6771
f a x	02)736-4818
e-mail	pys@pybook.co.kr
homepage	www.pybook.co.kr
I S B N	979-11-303-1119-7 93320

* 파본은 구입하신 곳에서 교환해 드립니다. 본서의 무단복제행위를 금합니다.
* 저자와 협의하여 인지첨부를 생략합니다.

정 가   23,000원